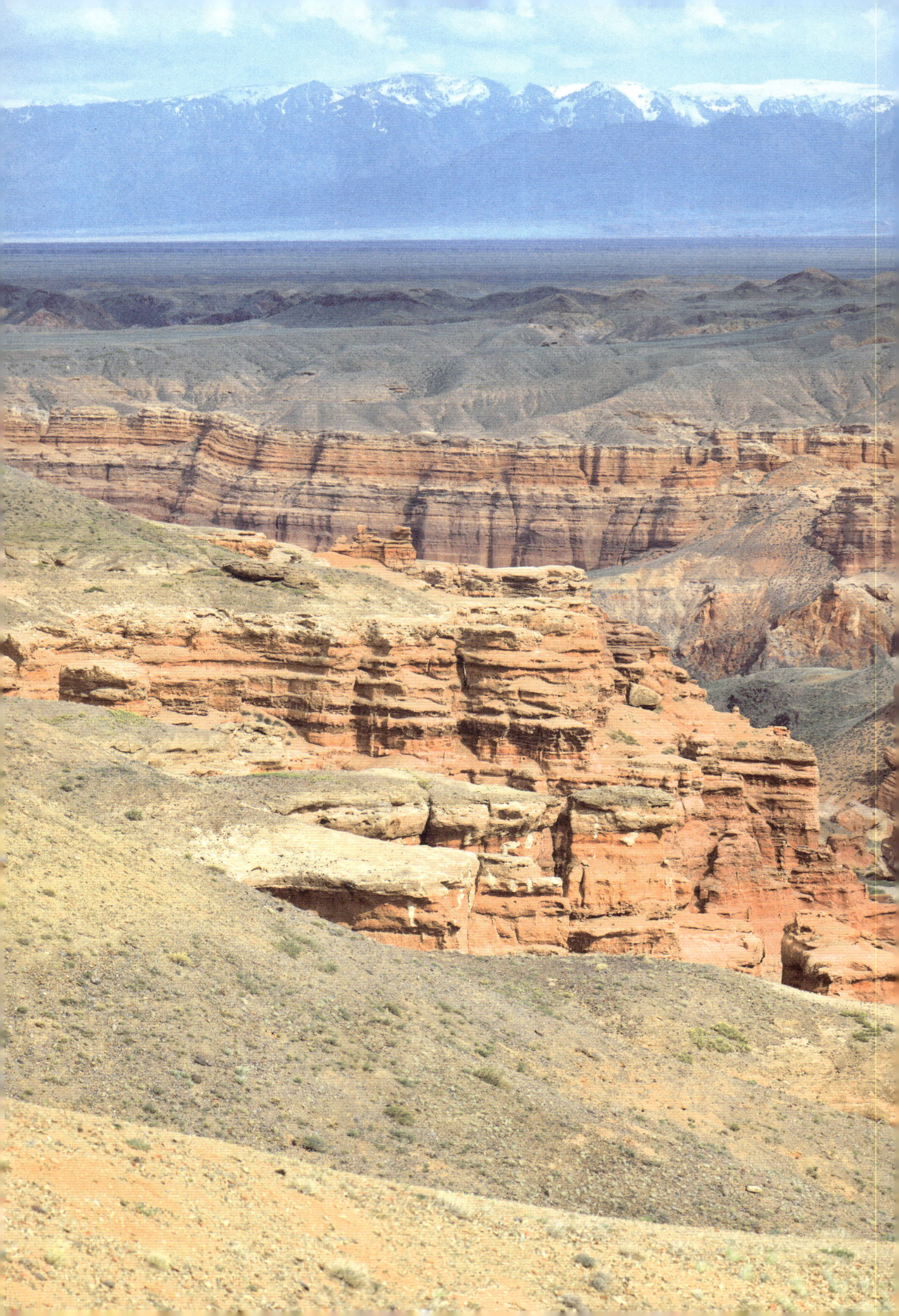

世界能源清洁发展与互联互通评估报告（2020）

非洲篇

国网能源研究院有限公司 主编

World Energy Clean Development and Interconnection Evaluation Report (2020)

社会科学文献出版社
SOCIAL SCIENCES ACADEMIC PRESS (CHINA)

编写组

组　长　代红才
主笔人　刘　林　王　雪　毛吉康
成　员　张　宁　卢　静　姜怡喆　菅泳仿
　　　　　李苏秀　汤　芳　陈星彤　赵留军
　　　　　王春明　王轶楠　张　栋　张　旭
　　　　　孔维政　许晓艳　卢晨刚　杨　朔
　　　　　吴潇雨　薛美美　吴贞龙

主笔人简介

刘　林　国网能源研究院有限公司能源互联网研究所主任工程师，电力系统及其自动化专业博士，国家电网公司专家人才。负责和参与智能电网、新能源、能源互联网等领域的多项重要研究，包括国家促进智能电网发展指导意见起草、国家电网公司智能电网"十二五"及"十三五"规划编制等。获得国家能源局软科学奖 2 项，国家电网公司科技进步奖 3 项，管理咨询优秀成果奖 6 项，软科学奖 5 项。参与编写并出版专著 6 部。

王　雪　国网能源研究院有限公司能源互联网研究所研究员，电力系统及其自动化专业硕士。长期从事智能电网、电动汽车、能源互联网、综合能源服务、城市智慧能源系统、电力物联网等方面研究。曾获得行业和省部级奖一等奖 4 项、三等奖 1 项，国家电网公司科技进步奖、管理咨询优秀成果奖及软科学成果奖 6 项，其中特等奖 1 项、一等奖 1 项、二等奖 2 项、三等奖 2 项。参与编写并出版专著 6 部。

毛吉康　国网能源研究院有限公司能源互联网研究所研究员，法学博士。主要研究领域包括能源地缘政治、国际能源治理、亚太地区国际关系等。近年来承担省部级课题 10 余项，曾获得全国优秀生产力理论与实践成果奖一等奖、中国企业改革与发展优秀成果奖一等奖等多项省部级奖励。出版专著 1 部，在国内外学术期刊上发表文章 10 余篇。

摘 要

现今，世界能源发展面临环境污染、气候变化、资源紧张等难题，各国正积极进行能源转型，努力塑造可持续的新能源格局。在世界能源清洁发展及互联互通的大背景下，作为全球能源生产与消费大国，中国也正在积极推进能源革命，同时还提出了"一带一路"倡议，为实现全球能源电力互联互通、构建绿色低碳全球能源治理格局奠定了坚实的基础，得到世界各国的广泛赞誉和认可。

为了直观地反映世界能源清洁发展及互联互通的发展现状，研究团队提出了世界能源清洁发展及互联互通综合指数，对各个国家的发展水平进行量化评估，为各国进一步明确提升方向和发展重点、更好地推动电网互联和清洁能源开发提供参考。本书聚焦非洲地区，进行深入研究和量化分析。

非洲一直是全球能源发展最不发达地区，人均能源消费量仅为世界平均水平的1/3左右，发电装机容量仅占全球的3%，无电人口多达6亿。通过加强能源和电力互联互通，保障能源供应可靠性，实现用能结构优化，降低用能成本，是解决非洲各国普遍存在的能源困境的重要手段。2018~2040年，非洲一次能源需求总量每年将增长2%，是全球需求增长速度的2倍。通过充分的互联互通，非洲2040年每年可节省430亿美元的电力成本。由于技术进步和资源禀赋优势，非洲拥有独特的利用可再生能源和天然气等清洁能源的发展机会。

为了更好地了解非洲各国的清洁发展及互联互通现状，本书基于世界能源清洁发展及互联互通综合指数，对非洲54个国家进行评估计算，分析国家特点、发展路径、优势和短板等，力图为非洲能源清洁发展及互联互通提供有价值的借鉴和参考。在此基础上，本书还进一步对非洲主要国家的电力投资环境进行分析评估,为合理有序地扩大非洲投资区域、规避风险提供参考。

关键词:世界能源清洁发展及互联互通　非洲　综合指数　电力投资环境

Abstract

The world energy development is facing the problems of resource shortage, environmental pollution and climate change. Some countries are actively carrying out energy transformation and striving to create a new pattern of sustainable energy development, which is also encouraged by Chinese government. China proposed the "Belt and Road Initiative", which is widely praised and endorsed by many countries. The initiative will strengthen international cooperation and promote inter-regional interconnection in the field of energy and electricity.

In order to reflect the development status of the world's energy clean development and interconnection, this book presents the world energy clean development and interconnection comprehensive index, which can make a quantitative assessment of the development level of each country, and provide a reference for further clarifying the direction and development priorities of each country, and promoting grid connectivity and clean energy development. This book focuses on in-depth research and quantitative analysis of Africa.

Africa has been the least developed region of global energy development, with per capita energy consumption at only about one-third of the world average, with only 3 per cent of the world's installed power generation capacity and 600 million people without electricity. Strengthening energy and power interconnection, ensuring the reliability of energy supply, optimizing energy utilization structure and reducing energy consumption costs are important measures to solve the energy dilemma which is prevalent in African countries. Between 2018 and 2040, Africa's total primary energy demand will grow by 2 percent a year, twice the growth rate of global demand. Through full interconnection, Africa could save $43 billion a year in electricity costs by 2040. Due to technological progress and resource endowments, Africa has unique development opportunities for the use of clean energy sources such as renewable energy and natural gas.

In order to better understand the state of clean development and connectivity in African countries, this book evaluates 54 contries in Africa based on the world comprehensive index of energy clean development and connectivity. The national characteristics, development path, advantages and short board are analyzed to provide valuable references for Africa's clean energy development and connectivity. The book further analyzes and evaluates the power investment environment of major African countries, and provides references for the rational promotion of investment and risk avoidance in Africa.

Keywords: World Clean Energy Development and Connectivity; Africa; Comprehensive Index; Electricity Investment Environment

前　言

当今世界能源形势正发生复杂深刻的变化，全球应对气候变化进入新阶段，新一轮能源科技革命加速推进，全球能源治理新机制正在逐步形成，但人人享有可持续能源的目标还远未实现，各国能源发展面临的形势依然严峻。长期以来，世界能源发展过度依赖化石能源，导致资源紧张、气候变化、环境污染等问题日益突出，人类生存环境受到极大挑战，推动能源系统向清洁低碳转型势在必行。

在人类共同应对全球气候变化的大背景下，世界各国纷纷制定能源清洁发展及互联互通战略，提出更高的能效目标，制定更加积极的低碳政策，推动可再生能源发展，加大温室气体减排力度。各国不断寻求清洁能源替代方案，推动经济绿色低碳转型。联合国应对气候变化《巴黎协定》提出了新的更高要求，明确21世纪下半叶实现全球温室气体排放和吸收相平衡的目标，将推动以清洁能源为主体的能源供应体系尽早形成。

2014年，习近平总书记在中央财经领导小组第六次会议上指出，要积极推进我国能源生产和消费革命，并提出推动能源消费革命、能源供给革命、能源技术革命、能源体制革命以及全方位加强国际合作等五点要求。2019年4月26日，习近平总书记在第二届"一带一路"国际合作高峰论坛开幕式上指出"基础设施是互联互通的基石"，要"推动绿色基础设施建设、绿色投资、绿色金融"，构建"以铁路、港口、管网等为依托的互联互通网络"。[①]

非洲国家是共建"一带一路"的重要参与方。"一带一路"同联合国

---

① 《习近平在第二届"一带一路"国际合作高峰论坛开幕式上的主旨演讲》，新华网，http://www.xinhuanet.com/2019-04/26/c_1124420187.htm。

《2030年可持续发展议程》、非盟《2063年议程》和非洲各国发展战略紧密对接。能源电力互联互通正在非洲积极推进，成为能源电力创新发展的重要发展方向，五个区域的电力联盟发展态势良好。非洲各国政府高度重视能源电力的保障支撑作用，绝大多数国家发布了清洁能源开发和节能减排等发展目标。未来，进一步推进能源电力互联互通和清洁发展，将有助于非洲欠发达国家促进经济和能源可持续发展。

本书分为五个部分：总报告、基础报告、评估报告、国别报告和投资环境报告。

（1）总报告：预测了未来经济社会发展带来的世界能源持续增长情况，在此基础上重点分析非洲的能源增长需求和结构等，结合非洲当前面临的气候变化和环境污染问题的挑战，提出非洲可以基于技术发展、资源禀赋走出一条能源清洁发展的可持续发展道路。最后指出，中国能源清洁发展及互联互通的经验可以为非洲各国发展提供有益借鉴。

（2）基础报告：系统分析非洲的能源资源情况，分别对化石能源和可再生能源的资源禀赋进行梳理。在此基础上对非洲电力发展的供需格局和发展前景进行研究，进而提出非洲能源清洁发展方向及互联互通趋势，为进一步开展对非洲各国的量化评估提供基础。

（3）评估报告：系统介绍评估世界能源清洁发展及互联互通的原则、方法和流程，提出世界能源清洁发展及互联互通综合指数。该指数全面考虑了世界能源清洁发展及互联互通的外部条件、内部要素和追求目标，并基于"经济社会支撑"、"互联互通基础"和"清洁发展程度"三个维度进行构建。各级指标权重的确定采用基于"区间数－可能度矩阵"的评估方法。运用该方法，对非洲54个国家进行综合指数评估。首先分析整体评估结果，再根据非洲各国评估结果的分布情况，将评估结果描述在一个三维立方体当中，划分为八种类型进行分类解读，分析各种类型各自的特点和优劣势，最后将三个维度两两对比分析，发现非洲整体上不同维度间的影响作用规律。

（4）国别报告：将非洲54个国家分为五个区域（北部、东部、西部、中部、南部）[①]，将每个国家的评估结果按"经济社会支撑"、"互联互通基础"和"清洁发展程度"三个维度进行详细解读，深入分析其发展基础、成效经验和问题瓶颈等，为进一步推进非洲能源电力持续发展提供有针对性的参考。

（5）投资环境报告：结合"经济社会支撑"维度的指标和量化数据，与非洲各国的电力相关指标进行综合，得到各国电力投资环境评估结果，并进一步分析非洲能源电力投资的前景和风险等，为在非洲进行有序的有针对性的电力基础设施投资提供科学参考。

本书由国网能源研究院有限公司长期从事世界能源电力及相关领域研究的人员共同编写完成。由于受非洲相关数据获得难度较大，数据时效性较差等影响，本书对非洲各国研究的深度和广度仍有待进一步拓展，不足和疏漏在所难免，欢迎各位专家学者批评指正。

[①] 本书对非洲五个区域的划分，主要参照国际能源署（IEA）的划分方式，并结合非洲各国电网互联的现状。

目 录

Ⅰ 总报告

世界能源清洁发展及互联互通发展现状与形势判断 …………………… 002
  一 经济社会发展驱动世界能源增长 ………………………………… 002
  二 非洲未来将迎来较大的能源增长需求 …………………………… 007
  三 非洲面临气候变化和环境污染问题 ……………………………… 009
  四 非洲可以走出一条能源可持续发展道路 ………………………… 011
  五 中国发展为非洲提供经验借鉴 …………………………………… 015

Ⅱ 基础报告

非洲能源概况 ……………………………………………………………… 018
  一 化石能源 …………………………………………………………… 018
  二 可再生能源 ………………………………………………………… 020

非洲电力发展情况 ···································· 023
    一 非洲电力供需格局 ···························· 023
    二 非洲电力展望 ································ 033

非洲清洁能源发展及互联互通方向 ······················ 035
    一 清洁能源发展方向 ···························· 035
    二 电网互联互通趋势 ···························· 039

Ⅲ 评估报告

世界能源清洁发展及互联互通发展评估 ·················· 052
    一 评估原则 ···································· 052
    二 综合指数 ···································· 053
    三 评估方法 ···································· 060
    四 评估流程 ···································· 061
    五 数据来源 ···································· 062

非洲国家综合指数评估 ································ 066
    一 三维整体评估结果 ···························· 066
    二 分块评估结果分析 ···························· 074
    三 二维平面投影分析 ···························· 078

Ⅳ 国别报告

非洲各国综合指数详述 ································ 084
    一 北部非洲 ···································· 084
    二 东部非洲 ···································· 105
    三 西部非洲 ···································· 134

四 中部非洲 ··· 183
五 南部非洲 ··· 206

Ⅴ 投资环境报告

非洲国家电力投资环境分析 ··· 254
  一 非洲国家电力投资环境评估 ·· 254
  二 在非洲进行能源电力投资的机遇与风险 ···································· 257
  三 中国对非洲能源电力投资的现状、问题及对策建议 ···················· 262

参考文献 ··· 271

CONTENTS

I General Report

The Current Situation of the Development of Clean Energy and Interconnection in the World / 002

    1 Economic and Social Development Drives World Energy Growth / 002

    2 Africa's Energy Demand Grows in Great Pace / 007

    3 Africa Faces Climate Change and Environmental Pollution Problems / 009

    4 Africa Can Move on a Path to Sustainable Energy Development / 011

    5 China's Energy Clean Development and Interconnection Development Provide experiences for Africa / 015

II Basic Reports

Africa Energy Profile / 018

    1 Fossil Energy / 018

    2 Renewable energ / 020

CONTENTS

Power Development in Africa / 023
    1   Landscape of Electricity Supply and Demand in Africa / 023
    2   Africa Power Outlook / 033

The Trends of Clean Energy Development and Connectivity in Africa / 035
    1   Clean Energy Development Direction / 035
    2   Grid Interconnection Trends / 039

III Evaluation Reports

Evaluation of the Development and Interconnection of Energy Clean development and connectivity in the world / 052
    1   Evaluation Principles / 052
    2   Comprehensive Index / 053
    3   Evaluation methodology / 060
    4   Evaluation Procedure / 061
    5   Key Data Sources / 062

Assessment of the African National Comprehensive Index / 066
    1   3D Overall Evaluation Results / 066
    2   Analysis of the Results of the Split Evaluation / 074
    3   Results 2D Plane Projection Analysis / 078

IV Country Report

Africa's Comprehensive Index of Countries Detailed / 084
    1   North Africa / 084
    2   East Africa / 105
    3   West Africa / 134

4	Central Africa	/ 183
5	Southern Africa	/ 206

V Investment Environment Report

Power Investment Analysis of Major African Countries / 254

1	Evaluation of Investment Environment in African Countries	/ 254
2	Opportunities and Risks of Investment in Energy and Electricity in Africa	/ 257
3	The Status, Problems and Countermeasures of China's Investment in Energy and Electricity in Africa	/ 262

References / 271

总 报 告

General Report

摘　要： 为了应对世界能源发展所面临的诸多挑战，缓解全球能源资源紧张的局面，消除化石能源消费所引发的环境污染问题，达到全球温升控制目标，以"清洁化、低碳化、高效化、智能化"为主要特征的世界能源电力转型正在兴起。中国也正在积极转型，一方面推动国家能源生产与消费革命，另一方面提出"一带一路"倡议，加强国际合作，推动跨区域能源电力互联互通建设，希望以清洁和绿色方式满足全球电力需求，得到国际社会的普遍赞誉和积极响应。非洲是"一带一路"的重要参与方，人口迅速增加和城市化步伐加快带来能源需求的快速增长。非洲当前的能源结构导致环境污染问题严峻，对气候变化的适应能力弱。基于其得天独厚的清洁能源资源，大规模开发清洁能源，是实现非洲经济社会可持续发展的必然选择。通过能源互联互通实现跨国跨区域清洁能源配置，可实现清洁能源大规模开发、优化配置和高效利用。非洲各国政府高度重视能源电力的保障支撑作用。绝大多数国家发布了清洁能源开发和节能减排等发展目标。中国在清洁能源发展和互联互通方面取得了举世瞩目的成就。借鉴中国的发展经验，非洲可以建立清洁能源大规模开发、输送、配置和使用的平台，构建互联互通、共建共享的现代能源体系。

关键词： 能源清洁发展　"一带一路"　国际合作　电力互联

世界能源清洁发展及互联互通发展现状与形势判断

一 经济社会发展驱动世界能源增长

（一）人口和经济增长是能源需求不断增长的关键驱动因素

根据《BP 世界能源展望 2019》，全球经济增长部分受人口增长支撑，到 2040 年世界人口约增长 17 亿，总数接近 92 亿。全球 GDP 预期年均增长约 3.25%（基于购买力平价），稍低于过去 20 年间的平均增速。到 2040 年，世界生产总值将相较于 2017 年增加 1 倍以上，驱动力来自高速增长且日益繁荣的发展中经济体，2017~2040 年世界 GDP 增长预测如图 1 所示。

世界经济的发展意味着需要更多的能源。在渐进转型情景下，全球能源需求到 2040 年将增长约 1/3。能源消费增长来源于所有主要行业，其中工业和建筑业占总增长的 3/4。分地区看，所有新增能源需求都来自快速增长的发展中经济体，如图 2 所示。区域能源生产的趋势变化对全球能源贸易流向产生显著影响。可再生能源是增长最快的能源，约占能源增量的一半。天然气增速远高于煤炭和石油。随着可再生能源和天然气相比于石油和煤炭的重要性提高，向更低碳的能源系统转变的趋势将持续。在渐进转型情景下，可再生能源和天然气占一次能源增量的 85%，它们相比于其他能源的重要性也随之提高。可再生能源是增长最快的能源（年均增长 7.1%），贡献了全球能源增量的一半。到 2040 年，可再生能源占一次能源的比重将从 4% 增长到约 15%。天然气比石油和煤炭都增长更快（年均增长 1.7%），2040 年，它在一次能源中的比重将会超过煤炭并向石油接近，如图 3 所示。石油需求在展望前半期增长（年均增长 0.3%），比过去大大放缓，增长将在 21 世纪 30 年代

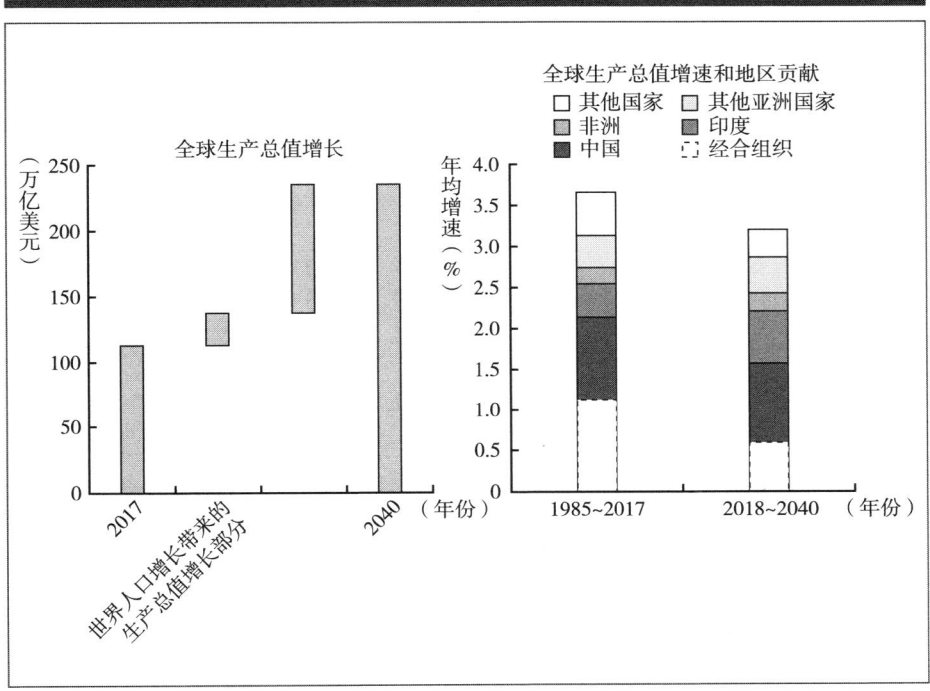

图 1　2017~2040 年世界 GDP 增长预测

资料来源：《BP 世界能源展望 2019》。

达顶峰。煤炭需求（年均增速为 –0.1%）在展望期间大体持平，在全球能源中的重要性将降至工业革命以来的最低点。

世界继续电气化，电力行业将会消耗全球一次能源增量的约 3/4，如图 4 所示。可再生能源是增长最快的能源，到 2040 年，世界能源供应增量的一半将来自可再生能源，届时可再生能源将会成为最大的电力来源。

（二）不论全球能源需求总量增速如何，电力需求都将以更快的速度增长

在 IEA 的既定政策情景[①]中，2040 年之前全球能源需求年均增速为 1%。

---

① 既定政策情景是国际能源署（IEA）世界能源展望中的情景之一，即世界继续沿着当前的路径发展，各国政府不对政策进行任何新的调整，其中包含了当前已发布的政策取向和目标。

图 2　1970~2040 年世界各区域能源消费增长情况

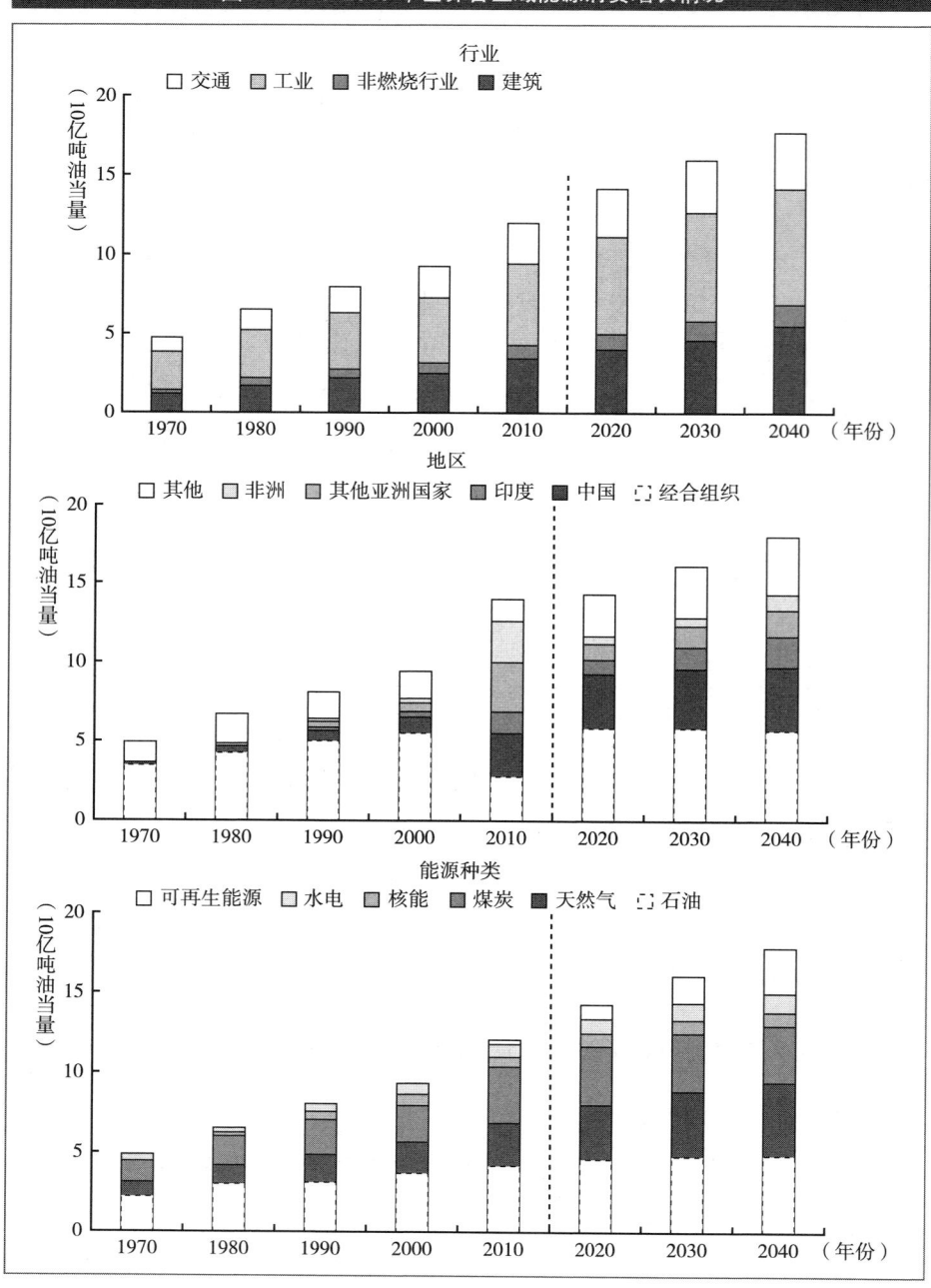

资料来源：《BP 世界能源展望 2019》。

图3 世界一次能源占比（1970~2040年）

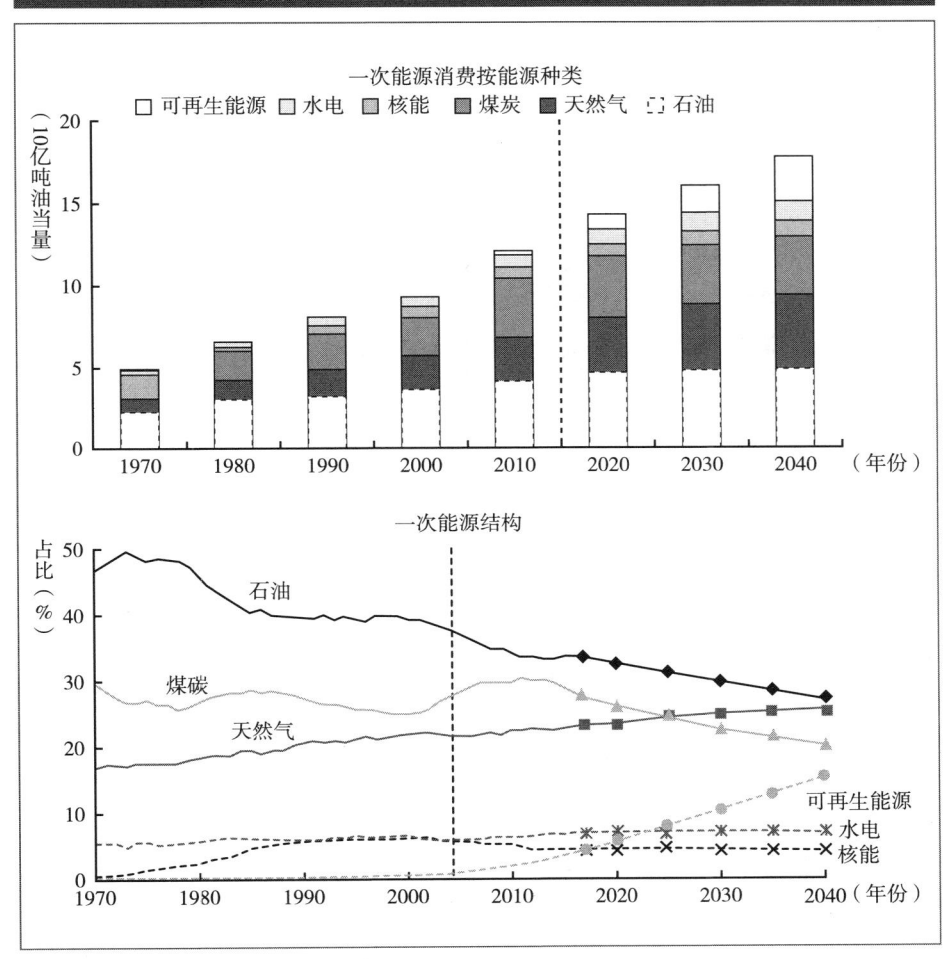

资料来源：《BP世界能源展望2019》。

其中一半以上由低碳能源提供，光伏的贡献最大。同时，得益于液化天然气贸易的增加，天然气提供了未来1/3的能源需求增量。2030~2040年，石油需求会趋于平稳，而煤炭需求量则将有所下降。以电力为代表的一些能源部门将经历快速变革。电力是现代经济的核心，在既定政策情景中，电力需求的增长速度是能源需求总量增速的2倍多，到2040年全球电力需求年增速将达到2.1%。工业（特别是中国的工业）是电力需求增长的最主要部门，其次是

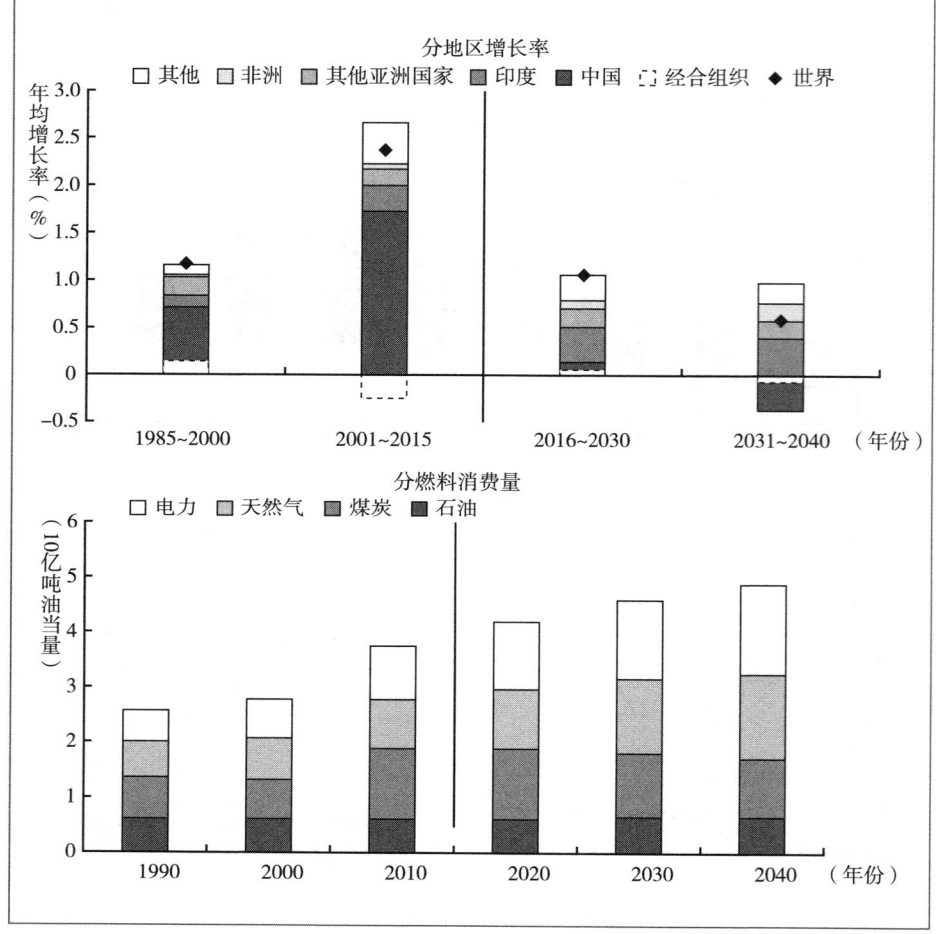

图4　1985~2040年世界工业终端能源消费情况

注：工业不包括能源的可燃烧使用。
资料来源：《BP世界能源展望2019》。

家用电器、制冷设备和电动汽车。在可持续发展情景[①]中，电力是除了可再生能源直接利用和氢能外，到2040年需求还在不断增长的少数能源品种之一，

---

① 可持续发展情景是IEA世界能源展望中设定的情景之一，即在世界范围内以全面实现可持续能源为目标，对能源系统各个环节进行迅速而广泛的变革，描绘一条完全符合《巴黎协定》的能源发展路径。

其增长主要来自电动汽车。到2040年,电力在终端能源需求中占比将超过石油,而目前占比还不到石油的一半。

在既定政策情景中,太阳能发电成为全球电力装机中占比最大的发电类型,如图5所示。2025年左右,可再生能源在发电结构中占比将超过煤炭,这主要得益于风能和太阳能发电的持续增加。可再生能源的发电占比将从2018年的26%增长至2040年的44%。风能和太阳能发电增速最为抢眼,但水电仍占据可再生能源发电的主要份额,2040年占全球总发电量的15%。

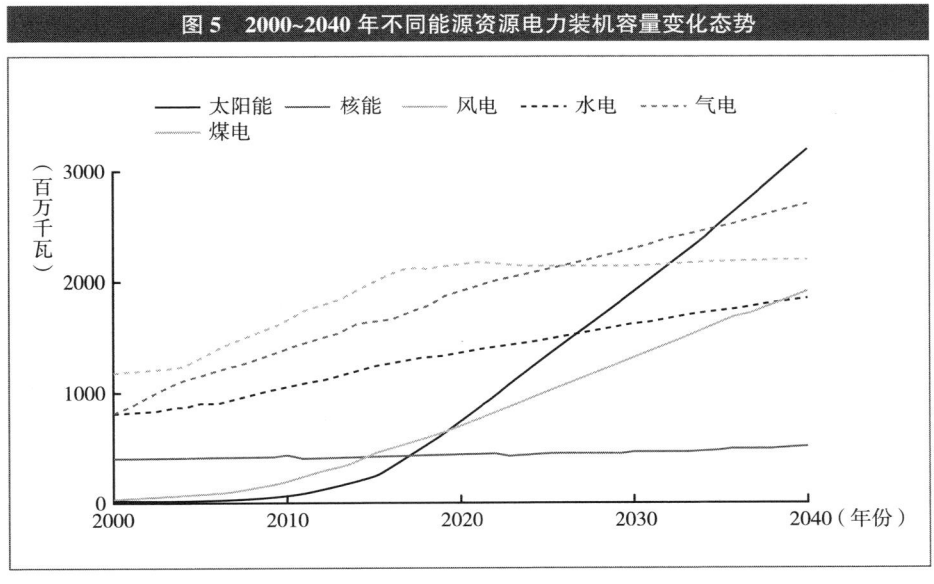

图5 2000~2040年不同能源资源电力装机容量变化态势

资料来源:World Energy Outlook 2019,IEA。

二 非洲未来将迎来较大的能源增长需求

预计到2040年,非洲人口将增加8亿,占这一时期全球人口增长总量的一半,其中70%的增长集中在城市地区,这是历史上最大的城市化规模,如图 6 所示。届时，非洲的人口将超过 20 亿，并且平均年龄将比全球平均年龄小 12 岁。这些深刻的变化将推动非洲大陆的经济增长和基础设施建设，进而刺激能源需求。目前，非洲有 6 亿人用不上电，9 亿人没有清洁的烹饪设施。非洲对全球能源发展趋势的影响越来越大。在既定政策情景中，从现在到 2040 年，非洲的石油需求增长幅度会大于中国，同时受近年来该地区一系列重大气田发现等因素的影响，天然气需求量也将大幅增长。对非洲而言，最大的变量是未来太阳能发电的增长速度。作为太阳能资源最丰富的大陆，目前，太阳能发电装机量仅为 500 万千瓦左右，不到全球总装机量的 1%。

人口迅速增长和城市化步伐的加快，是非洲能源需求增长的主要推动力。在既定政策情景中，2018~2040 年，非洲一次能源需求总量每年增长 2%，是全球需求增长速度的 2 倍。与此同时，非洲能源消费的构成日益从传统的生物能源转向现代和更有效的能源，特别是电力、天然气和石油产品。

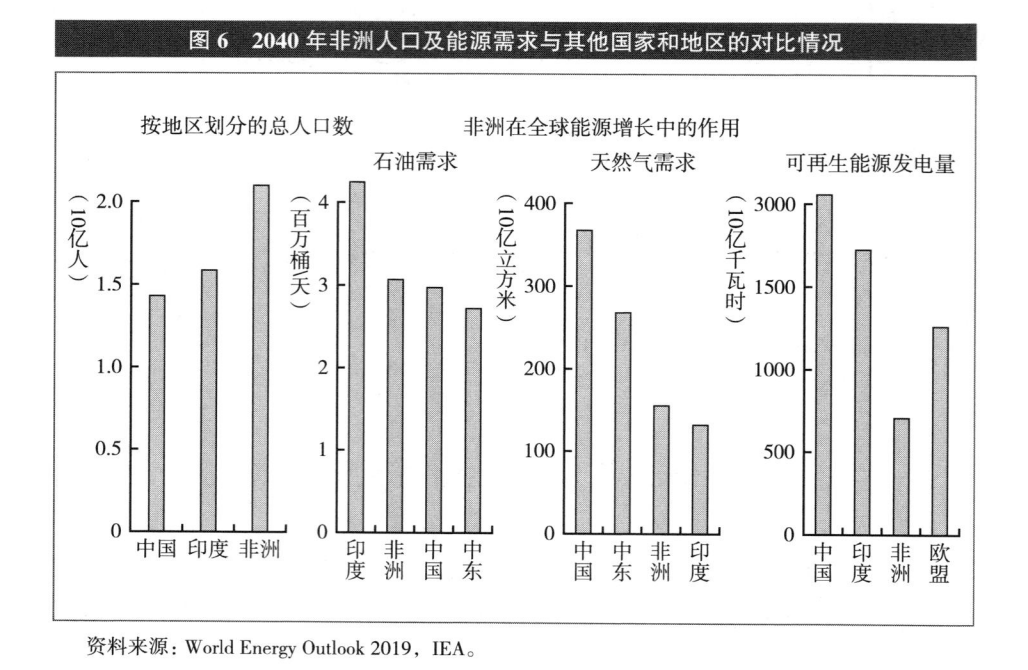

图 6　2040 年非洲人口及能源需求与其他国家和地区的对比情况

资料来源：World Energy Outlook 2019，IEA。

有效的能源政策选择不仅对于实现非洲大陆的增长目标（包括非洲联盟《2063年议程》中提到的目标）至关重要，而且对于支持其他经济和发展目标也至关重要。这些目标包括：建立一个可持续的能源系统；管理快速的城市化步伐；扩大工业能力；并使非洲大陆自然资源的价值最大化。作为《2063年议程》愿景的具体体现，国际能源署（IEA）的非洲案例中纳入了以可持续和包容的方式建设非洲能源部门的政策。与既定政策设想相比，实现《2063年议程》的目标并不一定需要更多的能源密集型经济体，因能源效率的大幅度提高，能源需求增长压力缓解。电力需求的增加主要由可再生能源满足。

三 非洲面临气候变化和环境污染问题

非洲当前的能源结构导致环境污染问题严峻，对气候变化的适应能力弱。2013年，非洲超过85%的人口生活在大气中PM2.5的含量超过世界卫生组织的指导标准的环境中。与生物质能低级利用密切相关，撒哈拉以南非洲近五年PM2.5的浓度上升了近60%，非洲PM2.5的排放量占全球的25%。根据世界卫生组织的监测数据，喀麦隆、乌干达有多个城市PM2.5严重超标。虽然非洲地区并非温室气体的主要排放区，但因其对气候变化的敏感性与脆弱性，易造成恶劣影响。如果全球升温1.5℃~2℃，那么非洲适于玉米、小米和高粱等生长的耕地中将有40%~80%不再适宜耕种。

相比其他大陆，非洲并不应该对全球气候变化承担主要责任，却因气候变化导致的不良后果而受害。数据显示，非洲的生态系统已因气候变化受到严重影响，其食物、健康和经济安全也因之暴露于更大的风险中。随着人口数量的增加和平均气温的升高，非洲约有5亿人口将被迫生活在需要采取降温措施才能生存的地区。显然，为了更好地应对气候变化，非洲国家在制定能源基础设施方案时应将气候变化因素的影响考虑在内。

美国健康效应研究所发布的《2019全球空气状况》报告（基于2017年的数据）显示，2017年因长期暴露于室外和室内空气污染，全球死于中风、心脏病、肺癌、糖尿病和慢性肺病的人数达到近500万。包括孟加拉国、印度、尼泊尔和巴基斯坦在内的南亚部分国家是世界上空气污染最严重的地区，这些国家正在经历自2010年以来最严重的空气污染，相关死亡人数超过150万。位于撒哈拉以南非洲的尼日尔、尼日利亚和喀麦隆则面临着全球第二高的空气污染人口暴露水平。

PM2.5暴露量第二高的区域是撒哈拉以南非洲西部，其中尼日尔（94ug/m^3）、喀麦隆（73ug/m^3）、尼日利亚（72ug/m^3）、乍得（66ug/m^3）和毛里塔尼亚（47ug/m^3）的暴露率最高。北非和中东国家也达到同样高的水平，例如卡塔尔（91ug/m^3）、沙特阿拉伯（88ug/m^3）、埃及（87ug/m^3）、巴林（71ug/m^3）、伊拉克（62ug/m^3）和科威特（61ug/m^3），该区域内其他国家和地区的PM2.5暴露量在30~60ug/m^{3}之间。

经济合作与发展组织的报告显示，空气污染问题已成为非洲人最严重的健康隐患，每年给非洲造成的经济损失约为4500亿美元。报告分析，造成非洲空气污染的原因很多，如露天焚烧垃圾，汽车未安装催化转换器，工厂位于市中心，由于电力缺乏人们被迫使用木柴、煤炭等燃料。报告认为，非洲大陆的快速城市化进程是造成空气污染的主要原因，道路交通、电力生产、工业发展排泄了大量污染物。此外，撒哈拉沙漠吹来的沙尘暴以及森林火灾加剧了非洲城市的空气污染。目前，尼日利亚、埃塞俄比亚和埃及这三个非洲人口大国是受空气污染最严重的国家。更令人担忧的是，非洲国家在空气污染问题加重的同时，还面临贫穷、公共健康、饮用水安全问题、营养不良等多重挑战。

非洲因空气污染造成的死亡人数随着城市人口规模的持续扩大而上升。1990~2013年，整个非洲大陆因环境颗粒物污染造成的死亡人数增加了39%，1990年死亡人数仅有相对较低的18万人，到2013年则达到25万人。在此期间，家庭空气污染造成的死亡人数也增长了13%，从1990年的40万人增至2013年的45万多人。就整个非洲而言，截至2013年，环境颗粒物污染导致人口过早死亡带来的经济损失约为2150亿美元，家庭空气污染导致过早人口死亡带来的经济损失约为2320亿美元。

四 非洲可以走出一条能源可持续发展道路

（一）非洲是全球最具发展潜力的地区

近年来非洲经济高速增长，已成为世界经济的重要增长极，其经济增速有望长期保持在较高水平。非洲清洁能源资源得天独厚，水能、风能、太阳能资源量分别占全球的12%、32%、40%，地热能、海洋能和生物质能资源也十分丰富，大规模开发清洁能源是实现非洲经济社会可持续发展的必然选择。通过能源互联互通，构建跨国跨区清洁能源配置平台，可实现清洁能源的大规模开发、优化配置和高效利用。非洲人口增长、城市化和快速工业化将决定非洲未来的能源消费模式。非洲大陆的可持续能源前景需调整能源结构，更多地转向可再生能源。如能成功，非洲大陆的经济才有可能在能源需求增加一半的情况下实现经济水平增长4倍。

由于技术进步和资源禀赋的优势，非洲拥有独特的利用可再生能源和天然气等清洁能源的发展机会。得益于能源效率和清洁能源占比的提高，非洲地区成功的能源结构转型既不会消耗大量能源，也不会产生更多的二氧化碳排放量，如图7所示。但是要实现这个目标，非洲电力部门的投资将增加近4倍，达到每年约1200亿美元。构建可靠的电力系统将需要大量的投资，调动资本将是非洲未来一段时间的一项艰巨任务，需要非洲各国政府通过采取适当的政策措施，通过多种途径实现融资目标。

（二）非洲比全球其他任何地区都更有机会寻求一条低碳的发展道路

要实现低碳发展，就必须大量利用太阳能、风能、水力、天然气，还要大幅提高能效。非洲拥有地球上最丰富的太阳能资源，但迄今为止仅安装了500万千瓦的太阳能发电装置，仅占全球太阳能发电量的1%，还有极大的增长空间。如果非洲各国政府都能注重清洁能源技术，采取相应的激励措施，到2040年，太阳能发电将成为非洲最大的电力来源。为了更好地预测非洲能源的长远发展趋势，国际能源署在《非洲能源展望》中还单独增加了一个新

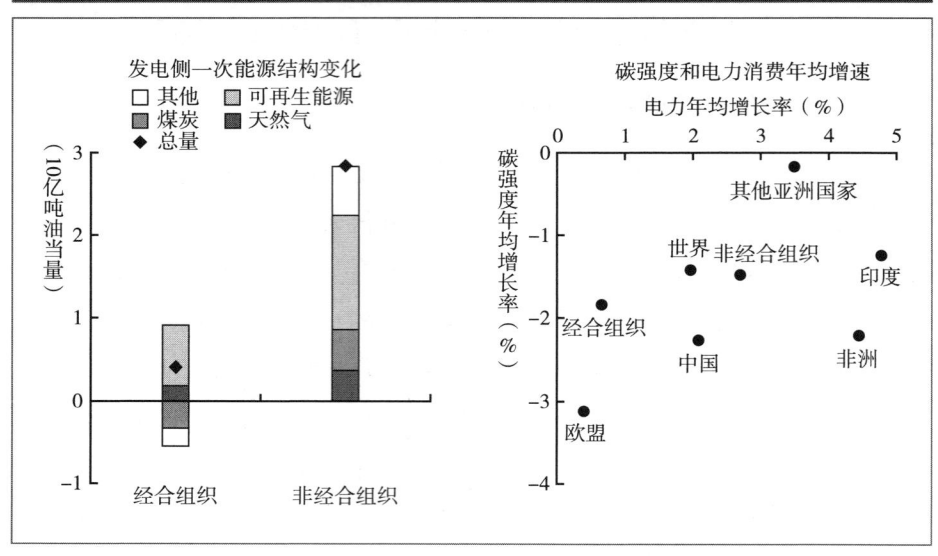

图7 2017~2040年发展中经济体电力需求增长情况

资料来源：《BP世界能源展望2019》。

的情景模式——"非洲模式"。该分析将时间框架延展到2063年，并基于非洲各国领导人自己制定的经济和工业发展战略框架进行分析。根据这个预测，未来20年，非洲经济增长势头将远高于基于既定政策情景的预测结果。但化石能源需求降低，主要源于能效政策的推行和非洲人生活方式的改变。

根据非洲的现状，能源转型在非洲的开展相对其他地区而言将更有优势。非洲当前的电力需求为7000亿千瓦时，其中北非和南非占需求总量的70%。但根据《世界能源展望》预测，到2040年，其他非洲国家的电力需求增长更迅速。在既定政策情景下，非洲电力需求将翻番，超过16000亿千瓦时；在非洲模式下，将达到23000亿千瓦时，多数增量源自生产和新兴中高收入家庭需求。其中，可再生能源发电和天然气发电将占主导地位。

既定政策情景下，非洲的煤电份额将略减，天然气和可再生能源发电将增加；而在非洲模式下，煤电将大幅减少，可再生能源发电占比出现显著提高，尤其是太阳能、水力、风能、地热等可再生能源发电增长迅猛。太阳能发电装机容量将年增1500万千瓦，2040年达到32000万千瓦，光伏发电超过水力和天然气发电,成为非洲最大的发电来源;风能也不遑多让,尤其是埃塞俄比亚、肯尼亚、塞内加尔和南非等国家的风力发电量将大增;肯尼亚将在地热发电领域有所建树。

(三)清洁能源是保障非洲能源供给的根本

一是生物质能和化石能源都不能满足非洲经济社会发展的需要。非洲当前用能以初级生物质能为主,效率低、污染大,难以适应现代工业发展需求。非洲化石能源储量有限且分布不均,石油探明储量仅占全球的6.9%,储采比仅为42,低于世界平均水平(53)。非洲石油资源的分布十分不平衡,利比亚、尼日利亚、安哥拉、阿尔及利亚四个国家的石油储量约占非洲石油总储量的85%,超过一半的非洲国家几乎没有石油资源。二是非洲具有得天独厚的清洁能源资源优势,丰富的水能、风能、太阳能适合大规模集中式开发。以清洁能源为主的能源格局符合非洲资源禀赋优势,仅开发部分优质清洁资源就能完全满足非洲需求。

要想实现非洲模式下的能源前景,非洲需要建立更可靠的供电系统,注重集/输/配电资产的投入。《世界能源展望》指出,非洲政府应优先考虑如何减少断电(非洲企业正常发展的主要障碍),如何减少电力损失,将损失率从当前的16%减至发达经济体的水平(10%以下),应建立非洲联合电力系统并强化区域电力市场等。电力是非洲清洁能源系统的核心。一是电能具有其他能源所不具有的特殊优势。从生产上看,90%以上的清洁能源都需要转化为电力才能使用;从配置上看,电能可以远距离、瞬时送至每个终端用户;从使用上看,电能可以较为方便地转换为其他形式的能源并实现精密控制。二是电气化促进工业化水平提升。非洲发展工业化,尤其是采矿、钢铁、化工、建材、有色等加工制造业,需要以电气化快速发展作为支撑。从中国经验看,在工业化发展阶段,每实现1个百分点的GDP增长就要伴随电力需求1.2~2.3个百分点的增长。按照非盟《2063年议程》提出的"制造业产值占国内生产总值的比重达到50%以上"的目标测算,2050年仅工业中制造业发展需要增加的电力消费就将达1万亿千瓦时以上。三是城市的发展需要电气化的支持，城镇化将推动电气化铁路、电动汽车等交通领域，公共和民用领域，商业、物流等服务业领域用电快速增长。

要加快实施电力互联互通，形成清洁、安全、稳定的能源发展格局。基础设施是国民经济发展的基石，能源电力是最重要的基础设施，提高能源电力互联互通对经济发展具有强大的促进作用。非洲清洁能源资源丰富、品种多样、开发潜力巨大，但是国家间分布不均衡，尤其一些内陆国能源相对匮乏，迫切需要以互联互通实现互济互补。目前，非洲跨国电网互联以交流为主，互联电压等级低，交换容量小，除北部和南部非洲外，其他区域互联程度低。能源电力的互联互通可实现清洁资源的大规模开发和大范围配置，将资源优势转化为经济优势。

随着世界新能源行业发展日趋成熟，发达国家新能源领域的发展推动了技术进步，有效降低了新能源的电力成本，新能源相比于传统能源竞争力在不断提高，这为新能源在非洲市场的发展提供了很好的成本保障。

（四）非洲各国政府高度重视能源电力的保障支撑作用

绝大多数国家发布了清洁能源开发和节能减排等发展目标。坦桑尼亚、卢旺达和尼日尔等国设立了在2050年之前实现100%清洁能源的宏伟目标。近30个国家设定了明确的电力可及率发展目标，南非、肯尼亚、科特迪瓦等国预期于2020年左右实现100%电力可及率，安哥拉、加纳、埃塞俄比亚等10个国家决心在2030年前后解决无电人口用电问题。同时，非洲各国政府的清洁发展愿望迫切，为实现这些目标，非洲各国也出台了一系列政策鼓励清洁能源发展及输配电网建设，如补贴电价、电力容量拍卖、鼓励可再生能源独立发电商、实行农村电气化行动、配电网合作投资等。

（五）政治局势日趋稳定，人口红利不断释放，营商环境持续向好

依托丰富的矿产资源和清洁能源资源，非洲正迎来以工业化、城镇化和区域一体化为特征的新机遇，这对非洲能源电力发展提出了新的更高要求。加快开发清洁能源资源，形成以清洁能源为主、互联互通的能源格局，是破

解非洲能源短缺困局、保障非洲能源安全可靠供给、实现非洲可持续发展的必由之路。

五 中国发展为非洲提供经验借鉴

基建仍是非洲最大的痛点，现在的非洲正面临 9000 亿美元的基础设施缺口，基础设施的严重缺乏使非洲的经济无法快速成长。在过去的几十年中，许多非洲国家见证了中国经济的快速发展，并寄予厚望，希望自己的国家能够效仿这一模式，走上繁荣的道路。

电力行业投资是"一带一路"建设的优先领域，也是中国对非洲投资的重要组成部分和引领中资企业走向非洲的风向标。近年来，在"一带一路"倡议的带动下，中国对非洲电力投资的规模持续扩大，中非双方的合作领域不断拓展。中国在非洲电力行业的投资规模远远超过在其他国家的投资，投资项目几乎涵盖电力行业的所有领域。国际能源署 2016 年发布的研究报告显示，在撒哈拉以南非洲地区，2010~2020 年，中国企业承建的电力项目将超过 200 个，新增装机容量约为 1700 万千瓦，涉及 37 个国家和地区；同期，中国承包商将承建至少 2.8 万千米输配电线路，包括跨国输电线路、国家骨干电网、城市或农村配电网。2010~2015 年，中国公司承建了撒哈拉以南非洲约 1/4 的新电厂。

随着一个个大型项目在非洲的成功落地，中国电力企业的软实力得到了越来越多的认可。中国投资、承建的电力项目为大量非洲民众缓解乃至解决了能源贫困的"燃眉之急"，构成"一带一路"民心相通的有机组成部分。据估算，2010~2020 年，由于电网发展和发电装机容量的增加，非洲 1.2 亿人将通过接入电网获得电力，其中中国企业的贡献将达到 30%。截至 2018 年 9 月 6 日，中国已与非洲 37 个国家以及非洲联盟签署共建"一带一路"政府间谅解备忘录。基于"一带一路"倡议支持基础设施建设的核心理念，中国把对非电力投资作为一个重要且优先的合作议题。在 2015 年和 2018 年中非合作论坛期间，中方提出一系列促进中非能源电力合作的指导原则和政策利好，推动"一带一路"建设与非盟《2063年议程》、非洲各国的发展战略相互对接，为中国对非电力投资创造了诸多前所未有的有利条件。

中国加强与非洲国家的政策沟通，为中国的对非投资提供行政支持、营造良好氛围。一是与区域组织、部分国家签署了加强能源电力合作的谅解备忘录、联合声明等。例如，2018年9月，国家能源局与非盟签署了《中国—非盟加强能源合作谅解备忘录》，双方表示将在"一带一路"框架下共同推动《非洲基础设施发展规划》（PIDA）和非盟《2063年议程》旗舰项目，并筹建中国–非洲能源合作中心。二是充分了解非洲国家的发展诉求，帮助非洲加强电力领域的能力建设。例如，国家能源局与肯尼亚核电局、南非能源部在民用核能领域开展紧密合作，帮助两国培养核电人才，建设相关保障制度。三是推动并实施一大批条件成熟的非洲电力项目，并积极协调"三行一保"（国家开发银行、中国进出口银行、中国工商银行和中国出口信用保险公司）机制及中非发展基金、中非产能基金等股权投资机构提供融资支持。

中国在清洁能源发展和互联互通方面取得了举世瞩目的成就。非洲的发展目标也是建立清洁能源大规模开发、输送、配置和使用的平台，构建互联互通、共建共享的现代能源体系。借鉴中国的发展经验，在能源开发侧实施清洁替代，以太阳能、风能和水电等清洁能源替代化石能源，在能源消费侧实施电能替代，以电代煤，以电代油，以电代气，从而提高电气化水平，降低能源强度，提高能源效率，有效地解决资源紧张、环境污染和气候变化问题，为工业化发展提供可靠的能源保障。

基础报告

Basic Reports

摘　要： 本部分系统分析非洲的能源资源情况，分别对化石能源和可再生能源的资源禀赋进行梳理。非洲拥有丰富的化石能源和可再生能源，但能源的开发和利用水平很低。非洲大陆化石能源储量丰富，2018年探明的原油储量占全球的7.2%，天然气储量占全球的7.3%。同时，还有超过100亿千瓦的太阳能发电潜力、3500万千瓦的水电潜力、1100万千瓦的风电潜力，以及2000万千瓦的地热发电潜力。我们在此基础上对非洲电力发展的供需格局和发展前景进行研究。非洲大陆的电力发展处于极低的供应水平，存在发电成本高、能源供应不稳定、通电率低等问题。到2040年，人均电力需求将从目前的185千瓦时增加到430千瓦时以上。虽然目前非洲可再生能源发电比重较小，但发展优势明显，再加上全球可再生能源成本加速下降，非洲可望成为可再生能源成本最有竞争力的地区。非洲各国高度重视能源一体化，为电网互联互通奠定了良好的基础。实现非洲的可持续发展，关键是要开发和利用好丰富、优质、集中的清洁能源，大力提升电气化水平，加快实施互联互通，形成清洁、安全、稳定的能源发展格局。

关键词： 资源禀赋　可再生能源发电　电气化水平

非洲能源概况

非洲拥有丰富的化石能源和可再生能源,但能源的开发和利用水平很低。化石能源储量丰富,2018年探明的原油储量占全球的7.2%,天然气储量占全球的7.3%。同时,非洲大陆有超过100亿千瓦的太阳能发电潜力、3500万千瓦的水电潜力、1100万千瓦的风电潜力,以及额外的2000万千瓦的地热发电潜力。

一 化石能源

非洲拥有丰富的化石能源,化石能源是众多国家收入和经济增长的重要来源。撒哈拉以南非洲[①]拥有非洲大陆大约一半的石油和天然气资源,以及几乎所有的煤炭资源。非洲技术上可开采的剩余石油资源约有4500亿桶,约占全球石油资源的7%;可开采的剩余100万亿立方米天然气资源占世界天然气资源的13%。煤炭资源相对较少,主要集中在莫桑比克。

(一)石油

截至2018年底,非洲探明的原油总储量为166亿吨,主要分布于西非几内亚湾地区和北非地区。北部和中部非洲11个国家的储量占全部非洲的97.6%,阿尔及利亚、安哥拉、乍得、刚果(金)、埃及为非洲原油储量居前五位的国家。自20世纪90年代中期以来,随着非洲政治形势的改善,勘探

---

① 撒哈拉以南非洲:指撒哈拉沙漠以南的非洲地区。与这一概念相对应的是"北部非洲"(通常被认为是阿拉伯世界的一部分)。索马里、吉布提、科摩罗和毛里塔尼亚地理上属于撒哈拉以南非洲,但也是阿拉伯世界的一部分。

对外国石油公司来说更具吸引力，石油储量增长尤其迅速，其在全球储备中所占的份额从1993年的5.9%上升至2018年的7.2%。

2008~2018年，非洲石油年产量由4.91亿吨降至3.89亿吨，约占全球原油产量的8.7%。尼日利亚是非洲地区第一大产油国，尼日利亚、利比亚、阿尔及利亚和安哥拉四个国家的石油产量约占非洲总产量的73.5%。尽管非洲是主要的原油出口地，但由于石油需求不断增长，且产量下降，非洲现在已经超过北美成为世界上最大的汽油进口地区，也是仅次于欧盟的第二大柴油进口地。

从2014年开始的石油价格暴跌使许多生产者的出口收入大幅下降，他们对非洲上游部门的投资严重减少。近年来，油价虽已再度上涨，但据IEA预测，2040年非洲石油日产量将为820万桶，略低于目前的水平。

（二）天然气

非洲大陆拥有丰富的天然气储量，截至2018年底探明储量达14.4万亿立方米，主要集中在非洲北部和西部，阿尔及利亚、利比亚、埃及和尼日利亚四国储量占非洲总量的91.8%。

非洲的天然气产量在21世纪初迅速增长，尼日利亚的强劲增长为此做出了巨大贡献，该国石油产量的增长伴随着大量伴生气。埃及重视天然气的使用，2018年该国产量为2000年的3倍。毛里塔尼亚和塞内加尔的海上天然气、南非南部海岸凝析气藏等新发现有可能进一步提高非洲未来的天然气产量。

天然气在全球能源体系中的份额在不断上升，但在撒哈拉以南非洲地区，天然气在能源发展中并没有发挥重要作用，仅占能源结构的5%，是世界上比例最低的地区之一。天然气作为一种可靠的基本能源，在非洲的能源结构中具有重要的潜力。据IEA的既定政策，撒哈拉以南非洲地区的天然气需求将增长2倍以上，到2040年达到1000亿立方米。

（三）煤炭

非洲煤炭资源相对较少，占世界总量的1.3%。其中，南非煤炭储量为 98.9 亿吨，占非洲储量的 74.9%。2018 年，南非的煤炭产量为 2.5 亿吨，占非洲产量的 90% 以上，在世界上仅次于中国、印度、美国、印度尼西亚、澳大利亚和俄罗斯。该国生产的煤炭约 2/3 在国内市场消费，其余大部分通过理查兹湾煤炭码头出口。莫桑比克于 2010 年开始煤炭生产，是非洲第二大煤炭生产国。博茨瓦纳和津巴布韦等国也在致力于增加煤炭产量。

二 可再生能源

可再生能源包括太阳能、风能、地热、生物质能、水能和潮汐能等。对这些能源的利用通常不会产生温室气体和其他污染排放。非洲拥有丰富的可再生资源，这有利于非洲大陆采用创新的、可持续的技术，并在塑造可持续能源方面发挥领导作用。下面介绍几种可再生能源。

（一）水能

非洲大型河流资源丰富，水电潜力约占世界总水电潜力的 12%。刚果河、尼罗河、尼日尔河、赞比西河和奥兰治河为非洲五大河流，其中尼罗河为世界第一大河，刚果河的流域面积和流量位居世界第二位，仅次于亚马逊河（见表 1）。

表 1 非洲主要水能资源

单位：亿千瓦时/年

河流	水能
刚果河流域	7740
尼罗河流域	2600
赞比西河流域	380
尼日尔河流域	100

资料来源：African Development Bank Group，2014。

（二）太阳能

非洲全年太阳辐射强度为 5~7 千瓦时 / 米 ^{2}，太阳能资源潜力占全球的 40%。各地日照分布均匀，超过 80% 的非洲地区每年每平方米可接收约 2000 千瓦时的阳光。这使得太阳能能输送到非洲大部分地区，减少非洲对昂贵的大规模电网设施的依赖。

据估计，非洲太阳能的潜在容量高达 100 亿千瓦，大部分地区每年受明亮阳光辐照超过 300 天，是德国平均水平的 2 倍，而德国的太阳能产业已经蓬勃发展。

（三）风能

非洲的风能开发潜力巨大，但与太阳能资源相比，风能分布并不均匀。北部、南部和东部非洲的风力发电潜力相对较大，风能占全球的 32%。风力发电发展较好的区域是靠近非洲大陆北部和南部的沿海地区、山脉和其他自然通道。非洲许多国家的风力条件良好，风能主要分布于埃塞俄比亚、肯尼亚、阿尔及利亚、南非、毛里塔尼亚、坦桑尼亚等国。考虑到每秒 7 米的风速是风电机组有效运行的最低要求，具备风电开发潜力的只有摩洛哥、埃及、突尼斯、南非和坦桑尼亚。据非洲发展银行估计，到 2020 年风力发电可以为非洲增加约 850 万千瓦的能源生产力。

（四）地热

地热是地球内部的热量，可以以蒸汽和热水的形式回收，用于发电和其他直接用途。非洲可用于发电的地热主要集中在东非大裂谷，而可直接利用的低温资源则遍布整个大陆。

东非大裂谷是地球的主要构造之一。在这里，地球内部的热能通过火山喷发、温泉和天然喷气孔等传到地表。东非大裂谷北起中东（死海—约旦河谷），延伸到南部的莫桑比克，总长度约 6500 公里。东非大裂谷途经厄立特里亚、吉布提、埃塞俄比亚、肯尼亚、坦桑尼亚、乌干达、卢旺达、刚果（金）、赞比亚、马拉维、莫桑比克等国。非洲开发银行估计非洲大裂谷的地热资源潜力超过2000万千瓦，非洲地热资源潜力大的国家主要有肯尼亚（700万~1000万千瓦）、埃塞俄比亚（超过500万千瓦）与吉布提（100万千瓦）。

非洲电力发展情况

非洲电力的基础设施呈现"两极强、中间弱"格局。"两极"指的是地中海沿岸的北部非洲（主要是埃及、利比亚、阿尔及利亚和摩洛哥等）和南部非洲（主要是南非）；"中间"指的是其他位于非洲中部的国家。

自2000年以来，由于非洲地区经济增长，能源需求总量增长了45%，电力需求强劲增长，同时电力供应严重不足。根据国际能源署的评估，超过6.45亿非洲人无法获得电力。撒哈拉以南非洲地区约6亿人（占总人口的50%）为无电人口，人均耗电量是所有大陆中最低的，估计每年为181千瓦时，与欧洲每年6500千瓦时和美国每年13000千瓦时的人均用电量相比显得微不足道。据估计，能源行业的瓶颈和电力短缺每年将影响非洲2%~4%的GDP增长。

一 非洲电力供需格局

（一）电力供应

非洲大陆的电力供应处于极低的水平，存在发电成本高、能源供应不稳定、通电率低等问题。

截至2018年，北非几乎实现了电力普及，但撒哈拉以南非洲地区的电气化率仅为45%（非洲西部约为47%，东部为23%，中部约为25%，南部为43%）。与世界其他发展中国家相比（如亚洲发展中国家的电气化率平均达到94%），撒哈拉以南非洲地区的电气化水平仍然很低。撒哈拉以南非洲地区缺乏电力供应的人口近80%在农村，这是在制定适当的能源获取战略和技术解决方案时一个重要的考虑因素。

尽管接入率相对较低，但撒哈拉以南非洲地区近年来电气化进程加快，并取得了进展。其中，首次用上电的人口数量从 2000~2013 年的 900 万，增长到 2014~2018 年的超过 2000 万，增加了 1 倍多，首次超过了人口增长的速度。2013 年，撒哈拉以南非洲地区的无电人口数量达到 6.1 亿的峰值，随后在 2018 年缓慢下降至约 5.95 亿。该地区现在面临双重挑战——让目前无电力接入的 6 亿人和每年出生的数百万人用上电。

2010~2018 年，非洲的发电量由 6700 亿千瓦时增加到 8700 亿千瓦时（见图 1）。尽管非洲拥有大量可再生能源资源，但能源消费仍然依赖石油和天然气以及传统的生物质燃烧。2018 年，天然气发电和煤炭发电分别占总发电量的 40% 和 30%，水力发电占 16%，石油发电占 9%（见图 2）。不同区域存在巨大的差异，在北部非洲，天然气发电占发电量的 3/4 以上。相比之下，南非严重依赖煤炭，对核能的依赖程度也不高，而在除南非以外的撒哈拉以南非洲地区，水力发电占发电总量的一半以上，石油和天然气发电也很占大部分。撒哈拉以南非洲地区（南非除外）的非水电可再生能源在 2010~2018 年增长了 250%，2018 年在所有可再生能源中占比略高于 7%，发电量占总发电量的

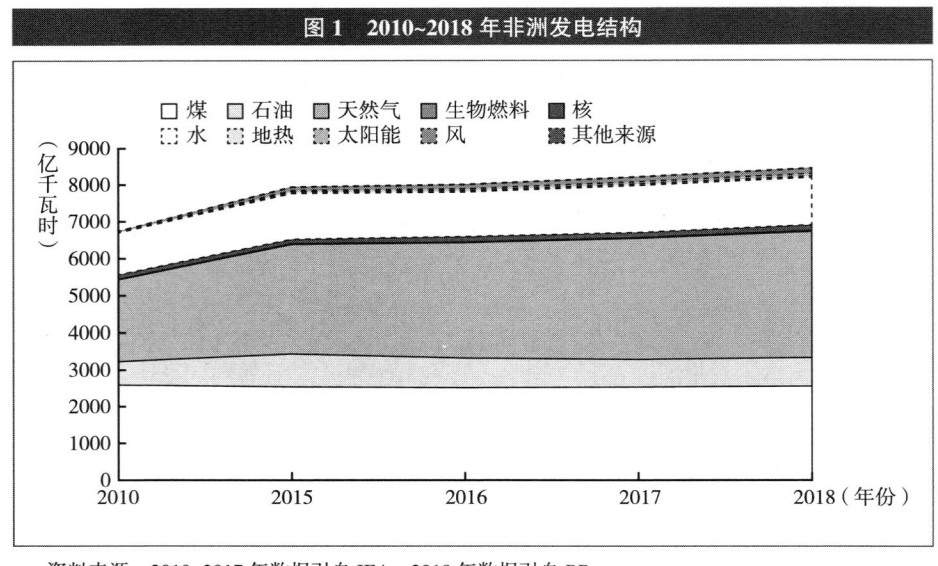

图 1　2010~2018 年非洲发电结构

资料来源：2010~2017 年数据引自 IEA；2018 年数据引自 BP。

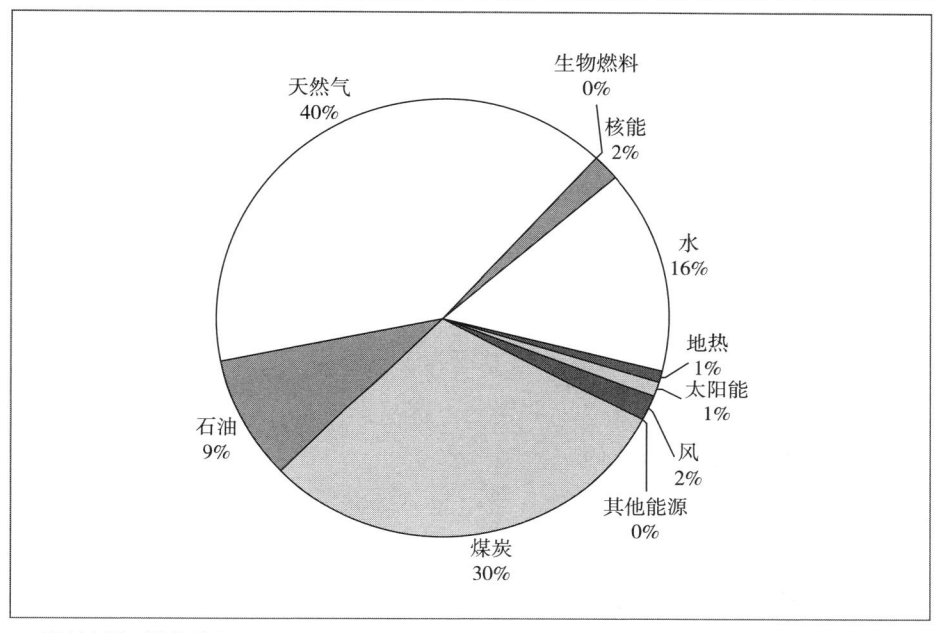

图 2 2018 年非洲不同能源发电占比

资料来源：数据引自 BP，2018。

4%。

虽然目前非洲可再生能源发电所占比重较小，但未来发展优势明显。风能、太阳能、地热、生质能等资源相当丰富，加上全球可再生能源成本下降的趋势加速，非洲有望成为可再生能源成本最有竞争力的地区。电力系统发展相当落后，反而使得非洲有机会跳过集中式能源阶段，在许多无电力供应地区直接发展分布式的可再生能源，有效填补电力缺口。

1.煤电

在非洲使用燃煤发电的主要有南非、摩洛哥、坦桑尼亚三国。除摩洛哥在2018年煤电装机量增长48%以外，南非和坦桑尼亚煤电装机增量微弱。2018年，南非的煤电装机量为4196.3万千瓦，摩洛哥为428.1万千瓦，坦桑尼亚为7400千瓦。同时，燃煤电站成本居高不下，2019年，非洲的煤电装机建设成本在1300~2100美元/千瓦之间，远高于全球990美元/千瓦的均价。

2015~2018年，南非和摩洛哥的煤电发电量持续增长，坦桑尼亚则有所降低。南非2018年的煤电发电量为2121亿千瓦时，摩洛哥为192亿千瓦时，坦桑尼亚为3700万千瓦时。

2.天然气发电

由于政府推出补贴政策，2015~2018年，阿尔及利亚、安哥拉、埃及、加纳、莫桑比克、尼日利亚、坦桑尼亚的气电增长显著。南非和摩洛哥三年中无新增装机。2018年，阿尔及利亚气电装机量为1883万千瓦，安哥拉为25万千瓦，埃及为4767万千瓦，加纳为189.6万千瓦，摩洛哥为83万千瓦，莫桑比克为68.9万千瓦，尼日利亚为1188.7万千瓦，南非为423.8万千瓦，坦桑尼亚为109.2万千瓦。2018年，除埃及以外，其他国家的装机成本在1300~2000美元/千瓦之间。

2015~2018年，除南非天然气发电量不断减少外，其他国家均为增长。据统计，2018年，阿尔及利亚的天然气发电量为7323.8亿千瓦时，安哥拉为4.4亿千瓦时，埃及为17038.8亿千瓦时，加纳为514.9亿千瓦时，摩洛哥为547.7亿千瓦时，莫桑比克为318.4亿千瓦时，尼日利亚为2857.6亿千瓦时，南非为103.9亿千瓦时，坦桑尼亚为401.8亿千瓦时。

3.水电

非洲是世界上拥有尚未开发的水力发电潜力最大的地区，现只有11%得到利用，远低于世界平均水平（25%）。据世界水电协会统计，2018年非洲新增水电装机101万千瓦，总装机容量达到3630万千瓦，图3列出了超过100万千瓦装机容量的国家。

非洲联盟和非洲开发银行支持的《非洲基础设施发展计划》（PIDA）将水电开发作为优先事项，并与区域电力互联。据PIDA估计，2040年之前，该区域的总发电能力需要每年增长6%，以满足日益增长的电力需求。在未来的两到三年中，非洲的水电装机容量有望增长约470万千瓦。

非洲水电资源分布特别不平衡，从区域分布上来看，已投运的水电站主要分布在非洲南部、北部和西部。非洲水电技术可开发装机容量为3.5亿千瓦，其中刚果（金）拥有其中50%的潜在资源，安哥拉、喀麦隆、埃塞俄比亚和

图 3 2018 年非洲部分国家水电装机容量

资料来源：世界水电协会，2019。

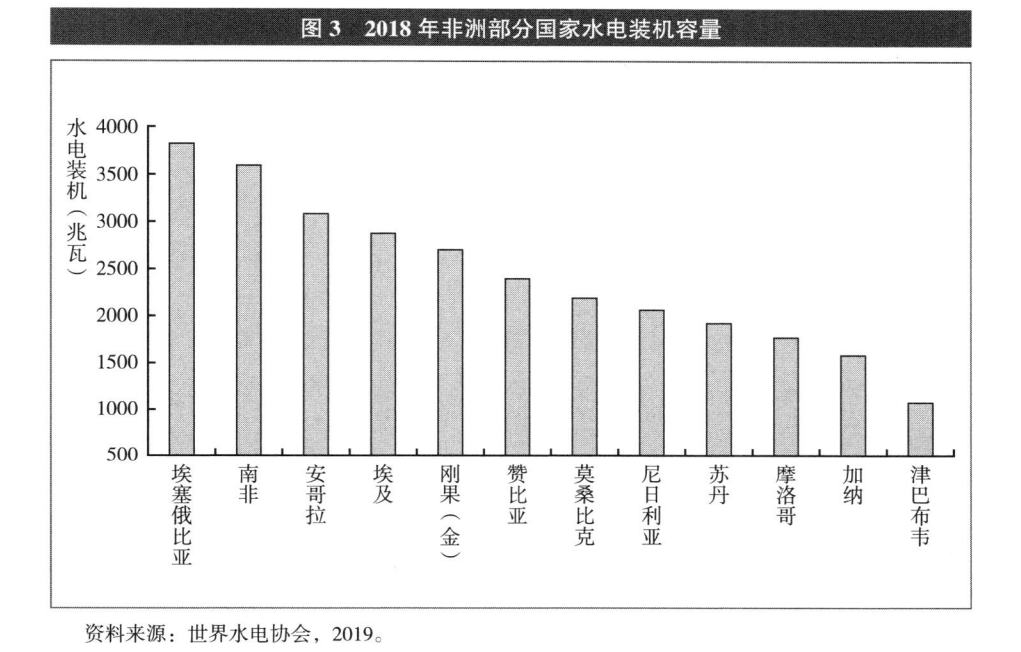

加蓬四国拥有 33%，而整个撒哈拉以南非洲的全部技术可开发装机容量只有 17%。

小水电作为水电的补充，是一项发展前景良好的小型可再生能源技术，有助于农村地区通电状况的改善。而且小水电投资相对较少，可凭借清洁、高效、安全的优势达到电气化的最终目的。自主发电和易于恢复的微型电网，有助于分散独立的小群体的社会经济长期发展，且电价回报率高。国际小水电中心将 1 万千瓦以下的装机容量定义为小水电，根据该定义，目前全世界已安装运行的小水电的装机容量为 7.8 亿千瓦，理论蕴藏量为 21.7 亿千瓦，开发率约为 36%。而在非洲，已安装的小水电装机容量为 58 万千瓦，理论蕴藏量为 1.2 亿千瓦，开发率大约为 0.5%，未来开发空间巨大。非洲地区的小水电主要分布在东部、西部和中部，集中在肯尼亚（300 万千瓦）、埃塞俄比亚（150 万千瓦）、莫桑比克（100 万千瓦）、安哥拉（86 万千瓦）和加纳（124 万千瓦）等国。

据非洲能源门户网站统计，2018 年非洲地区利用水力发电的共有 41 个国家，年发电量超过 10 亿千瓦时的有 22 个国家，年发电量超过 100 亿千瓦时的国家共有 5 个，由多到少依次为莫桑比克（160.6 亿千瓦时）、埃及（138.6 亿千瓦时）、埃塞俄比亚（114 亿千瓦时）、赞比亚（112.8 亿千瓦时）、刚果（金）（105.2 亿千瓦时）。

4.太阳能发电

太阳能在非洲的潜在装机容量最大，占据全部潜在技术可装机容量的 90% 以上，可以说取之不尽、用之不竭。埃及、南非、埃塞俄比亚和肯尼亚是非洲太阳能潜在资源最丰富的国家，而且仅太阳能一项足以满足 2030 年之前的电力需求。

随着铺设的太阳能设备不断增加，非洲太阳能产业（微太阳能、小型家用太阳能、小格太阳能）发展迅猛。作为世界上最大的太阳能市场之一，非洲正努力应对因依赖进口而造成的巨大经济损失。在电力供应得到大幅度改善并足以支持非洲各国制造业之前，太阳能的利用仍将依赖进口。目前，非洲国家呼吁简化太阳能产品进口流程，从而使相关贸易更加便利。

非洲太阳能发电装机主要分布在北部非洲和南部非洲。2018 年，非洲太阳能装机总量超过 10 万千瓦的依次为南非（295.9 万千瓦）、埃及（77 万千瓦）、摩洛哥（73.6 万千瓦）、阿尔及利亚（43.5 万千瓦）、塞内加尔（13.4 万千瓦），其他国家的装机量则较少（见图 4）。

在太阳能发电并网方面，南非是责无旁贷的领头羊。早在 2011 年，该国就出台了可再生能源独立电力生产商采购计划（REIPPPP）。该计划的项目招标过程公开透明，吸引了全世界投资商的目光。目前，该计划已经产生了超过 140 亿美元的私人投资，开发了 6327 兆瓦的风能和太阳能。南非科学和工业研究委员会（CSIR）建议南非 2016~2040 年应通过重点发展太阳能、风能和天然气来优化能源结构，而不是依靠新煤电和核电。2012 年南非首个太阳能电站落成，2014 年南非凭借 50 万千瓦已装机的太阳能电站跻身全球前十位的太阳能发电国家行列。目前，南非拥有槽式光热电站 Kathu（10 万千瓦）、塔式光热电站 Khi Solar One（5 万千瓦）等多个太阳能电站。

非洲大陆迄今为止最大的用于公用事业的太阳能光伏项目——160 万千瓦 Benban 太阳能项目，2019 年在埃及开始服务并增加装机量。南非目前有

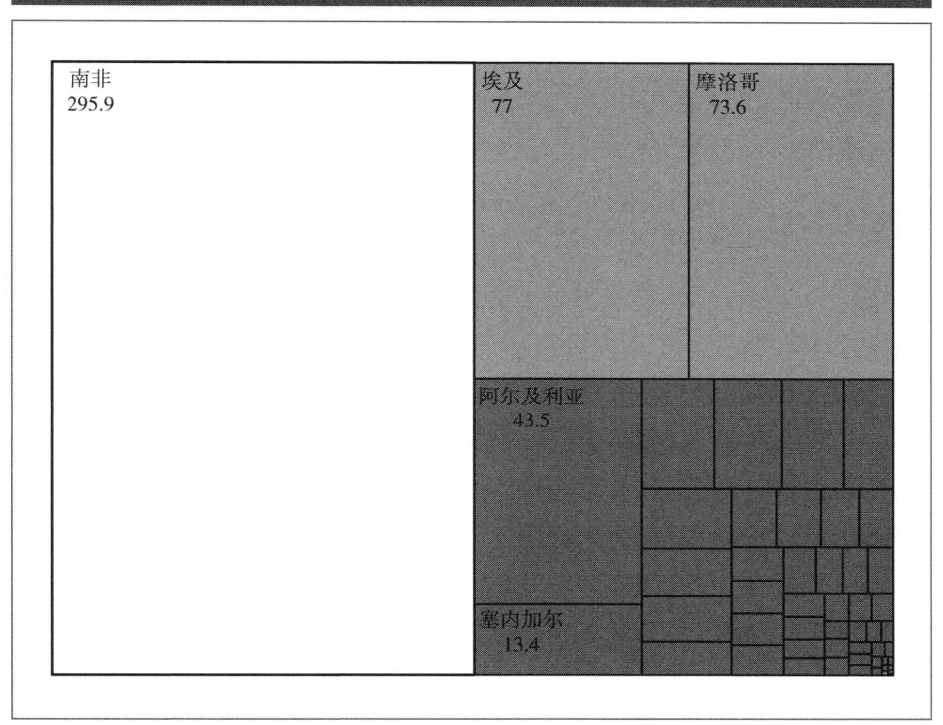

图 4　2018 年非洲太阳能发电装机量（万千瓦）

| 南非 295.9 | 埃及 77 | 摩洛哥 73.6 |

阿尔及利亚 43.5

塞内加尔 13.4

资料来源：非洲能源门户数据库，2019。

近 200 万千瓦的太阳能发电装机容量和一些集中式光热发电（CSP）项目，包括 100 兆瓦的西纳太阳能一号项目和 10 万千瓦的 IIanga-1 电厂，分别于 2017 年和 2018 年投产（IEA，2018）。这些项目使该国的 CSP 总装机容量达到 40 万千瓦，接近非洲 CSP 总装机容量的 40%。

5.风电

非洲的风能资源主要集中在沿海地区和东部高地。直到 2014 年南非市场开始腾飞之前，风能都是在北非和东非大规模开发的（见表 1）。撒哈拉沙漠及其以北地区，大部分是沙漠地形，地势平坦开阔，风速较高，基本在 6~7 米 / 秒以上。撒哈拉沙漠以南的陆上地区风力资源较为贫乏，风速较低，大部分地区在 5 米 / 秒以下，部分地区甚至不到 3 米 / 秒。撒哈拉以南非洲最具潜力的风电场站址，主要沿着南部和东部沿海区域以及东非大裂谷区域分布。安哥拉、乍得、索马里、南非和苏丹共占有66%的风电资源。其中，南非和索马里的风速高达9米/秒，而肯尼亚的风速达8.5米/秒。此外，莫桑比克、坦桑尼亚、安哥拉、南非和纳米比亚等国的海上风电潜力巨大。

表1 非洲的风能潜力

区域	总面积（平方公里）	CF[①]值大于30%区域的开发潜力（亿千瓦/年）	CF值大于40%区域的开发潜力（亿千瓦/年）
中部非洲	5317718	15767	5783
西部非洲	5006014	16922	588
东部非洲	6225847	308600	165805
南部非洲	6555480	100111	17073
北部非洲	6784934	225009	69199

资料来源：ESI非洲，2018。

风电装机主要分布在北部非洲、东部非洲和南部非洲。截至2018年，非洲有风电装机的国家共18个，其中大于10万千瓦的仅有6个国家，装机量由大到小依次为：南非（209万千瓦）、摩洛哥（122万千瓦）、埃及（112万千瓦）、肯尼亚（33万千瓦）、埃塞俄比亚（32万千瓦）、突尼斯（24万千瓦）。

6.地热发电

可用于发电的非洲地热资源主要集中于东非大裂谷、红海及西北非等地，马达加斯加、南非、赞比亚、肯尼亚、博茨瓦纳、埃塞俄比亚、坦桑尼亚和乌干达等国都拥有丰富的地热资源，部分国家如肯尼亚和埃塞俄比亚的潜在地热装机容量超过1000万千瓦，潜力十足。目前，肯尼亚正在大力发展地热发电技术，并且将技术和经验向周边的埃塞俄比亚、乌干达和坦桑尼亚推广。目前，肯尼亚的地热装机容量居全球第4位，由于近期地热电站高速建设，有望在未来三年内上升至第3位，仅次于印度尼西亚和美国。

---

① CF值指一年内风电机组以额定功率运行的比例，具体计算方法为：年发电量（千瓦时）÷装机容量（千瓦）÷8760（小时）。

2015年，非洲地热资源的直接利用（非发电利用）量约为6.8亿千瓦时，包括阿尔及利亚、埃及、埃塞俄比亚、肯尼亚、摩洛哥、南非和突尼斯等国，主要在农业和旅游业直接使用。2016年，非洲地热发电量为56.7亿千瓦时，肯尼亚为56.1亿千瓦时，埃塞俄比亚为0.6亿千瓦时。

虽然地热开发主要用于各国内部的电力市场，但如果地热潜力得到充分利用，也可以通过区域电力库使东非区域市场受益。吉布提、厄立特里亚、埃塞俄比亚、肯尼亚、坦桑尼亚和乌干达正在进行进一步的地热开发，目标是在2020年国家的发电量增加100万千瓦时。

受分布地域的局限，且地热技术推广难度大、成本居高不下，预计非洲全面推广地热发电的可能性较小。但是地热发电会在肯尼亚及其周边的埃塞俄比亚、乌干达和坦桑尼亚等具有丰富地热资源的国家高速发展。

7.核电

当前，非洲已经在核电方面具备一定的发展经验，如南非已有的核电装机容量达200万千瓦，拥有非洲第一个也是唯一一个商业化核电站。

目前，世界核电站建设方兴未艾。非洲国家在利用核能满足能源需求方面表现出非常大的兴趣，南非、肯尼亚、阿尔及利亚、埃及、尼日利亚、纳米比亚、尼日尔、加纳、塞内加尔、乌干达、摩洛哥、突尼斯、坦桑尼亚、苏丹都有发展核电的规划或意愿。虽然丰富的铀资源是非洲开展核电的优势，但是非洲的人才、技术和资金等劣势使核电建设任重而道远，短时间内难以实现。当然，南非、埃及、阿尔及利亚和肯尼亚等国相对而言条件充分，未来20年内建设核电站的可能性较大，南非更是正在进行核电站公开招标活动，而其他国家建设核电站的可能性较小。

（二）电力需求

根据国际能源署统计，2017年非洲电力总消费约为7000亿千瓦时（见图5），其中，南部非洲和北部非洲国家占了5000亿千瓦时。撒哈拉以南非洲国家（不包括南非）的电力需求增长最快，年均增长率为6.5%，是世界上增长最快的地区。该地区约有4.4亿有电人口，主要集中在城市。

图 5　2010~2017 年非洲电力消费情况

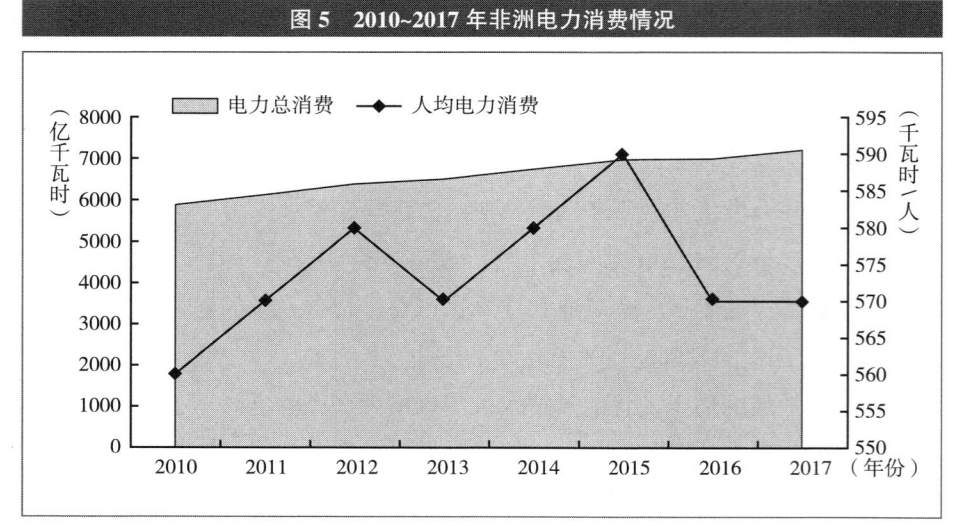

资料来源：国际能源署数据库。

2010~2017 年，住宅电力消费增长显著，增长了 30.4%，运输电力消费增长 28.9%，农林业电力消费增长 22.8%，商业及公共服务电力消费增长 18.7%，工业电力消费增长 11.7%（见图 6）。

图 6　2010~2017 年非洲电力消费情况

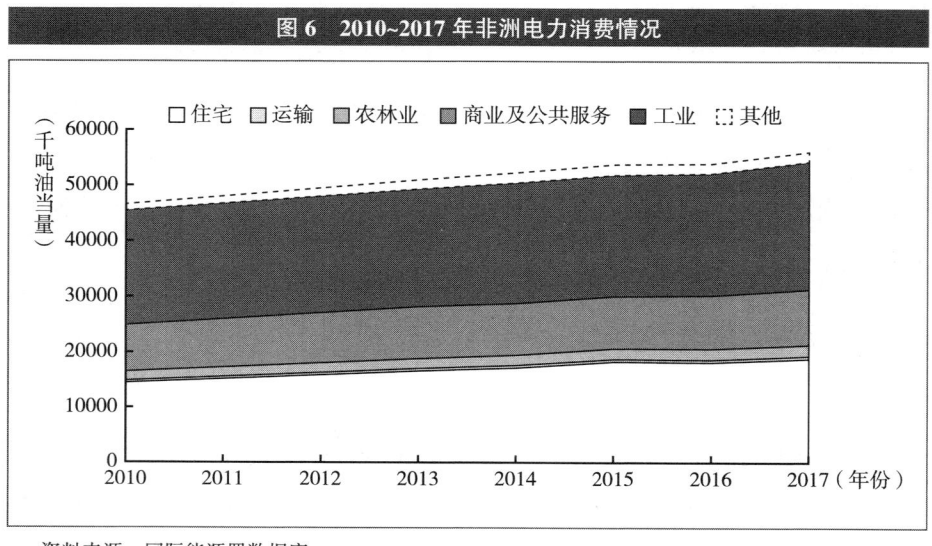

资料来源：国际能源署数据库。

二 非洲电力展望

（一）电力需求增长迅速

近些年，非洲的电力需求快速增长。2010~2018年，年均增长3%，从5600亿千瓦时增至7050亿千瓦时左右。2018年达到欧洲电力需求的1/5。电力约占非洲最终总能源消耗的10%，但人均电力需求仍然很低，约为550千瓦时（撒哈拉以南非洲为370千瓦时）。而印度为920千瓦时，亚洲发展中国家平均为2300千瓦时。

据国际能源署预测，在既定政策情景下，未来撒哈拉以南非洲国家（不包括南非）的电力需求增长最快，年均增长率为6.5%，是世界上增速最快的地区。预计到2030年，非洲分地区的用电量情况为：北部占52.4%，南部占25.2%，西部占7.9%，东部占10.3%，中部占4.1%。到2040年，撒哈拉以南非洲地区（不包括南非）的电力需求将达到7700亿千瓦时，人均电力需求将增加至430千瓦时。

到2050年，非洲的电力需求和最大负荷将分别是2015年的5.2倍和4.8倍。非洲的电力需求总量2015年为6144亿千瓦时，到2030年将增到1.5万亿千瓦时，2040年达到2.3万亿千瓦时，2050年达到3.2万亿千瓦时。据估计，2015~2030年、2030~2040年和2040~2050年的年均增速分别为6.1%、4.4%和3.3%。非洲最大的电力负荷将从2015年的1.2亿千瓦，增加到2030年的2.6亿千瓦、2040年的4.1亿千瓦、2050年的5.8亿千瓦，年均增速为4.6%。

2050年，非洲人均用电量将与20世纪70年代的世界平均水平相当，北部和南部非洲水平较高。2015~2050年，非洲人均用电量将由534千瓦时/年增至1322千瓦时/年，增长约1.5倍，2050年的水平相当于世界1972年的水平，并仍有持续上升空间。2050年，北部和南部非洲人均用电量将最高，分别为3500千瓦时/年和2600千瓦时/年，分别是非洲人均用电量的2.6倍和2.0倍。

（二）电力负荷中心集中分布

预计到 2050 年，北部和南部非洲的电力负荷占比较高，电力需求将分别增至 9600 亿和 9000 亿千瓦时，占非洲电力需求的比重分别为 30% 和 28%。

西部、东部和中部非洲的电力需求增速较快，2015 年分别占非洲总电力需求的 8.2%、5.9% 和 2.9%，2050 年占比将分别增至 19.9%、14.4% 和 7.4%。2015~2050 年，西部、东部和中部非洲的电力需求年均增速分别为 7.5%、7.5% 和 7.7%，但人均用电量仍居于 600~800 千瓦时/年水平。

（三）无电人口大幅减少

2030 年，非洲电力可及率总体水平有望达到 66% 左右，其中北部非洲达 100%。2040 年，各国输配电网协同发展，人口较为密集的农村地区电力可及率提升，总体水平可达到 80%。2050 年，随着城镇化水平的进一步提高和偏远地区配电网的逐步完善，非洲电力可及率总体水平将提高到 90%。

非洲清洁能源发展及互联互通方向

实现非洲的可持续发展，关键是要开发和利用好非洲丰富、优质、集中的清洁能源，大力提升电气化水平，加快实施互联互通，形成清洁、安全、稳定的能源发展格局。为应对非洲清洁发展面临的挑战，需要紧密结合非洲经济社会和能源电力发展的特点，以清洁和绿色方式满足非洲的电力需求，为非洲经济社会发展提供安全、清洁、经济、高效的能源供应，推动水能、风能、光能互补互济、大范围高效率配置使用。

能源互联互通和清洁发展，对于推动非洲可持续发展至关重要。总体思路是：立足于非洲经济社会发展对现代能源的迫切需求，加快开发各主要流域的大型水电，南部、北部和东部非洲的风电、太阳能发电基地以及各种分布式电源；坚持保障本地电力需求和扩大对外送电并举，加快构建各国骨干网架，推进跨国、跨区、跨洲联网，发挥非洲水、风、光资源多能互补的优势，促进清洁能源大规模开发、大范围配置和高效率使用；以加快解决无电人口问题为重点，建设和升级能源电力基础设施，提高电气化水平和用能效率，降低能源电力成本，使人人都可以享有可持续能源。总体上，通过加快能源电力生产、配置、消费的全面升级，建设洲内紧密联系、洲外高效互联、多能互补互济的能源网络。

一　清洁能源发展方向

（一）清洁能源加快替代化石能源发电

1.清洁能源发电竞争力日益增强

非洲清洁能源十分丰富，水能、风能、太阳能的技术可开发量分别为1.6万亿千瓦时/年、67万亿千瓦时/年、665万亿千瓦时/年。2017年，全球水电、光伏、陆上风电度电成本分别为 5 美分／千瓦时、10 美分／千瓦时、6 美分／千瓦时，与化石能源发电成本基本接近。目前，世界范围内沙特阿布扎比的太阳能发电项目中标价已经低至 1.79 美分／千瓦时，墨西哥的风力发电项目中标价已经低至 1.77 美分／千瓦时。预计 2025 年之前，太阳能发电和风电竞争力将全面超过化石能源，随着技术进步，未来其经济性将会进一步增强。大规模储能技术日益成熟，与风能、光能合理配置，并实现源、网、荷、储协调优化控制，将使清洁能源具备大规模灵活调节能力，成为主力电源，确保高比例清洁能源电力系统的安全稳定运行。

2030 年，清洁能源将超过化石能源成为主导发电源。2030 年，清洁电源装机量有望超过 50%。2050 年，非洲清洁电源装机量将达 8.8 亿千瓦，占比提升至 78%，其中太阳能发电装机量为 5.1 亿千瓦，水电装机量为 2.2 亿千瓦，风电装机量为 0.98 亿千瓦。化石能源发电将逐步由电量型向电力型转变。传统化石能源装机逐步减少，新增装机主要为燃气机组，化石能源机组由提供电量转化为承担调峰和丰枯调剂。

2.电力供应能力显著提升

南部和北部非洲是电源装机增长的主要地区。至 2050 年，非洲电源总装机量将达 11.3 亿千瓦，年均增长率为 5.1%，人均装机量增长到 0.46 千瓦，是 2015 年的 2.7 倍，相当于 1981 年的世界平均水平。其中，南部和北部非洲电力装机量分别增加 2.3 亿千瓦和 2.9 亿千瓦，超过非洲总装机增长量的 54%。

（二）因地制宜，大规模开发利用清洁能源基地

非洲清洁能源开发以集中式和分布式并举。各区域清洁能源资源均较为丰富，但主要分布在沙漠、雨林等人口稀少、经济欠发达区域，与需求呈逆向分布，需要集约化开发大型水电、太阳能发电和风电基地，大规模、远距离输送至负荷中心，满足人口聚集地区的经济社会发展用电需求。集中式发电具有规模、经济和可靠性高、易维护等优势。当前，各国集中式发电开发成本低于分布式发电成本 30%~50%，预计到 2050 年集中式太阳能发电比分布式成本低 30%~40%。在偏远农村、山区及人口稀少地区，适合采用分布式太阳能发电和小水电等方式满足用电需求。

1. 北部非洲

以太阳能为主的清洁能源发电未来将在北非电力供应中占据主导地位。北非的太阳能资源极为丰富，技术可开发量达 9390 亿千瓦时 / 年，主要分布在南侧靠近撒哈拉沙漠地区，这些地区地势广袤平坦，远离负荷中心。随着太阳能发电和储能技术的不断成熟，度电成本将快速下降，未来北非太阳能发电将进一步加速发展。

北非将充分利用地理区位优势，打造清洁能源枢纽平台。北非是亚、欧、非三大洲接壤的重要枢纽区域，应统筹资源禀赋、能源电力发展需要，在环地中海地区推动跨国、跨区、跨洲能源互联互通，实现西亚太阳能、中非水电向北非汇聚，在跨区域多能互补互济后，穿越地中海外送至欧洲消纳。这能够极大地提高清洁能源的利用效率，实现清洁能源的大规模、大范围优化配置。

2. 西部非洲

西非的水电发展未来将扮演重要角色。西非的水能资源主要分布在尼日尔河、塞内加尔河、沃尔特河、冈比亚河，分布广泛，覆盖人口多。水电技术可开发量约为 4400 万千瓦时 / 年，目前仅开发了 12%，未来发展潜力巨大。

西非将优先加快水电开发，通过网源协调发展，实现水、光互济和大范围优化配置，优先推进尼日尔河、冈比亚河、塞内加尔河、沃尔特河水电开发。西非河流整体季节性丰枯显著，水能与尼日尔、马里、毛里塔尼亚等国的太阳能互补性强。尼日尔河水流量主要集中在每年 9 月至次年 2 月，太阳辐射强度最低的月份是每年 10 月至次年 2 月。同时，应加强西非电网基础设施建设、升级改造和跨国联网，构建横贯西非东西部的清洁能源输电走廊，减少无电人口，推动能源电力现代化、清洁化发展。

3. 中部非洲

刚果河流域水电开发对于非洲清洁能源发展具有重要意义。中部非洲清洁能源以水能为主，主要分布在刚果河、萨纳加河、奥果韦河，水电技术可装机容量超过 1.8 亿千瓦，目前仅开发不到 3%。其中，刚果河是世界上水能资源最为丰富的河流，技术可装机量超过 1.5 亿千瓦，每年 7 月至 11 月北丰南枯，12月至次年6月北枯南丰，形成独特的赤道南北丰枯互济。

在满足自身电力需求的基础上，中部非洲将大力推进英加水电站开发外送。英加水电站装机规模为5048万千瓦，水能特性极佳，年利用时长达7000小时以上，可通过大规模、远距离跨洲外送至欧洲，跨区外送至非洲西部、南部、北部和东部，实现清洁、价格低廉、优质的水电在更大范围内配置。

4.东部非洲

东非的清洁能源种类丰富，开发前景广阔。水能、风能、光能、地热资源储量大。水能资源集中在尼罗河、鲁菲吉河和朱巴河，技术可开发量达到6900万千瓦时；太阳能资源集中在苏丹、坦桑尼亚和埃塞俄比亚，技术可开发量达7.7亿千瓦时；风能资源集中在红海和亚丁湾沿岸、撒哈拉沙漠边缘和东非大裂谷两侧高地，技术可开发量为1.4亿千瓦时；地热集中在红海—亚丁湾—东非大裂谷地热带，技术可开发量为1700万千瓦时。

在东部非洲，加快多种清洁能源开发，多能互补、外送消纳。优先加快埃塞俄比亚水电开发，大力发展地热资源，积极开发太阳能和风能资源，加强东非电网互联，实现多能互补互济，提高清洁能源的综合发电利用效率，提高区域内清洁能源的电力配置和消纳能力，以支撑东非能源供应现代化、电气化、清洁化，减少无电人口，同时通过跨区、跨洲外送，实现清洁能源电力在更大范围内消纳。

5.南部非洲

南部非洲的能源电力发展加速"脱煤"。赞比西河水能资源丰富，技术可开发量为2500万千瓦时，目前已开发24%。太阳能、风能开发潜力巨大，目前尚未大规模开发。南非作为非洲最大的能源电力需求中心，大量的煤炭消耗带来了严重的生态环境隐患，未来老旧煤电将逐步退役，需加快开发区域大型水能、风能、光能清洁能源基地，以满足巨大的电力需求。

南部非洲应充分利用跨流域互补特性，跨区受入清洁能源电力。赞比西河与尼罗河具有较好的跨流域季节互补性，赞比西河每年11月至次年5月处于丰水期，6月至10月处于枯水期，流量特性与尼罗河相反。通过电网互联，可实现清洁能源跨区互补互济，联网通道利用小时数可达5500小时以上。

二 电网互联互通趋势

能源电力互联互通是非洲可持续发展的重要途径。非洲可持续发展需要加快实现能源电力互联互通。基础设施是国民经济发展的基石，能源电力是最重要的基础设施，提高能源电力互联互通水平，对经济发展具有强大的促进作用。非洲清洁能源资源丰富，品种多样，开发潜力巨大，但是国家间分布不均衡，尤其是一些内陆国能源相对匮乏，迫切需要互联互通以实现互济互补。能源电力的互联互通可带动清洁能源的大规模开发和大范围配置，从而将资源优势转化为经济优势。

非洲各国高度重视能源一体化，这为电网互联互通奠定了良好的基础。大多数非洲国家有相似的历史、产业机构和资源禀赋，普遍重视政治、经济一体化建设，也逐渐重视能源一体化，希望借此实现能源电力可靠供应、清洁能源高效利用，并实现能源补贴降低、能源出口创汇的目标。在这一背景下，非洲成立了一批区域性能源电力组织，包括"非洲发展新伙伴计划"、"非洲电力公用事业协会"及区域电力联盟（见表1）。这些组织在通过联合规划、协调监管、设计电力交易机制等促进跨国电网互联，建立统一电力市场，实现能源电力高效发展方面均发挥了重要作用。

表1 非洲重要的能源电力组织

组织名称	缩写	覆盖区域	成员国	成立时间	总部
非洲发展新伙伴计划	NEPAD	整个非洲	51个	2010年	约翰内斯堡
非洲电力公用事业协会	APUA	整个非洲	46个	1970年	阿比让
非洲基础设施集团	ICA	整个非洲	—	2005年	阿比让
马格里布电力联盟	COMELEC	北部非洲	5个	1989年	拉巴特
东部非洲电力联盟	EAPP	东部非洲	10个	2005年	亚的斯亚贝巴
西部非洲电力联盟	WAPP	西部非洲	14个	2000年	科托努
南部非洲电力联盟	SAPP	南部非洲	12个	1995年	哈拉雷
中部非洲电力联盟	CAPP	中部非洲	10个	2003年	布拉柴维尔

依托这些区域能源电力组织，非洲35个国家实现了电网互联或跨境直供电，电网互联基础得到改善。非洲电力形成了洲内"北电南送、东西互济"，洲际"北送欧洲、东接亚洲"的总体格局。在洲内，开发北部非洲的太阳能发电和风电基地、中部非洲的水电基地、南部非洲的太阳能发电基地，满足非洲的电力需求；在洲际，开发北部非洲太阳能向欧洲送电。西部非洲电力联盟和南部非洲电力联盟成立以来，西部非洲和南部非洲电网互联国家数分别增长了40%和50%。

（一）非洲电力联盟

非洲电力系统主要分为五大部分，分别为马格里布电力联盟（COMELEC）、东部非洲电力联盟（EAPP）、中部非洲电力联盟（CAPP）、西部非洲电力联盟（WAPP）和南部非洲电力联盟（SAPP）（见表2）。电力联盟内成员主要是以电力公司为单位，同一国家的不同电力公司可属于不同电力联盟。电力联盟间以及联盟内通过建成或规划电力线路来进行电能交换。此外，毛里求斯、马达加斯加、佛得角等岛国运行独立电网。

表2 非洲五大电力联盟

中部非洲电力联盟	东部非洲电力联盟	马格里布电力联盟	南部非洲电力联盟	西部非洲电力联盟
安哥拉	布隆迪	阿尔及利亚	安哥拉	贝宁
布隆迪	刚果（金）	利比亚	博茨瓦纳	布基纳法索
喀麦隆	埃及	毛里塔尼亚	刚果（金）	科特迪瓦
中非共和国	埃塞俄比亚	摩洛哥	莱索托	冈比亚
乍得	肯尼亚	突尼斯	马拉维	加纳
刚果（布）	利比亚		莫桑比克	几内亚
刚果（金）	卢旺达		纳米比亚	几内亚比绍
赤道几内亚	苏丹		南非	利比里亚
加蓬	坦桑尼亚		斯威士兰	马里
圣多美和普林西比	乌干达		坦桑尼亚	尼日尔
			赞比亚	尼日利亚
			津巴布韦	塞内加尔
				塞拉利昂
				多哥

表3是2015年非洲五个电力联盟主要能源的生产、消费和进口情况。

表3　2015年非洲五个电力联盟主要能源的生产、消费和进口情况

单位：千吨油当量（ktoe）

分类	中部非洲电力联盟	东部非洲电力联盟	马格里布电力联盟	南部非洲电力联盟	西部非洲电力联盟	总量
炼焦煤生产	0	222	0	137517	158	137897
木炭生产	4514	15353	1227	9457	8197	38748
原油、液化天然气及添加剂生产	129390	81458	101279	80422	110898	503447
天然气生产	1458	68570	3151750	6361	55749	3283888
利用生物质和垃圾发电	7	87	0	171	30	295
用化石燃料生产电力	526	19367	74641	24049	8384	126967
核电	0	0	0	1221	0	1221
水力发电的生产	1860	4638	610	5804	2379	15291
地热发电	0	329	0	0	0	329
利用太阳能、风能等发电	9	661	770	74	43	1557
总发电量	2400	25084	76021	31319	10836	145660
炼油产品产量	6298	39464	39444	23581	10570	119357
炼焦煤的最终消耗量	0	1256	72	11982	216	13526
最终耗油量	7900	49774	36558	34803	20602	149637
天然气的最终消耗量	2168	13945	524891	2722	3772	547498
最终耗电量	2066	19954	61536	26676	5920	116152
工业中石油的消耗量	908	8559	5230	3166	1570	19433
工业上对天然气的消耗量	706	7313	153473	2804	3622	167918
工业用电量	842	4601	16539	11863	1457	35302
工业中焦煤的消耗量	0	603	81	6416	228	7328
运输过程中消耗的石油	4667	29957	23345	22383	14622	94974
运输过程中的电力消耗	1	29	830	348	9	1217
炼焦煤净进口/出口	0	843	3620	−36430	208	−31759
原油、天然气等净进/出口	−126377	−73564	−92789	−58536	−194422	−545688
石油产品净进/出口	3448	24138	108	14631	14180	56505
天然气净进/出口	0	−11941	−1904421	225	−22368	−1938505
净电力进/出口	13	−67	377	−22	175	476

注：负数表示出口产品。

资料来源：数据引自《非洲能源资源图集》，2017。

（二）现有电网格局

世界银行的电网统计结果显示，非洲现有的电网主要分布在南非、纳米比亚、环维多利亚湖地区、沿几内亚湾的非洲西部地区、沿红海岸的非洲地区以及地中海沿岸的非洲地区。部分撒哈拉沙漠地区和部分非洲中部地区国家无电网。

分国家看，国内电网累计长度超过 10000 千米的仅有 4 个国家，按长度依次为南非、纳米比亚、尼日利亚、乌干达；电网长度在 1000~10000 千米间的国家共有 28 个（见图 1）。

（三）电力进出口

2013 年以来，非洲各国电力进口总量浮动上升，在 2015 年达到最大值 518.3 亿千瓦时，2016~2017 年略有下降，2018 年的进口总量为 449.8 亿千瓦时。2013~2018 年，各国电力出口总量增长显著，2018 年的出口电力总量达 373.8 亿千瓦时。

分国家看，2018 年，电力净进口国家共有 19 个，入超电力居前五位的国家分别是摩洛哥（61 亿千瓦时）、纳米比亚（30.9 亿千瓦时）、津巴布韦（19.4 亿千瓦时）、博茨瓦纳（17.4 亿千瓦时）、多哥（13.1 亿千瓦时）。电力净出口国家有 11 个，出超电力居前五位的国家分别是南非（-58.5 亿千瓦时）、莫桑比克（-40.4 亿千瓦时）、科特迪瓦（-13.2 亿千瓦时）、埃及（-5.9 亿千瓦时）、刚果（金）（-3.8 亿千瓦时）；24 个非洲国家无电力进出口。南非（249.1 亿千瓦时）和莫桑比克（242.8 亿千瓦时）是 2018 年进出口总电量最高的两个国家，居第 3 位的摩洛哥（71.1 亿千瓦时）较这两个国家低一个数量级。

（四）各国电网建设规划

根据世界银行公布的非洲电网建设规划，计划中的电网建设主要是沿几内亚湾的非洲西部地区、维多利亚湖北部地区和非洲南部部分地区。

图1 2017年非洲各国电网累计长度

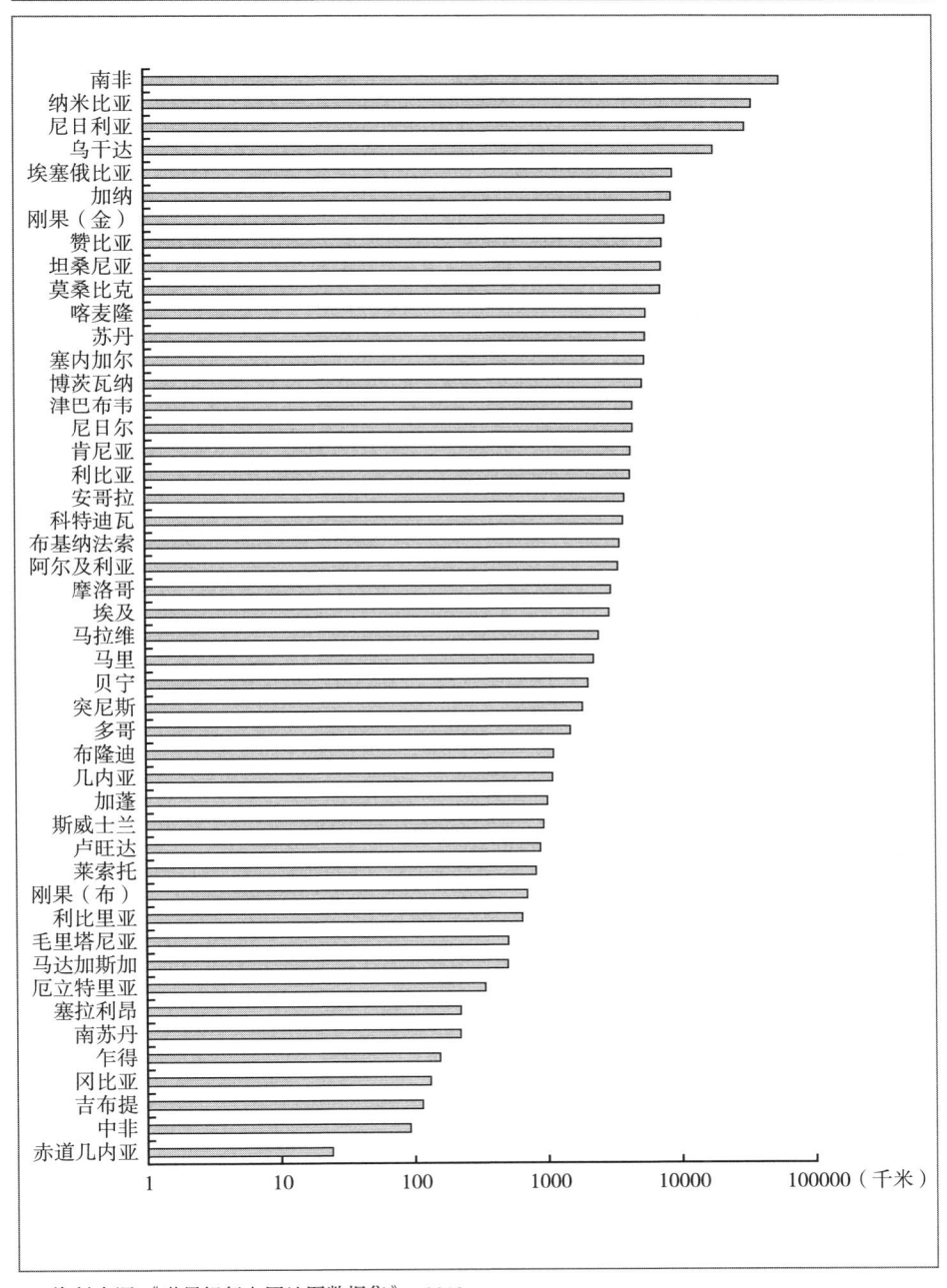

资料来源:《世界银行电网地图数据集》,2019。

分国家看，32个已规划建设电网的国家，电网建设长度均在12000千米以下，不同国家的建设长度差异较大，其中20个国家的规划电网建设长度小于2000千米。排在前三位的依次是乌干达（10934千米）、尼日利亚（9981千米）、毛里塔尼亚（6733千米）（见图2）。

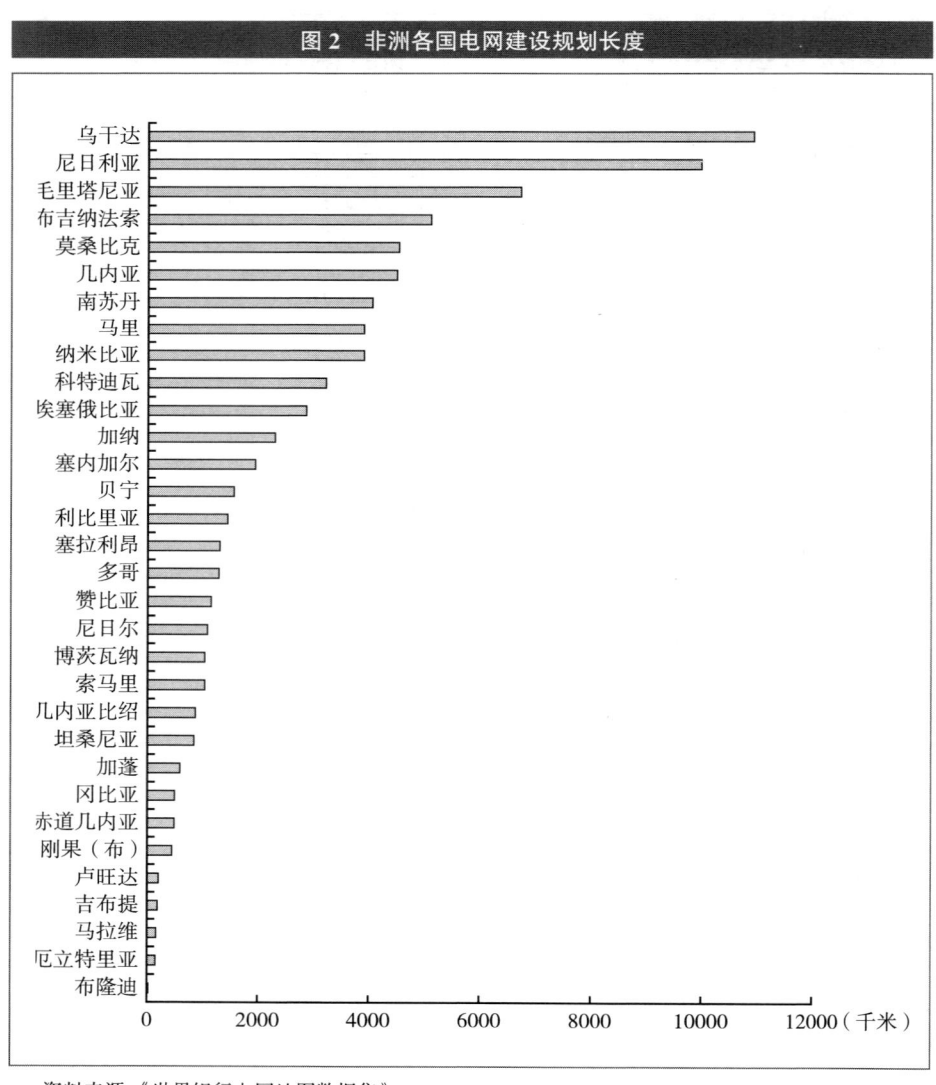

图2 非洲各国电网建设规划长度

资料来源：《世界银行电网地图数据集》，2019。

（五）电力互联互通潜力

1.东部非洲电力供应盈缺情况

预计到 2025 年，东部非洲的装机容量将从 2018 年的 784.6 万千瓦增长到 1787.7 万千瓦，最大需求将从 696.8 万千瓦增长到 1444.7 万千瓦。埃塞俄比亚、肯尼亚和乌干达将拥有电力盈余，而坦桑尼亚和卢旺达将分别在 2020 年和 2022 年出现电力不足。因此，跨境电力贸易的机会依然存在（见图 3）。

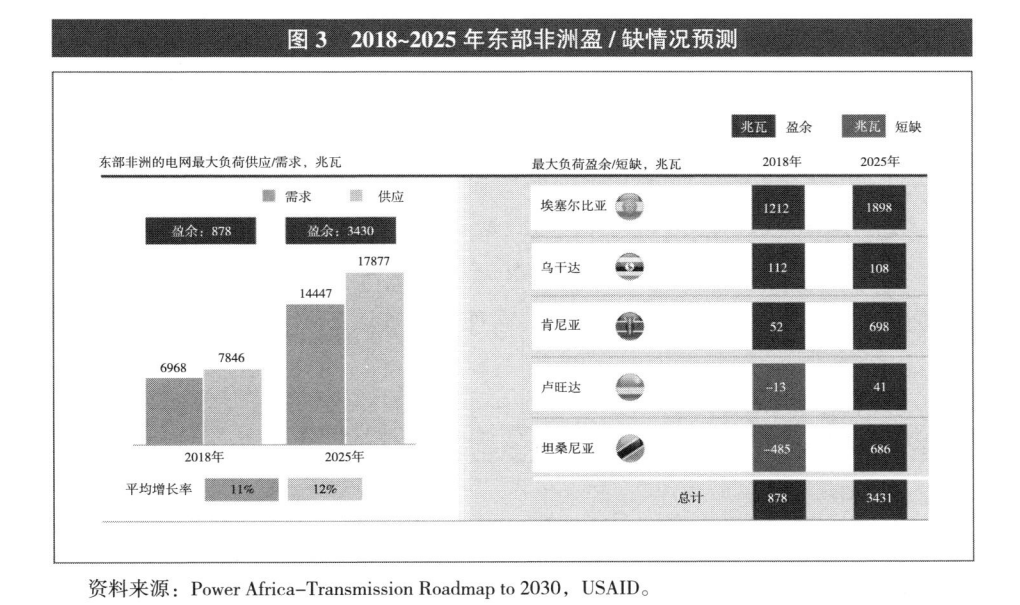

图 3　2018~2025 年东部非洲盈 / 缺情况预测

资料来源：Power Africa-Transmission Roadmap to 2030，USAID。

东部非洲各国中，埃塞俄比亚、乌干达和肯尼亚保持电力盈余。随着新发电能力的上线，预计到 2025 年，埃塞俄比亚的富余发电装机容量将从 121.2 万千瓦增长到 189.8 万千瓦，低成本水电占可用发电能力的 95%，占可用发电量的 95%，这使得埃塞俄比亚在电力出口方面具有强大的竞争优势（水电装机容量的季节性波动可能会影响每月的电力出口能力）。埃塞俄比亚目前向吉布提和也门出口电力容量为 20 万千瓦，向苏丹出口的电力容量将在 2022 年达到 120 万千瓦。与埃及签订的协定草案也表明，其对北非有进一步电力出口的潜力。

乌干达和肯尼亚的电力峰值盈余不太显著，2018年分别为11.2万千瓦和5.2万千瓦。乌干达的发电组合主要依靠水力发电，而肯尼亚的发电结构则以地热为主。到2025年，乌干达的盈余将保持在11万千瓦左右，而肯尼亚的盈余届时将增长到近70万千瓦。

2018年，卢旺达和坦桑尼亚出现电力缺口（缺口分别为1.3万千瓦和48.5万千瓦），新项目的投产很可能使这两个国家分别在2020年和2022年实现电力盈余，其国内中长期电力缺口可能持续存在。

2. 西部非洲电力盈缺情况

西部非洲2018年的装机容量为1588.6万千瓦，预计到2025年将增长至3041.1万千瓦，最大需求将从1771.2万千瓦增长到3056.7万千瓦。加纳、科特迪瓦、几内亚、利比里亚、塞内加尔和多哥在2018~2025年将保持电力富余，而布基纳法索、冈比亚、几内亚比绍和尼日利亚在此期间应出现电力不足。预计尼日尔、贝宁、毛里塔尼亚和塞拉利昂在此期间将从轻微短缺转为轻度盈余，而马里则是相反的情况。这种情况表明国家间电力贸易的机会，如图4所示。

图4　2018~2025年西部非洲电力盈/缺情况预测

国家	2018年	2025年	国家	2018年	2025年
加纳	1286	514	几内亚比绍	-15	-41
科特迪瓦	331	1547	尼日尔	-42	50
几内亚	27	717	尼日利亚	-3407	-3545
利比里亚	29	4	贝宁	-126	110
塞内加尔	55	373	毛里塔尼亚	-14	100
多哥	53	58	塞拉利昂	-43	127
布基纳法索	-101	-435	马里	79	-74
冈比亚	-82	-77			
			总计	-1970	-572

西部非洲的电网最大负荷供应/需求，兆瓦：2018年需求17712，供应15886，短缺-1826；2025年需求30567，供应30411，短缺-156。平均增长率：需求8%，供应10%。

资料来源：Power Africa–Transmission Roadmap to 2030，USAID。

西部非洲各个国家中，2018~2025年，加纳预计将保持大量盈余（在50万~130万千瓦之间）。该国以水力发电为主，发电组合中的天然气将有所增加。同样，依靠水电和天然气发电厂的新增发电能力，科特迪瓦预计2018~2025年盈余将从约33万千瓦增长到154.7万千瓦。

几内亚、利比里亚、塞内加尔和多哥2018~2025年预计将有发电盈余，但比加纳和科特迪瓦少。

预计2018~2025年布基纳法索、冈比亚和几内亚比绍将发电短缺情况继续（2018年缺口分别为10.1万、8.2万、1.5万千瓦，冈比亚和几内亚比绍到2025年将大体保持同样水平，但布基纳法索除外，短缺将增至43.5万千瓦）。尼日尔应在中短期内保持短缺，到2025年转为盈余。

2018年，尼日利亚是该地区最大的电力短缺国，缺口为340.7万千瓦，电力部门面临重大挑战，包括对现有发电能力缺乏维护和修理，以及国内输电能力严重不足。该国主要以天然气热电厂为基础（85%的并网发电厂用燃气发电，其余15%为水电站）。

尼日尔、贝宁、毛里塔尼亚和塞拉利昂在2018年处于发电短缺状态（缺口在1.4万~12.6万千瓦之间），2025年将出现发电盈余（在5万~13万千瓦之间）；而马里则将从电力盈余转向短缺。

3.南部非洲电力供应盈缺情况

到2025年，南部非洲的最大装机容量将从2018年的6371.0万千瓦增长到7682.1万千瓦，高峰需求量从2018年的5430.5万千瓦上升到6620.8万千瓦。2018年该区域120.8万千瓦的电力总盈余，主要由盈余国家安哥拉和南非贡献。一些国家（如马拉维、纳米比亚）持续处于电力短缺。预计莫桑比克和赞比亚等国在此期间将从短缺转为盈余，如图5所示。南部非洲还提供了国家间电力交易的机会，在某些情况下，这得益于现有的基础设施。

南部非洲各个国家中，南非和安哥拉在向邻国出口方面显示出巨大的盈余和机会。到2025年，南非的盈余将大体不变，发电组合以煤炭为主。在水力和石油发电的推动下，安哥拉2018年250左右万千瓦的盈余到2025年将增长到近300万千瓦。

图5 2018~2025年南部非洲电力盈缺情况预测

南部非洲的最大负荷需求/供应，兆瓦		最大负荷盈余/短缺，兆瓦	2018年	2025年		2018年	2025年
需求 2018年: 54305 2025年: 66208	供应 2018年: 63710 2025年: 76821	南非	8847	8769	津巴布韦	-626	-512
盈余：9405	盈余：10613	安哥拉	2492	2950	博茨瓦纳	53	-14
		莱索托	-102	-140	莫桑比克	-293	9
		马拉维	-75	-356	赞比亚	-131	926
		纳米比亚	-389	-358			
		斯威士兰	-171	-182	总计	9605	11092
平均增长率	3%	3%					

资料来源：Power Africa–Transmission Roadmap to 2030，USAID。

2018年电力短缺的莱索托（−10.2万千瓦）、马拉维（−7.5万千瓦）、纳米比亚（−38.9万千瓦）、斯威士兰（−17.1万千瓦）和津巴布韦（−62.6万千瓦）到2025年仍然保持电力短缺，原因是发电和输电能力不足，无法满足国内的电力需求。预计这些国家在电力达到需求高峰时将进口电力，需要加快输电线路的建设。

博茨瓦纳2018年电力有少量盈余（5.3万千瓦），预计到2025年略有短缺，这也表明其有可能在需求高峰时进口电力。

莫桑比克和赞比亚应在2018~2025年从电力短缺过渡到盈余。特别是赞比亚，预计其将在2023年向盈余转变（43.4万千瓦），到2025年增长到92.6万千瓦，这主要得益于卡富埃峡谷下游水电项目的投产。加强赞比亚与该区域其他地区之间的互联，有助于实现电力互济，降低由于干旱导致的水电站出力下降的风险。

当发电盈余国家与发电短缺国家邻近，就存在电力交易的潜力。对于电力短缺国家来说，如果进口电力成本低于紧急电力容量或者本国发电成本，进口电力将具有经济性。

通过对比29个国家的发电成本，并对照每个国家2018~2022年的预期盈余或短缺情况，可以发现国家间电力互联互通的潜力。发电成本代表生产1

图6 2018~2022年基于电力盈缺和成本考虑的的电力交易潜力

- 发电成本，2018~2002年平均值，美分/千瓦时
- 2018~2022年累计电量盈余/短缺，10亿千瓦时

区域	国家	发电成本	电量盈余/短缺
东部非洲	埃塞俄比亚	10.0	3.7
	乌干达	10.5	1.2
	坦桑尼亚	11.7	−1.5
	卢旺达	12.0	0.1
	肯尼亚	13.8	0.3
南部非洲	南非	5.3	40.1
	莫桑比克	5.4	−1.3
	纳米比亚	5.4	−1.2
	津巴布韦	5.7	−0.8
	博茨瓦纳	6.0	0.3
	赞比亚	6.3	−0.8
	马拉维	7.6	−0.5
	安哥拉	8.2	10.9
	莱索托	10.4	−0.4
	斯威士兰	10.6	−0.6
西部非洲	尼日利亚	5.3	−13.6
	科特迪瓦	7.6	2.1
	加纳	8.6	3.8
	利比里亚	10.6	0.0
	毛里塔尼亚	10.9	0.1
	塞内加尔	13.1	0.1
	塞拉利昂	13.9	−0.1
	几内亚	14.4	0.8
	冈比亚	15.9	−0.3
	多哥	16.1	0.2
	贝宁	16.2	−0.3
	马里	16.4	0.2
	布基纳法索	17.4	−0.7
	尼日尔	18.5	−0.4

资料来源：Power Africa-Transmission Roadmap to 2030，USAID。

千瓦时电力的平均成本，即一个国家使用各种能源（如煤炭、天然气、水力、太阳能）的加权平均成本。虽然发电成本不包括传输成本（国内和跨国界），但可以将其视为衡量电力成本效益（相对于紧急电力容量）的重点指标。可见，在非洲的各个次区域，能源短缺的国家将有机会从电力有剩余和成本有竞争力的国家进口电力（例如，东部非洲的坦桑尼亚可以从埃塞俄比亚进口；西部非洲的塞拉利昂可以从科特迪瓦进口），如图6所示。此外，有大量电力盈余的国家的发电成本大大低于使用紧急电源的国家的发电成本（通常每千瓦时相差40~50美分）。虽然这一分析反映不出在高峰或非高峰周期内电力的实际价格，但它清楚地表明了撒哈拉以南非洲的跨境贸易潜力。

评 估 报 告

Evaluation Reports

摘　要： 实现世界能源清洁发展及互联互通，需要统筹考虑能源、电力、技术、经济、政策等各方面因素。《评估报告》部分提出世界能源清洁发展及互联互通综合指数，全面考察了世界能源清洁发展及互联互通的外部条件、内部要素和追求的目标，将综合指数分解为"经济社会支撑"、"互联互通基础"和"清洁发展程度"三个维度进行构建，即从"支撑－基础－目标"的角度反映一个地区或国家的综合情况。各级指标权重的确定采用基于"区间数－可能度"矩阵的评估方法，构建三维立体结构，根据受评国家的具体位置研判其发展特质，定位其优势和短板，提出未来发展策略。国网能源研究院有限公司建成了全球能源研究统一平台，为本书撰写提供了主要的数据来源，并支撑发展评估的滚动更新分析。基于该方法，对非洲54个国家进行综合指数评估。首先分析整体评估结果，再根据非洲各国评估结果的分布情况，将评估结果描述在一个三维立体结构当中，划分为八种类型进行分类解读，分析各种类型各自的特点和优劣势，最后将三个维度两两对比分析，发现不同维度间的影响作用规律。

关键词： 综合指数评估　经济社会支撑　互联互通基础　清洁发展程度　全球能源研究统一平台

世界能源清洁发展及互联互通发展评估

结合主要机构的能源发展评估体系，从世界能源清洁发展及互联互通的趋势出发，本书提出世界能源清洁发展及互联互通综合指数。该指数充分考虑世界能源清洁发展及互联互通的内部要素、外部条件和实现目标等因素，全面评估当前各个国家在推进世界能源清洁发展及互联互通方面的程度和绩效。

一　评估原则

1.全面客观

世界能源清洁发展及互联互通涉及政策、工程、经济、技术等多个方面，评估指数应综合考虑各领域因素，兼顾宏观和微观层面，选取具有典型性和代表性的指标。所选指标应保证客观、可衡量，并采用科学合理的评价方法进行计算和分析。

2.远近结合

评估指数的建立既要考虑到当前世界能源清洁发展及互联互通的基础，也要着眼于长远，关注世界能源清洁发展及互联互通的目标实现。

3.内外兼顾

世界能源清洁发展及互联互通一方面处在经济社会发展大环境之中，另一方面也在有力推动着经济社会的发展。在评估当中要充分考虑到内部因素和外部环境，将其作为一个整体进行分析。

4.通用持续

评估指数的建立应统筹考虑不同区域的共性和差异，适用于不同区域和国家的评估。通过标准化、归一化的方式，尽量消除评估对象体量带来的影响。指标数据要具有延续性，可以对世界能源清洁发展及互联互通进程进行滚动评估和分析，动态地反映评估对象的发展和进步趋势。

5.数据可获取

评估指数的建立应将指标数据可获取作为重要考量，从权威机构的数据库筛选和收集相关指标数据，不选择相对定性和无准确渠道的指标。

二　综合指数

世界能源清洁发展及互联互通综合指数用于衡量一个地区或国家推进能源清洁发展及互联互通的进展和成效，综合反映政治、经济、社会、市场、能源、电力等多方面因素的影响（见图1）。

本书将世界能源清洁发展及互联互通综合指数分解为"经济社会支撑"、"互联互通基础"和"清洁发展程度"三个维度。经济社会是世界能源清洁发展及互联互通的支撑，互联互通是世界能源清洁发展及互联互通的基础，清洁发展是世界能源清洁发展及互联互通的目标。

简言之，经济社会支撑、互联互通基础和清洁发展程度这三个维度是一个有机整体，从支撑、基础、目标的角度共同构成世界能源清洁发展及互联互通综合指数。从每个维度与综合指数的关系来看，经济社会是世界能源清洁发展及互联互通的保障和支撑，即世界能源清洁发展及互联互通需要稳定的政治环境、坚实的经济基础、开放的社会环境等。互联互通的发展是世界能源清洁发展及互联互通的根本基础，未来全球能源将以电为转化介质，以电网为能量传输配置平台，实现全球大规模、远距离、低损耗的能源优化配置，因此互联互通的良好发展将助力世界能源清洁发展及互联互通。清洁发展是世界能源清洁发展及互联互通的目标，即通过不断开发清洁能源，加强清洁能源的传输和消纳，全面实施清洁替代，达到解决世界能源所面临的资源短缺、环境污染、气候变化等挑战的长远目标。

"经济社会支撑"、"互联互通基础"和"清洁发展程度"三个维度的评

图1 世界能源清洁发展及综合指数示意

估结果可以形成三维立体结构（见图2），通过受评对象所处的位置，研判其能源清洁发展及互联互通的特点，发现其优势和短板，明晰未来加快推进能源清洁发展及互联互通的方向和重点。

其中各维度的具体指标设置如下。

（一）"经济社会支撑"维度评价指标体系

"经济社会支撑"维度主要是从世界能源清洁发展及互联互通的外部支撑环境入手，从对象国家的政治、政策、社会、经济、市场、贸易等六个方面来分析推进互联互通转型是否具备坚实的经济基础和稳定的发展环境，这也

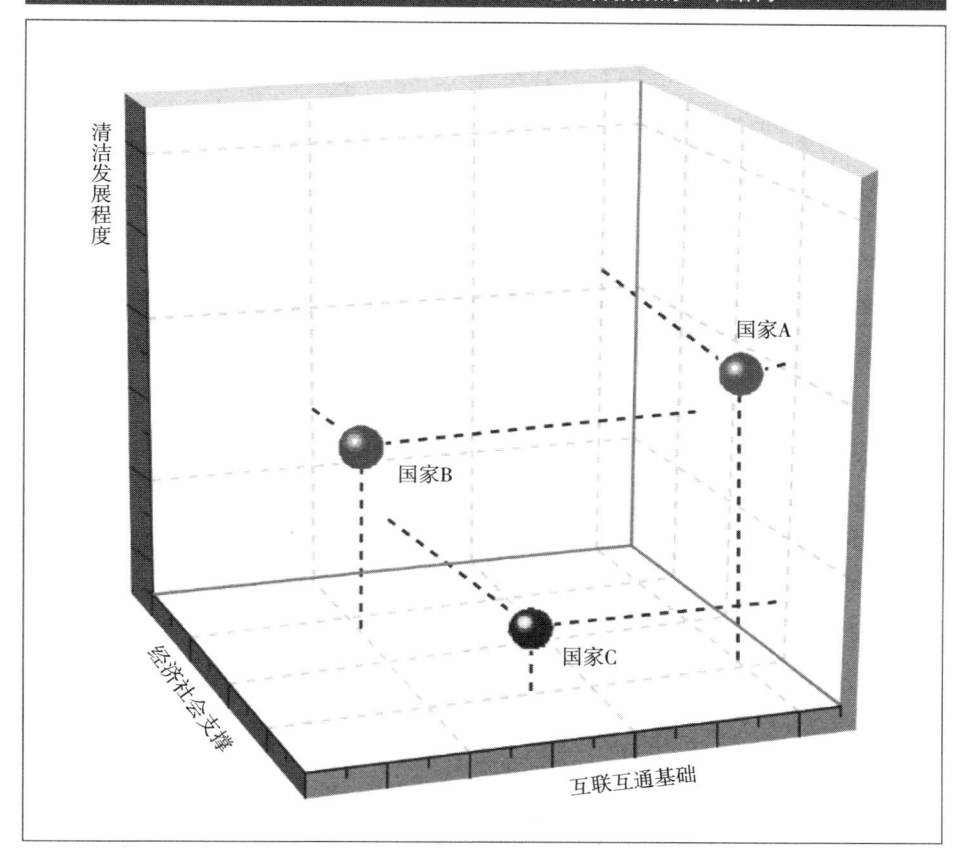

图 2　世界能源清洁发展及互联互通综合指数的三维结构

是世界互联互通转型的重要前提。

该维度包含一级指标 6 个，二级指标 16 个。其中政治方面，选取短期政治风险指数和长期政治风险指数 2 个指标来表征该国政治的稳定性，考察是否可以持续推进互联互通转型；政策方面，选取全球近年来较为重视的智能电网发展政策和清洁能源发展政策 2 个指标，表征受评国家在政策方面对互联互通转型的支撑程度；社会方面，选取移民率、劳动力比例和人均工资 3 个指标，反映受评国家推进互联互通转型的人才软实力和成本；经济方面，选取人均 GDP、GDP 增速、财政收入比重 3 个指标，表征受评估国家的经济实力对互联互通转型的支撑；市场方面，选取电力风险/回报指数、可再生能源风险/回报指数、清洁能源投资规模、可再生能源发电度电成本4个指标，表征能源清洁发展及互联互通的建设、投资成本，市场是否相对规范成熟；贸易方面，以外国直接投资净流入、货物和服务进出口贸易总额占比2个指标来反映该国的贸易开放程度和吸引资本的能力，以及是否实现了贸易畅通。

各个指标的具体描述和计算方法见表1。

表1 "经济社会支撑"维度评价指标体系

一级指标	二级指标	说明
政治	短期政治风险指数	来自BMI数据库，体现短期影响投资环境稳定性的相关政治风险，考虑政策执行力、公共动荡、局部紧张局势等方面
政治	长期政治风险指数	来自BMI数据库，体现国家结构性政治特征，考虑政治稳定、民主自由、收入分配、主权能力和政策稳定等方面
政策	智能电网发展政策	以智能电网的相关发展政策的数量为指标，反映该国智能电网的发展前景和受支持力度
政策	清洁能源发展政策	以清洁能源的相关发展政策的数量为指标，反映该国清洁能源发展的前景和受支持力度
社会	移民率	以该国境外移民人数占总人口的比重为指标，反映社会的开放程度和吸引人才的能力
社会	劳动力比例	以该国的劳动力总量占人口的比例为指标，反映该国劳动力市场规模
社会	人均工资	以该国的最低工资标准为指标，反映该国就业人员的待遇情况
经济	人均GDP	以该国的人均GDP为指标，反映该国的经济状况
经济	GDP增速	以该国的GDP增速为指标，反映该国的经济发展势头
经济	财政收入比重	以该国的财政收入占GDP的比重为指标，反映该国经济运行质量和国家财力
市场	电力风险/回报指数	以来自BMI的电力风险/回报指数（RRI）为指标，根据风险与回报之间的平衡，量化分析国家电力行业的吸引力
市场	可再生能源风险/回报指数	以来自BMI的可再生能源风险/回报指数（RRI）为指标，评价投资可再生能源行业的风险/回报平衡，反映投资的潜在回报率。考虑因素包括行业规模、行业预期增长等
市场	清洁能源投资规模	以各种可再生能源的投资总额为指标，反映该国可再生能源的市场规模和发展前景
市场	可再生能源发电度电成本	以可再生能源的综合发电成本为指标，反映该国对可再生能源进行利用的难易程度

表1 "经济社会支撑"维度评价指标体系 （续表）

一级指标	二级指标	说明
贸易	外国直接投资净流入	以外国资本进入该国的投资净额为指标，反映该国吸引投资的能力
	货物和服务进出口贸易总额占比	以货物和服务进出口贸易总额占GDP的比重为指标，反映该国贸易活跃程度和市场开放程度

（二）"互联互通基础"维度评价指标体系

互联互通的发展基础既是世界能源清洁发展及互联互通的起点，也决定了其差异化的发展路径和模式。各国都应从自身的资源禀赋条件出发，基于互联互通基础设施的发展水平，选择推进能源清洁发展及互联互通的方式。

该维度从能源资源、能源供应、骨干网架和智能电网四个方面来建立指标体系，分为4个一级指标、16个二级指标。其中，能源资源方面，以石油、天然气、煤炭、水能、风能、太阳能的丰裕度6个指标来表征各国的资源富裕程度；能源供应方面，以电力进出口比重、一次能源自给率和人均装机量3个指标反映其能源开发程度和供应充裕情况；骨干网架方面，以骨干网架电压等级、输电线路长度、跨国或跨区输电容量3个指标来表征其国内网架的坚强性以及与周边国家电网联系的紧密程度；智能电网方面，以智能电表普及率、人均电动汽车保有量、电动汽车充电设施数量、示范工程数量等在各国之间具有通用性的4个指标，反映智能电网建设的覆盖范围以及取得的成效。

各个指标的具体描述和计算方法见表2。

表2 "互联互通基础"维度评价指标体系

一级指标	二级指标	说明
能源资源	石油丰裕度	以该国石油探明储量占一次能源消耗总量的比重为指标，反映该国石油的资源禀赋和充足程度
	天然气丰裕度	以该国天然气探明储量占一次能源消耗总量的比重为指标，反映该国天然气的资源禀赋和充足程度
	煤炭丰裕度	以该国煤炭探明储量占一次能源消耗总量的比重为指标，反映该国煤炭的资源禀赋和充足程度

表 2 "互联互通基础"维度评价指标体系 （续表）

一级指标	二级指标	说明
	水能丰裕度	以该国水能资源总量占一次能源消耗总量的比重为指标，反映该国水能的资源禀赋和充足程度
	风能丰裕度	以该国风能资源总量占一次能源消耗总量的比重为指标，反映该国风能的资源禀赋和充足程度
	太阳能丰裕度	以该国太阳能资源总量占一次能源消耗总量的比重为指标，反映该国太阳能的资源禀赋和充足程度
能源供应	电力进出口比重	以该国与邻国之间的电力进出口总量占国内总用电量的比重为指标，反映该国电力市场开放程度
	一次能源自给率	以该国一次能源生产量占一次能源消耗总量的比重为指标，反映该国能源对外依存程度
	人均装机量	以人均装机量为指标，反映该国电能供应能力
	骨干网架电压等级	以主要输电网络的电压等级为指标，反映该国电网发展水平和输电需求
骨干网架	输电线路长度	以各类输电线路总长度为指标，反映该国电网规模
	跨国或跨区输电容量	以该国与邻国之间的跨境电网互联总容量为指标，反映该国与周边国家之间的电力互济能力
	智能电表普及率	以智能电表数占总电表数的比例为指标，反映该国智能用电开展情况
智能电网	人均电动汽车保有量	以人均拥有电动汽车数量为指标，反映该国电动汽车推广现状
	电动汽车充电设施数量	以电动汽车充电桩（快充、慢充）数量为指标，反映该国电动汽车配套设施完善度
	示范工程数量	以智能电网工程数量为指标，反映该国智能电网发展规模和力度

（三）"清洁发展程度"维度评价指标体系

"清洁发展"是世界能源发展及互联互通的重要目标。通过清洁发展应对环境污染、气候变化等挑战，是世界能源清洁发展及互联互通的重要价值之一。"清洁替代"和"电能替代"，作为世界能源清洁发展及互联互通的关键，分别从能源供应方面和能源消费方面有力推动清洁发展。因此，清洁发展程度维度指标从碳减排、污染物排放、清洁替代和电能替代四个方面分析对象国家当前的能源清洁化水平，体现其对气候变化和环境保护的贡献。该维度包含一级指标4个，二级指标11个。

其中，碳减排方面，采用人均碳排放、碳排放强度、单位一次能源消耗碳排放3个指标，表征各国碳排放控制水平；污染物排放方面，选取氮氧化物排放量和PM2.5 2个典型指标，反映空气环境质量；清洁替代方面，选取人均清洁能源装机量、清洁能源发电占比、清洁能源发电利用小时数3个指标，反映各国推进清洁能源发电的成效；电能替代方面，以电能占终端能源的比重、用于发电的一次能源占比、人均用电量3个指标，分别从供应侧和消费侧来描述各国电气化发展水平。

各个指标的具体描述和计算方法见表3。

表3 "清洁发展程度"维度评价指标体系

一级指标	二级指标	说明
碳减排	人均碳排放	以人均CO_2排放量为指标，反映该国碳减排成效
	碳排放强度	以单位GDP的CO_2排放量为指标，反映该国经济发展的低碳程度
	单位一次能源消耗碳排放	以单位一次能源的CO_2排放量为指标，反映该国能源利用的低碳程度
污染物排放	氮氧化物排放量	以单位GDP氮氧化物NO_X的排放量为指标，反映该国空气污染程度
	PM2.5	以PM2.5年度均值为指标，反映该国空气污染程度
清洁替代	人均清洁能源装机量	以人均清洁能源装机量为指标，反映该国清洁能源发电规模
	清洁能源发电占比	以清洁能源发电量占发电总量的比重为指标，反映该国清洁能源替代传统能源的水平
	清洁能源发电利用小时数	以清洁能源年发电小时数为指标，反映该国可再生能源发电利用率
电能替代	电能占终端能源的比重	以电能消耗量占终端能源消耗总量的比重为指标，反映该国在消费侧用电能替代其他一次能源使用的规模
	用于发电的一次能源占比	以用于发电的一次能源占一次能源总消耗量的比重为指标，反映该国在供应侧用电能替代其他一次能源使用的规模
	人均用电量	以人均用电量为指标，反映该国电气化水平

三　评估方法

评估过程的关键是指标权重如何计算。世界能源清洁发展及互联互通综合指数中的指标权重计算采用"区间数－可能度"矩阵的评估方法。

在传统的层次分析法中，专家对不同指标或者方案进行两两判断，从而得到一个确定性的判断矩阵，并通过最大特征值对应的特征向量得到指标权重。而在实际认知当中，专家往往无法准确地给定一个判断结果，特别是在指标数量较多的情况下，这样就会影响权重计算的合理性。基于决策问题的复杂性和人类思维的模糊性，更加合理的一种处理方式就是，将两两判断矩阵中确定的数值用一个以区间数代表的范围来代替。这样，在给定判断值时就有了更大的宽松度和自由度，也更加符合实际问题在人头脑中的认知判断和思维习惯。

本书中所研究的世界能源清洁发展及互联互通评估问题，由于涉及的指标体系覆盖范围广泛，包括政治、经济、社会、技术、能源等，并且评估对象众多，采用不同指标间两两权衡的方法很难直接进行精确的判断，因此采用"区间数－可能度"矩阵的评估方法是一个很好的选择。

具体的步骤如下：

第一步，建立区间数互补判断矩阵。

我们基于所建立的世界能源清洁发展及互联互通综合指数，采用九标度法对指标两两之间的区间范围进行判断和比较，建立区间数互补判断矩阵 Q：

$$Q = (q_{ij})_{n \times n} \tag{1}$$

其中，$q_{ij} = [q_{ij}^-, q_{ij}^+]$，$q_{ij}^- + q_{ji}^+ = q_{ji}^- + q_{ij}^+ = 1$，$i, j \in n$。

第二步，求解区间数权重向量。

首先计算互补判断矩阵 Q 的行和，在此基础上进行归一化处理，从而得到区间数权重向量：

$$w_i = \left[\frac{\sum_{j=1}^{n} q_{ij}^-}{\sum_{i=1}^{n}\sum_{j=1}^{n} q_{ij}^+}, \frac{\sum_{j=1}^{n} q_{ij}^+}{\sum_{i=1}^{n}\sum_{j=1}^{n} q_{ij}^-}\right] = [w_i^-, w_i^+] \quad (2)$$

$$w = (w_1, w_2, w_3, \ldots, w_n)^T$$

基于下述的可能度计算公式，建立可能度矩阵 P：

$$p_{ij} = max\left\{1 - max\left[\frac{w_j^+ - w_i^-}{L(i) + L(j)}, 0\right], 0\right\} \quad (3)$$

$$P = (p_{ij})_{n \times n}$$

其中，$L(i) = p_i^+ - p_i^-$，$L(j) = p_j^+ - p_j^-$。

第三步，将可能度矩阵 P 行和归一化，便可得到各指标的权重向量 λ：

$$\lambda_i = \frac{\sum_{j=1}^{n} p_{ij}}{\sum_{i=1}^{n}\sum_{j=1}^{n} p_{ij}} \quad (4)$$

$$\lambda = (\lambda_1, \lambda_2, \lambda_3, \cdots, \lambda_n)$$

四 评估流程

我们将世界能源清洁发展及互联互通综合指数构建的整体流程归纳如下（见图3）。

（1）构建三维综合评价体系：根据"经济社会支撑"、"互联互通基础"、"清洁发展程度"各维度的评估要点，确定各维度的评价指标体系。

（2）计算指标权重：根据"区间数–可能度"矩阵方法，计算各级指标的权重。

（3）数据获取：从全球能源研究统一平台设置指标和源数据一一对应关系，保证数据的准确性和完整性。

（4）评估计算：选取评估对象国家，提取基础数据，计算评估结果。

（5）结果分析：根据计算结果，进行综合指数及各维度结果的对比分析。

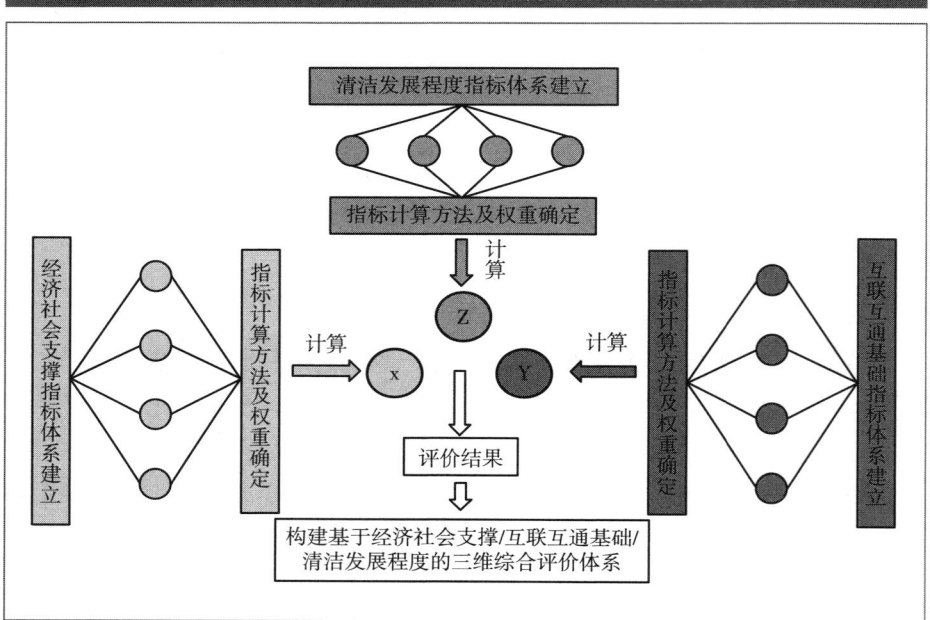

图 3　世界能源清洁发展及互联互通综合指数构建的整体流程示意

五　数据来源

全球能源研究统一平台为本书的撰写和评估提供了主要的数据，并支撑发展评估的滚动更新分析。

全球能源研究统一平台由国网能源研究院有限公司研究开发，涵盖全球经济、能源、电力、环境、企业（Economy、Energy、Electricity、Environment、Enterprise，5E）领域的相关数据信息资源库，研发集成全球互联互通的分析模型与关键技术。

全球能源研究统一平台由数据信息平台、分析研究平台、展示交流平台三部分构成。数据信息平台由围绕 5E 形成的结构化和非结构化数据库等构成；分析研究平台由经济与社会、能源与电力、气候与环境、企业战略与运营、体制机制与政策模拟等五个研究系统组成；展示交流平台由内网、外网门户、移动客户端和展示大厅四部分构成，是立体的展示交流入口。数据信息平台作为基础，发挥数据信息的高效采集、存储、管理及处理功能，为研究分析和成果展示提供基础支撑。分析研究平台作为核心，依托数据库与模型库，实现对经济、能源、电力、环境、企业等领域问题的量化分析和综合研究。展示交流平台作为窗口，其内容来源于数据信息平台与分析研究平台，支撑专题汇报、研究交流、对外宣传。

全球能源数据信息平台为本章评估数据的搜集与整理提供了有效支撑。

（一）数据信息资源

数据信息分结构化数据和非结构化信息（含半结构化）两大类。结构化数据涵盖经济、能源、电力、环境四类数据，按来源和指标两套体系设计，分成国际和国内数据。国际数据来源于国际能源署、联合国、国际货币基金组织、世界银行、国际可再生能源署、美国能源信息管理局、英国石油公司等。国内数据来源于国家统计局、自然资源部、水利部、生态环境部、中国气象局、中国电力企业联合会等部门、机构和组织，还包括国家电网公司的统计数据，以及国家电网公司的"一库三中心"（统一资源数据库，统计发布中心、辅助决策中心和数据分析中心）、运营监测中心等的内部数据库。

非结构化信息（含半结构化）分为国别信息、政策法规、战略规划、市场与价格、科学技术、工程项目、企业组织、气候环境、研究报告等，主要来自国际组织、专利机构、信息提供商、咨询机构、互联网等，以文档、图片、音频、视频等格式储存在平台中。其中，政策法规一项按照5E领域进行细分。国别数据在结构化数据库和非结构化数据库的基础上抽取关键指标构建，反映国家经济、能源、电力、环境的特点。

数据源及数据整合后结构见图4。

（二）数据的筛选与融合

针对数据来源复杂、统计口径多样的特点，全球能源数据信息平台基于

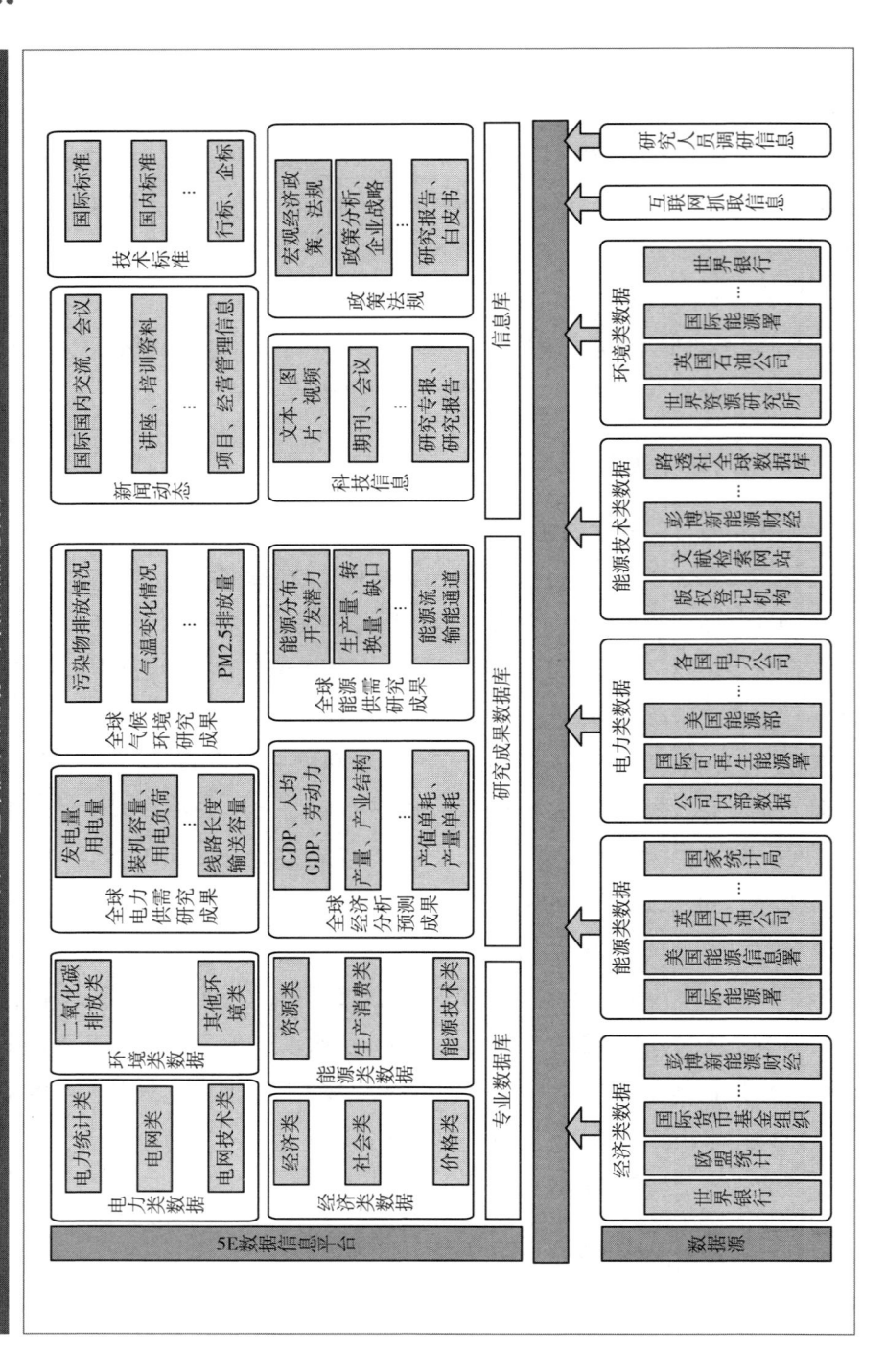

图 4 全球能源研究统一平台数据信息目录

数据质量监测和数据清洗技术,提出了以数据源的深度、广度、速度为衡量标准的多元能源数据融合、筛选、清洗方法,解决了评价指标计算过程中数据缺失与数据不符的问题,保证数据的全面性和及时性,提高了指标数据计算的可靠性和准确度。全球能源数据信息平台对多元能源数据融合、筛选的流程参见图 5。

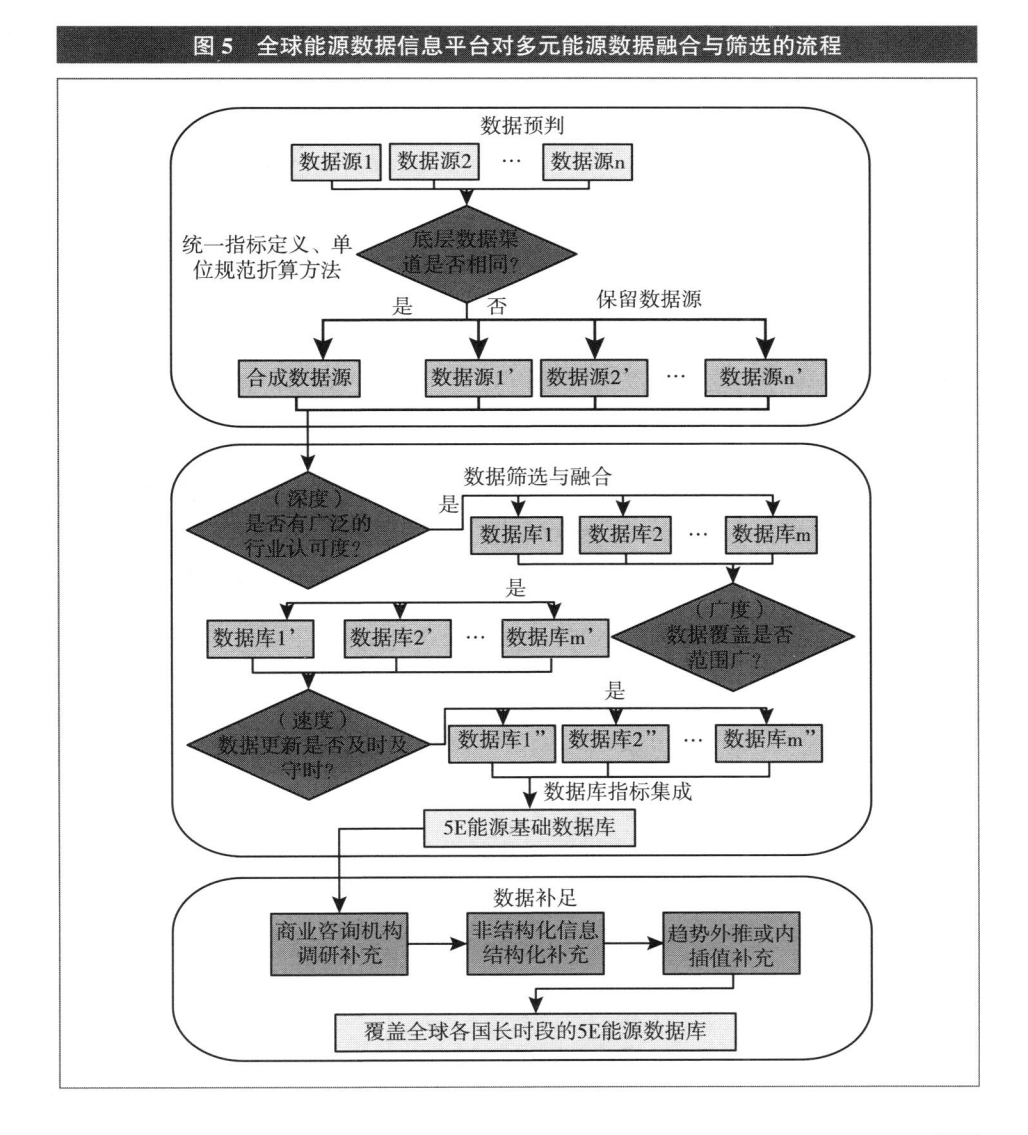

图 5 全球能源数据信息平台对多元能源数据融合与筛选的流程

非洲国家综合指数评估

本书选取非洲 54 个国家为评估对象，对亚速尔群岛（葡）、马德拉群岛（葡）、加那利群岛（西）、西撒哈拉（未独立）、留尼汪（法）、圣赫勒拿（英），因其地域面积小、资料缺乏而没有进行评估。

一　三维整体评估结果

我们采用世界能源清洁发展及互联互通综合指数，对非洲 54 个国家进行总体评估（见图 1），评估排名列在表 1 中。

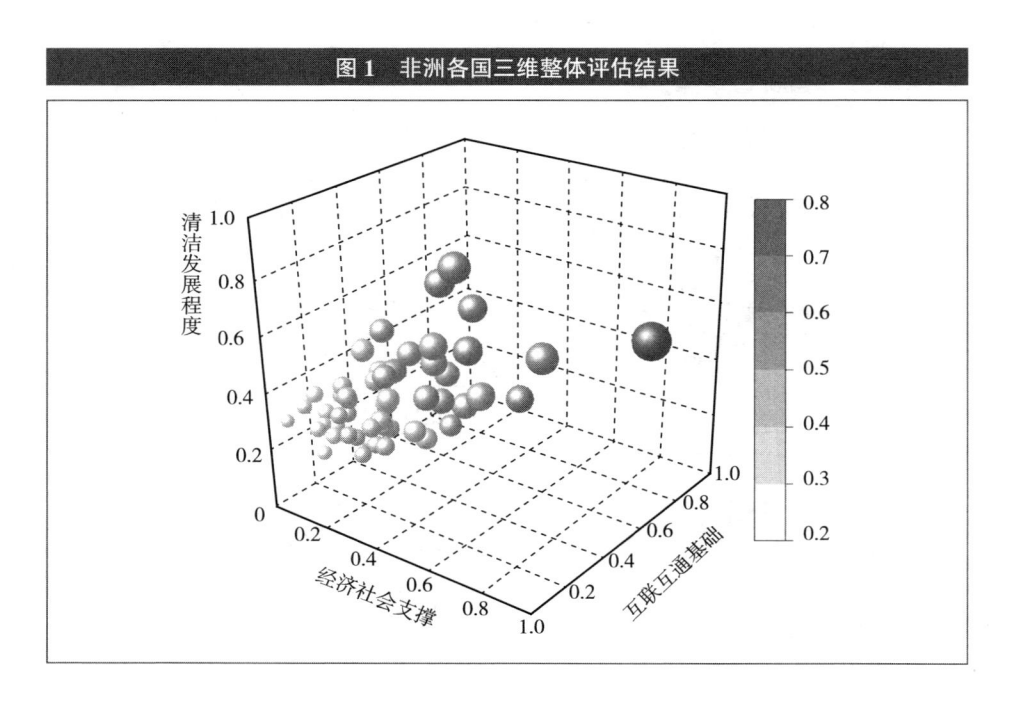

图1　非洲各国三维整体评估结果

表1 非洲54个国家的综合指数排名

排名	经济社会支撑	互联互通基础	清洁发展程度	整体情况
1	南非	南非	赞比亚	南非
2	埃及	埃及	莫桑比克	埃及
3	摩洛哥	摩洛哥	刚果（金）	赞比亚
4	阿尔及利亚	阿尔及利亚	肯尼亚	纳米比亚
5	埃塞俄比亚	埃塞俄比亚	索马里	莫桑比克
6	尼日利亚	尼日利亚	纳米比亚	埃塞俄比亚
7	博茨瓦纳	博茨瓦纳	埃塞俄比亚	阿尔及利亚
8	坦桑尼亚	坦桑尼亚	莱索托	摩洛哥
9	加纳	加纳	毛里求斯	肯尼亚
10	肯尼亚	肯尼亚	津巴布韦	博茨瓦纳
11	突尼斯	突尼斯	安哥拉	安哥拉
12	塞舌尔	塞舌尔	喀麦隆	尼日利亚
13	赞比亚	赞比亚	南非	加蓬
14	安哥拉	安哥拉	刚果（布）	加纳
15	莱索托	莱索托	埃及	津巴布韦
16	利比亚	利比亚	坦桑尼亚	坦桑尼亚
17	毛里求斯	毛里求斯	摩洛哥	刚果（金）
18	加蓬	加蓬	苏丹	毛里求斯
19	马拉维	马拉维	多哥	喀麦隆
20	纳米比亚	纳米比亚	乍得	莱索托
21	喀麦隆	喀麦隆	加纳	利比亚
22	莫桑比克	莫桑比克	马拉维	刚果（布）
23	乌干达	乌干达	马达加斯加	索马里
24	科特迪瓦	科特迪瓦	加蓬	塞舌尔
25	卢旺达	卢旺达	布隆迪	突尼斯
26	塞内加尔	塞内加尔	科特迪瓦	马拉维
27	津巴布韦	津巴布韦	中非	多哥
28	刚果（布）	刚果（布）	尼日利亚	苏丹
29	几内亚	几内亚	博茨瓦纳	科特迪瓦
30	索马里	索马里	乌干达	乌干达

表 1　非洲 54 个国家的综合指数排名　　　　　　　　　　（续表）

排名	经济社会支撑	互联互通基础	清洁发展程度	整体情况
31	赤道几内亚	赤道几内亚	斯威士兰	卢旺达
32	塞拉利昂	塞拉利昂	卢旺达	马达加斯加
33	苏丹	苏丹	圣多美和普林西比	乍得
34	刚果（金）	刚果（金）	厄立特里亚	贝宁
35	贝宁	贝宁	吉布提	毛里塔尼亚
36	马达加斯加	马达加斯加	马里	塞内加尔
37	布基纳法索	布基纳法索	突尼斯	中非
38	毛里塔尼亚	毛里塔尼亚	科摩罗	赤道几内亚
39	佛得角	佛得角	塞拉利昂	马里
40	多哥	多哥	佛得角	斯威士兰
41	尼日尔	尼日尔	利比里亚	塞拉利昂
42	中非	中非	几内亚比绍	厄立特里亚
43	马里	马里	南苏丹	布基纳法索
44	厄立特里亚	厄立特里亚	阿尔及利亚	几内亚
45	乍得	乍得	塞舌尔	尼日尔
46	冈比亚	冈比亚	布基纳法索	布隆迪
47	科摩罗	科摩罗	贝宁	吉布提
48	南苏丹	南苏丹	塞内加尔	佛得角
49	利比里亚	利比里亚	几内亚	南苏丹
50	吉布提	吉布提	冈比亚	利比里亚
51	布隆迪	布隆迪	赤道几内亚	科摩罗
52	斯威士兰	斯威士兰	利比亚	圣多美和普林西比
53	圣多美和普林西比	圣多美和普林西比	毛里塔尼亚	冈比亚
54	几内亚比绍	几内亚比绍	尼日尔	几内亚比绍

按照三维评估方法进行评估，其总体评估结果如图 2 所示。非洲 54 个国家综合指数分布在 0.2~0.7，整体来看，北部非洲和南部非洲发展水平较高，综合评价得分较高，西部非洲各国发展水平相对较低，综合评价得分较低。54 个国家中综合指数大于 0.5 的有 7 个国家，其中南部非洲 4 个、北部

非洲国家综合指数评估

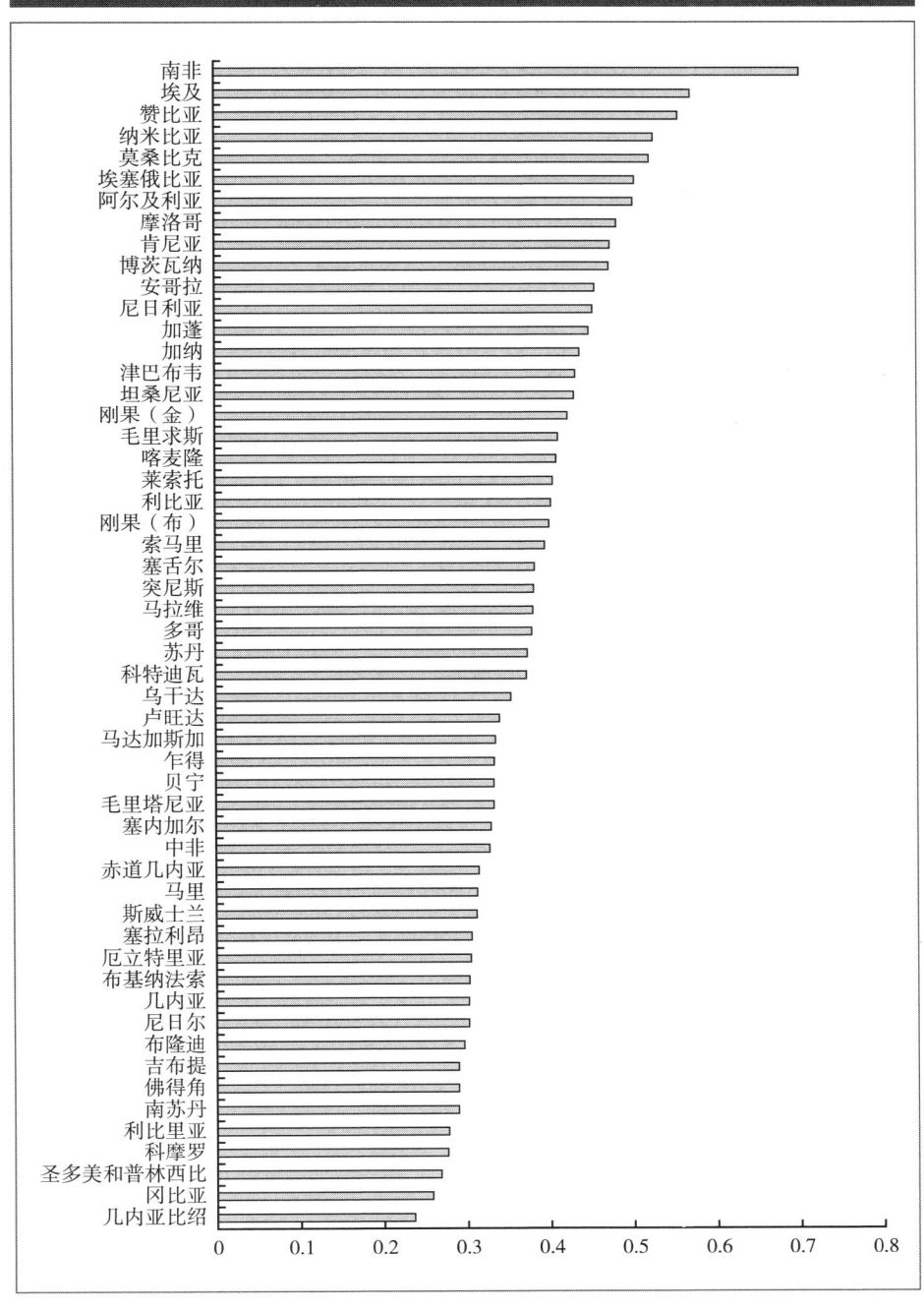

图2　综合指数评估结果排名

非洲2个和东部非洲1个；综合指数不足0.3的有9个国家，其中南部非洲2个，西部非洲3个、东部非洲2个，北部、中部非洲各1个；综合指数分布在0.3~0.5的有38个国家，包括西部13个、南部8个、中部6个、东部7个、北部4个。

图3是"经济社会支撑"维度的评估结果。整个非洲的经济社会发展水平差距明显，评估结果分布在0.1~0.9之间。南非的经济社会支撑指数以0.82独占鳌头，远超第2名的埃及（0.66）和第3名的摩洛哥（0.62）；评估结果在0.4~0.6之间的有26个国家，这些国家经济社会发展较差，其中南部8个、东部7个、西部6个、中部2个、北部3个；其他25个国家的评估结果均小于0.4，其中西部10个、中部5个、东部3个、南部5个、北部2个。

图4是互联互通基础维度评估结果排名。南部和北部非洲地区互联互通水平明显优于其他地理分区，评估结果分布在0.1~0.8之间。南非拥有普及的电网骨架和先进的智能电网、充足的能源供应，其评估结果以0.74遥遥领先；得益于化石能源的优势与可再生能源的发展，阿尔及利亚（0.56）、纳米比亚（0.54）、埃及（0.53）是南非以外仅有的评估结果大于0.5的国家；小于0.3的国家有38个，包括13个西部国家、9个东部国家、7个中部国家、6个中部国家、3个北部国家。

图5是清洁发展程度维度的评估结果。54个非洲国家的评估结果分布在0.2~0.8之间，非洲南部、东部和中部优于北部和西部。得益于碳减排和污染控制的效果，赞比亚以0.76位列第1。评估结果分布在0.5~0.7之间的有15个国家，其中南部7个、东部4个、中部2个、北部和中部各1个；评估结果分布在0.4~0.5之间的有20个国家，其中东部和西部各5个、南部和中部各4个、北部2个；其余18个国家的评估结果均小于0.4，10个国家位于非洲西部，3个国家位于北部，南部、东部各2个国家，中部1个国家。

非洲国家综合指数评估

图3 "经济社会支撑"维度评估结果排名

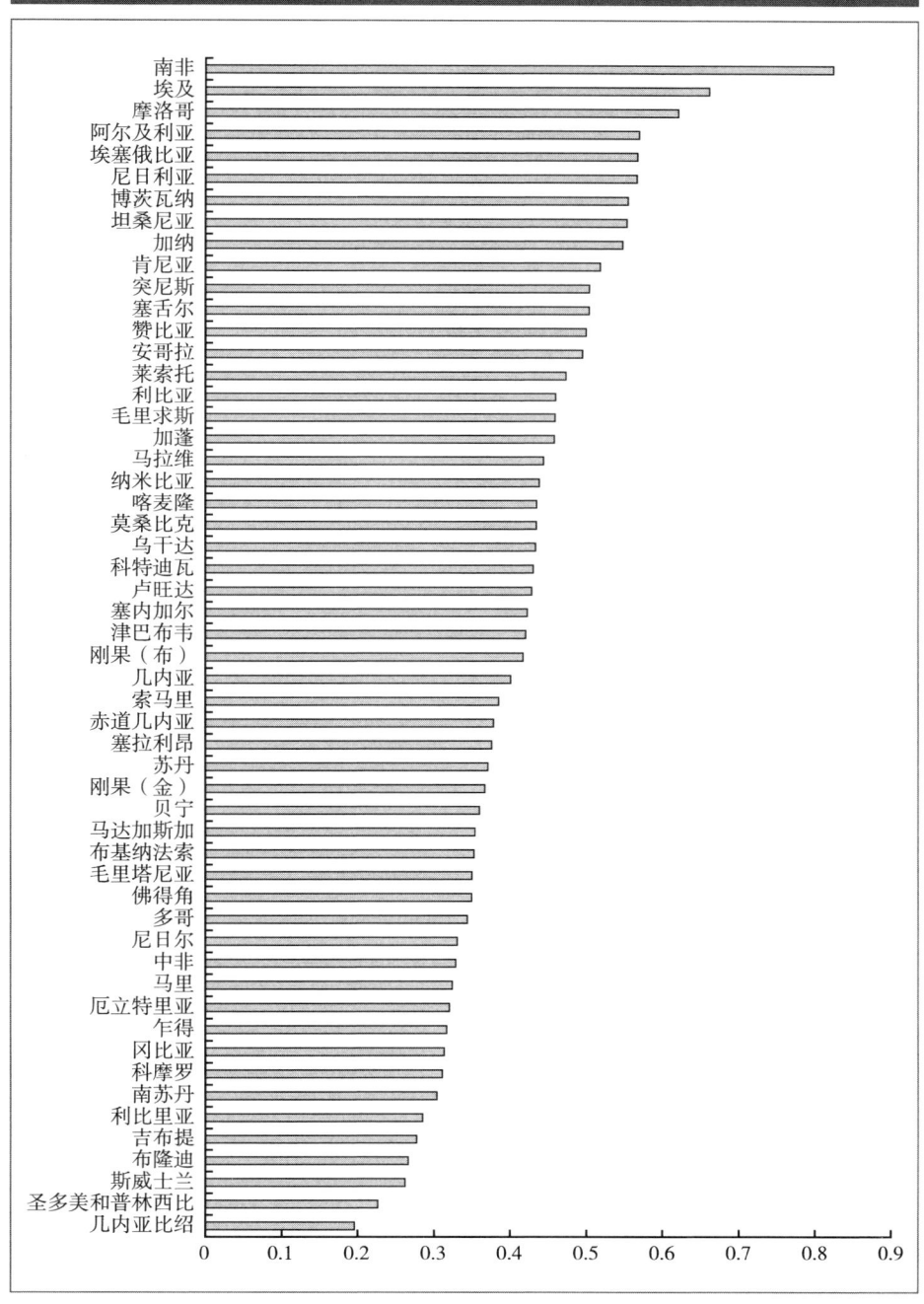

图 4 "互联互通基础"维度评估结果排名

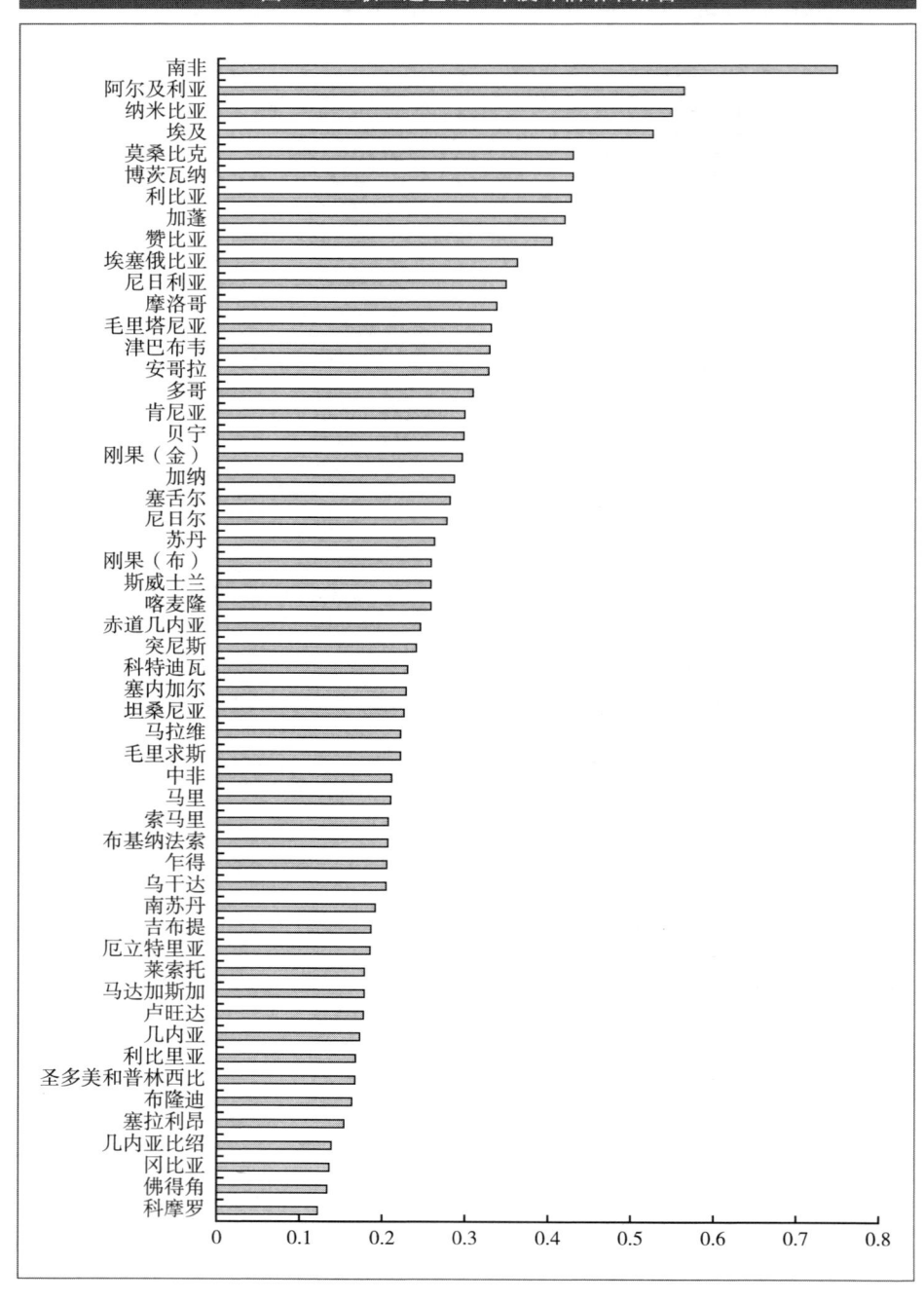

非洲国家综合指数评估

图5 "清洁发展程度维度"评估结果排名

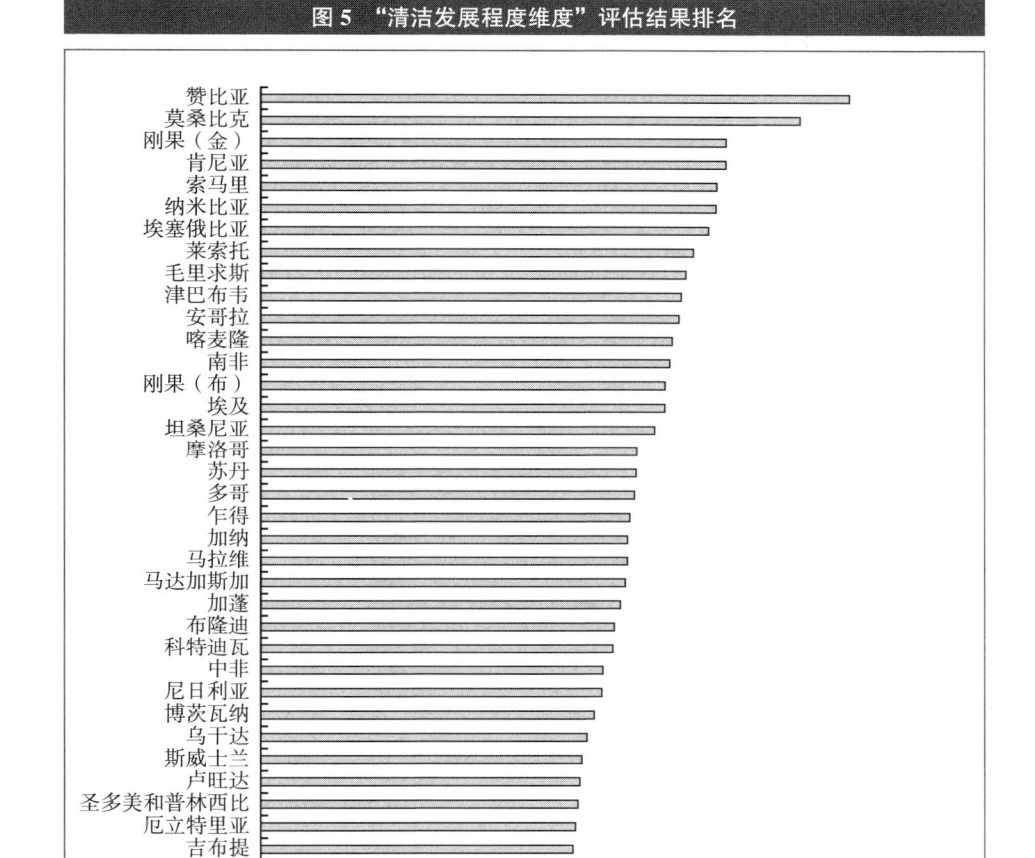

二 分块评估结果分析

为了进一步体现非洲各国在三维评估体系中的位置和差异，我们将三维评估结果人为地分为8个子立方体（见图6）。各立方体的编号、典型特征以及与三个维度之间的关系见表2。

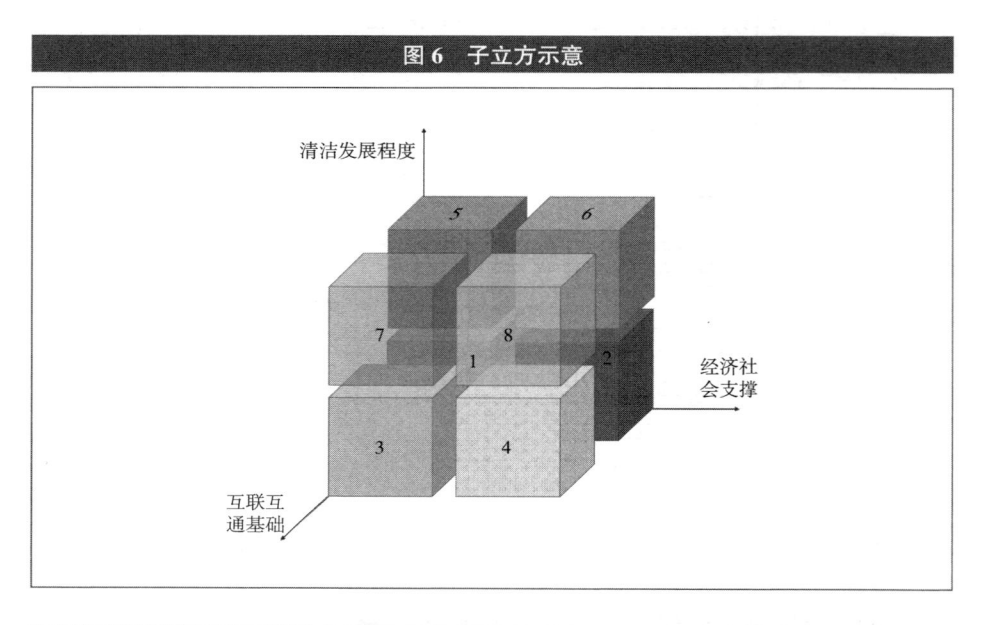

图6 子立方示意

表2 各立方体的划分与典型特征

单位：个

立方体编号	经济社会支撑	互联互通基础	清洁发展程度	典型特征	国家数量
1	低	低	低	相对滞后	31
2	高	低	低	发展局限	6
3	低	高	低	转型滞后	0
4	高	高	低	转型迈进	1
5	低	低	高	自然发展	10
6	高	低	高	外部依赖	3
7	低	高	高	相对平衡	1
8	高	高	高	相对引领	2

注：三个维度均以0.5为指数高低分界值。

由 8 个立方体划分的八类国家子集，一方面反映了各个国家评估结果的水平高低，另一方面突出了各类国家的差异化特点。立方体 1 号代表了三个维度指数均在 0.5 以下的国家，该类国家无论是经济社会支撑、互联互通基础，还是清洁发展程度，均处于非洲的落后地位，故将其命名为"相对滞后型"。立方体 2 号代表了经济社会支撑维度指数在 0.5 以上、互联互通基础和清洁发展程度指数在 0.5 以下的国家，该类国家的经济社会处于高水平范畴，能够为互联互通转型提供较好的支撑作用。不过，互联互通基础和清洁发展程度却未达到相应水平，说明该国受到了一定的发展限制，故将其命名为"发展局限型"。立方体 3 号代表了互联互通基础维度指数在 0.5 以上、经济社会支撑和清洁发展程度指数在 0.5 以下的国家。该类国家多是传统能源资源丰富或受传统耗能产业等牵引，在互联互通方面具有相对雄厚的基础，但由于传统路径依赖，未带动经济社会全面发展和清洁发展，故将其命名为"转型滞后型"。立方体 4 号代表了经济社会支撑和互联互通基础指数在 0.5 以上、清洁发展程度指数在 0.5 以下的国家。该类国家有较为平稳的发展模式，已经具有了较好的经济社会支撑和互联互通基础，只需积极进行清洁化转型，就能达到全面发展，故将其命名为"转型迈进型"。立方体 5 号代表了清洁发展程度指数在 0.5 以上、经济社会支撑和互联互通基础指数在 0.5 以下的国家。该类国家在没有较好的经济社会支撑和互联互通基础的情况下，清洁发展程度却较高，与常规发展模式差异较大，主要是自身特点所导致的发展路径个性化，即充分利用国内的原始资源条件顺其自然地发展，故将其命名为"自然发展型"。立方体 6 号代表了经济社会支撑和清洁发展程度指数在 0.5 以上、互联互通基础指数在 0.5 以下的国家。该类国家虽然互联互通基础相对薄弱，但依然可以达到很好的清洁发展，说明其借助外部力量实现了自身协调发展，故将其命名为"外部依赖型"。立方体 7 号代表了经济社会支撑指数在 0.5 以下、互联互通基础和清洁发展程度指数在 0.5 以上的国家。该类国家整体发展水平较好，但经济社会发展未对互联互通和清洁发展转型形成较好的支撑作用，故将其命名为"相对平衡型"。立方体 8 号代表了三个维度指数都在 0.5 以上的国家。该类国家全面均衡发展，可以扮演该区域领跑者的角色，故将其命名为"相对引领型"。

（一）立方体1——"相对滞后型"国家

立方体1对应的国家，发展水平都比较低，其特点为该类国家无论经济社会支撑、互联互通基础，还是清洁发展程度都落后迟滞，共有31个国家，包括：贝宁、布基纳法索、布隆迪、赤道几内亚、多哥、佛得角、冈比亚、吉布提、几内亚、厄立特里亚、几内亚比绍、加蓬、科摩罗、科特迪瓦、利比里亚、利比亚、卢旺达、马达加斯加、马拉维、马里、毛里塔尼亚、南苏丹、尼日尔、塞拉利昂、塞内加尔、圣多美和普林西比、斯威士兰、苏丹、乌干达、乍得、中非。总体来看，相对滞后型国家在非洲五个区域均有分布，其中，西部14个国家、东部和中部各5个国家、南部4个国家、北部3个国家。对于相对滞后型国家来说，资源特征、政治环境和经济环境是制约其发展的主要因素。这些国家一方面需要结合本国经济发展目标，通过制定适合其自身发展的能源发展战略，推动互联互通的快速发展；另一方面应积极推进能源清洁发展及互联互通，借助其他国家的经济、产业、技术优势等，进行骨干网架建设，并加强与其他国家的电力联网，实现能源资源更大范围的配置和清洁能源的开发利用，以满足本国的互联互通需求，促进经济稳步发展。

（二）立方体2——"发展局限型"国家

立方体2对应的国家，清洁发展程度和互联互通基础水平较低，但经济社会支撑发展水平尚可，共有6个国家，包括：摩洛哥、尼日利亚、博茨瓦纳、加纳、突尼斯、塞舌尔。这些国家受自身地理位置、国土面积、资源禀赋限制，能源电力的互联互通发展水平和清洁发展程度不高。如博茨瓦纳被誉为非洲的"小康之国"，在非洲属经济发展较快、经济状况较好的国家，但是输电线路老化，电网线损率很高；煤炭资源丰富，过度依赖煤炭发电。

（三）立方体4——"转型迈进型"国家

立方体4对应的国家，互联互通基础和经济社会支撑发展水平较高，但清洁发展程度相对较低，这类国家仅有阿尔及利亚。阿尔及利亚能源结构中化石能源的比重仍然较大，虽然积极推动清洁发展，但由于其发展惯性，实现清洁转型仍需要较长的时间。阿尔及利亚拥有超过27万千米的输电线路，几乎覆盖了全国所有人口。该国的输电网络属马格里布系统（还包含摩洛哥和突尼斯），同时与欧洲的高压输电网络同步。阿尔及利亚与突尼斯、摩洛哥、西班牙和意大利都有电网连接。阿尔及利亚石油和天然气资源丰富，石油与天然气产业是国民经济的支柱。阿尔及利亚的火电、水电和非水可再生能源发电装机量占比分别为96.5%、1.3%和2.3%。阿尔及利亚国内能源消费占能源总产量的30%，其余70%全部用于出口。当前的低油气价格使得阿尔及利亚政府无力投资新的电力项目，从而影响了能源多元化和清洁能源转型。

（四）立方体5——"自然发展型"国家

立方体5对应的国家，互联互通基础和经济社会支撑发展水平较低，但清洁发展程度相对较高，包括的国家有：赞比亚、安哥拉、莱索托、毛里求斯、喀麦隆、莫桑比克、津巴布韦、刚果（布）、索马里、刚果（金）。典型的如赞比亚，更多地依赖于自然资源禀赋条件，水电资源丰富，水电装机量约占85%，占据绝对主导电力供应地位，所以清洁发展水平较高。但电力供应受降雨、水量等季节影响较大，如2019年受雨季降水不足影响，赞比亚实施轮流停电减载措施，每日停电至少4小时。亟须加快赞比亚—坦桑尼亚—肯尼亚（ZTK）电网互联，将赞比亚与东非电力系统East African Power Pool连接起来，促进电力互补互济。

（五）立方体6——"外部依赖型"国家

立方体6对应的国家，互联互通基础发展水平较低，但清洁发展程度和经济社会支撑发展水平相对较高，包括的国家有：埃塞俄比亚、坦桑尼亚、肯尼亚。典型的如肯尼亚，无电人口占88%，电力装机以水电、火电和地热发电为主。近年来，肯尼亚政府鼓励开发清洁能源，生物质发电和风力发电有所发展，但规模很小。肯尼亚电力供应不足，属于电力进口国，净进口电量为 1.8 亿千瓦时，主要电力进口和出口国均为乌干达和坦桑尼亚。目前，肯尼亚在建或拟建的跨境电力项目包括：肯尼亚—埃塞俄比亚 400 伏直流输电线路、肯尼亚—乌干达—卢旺达—布隆迪—刚果（金）220 千伏输电线路、肯尼亚—坦桑尼亚 400 千伏输电线路等。

（六）立方体 7——"相对平衡型"国家

立方体 7 对应的国家，互联互通基础和清洁发展程度水平较高，但经济社会支撑发展水平相对较低，具备该特点国家有纳米比亚。总体来看，纳米比亚发展相对均衡。纳米比亚矿产资源十分丰富，素有"战略金属储备库"之称。该国约一半的电力从南非进口，电力系统属于南部非洲电力联盟（SAPP）。目前，每年全国用电负荷为 50 万千瓦，其中约一半的电力从南非进口；可再生能源发电装机占比为 72%。

（七）立方体 8——"相对引领型"国家

立方体 8 对应的国家，互联互通基础、清洁发展程度和经济社会支撑总体发展水平都较高，包括埃及和南非。两国均是非洲排名前三的经济体，与周边国家建立了电网连接，如埃及已与该地区其他国家建立了电网连接。埃及于 1999 年 12 月启动了与利比亚电网的连接。埃及、约旦、叙利亚、伊拉克和土耳其五国之间的电网互联也于 2002 年完成。南非向包括博茨瓦纳、莱索托、莫桑比克、纳米比亚、斯威士兰和津巴布韦等在内的邻国出售电力。两国可再生能源潜力巨大，在开发利用方面进展迅速。

三 二维平面投影分析

（一）经济社会支撑与互联互通基础维度对比分析

经济社会支撑和互联互通基础维度平面投影如图 7 所示，横轴为互联互通基础维度综合评估值，纵轴为经济社会支撑综合评估值。一般来说，经济社会支撑与互联互通基础维度相互促进、协调发展。一方面，经济社会发展为互联互通建设提供了经济支撑、政策支撑及环境支撑。另一方面，互联互通发展水平的提升为经济社会快速健康发展提供了动力支撑。从图7可以看出，非洲大部分国家集中在图中直线附近，直线斜率较大，且无明显偏离该直线的国家，说明非洲各国整体呈现"经济社会发展支撑度越好，则互联互通基础越好"，或者"互联互通基础越好，则经济社会支撑度越高"的规律，没有明显发展特例，互联互通与经济社会两者相互促进、相辅相承。

以南非、埃及、阿尔及利亚等为代表的非洲经济发展大国，经济社会支撑和互联互通基础维度的发展程度处于非洲前列，经济社会发展需要互联互通助力，使得国家更加重视互联互通等基础设施建设。如埃及电网较为发达，是北非、中东电网的枢纽和重要组成部分，自2015年以来，供电覆盖率已经达到100%；阿尔及利亚自2016年开始供电覆盖率达到100%；南非电力部门的发展水平在南部非洲处于领先水平。

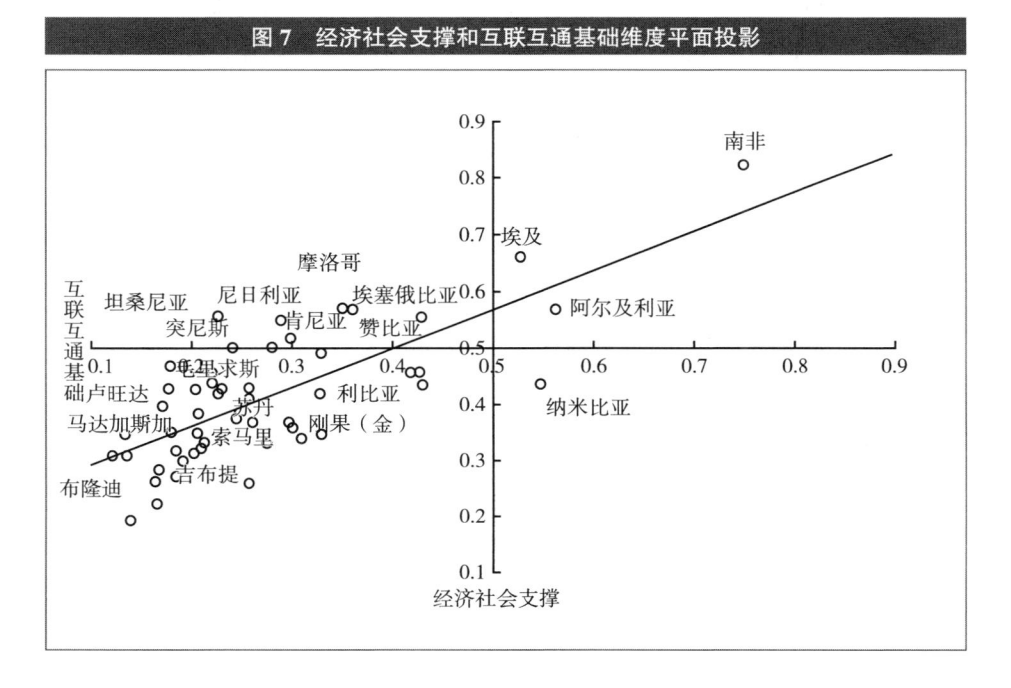

图7 经济社会支撑和互联互通基础维度平面投影

（二）经济社会支撑与清洁发展程度维度对比分析

经济社会支撑和清洁发展程度维度的平面投影如图 8 所示，横轴为清洁发展程度评估值，纵轴为经济社会支撑综合评估值。从图中可以看出，非洲大部分国家都位于图中直线附近，说明经济社会发展可以促进本国清洁资源的开发利用。一方面，在当前清洁能源发电成本仍然较高的情况下，规模化地进行清洁能源开发利用，必然要求国家具有较强的经济实力和较好的经济发展水平；另一方面，虽然非洲太阳能、风能等清洁资源丰富，但清洁能源开发利用技术整体较为落后，各国清洁能源的开发需要借助美国、中国、日本、欧洲等国家和地区的有力支撑，这就需要各国具有稳定的政治环境和投资环境来吸引外部投资。同时，清洁能源的发展也会推动本国经济社会的发展，尤其在非洲大多数国家电力工业发展落后、电力联网薄弱的情况下，需要通过太阳能、风能等可再生能源的开发，对本国电网进行补充，以提高接电率。

从图中可以看出，直线的斜率相对较小，一定程度上说明各国清洁能源的发展并不完全依赖于经济社会发展。同一经济发展水平的国家，其清洁能源发展程度差异较大，究其原因，主要有两个方面：一方面是各国对清洁能源开发利用的重视程度不同，要看其是否主动寻求其他国家援助，是否制定和颁布了相关扶持政策；另一方面，也是主要原因，即各国的清洁能源资源禀赋不同。从非洲目前清洁能源的发展水平来看，水利资源丰富的国家，清洁能源发展水平都相对较高，如南部非洲的莫桑比克和赞比亚位居清洁能源发展水平评估前两位，这主要得益于这两个国家拥有丰富的水利资源，电力供应以水电为主。

从图中可以看出，南非和埃及两国的经济发展水平位于非洲前列，但其清洁能源发展水平并不突出。最主要的原因是政府重视程度不够，或者虽然重视，但推进效率不高，迟迟无法突破。如埃及，尽管坐拥丰富的可再生能源资源，但可再生能源开发在埃及一直乏人问津。来自埃及国家监管机构的数据显示，政府曾承诺到 2020 年实现可再生能源占比达 20%，但到 2018 年底，太阳能和风能的占比尚不足 1%。同时，埃及可再生能源发展也面临一些

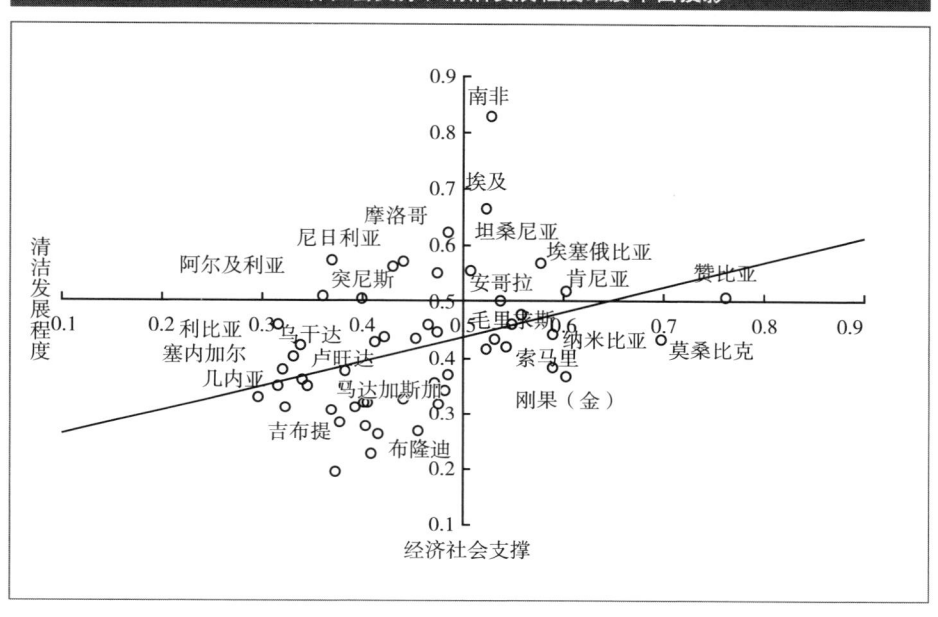

图 8 经济社会支撑和清洁发展程度维度平面投影

体制和机制的障碍，比如并网难使不少风机、太阳能电站处于停运状态。又如南非，可再生能源潜力巨大，国家在开发利用方面进展迅速，但受本国电力技术水平的限制，风能、太阳能并网并不顺畅。

（三）互联互通基础与清洁发展程度维度对比分析

互联互通基础和清洁发展程度维度的平面投影如图9所示，横轴为清洁发展程度评估值，纵轴为互联互通基础综合评估值。从图中可以看出，如果去掉由于水利资源丰富而使得清洁发展综合评估值高的国家，如南部非洲的赞比亚、莫桑比克等，则互联互通基础发展水平与清洁发展程度水平相关性不大。究其原因，主要有三点。一是对于互联互通基础发展较差尤其是电网互联程度低、全国接电率始终处于低位的国家，如果通过电力基础设施建设提升各国接电率，其投入过大，且短期难以见成效。通过建设离网的分布式太阳能发电站，解决居民用电问题，可以快速提升接电率，且不受电网发展水平的限制。因此，互联互通基础发展水平较低的非洲国家正通过发展清洁

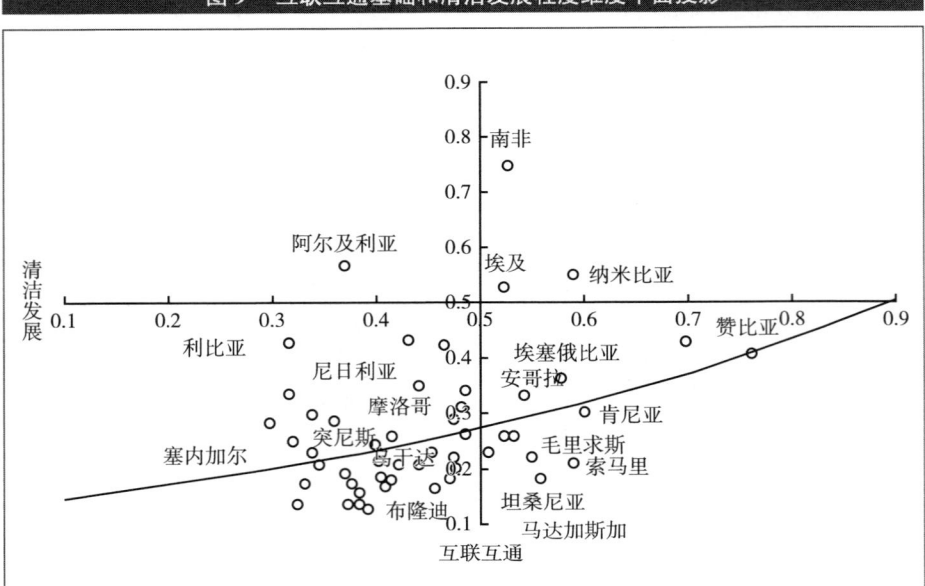

图 9　互联互通基础和清洁发展程度维度平面投影

能源对当前电网进行补充,其清洁能源发展程度可能会处于较高水平。二是对于互联互通发展处于中游的非洲国家,由于非洲大陆整体的太阳能资源和风能资源都较为丰富,且在全球绿色可持续发展理念下,清洁能源的开发利用成为重点,欧美等发达国家以及中国等发展中国家主动援助较多,即使政府本身发展意愿并不强烈,但一般情况下都会接受外来援助,使得本国的清洁能源发展水平也有一定的起色。三是互联互通基础水平较高的国家,很早就实现了100%的接电率,如南非、埃及等国,利用太阳能、风能对电网进行补充,提高接电率的需求不大,政府意愿不高。有些国家虽然颁布了相关扶持政策,但推进缓慢,未取得规模化突破。同时,由于经济发展水平较高,外来援助相对较少,这些因素都导致一些国家的清洁发展水平远落后于电力发展水平。

国 别 报 告

Country Report

摘　要： 我们将非洲54个国家分为五个区域（北部、东部、西部、中部、南部），将每个国家的评估结果按"经济社会支撑"、"互联互通基础"和"清洁发展程度"三个维度进行详细解读，深入分析其发展基础、成效经验和问题瓶颈等，为进一步推进非洲互联互通和持续发展提供有针对性的参考。以南非、埃及、阿尔及利亚等为代表的非洲经济强国，经济社会支撑和互联互通发展水平处于非洲前列，经济社会的发展需要互联互通的支撑，使得国家更加重视能源电力等基础设施建设。从非洲目前清洁能源的发展水平来看，水利资源丰富的国家，清洁能源发展水平都相对较高，如南部非洲的莫桑比克和赞比亚，清洁能源发展水位居前两位，这主要得益于其拥有丰富的水利资源，电力供应以水电为主。

关键词： 非洲　清洁能源　电网互联　能源政策

非洲各国综合指数详述

一 北部非洲

(一)埃及

主要特点:
- 政局稳定,经济发展稳定;
- 油气丰富,是主要的经济支柱;
- 广泛部署可再生能源。

埃及地跨亚、非两洲,是北非和阿拉伯地区人口最多的国家,也是全球人口增长最快的国家之一。埃及政局稳定,奉行独立自主、不结盟政策,主张在相互尊重和不干涉内政的基础上建立国际政治和经济新秩序。积极开展和平外交,致力于加强阿拉伯国家间的团结合作。

2018年,埃及的人均GDP为2573美元。近十年GDP的平均增速为3.3%。其经济发展水平取决于能源行业发展,2018年能源行业产值占GDP的13.1%。为了满足迅速增长的能源需求,埃及政府推行多元化战略。2017年6月颁布新的《投资法》,之后投资环境明显改善。总统塞西于2018年3月连任成功,各经济政策得以持续推进。世界经济论坛《2019年全球竞争力报告》显示,埃及在全球最具竞争力的141个国家和地区中排在第93位。世界银行《2020年营商环境报告》显示,埃及的营商环境在全球190个经济体中排在第114位。根据中东金融机构EFG Hermes的报道,埃及是2019年东北非地区表现最佳的市场,经济快速发展、有利的人口条件以及具有较强消费能力的中产阶层的涌现,是支撑埃及快速发展的重要条件。该国经济社会支撑维度评估结果如图1所示。

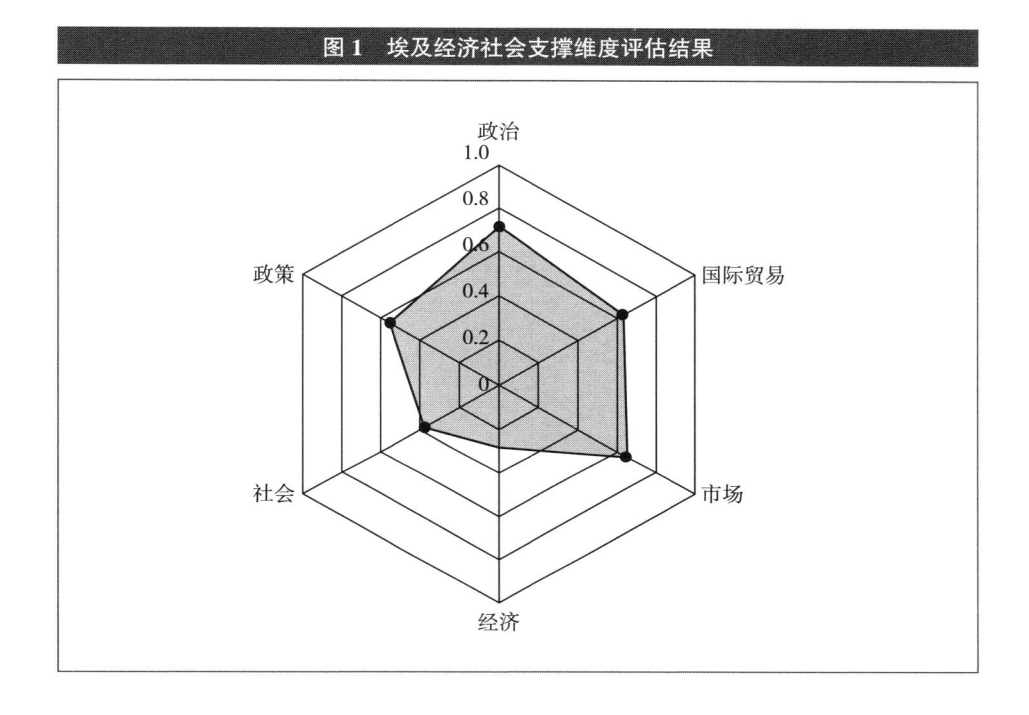

图1 埃及经济社会支撑维度评估结果

埃及油气资源丰富。据2019年《BP世界能源统计年鉴》的统计，截至2018年，埃及能源以石油和天然气为主，其探明储量分别居非洲国家第6位和第3位。2017/2018财年，埃及11.04%的投资在石油、天然气领域，11.29%的投资在电力部门。自2018年起，埃及的石化重心转移至炼油化工，发展油气深加工，提高油气附加值，计划在未来四年投资约90亿美元实施5个大型炼油项目。炼油化工基地建设、老旧炼油厂改造以及油品贸易合作的潜力巨大。

埃及电网发达，是北非、中东电网的枢纽和重要组成部分。2015年以来，电力接入率达到100%，能源结构以气电为主。基于跨国电网的发展，埃及2015~2017年保持着大于7亿千瓦时的年出口量，2018年总发电量达1989.7亿千瓦时，人均用电量为1762千瓦时。埃及输电公司（EETC）负责全国电网的运行、管理和维护。目前，电力领域的主要问题是输变电线路老旧，电网智能化水平较低。

埃及政府十分重视跨境电网建设，计划将埃及打造成覆盖北非、中东、南欧的电力出口和交易枢纽。2019年5月24日，埃及输电公司与欧非互联公司在开罗签署框架协议，加快推动埃及、塞浦路斯、希腊电力联网的海底输电项目建设。该国互联互通基础维度评估结果如图2所示。

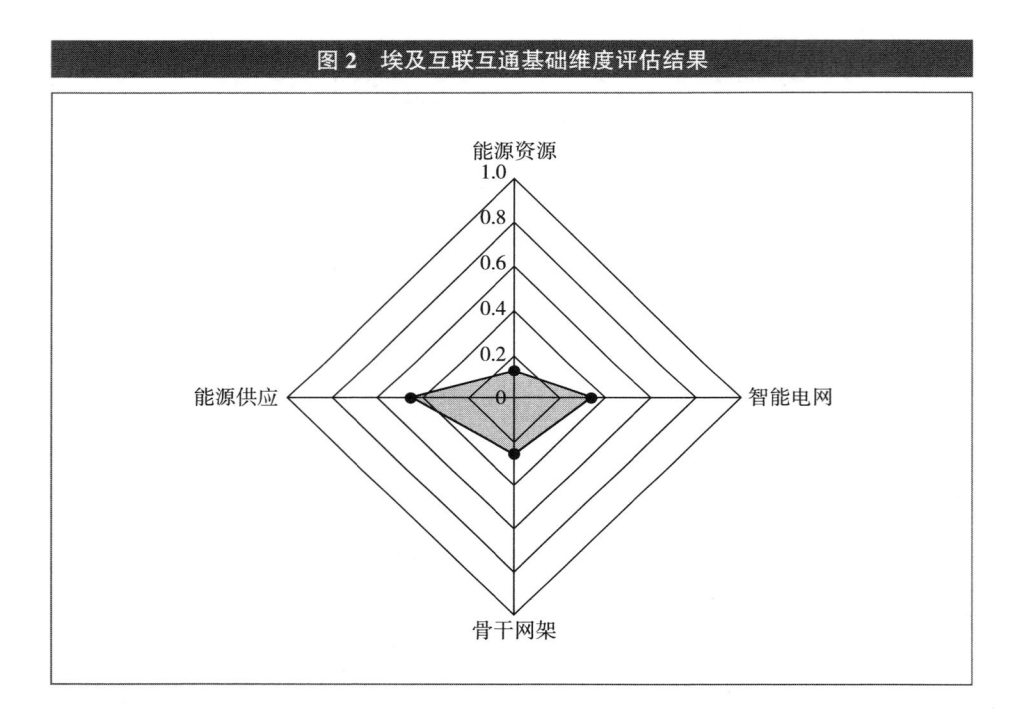

图 2　埃及互联互通基础维度评估结果

埃及拥有丰富的具有高部署潜力的可再生能源，包括水电、风能、太阳能和生物质能，因此具有实现这些宏伟目标的巨大潜力。根据国家可再生能源协会统计，2018年埃及的可再生能源发电结构为：水电装机285.1万千瓦，风电装机112.5万千瓦，太阳能发电装机77万千瓦，生物质能装机6.7万千瓦。据国际能源署报道，近期上线运行的160万千瓦Benban太阳能项目是非洲大陆迄今为止最大的用于公用事业的太阳能光伏项目。根据《2035年综合可持续能源战略》规划，埃及政府设定了可再生能源目标，到2022年可再生能源发电占电力结构的20%，到2035年占42%。该国清洁发展程度维度评估结果如图3所示。

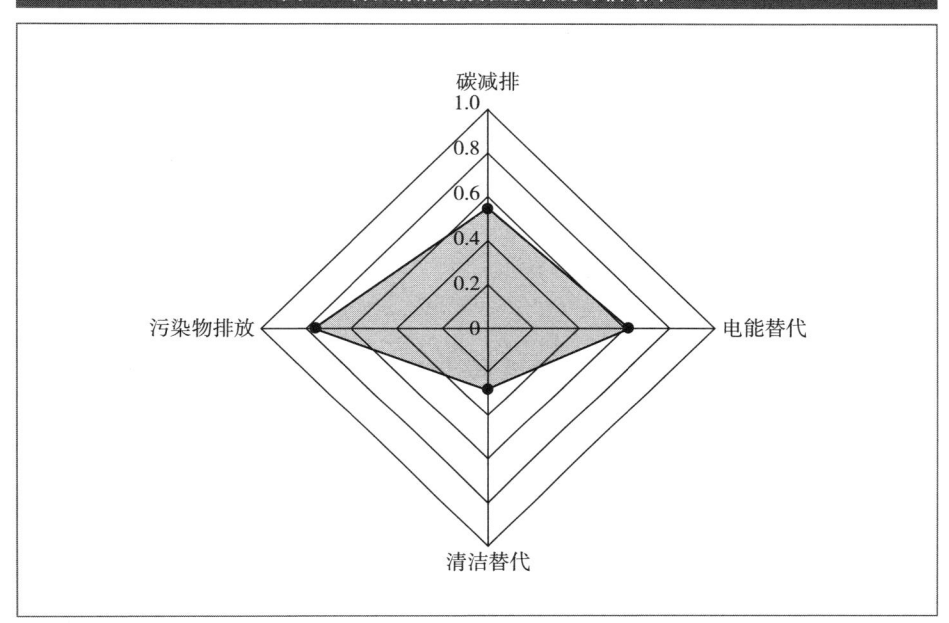

图 3　埃及清洁发展程度维度评估结果

（二）苏丹

主要特点：

- 政局总体稳定，但具潜在威胁，经济震荡上行；
- 化石能源单一，电力不发达；
- 可再生能源发展有很大局限性。

苏丹地处非洲东北部，东临红海，陆上与 7 个非洲国家接壤，交通便利，地缘优势明显。奉独立自主的外交政策，维护国家主权和统一，反对西方强权政治，主张加强阿拉伯国家团结，密切同非洲国家间的合作，重视同中国等国家发展友好合作关系。2018 年 GDP 为 339 亿美元，人均 GDP 为 808 美元。2011 年南苏丹独立，造成苏丹石油资源损失大半，外汇收入锐减，经济和社会发展面临巨大挑战，2011 年苏丹 GDP 同比下降 2%。国际货币基金组织（IMF）的数据显示，2012 年 GDP 逐步回升，之后几年有所波动，但在 2017 年之前 GDP 均为正增长。2018 年底开始的民众抗议活动导致 2019 年 4 月苏丹政权发生更迭，2018 年 GDP 同比下降 2.8%。军事过渡委员会上台执政，政府及各行政机构面临重组，政策连续性遭到破坏。目前，军事过渡委员会正与各反对派积极对话协商，探讨建立军民联合委员会、过渡文官政府及立法委员会等机构。过渡阶段预计持续 2~4 年。在世界银行发布的《2020 年营商环境报告》中，苏丹的营商环境在全球最具竞争力的 190 个经济体中排在第 171 位。该国经济社会支撑维度评估结果如图 4 所示。

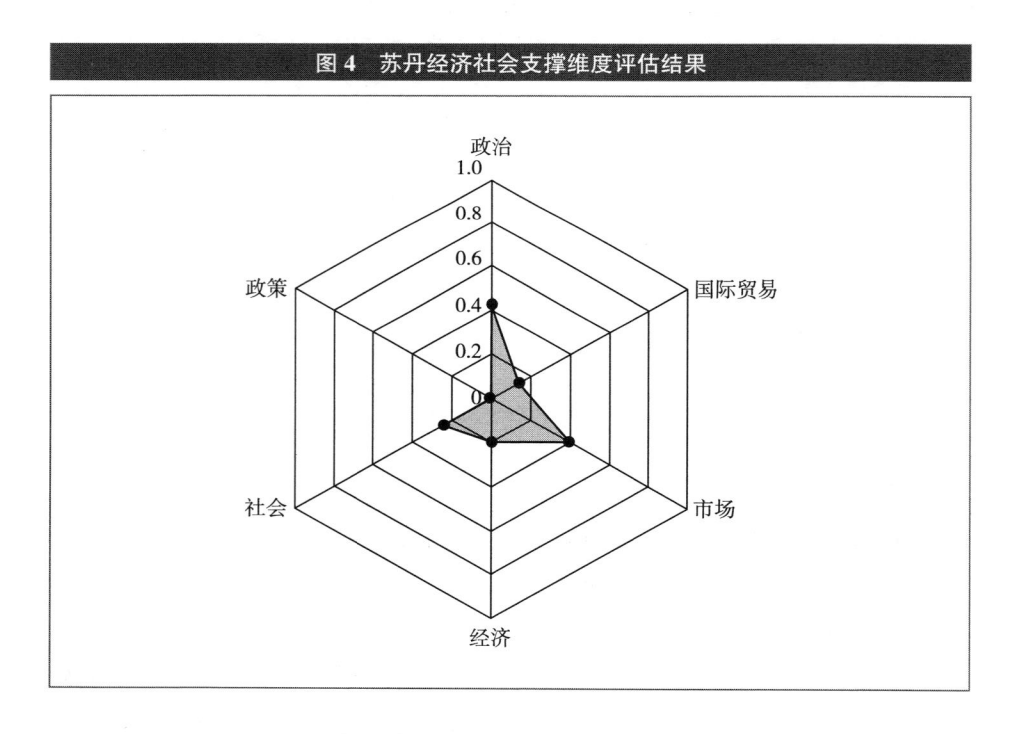

图 4　苏丹经济社会支撑维度评估结果

苏丹自 1995 年开始正式大规模开采石油，1999 年成为石油出口国。据 2019 年《BP 世界能源统计年鉴》统计，2018 年苏丹石油探明储量达 2 亿吨，石油是主要的能源。苏丹曾经电力紧张，但经过多年发展，尤其是 2010 年麦罗维大坝 10 台机组全部发电后，用电紧张的局面得到极大改善。2018 年，全国总装机容量达 213.5 万千瓦，人均用电量为 322 千瓦时，电力供应依然不能满足全国工农业发展的需求。2017年城市人口的电力接入率为82.5%，而农村仅为42.8%。截至2018年，苏丹电网尚未与其他国家互联互通。中国正在帮助苏丹兴建一批电站和输变电项目。该国互联互通基础维度评估结果如图5所示。

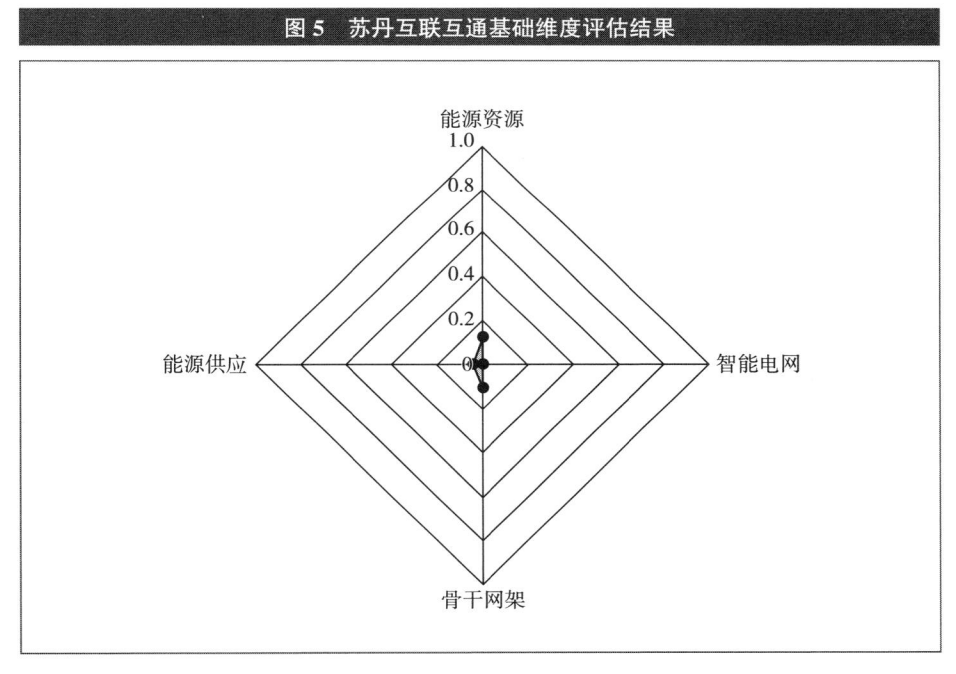

图5 苏丹互联互通基础维度评估结果

苏丹将减少温室气体排放和追求低碳发展的规划过程视为国家发展的机会。2018年，苏丹可再生能源装机主要是水电（192.8万千瓦）和生物质能发电（19万千瓦）。尽管苏丹在整个非洲大陆拥有最好的太阳能辐射水平，但仍是非洲太阳能发展水平最低的国家之一，2018年太阳能发电装机为1.7万千瓦。过去几年，苏丹政府试图提高可再生能源在该国能源结构中的比重，但到目前为止，效果并不明显。联合国开发计划署（UNDP）支持苏丹政府促进可再生能源发展，并帮助苏丹政府及电力监管部门（ERA）为未来的补贴机制寻找最适合的法律和监管框架。预计未来上网电价计划将支持并网与离网的可再生能源发电机组。苏丹政府计划到 2020 年拥有 50 万千瓦的太阳能发电和 30 万千瓦的风电容量。该国清洁发展程度维度评估结果如图 6 所示。

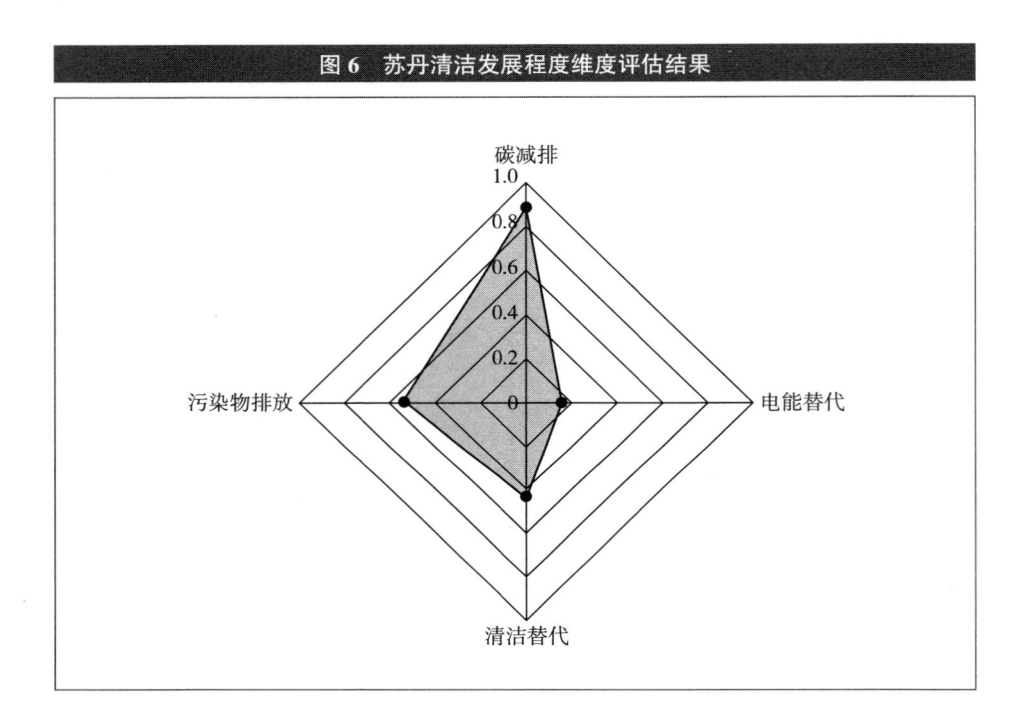

图 6 苏丹清洁发展程度维度评估结果

（三）南苏丹

主要特点：

- 经济不稳定；
- 能源消费主要依赖石油，电力发展落后；
- 可再生能源发展落后。

南苏丹位于非洲东北部，实行总统制与行政、立法、司法三权分立体制，中央、州两级政府享有立法权。奉行独立自主和不结盟外交政策，是联合国及非盟等国际组织成员。

南苏丹是世界上最不发达的国家之一，2016 年 GDP 为 29.04 亿美元，增幅为 –13.8%，人均 GDP 为 237 美元。2011 年南苏丹独立，因之前饱受战火，基础设施建设非常落后，国家处于战后重建阶段。同时，南苏丹经济发展严重依赖石油资源，石油收入一度占政府财政收入的98%。由于连年战争，南苏丹经济极端落后，除石油开采外，几乎没有规模化的工业生产，生产和生活资料严重依赖进口。2012年，由于和苏丹就石油利益分配问题矛盾不断升级，南苏丹单方面关井停产，财政收入受到极大冲击。根据世界银行统计，南苏丹当年GDP增速为–55%。2013年4月，经过国际社会斡旋，南苏丹石油恢复生产，经济逐步恢复。但随之而来的武装冲突和国际油价大幅下挫，使南苏丹经济再次陷入危机。2015年和2016年连续两年负增长，南苏丹镑急剧贬值，GDP总量和人均GDP均出现大幅下降。

在世界银行发布的《2020年营商环境报告》中，南苏丹的营商环境在全球190个经济体中排名第185位。根据国际透明组织2017年公布的资料，在178个经济体中南苏丹排在倒数第2位，投资者需要注意规避腐败风险。该国经济社会支撑维度评估结果如图7所示。

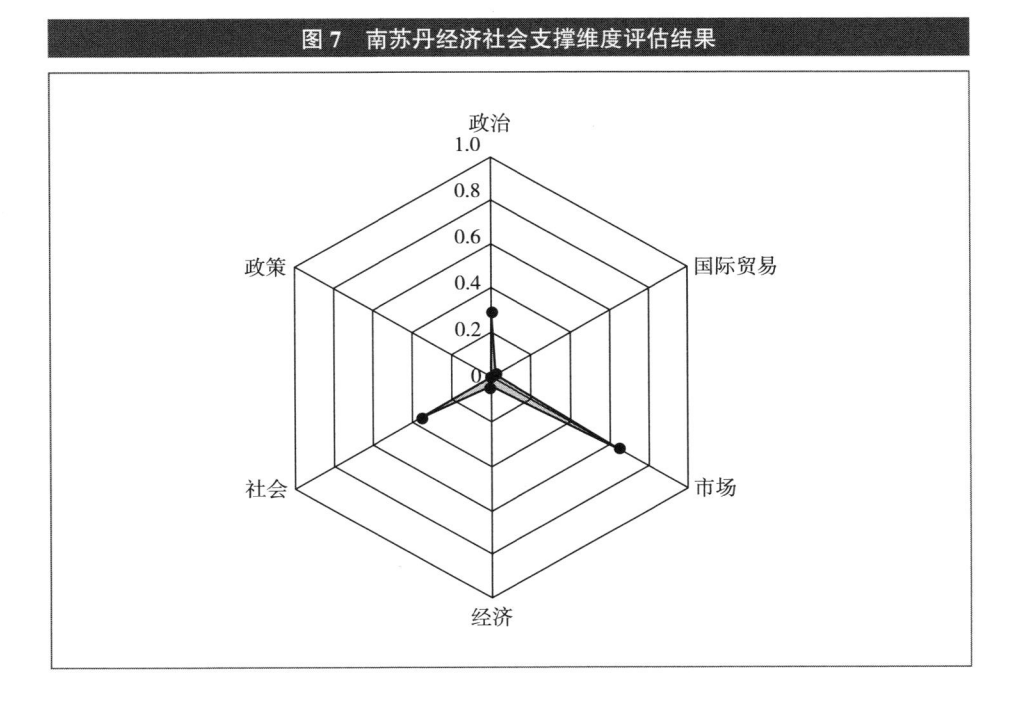

图7 南苏丹经济社会支撑维度评估结果

南苏丹石油资源丰富，据2019年《BP世界能源统计年鉴》统计，2018年的探明储量为5亿吨。南苏丹电力发展落后，电力供应极其紧张，没有国家电网，无法满足工业和商业用户的用电需求。个别大城市拥有独立电网，但多数年久失修。2017年，城市人口电力接入率为42%，乡村人口电力接入率仅为21.4%。2018年，南苏丹总发电量为4.5亿千瓦时，人均用电34千瓦时。朱巴、Wau和Malakal分别装有容量为1.7万千瓦、0.8万千瓦和0.5万千瓦的柴油发电机组，总运营能力低于2万千瓦，绝大多数机构、家庭和商户自行发电。南苏丹正积极考虑建立与东非北部走廊国家的电力传输连接。南苏丹政府计划与乌干达政府就乌干达卡鲁玛（KARUMA）水电站（在建）经南苏丹和乌干达边境尼姆利（NIMULE）向南苏丹输送电力的输变电线路项目进行可行性研究。截至2018年，南苏丹电网没有和周边国家互联互通，与埃塞俄比亚、苏丹、乌干达互联互通的规划尚处于概念阶段。该国互联互通基础维度评估结果如图8所示。

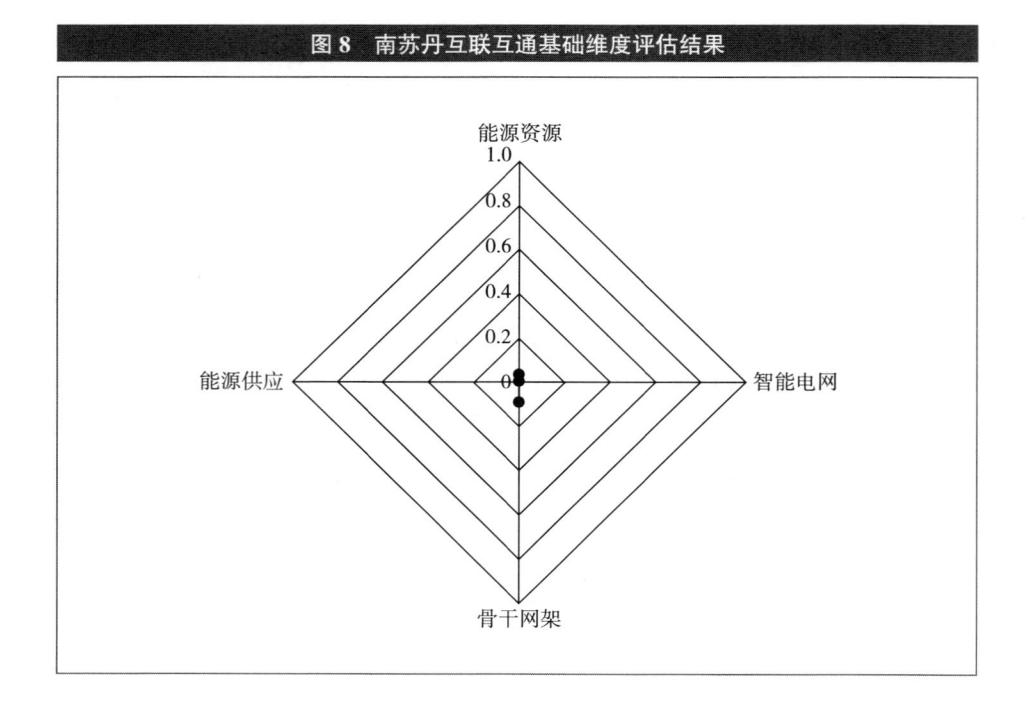

图8　南苏丹互联互通基础维度评估结果

2012年，南苏丹开始发展可再生能源，太阳能发电装机量为200千瓦。2018年，太阳能发电装机增加到500千瓦，无其他可再生能源发电装机。南苏丹于2014年2月17日加入《联合国气候变化框架公约》（UNFCCC）。2015年11月，南苏丹向《联合国气候变化框架公约》提交国家自主贡献文件（INDC）时表示，由于南苏丹有冲突历史、能力有限和缺乏财政资源，因此没有温室气体减排目标。INDC显示，南苏丹的温室气体排放总量相对较低，主要由土地利用、土地使用变化以及林业和农业部门的排放主导。该国清洁发展程度维度评估结果如图9所示。

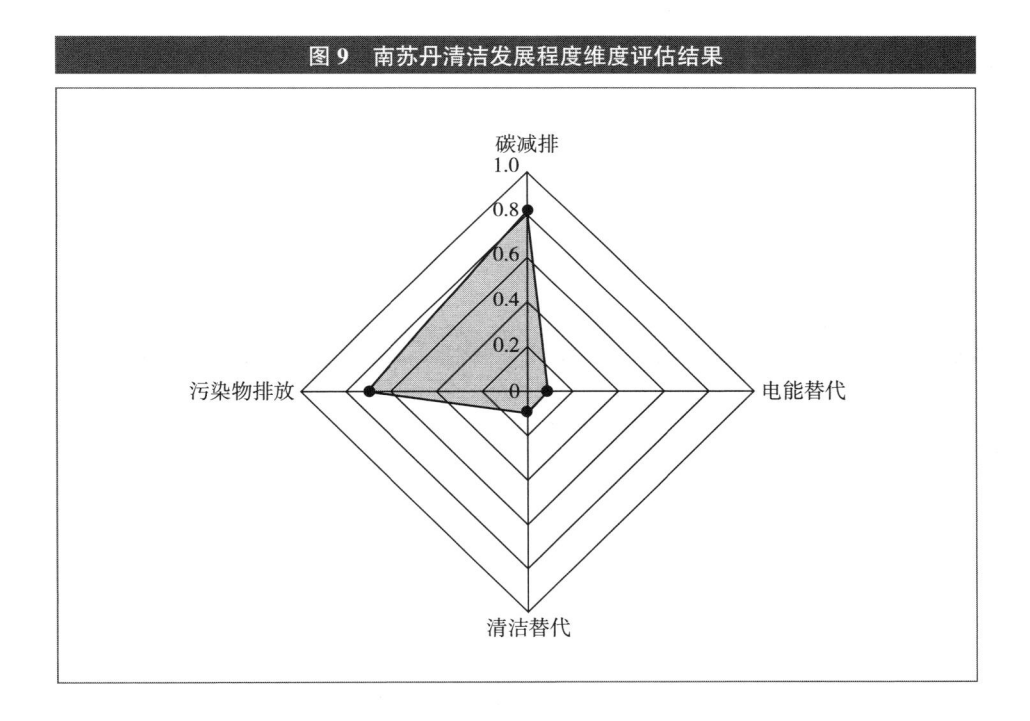

图9 南苏丹清洁发展程度维度评估结果

（四）利比亚

主要特点：

- 政局不稳，经济落后；
- 油气资源丰富，电力发展落后；
- 低污染，可再生能源发展落后。

利比亚地处非洲北部，东接埃及和苏丹，西邻突尼斯和阿尔及利亚，南接尼日尔和乍得，北濒地中海。全境95%以上地区为沙漠和半沙漠。新政权自建立以来，获得国际社会的普遍承认。当前，利比亚新政权的对外政策可概括为：坚持阿拉伯、非洲、伊斯兰和发展中国家属性，强调独立自主、平等互利、互不干涉内政等原则。新政权奉行全方位、均衡外交，在总体方针上，摒弃卡扎菲时代留下的"个人外交"、"非洲领袖"印象，践行相对务实、温和的"新外交"理念，将本国利益作为外交政策和立场的出发点，重视民意和对外民间交往。

2011年内战爆发，利比亚经济遭到重创。内战虽已结束，但政局充满不确定性，国内局势不稳，近年来利比亚经济没有摆脱颓势。2017年，GDP为509.84亿美元，人均GDP为7998美元。内乱、教派斗争和政治冲突影响了利比亚的双边贸易和转口贸易，抑制了旅游业和投资。在世界银行《2020年营商环境报告》中，利比亚的营商环境在全球190个经济体中排在第186位。该国经济社会支撑维度评估结果如图10所示。

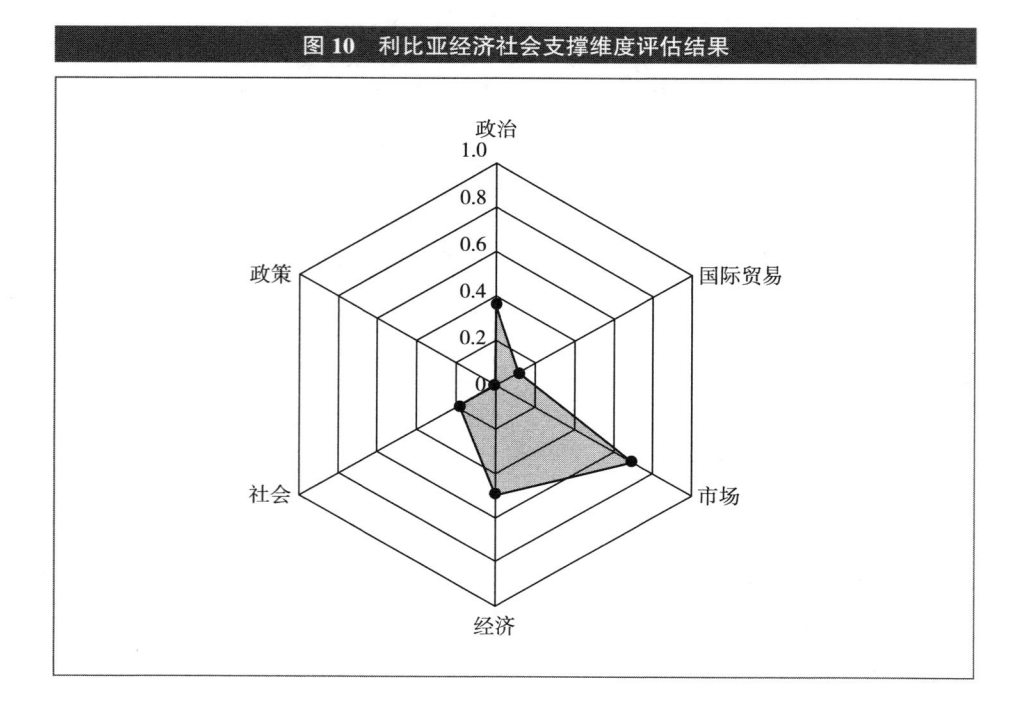

图10 利比亚经济社会支撑维度评估结果

利比亚石油探明储量居非洲首位。据 2019 年《BP 世界能源统计年鉴》统计，2018 年该国石油探明储量为 63 亿吨，天然气为 1.4 万亿立方米。截至 2017 年，电力接入人口达到 70.1%。利比亚电力缺口较大，主要利用天然气、轻油和重油发电，分别占总发电量的 41%、33% 和 26%。利比亚用电浪费严重，输变电设备陈旧，线路老化，用电高峰跳闸、拉闸限电时有发生。2018 年，全国总发电量达 384.4 亿千瓦时，输入电力 3.7 亿千瓦时，无外输电力，人均用电量为 2346 千瓦时。该国互联互通基础维度评估结果如图 11 所示。

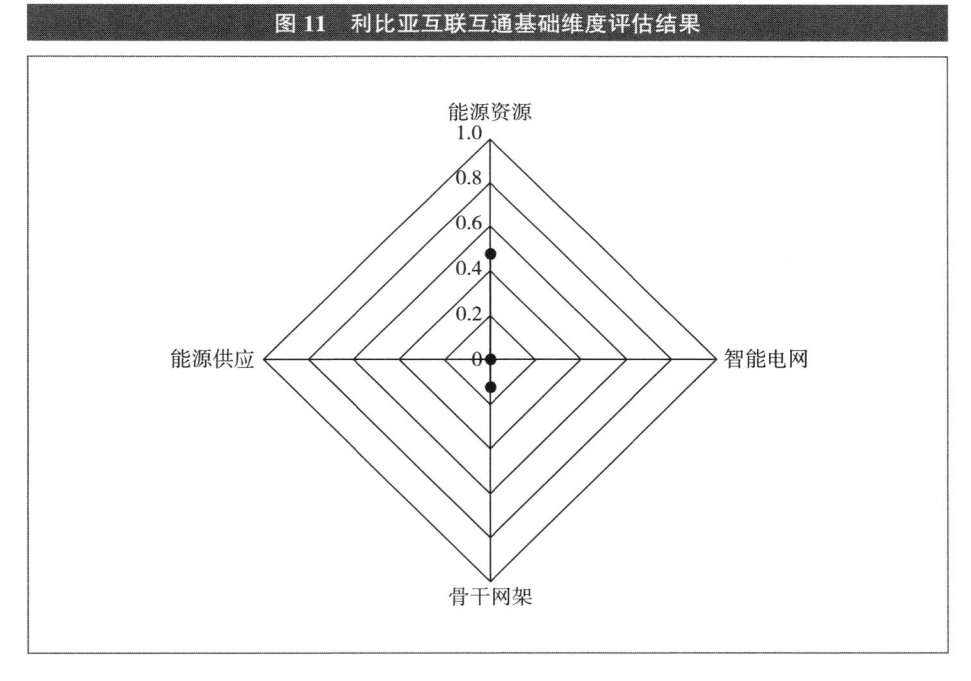

图 11　利比亚互联互通基础维度评估结果

利比亚可再生能源中仅有太阳能得到开发，截至 2018 年装机容量为 5100 千瓦。利比亚工业发展落后，污染物排放处于低水平。据世界银行统计，自 1990 年以来利比亚氮氧化物排放量仅增加了 8.6%。该国清洁发展程度维度评估结果如图 12 所示。

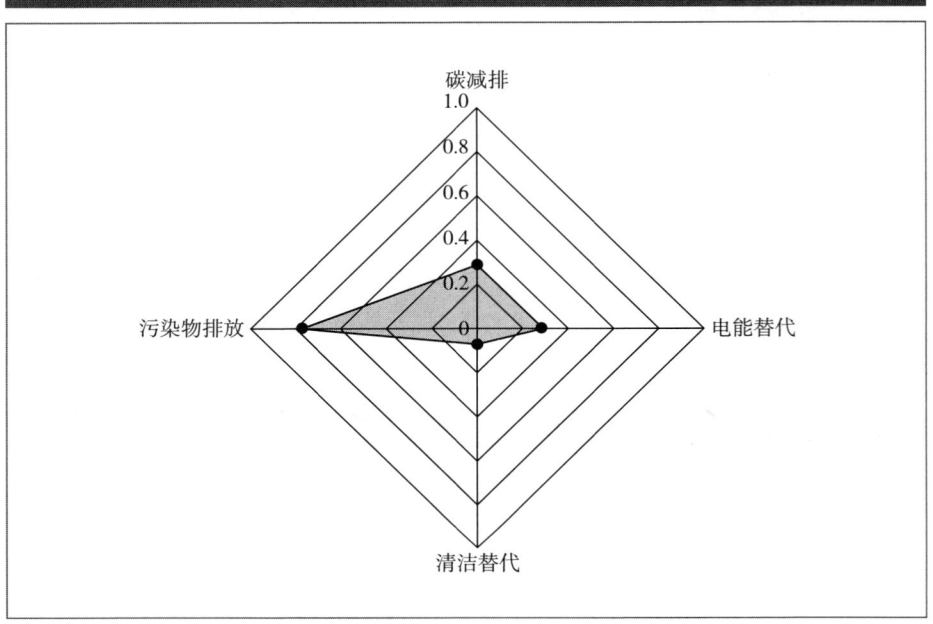

图12　利比亚清洁发展程度维度评估结果

（五）突尼斯

主要特点：

- 政局较稳定，经济复苏；
- 电力充足，能满足国民需求；
- 可再生能源发展建设持续加快。

突尼斯地处非洲大陆最北端，地理位置独特，西与阿尔及利亚、东南与利比亚为邻，隔海与意大利相望，兼具非洲、阿拉伯世界和地中海地区三重属性。2011年初"茉莉花革命"以来，突尼斯的民主化进程不断推进，于2014年颁布新宪法，实行共和制。2015年2月，新政府成立。2016年8月，政府改组。2018年5月，举行2011年政治变革以来首次市政选举，民主化进程得到进一步巩固。总体来看，突尼斯经济尚处复苏阶段，高缺口、高通胀特征明显，外汇严重短缺。2018年GDP为509.1亿美元，人均GDP为3423.2

美元，GDP 增长率为 2.5%，2009~2018 年 GDP 平均增速为 1.8%。世界经济论坛《2019 年全球竞争力报告》显示，突尼斯在全球最具竞争力的 140 个国家和地区中排在第 87 位。世界银行《2020 年营商环境报告》显示，突尼斯的营商环境在全球 190 个经济体中排在第 78 位。该国经济社会支撑维度评估结果如图 13 所示。

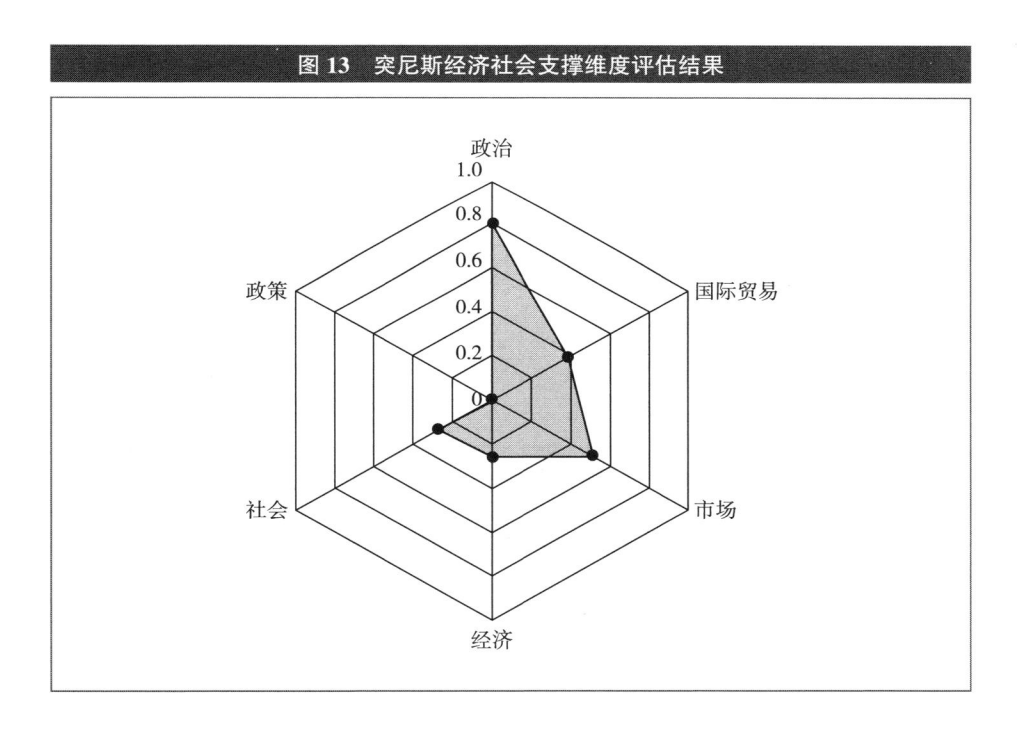

图 13　突尼斯经济社会支撑维度评估结果

据 2019 年《BP 世界能源统计年鉴》统计，2018 年突尼斯石油的探明储量为 1 亿吨。突尼斯电力充足，2015 年电力接入率为 100%。电力装机主要为火力发电站、组合循环和燃气涡轮发电站，基本满足国内工业、农业用电需要。2018 年总发电量达 202.2 亿千瓦时，其中化石燃料发电量为 195.7 亿千瓦时，全年人均用电量为 1452 千瓦时。2005 年开始通过跨国电网进口电力，2018 年进口 4 亿千瓦时，出口 5.2 亿千瓦时。该国互联互通基础维度评估结果如图 14 所示。

图 14　突尼斯互联互通基础维度评估结果

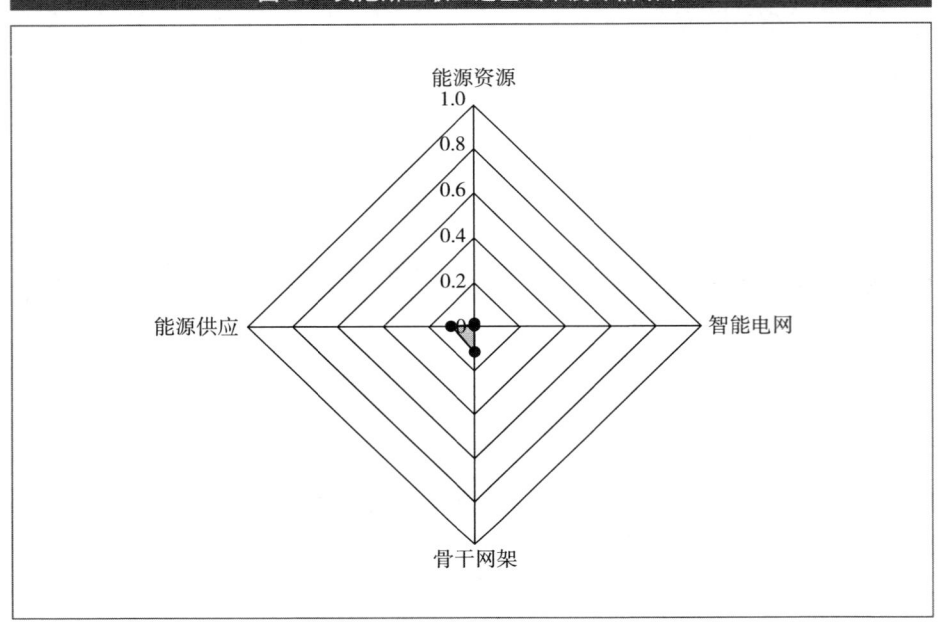

图 15　突尼斯清洁发展程度维度评估结果

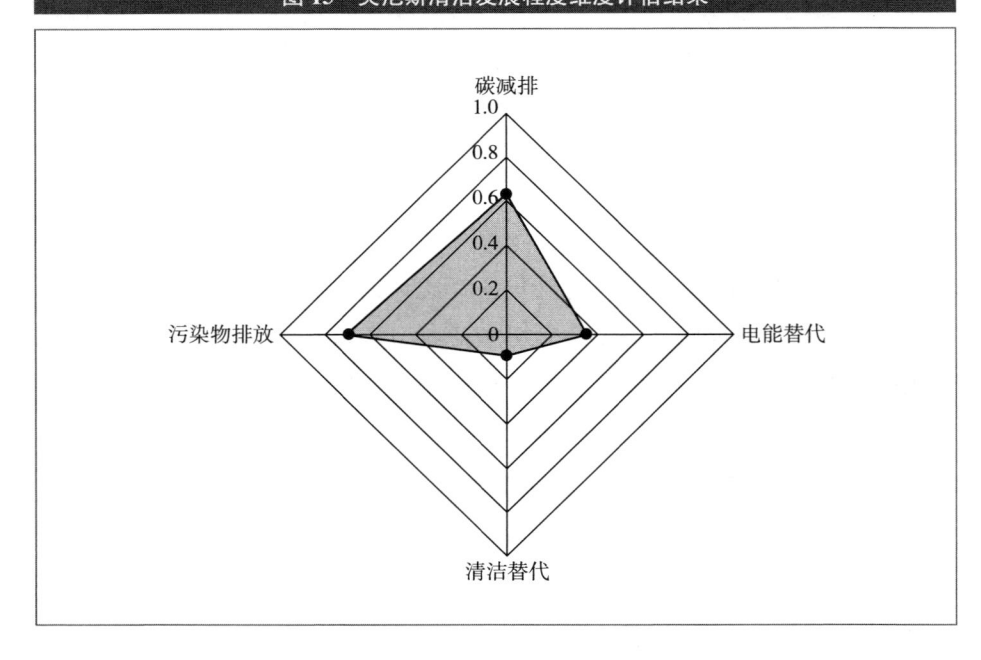

突尼斯 2018 年可再生能源装机结构为：风电 24.5 万千瓦，水电 6.6 万千瓦，太阳能发电 4.7 万千瓦。自 2016 年以来，水电和风电装机无新增，太阳能发电增长显著。突尼斯光伏能源利用始于 20 世纪 80 年代，如今全国共有 13000 个家庭安装了容量为 100 瓦的太阳能装置，加上其他用途的光伏能装置，突尼斯全国光伏的发电装机容量为 1.3 万千瓦。2017 年，突尼斯启动多个新能源电站项目，包括 50 万千瓦的太阳能发电项目和 30 万千瓦的风力发电项目。根据突尼斯的发展战略规划，2030 年新能源发电占比将达到总发电量的 30%。该国清洁发展程度维度评估结果如图 15 所示。

（六）阿尔及利亚

主要特点：

- 政局不稳，经济增长缓慢；
- 油气资源丰富，出口型电力；
- 预计 2030 年 40% 的电力需求来自可再生能源。

阿尔及利亚位于非洲西北部，是非洲面积最大的国家。奉行独立自主和不结盟的外交政策，主张尊重国家主权与领土完整、互不干涉内政、互不使用武力。反对大国强权政治，主张建立公正合理的国际政治、经济新秩序。致力于马格里布电力联盟建设和地区和平，积极参与阿拉伯事务；促进非洲团结与和平；支持欧盟－地中海合作，谋求发展与西方国家的关系。

自 2014 年下半年油价下跌以来，阿尔及利亚经济陷入低迷，社会不稳定因素急剧上升，政局面临巨大考验。2018 年 GDP 为 1806.9 亿美元，增长率为 2.1%，人均 GDP 为 4279 美元。世界银行《2020 年营商环境报告》显示，阿尔及利亚的营商环境在全球 190 个经济体中排在第 157 位。世界经济论坛《2019 年全球竞争力报告》显示，阿尔及利亚在全球最具竞争力的 141 个国家和地区中排在第 89 位。该国经济社会支撑维度评估结果如图 16 所示。

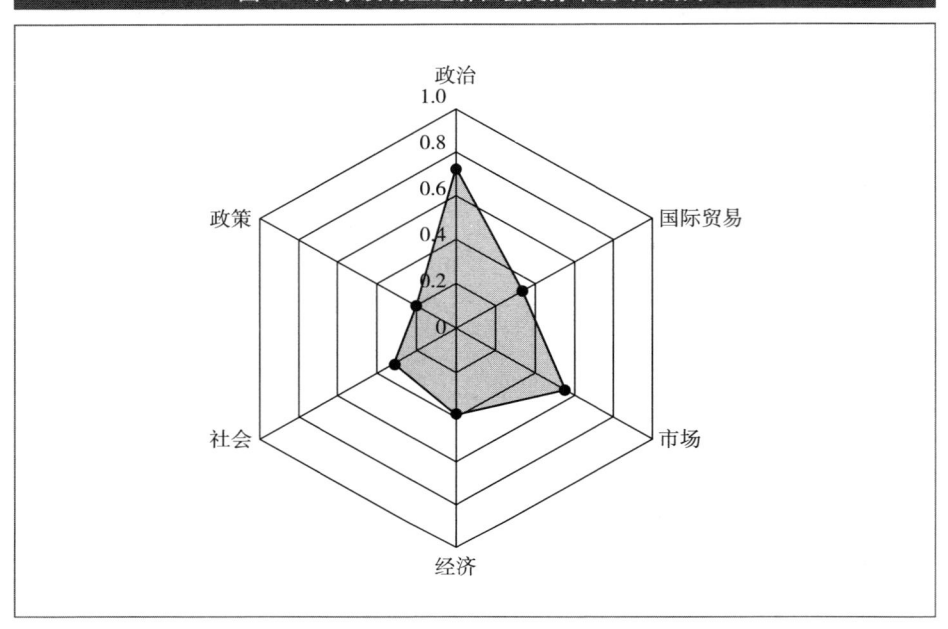

图 16　阿尔及利亚经济社会支撑维度评估结果

据 2019 年《BP 世界能源统计年鉴》统计，2018 年阿尔及利亚石油探明储量达 15 亿吨，天然气储量为 153 万亿立方米（占世界储量的 2.2%）。阿尔及利亚国家石油公司 2015~2021 年的六年投资计划显示，将投资 630 亿美元用于石油勘探和开发，预计可以保证石油产量相对稳定。阿尔及利亚国内能源消费占其能源总产量的 30%，其余 70% 全部用于出口。页岩气储量达 20 万亿立方米，排名世界第 3，仅次于中国和阿根廷。

阿尔及利亚自 2016 年开始人口的电力接入率达到 100%。2018 年全年发电量为 774.4 亿千瓦时，其中化石燃料发电量为 770.8 亿千瓦时，人均用电量达 1303 千瓦时。阿尔及利亚的电力市场供大于求，2018 年出口电力 8.3 亿千瓦时。由于阿尔及利亚的电力输送线路老化、偷漏电现象严重，因此部分地区用电紧张现象时有发生。阿尔及利亚政府计划铺设长 6000 千米的高压线路和 2.95 万千米的中低压电缆。阿尔及利亚电气公司计划到

2020年在电力领域投入300亿第纳尔增加发电装机。该国互联互通基础维度评估结果如图17所示。

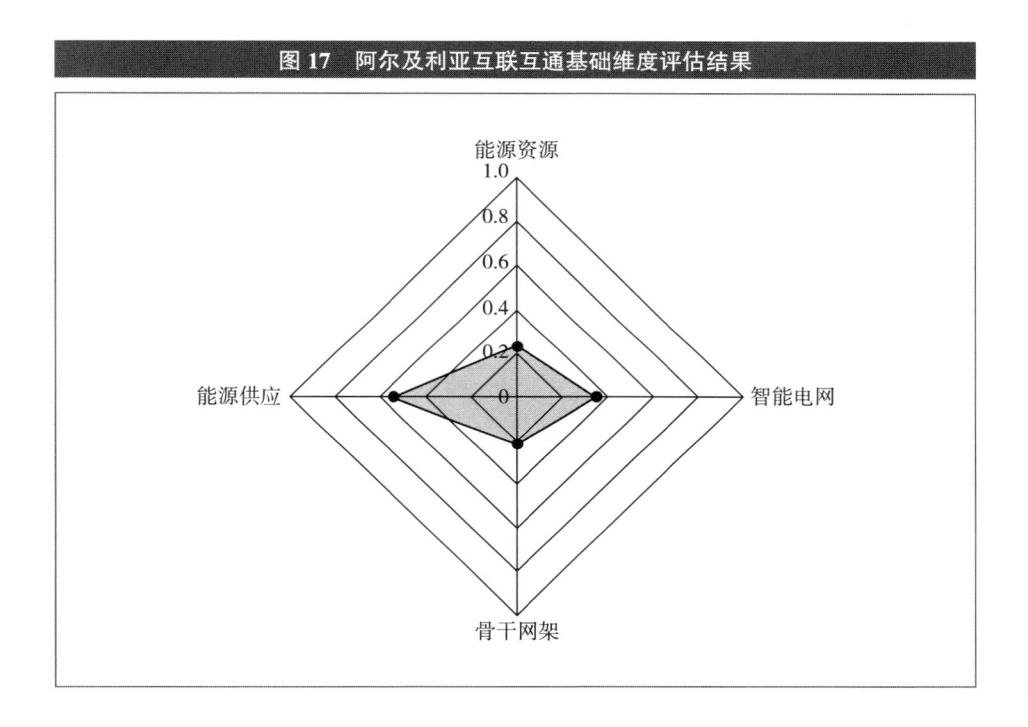

图17 阿尔及利亚互联互通基础维度评估结果

阿尔及利亚2018年的可再生能源装机结构为：太阳能发电435.3万千瓦，水电22.8万千瓦，风电1万千瓦。预计到2030年，太阳能发电量将占总发电量的3%，国内电力需求的40%来自可再生能源。届时，可再生能源发电总量将达2200万千瓦，其中1200万千瓦用于满足国内需求，1000万千瓦供出口。预计到2030年，阿尔及利亚将建造60座电站（含燃气、光伏、风力）。阿尔及利亚政府将制定相关鼓励政策，吸引国内外投资者积极投资新能源领域。该国清洁发展程度维度评估结果如图18所示。

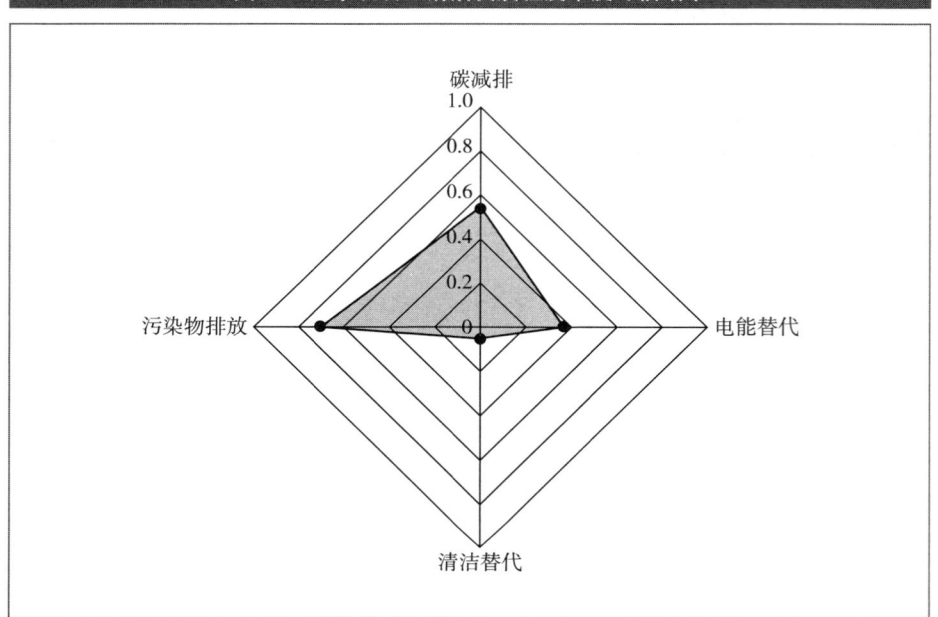

图18　阿尔及利亚清洁发展程度维度评估结果

（七）摩洛哥

主要特点：

- 政局较稳定，经济表现良好；
- 原油丰富，属电力进口型国家。

摩洛哥位于非洲大陆西北端，东部及东南部接阿尔及利亚，南部为西撒哈拉，西濒大西洋，北临地中海，隔直布罗陀海峡与西班牙相望。摩洛哥奉行不结盟、灵活、务实、多元的外交政策，注重对外关系的均衡发展，维护民族独立和国家主权，保持与欧美等西方国家的传统关系，注重拓展同中国、印度、俄罗斯的友好关系，加强同广大非洲国家发展"南南合作"。2017年1月，加入非盟。摩洛哥实行君主立宪制，议会实行两院制，国王拥有最高权力。穆罕默德六世国王在推进政治民主化改革和经济发展方面采取积极姿态和开明举措，顺利渡过"阿拉伯之春"危机。近年来，北部里夫山区由于政治问题的历史积弊和经济衰落，局势时有动荡。除此之外，摩洛哥政局总体保持稳定。摩洛哥是一个经济以第三产业为主、中等收入的发展中国家，是非洲第五大、北非第三大经济体。2018年，摩洛哥经济保持低速增长，GDP约为3028亿美元，人均GDP为3359.1美元，GDP增长率为2.9%，2009~2018年GDP平均增长率为3.1%。

根据福布斯公布的"2018年最佳营商环境国家"排名，摩洛哥在全球153个经济体中排在第55位，是北非地区营商环境最好的国家。世界银行《2020年营商环境报告》显示，摩洛哥的营商环境在全球190个经济体中排在第53位；世界经济论坛《2019年全球竞争力报告》显示，摩洛哥在全球最具竞争力的141个国家和地区中排在第75位。该国经济社会支撑维度评估结果如图19所示。

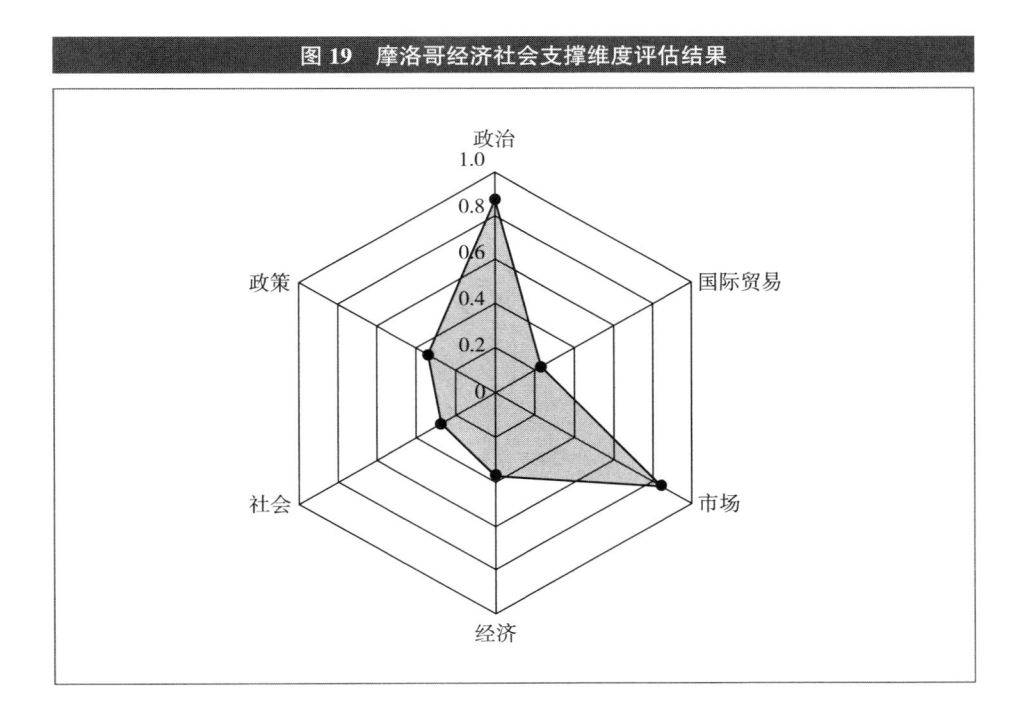

图19 摩洛哥经济社会支撑维度评估结果

摩洛哥的油页岩储量达1000亿吨以上，含原油60亿吨，占全球总量的3.5%。2016年，人口全部实现电力接入。截至2018年底，摩洛哥国家电力局装机容量为 872 万千瓦，其中，新能源装机容量为 296.5 万千瓦。2018 年，全年发电达 324.9 亿千瓦时，人均用电量为 972 千瓦时，进口电力 66.1 亿千瓦时。1997 年，摩洛哥与西班牙两国间电网通过一条 70 万千瓦的海底电缆互联，2006 年扩容到 140 万千瓦。目前，第三条 70 万千瓦的电力互联电缆项目正在研究中。此外，摩洛哥电网自 1988 年起还与阿尔及利亚互联，目前装机容量为 120 万千瓦。摩洛哥与毛里塔尼亚、葡萄牙的电网互联项目正在做可行性研究。该国互联互通基础维度评估结果如图 20 所示。

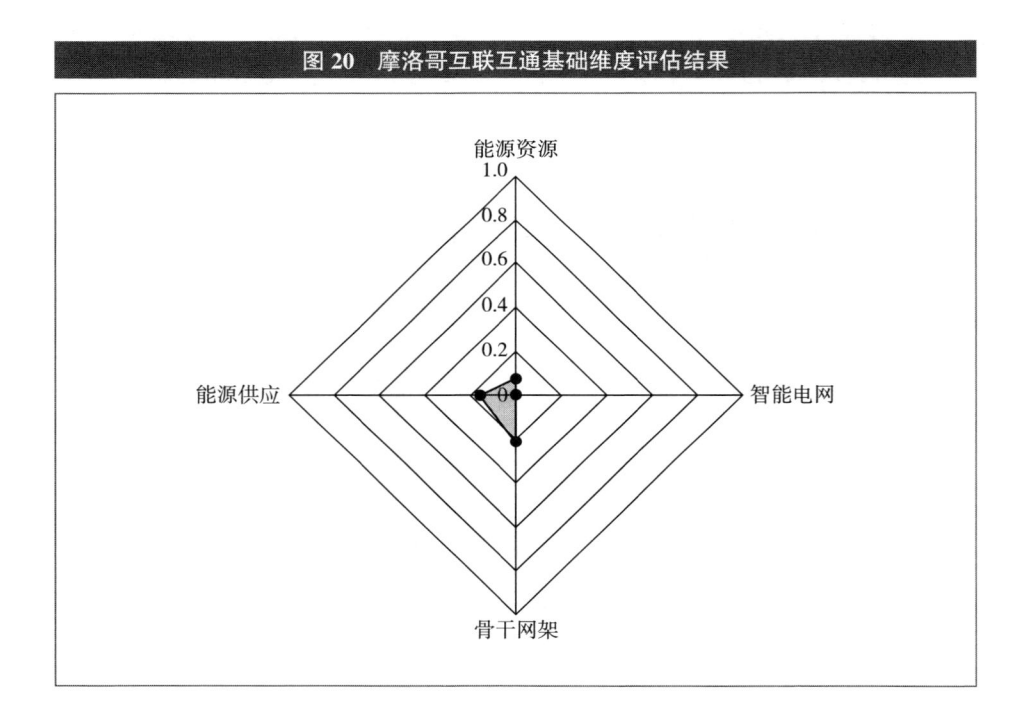

图 20 摩洛哥互联互通基础维度评估结果

2018 年，摩洛哥的可再生能源装机结构为：水电 177 万千瓦，风电 122 万千瓦，太阳能发电 73.6 万千瓦，生物质能发电 2.3 万千瓦。2018 年 1 月和 8 月，中国电力建设集团下属的山东电建三公司承建的摩洛哥努奥二期 20 万千瓦和努奥三期 15 万千瓦光热电站项目均并网成功，是目前全球单机容量最大的槽式和塔式光热电站，采用全球最先进的清洁能源技术，实现发电过程"零污染"。该国清洁发展程度维度评估结果如图 21 所示。

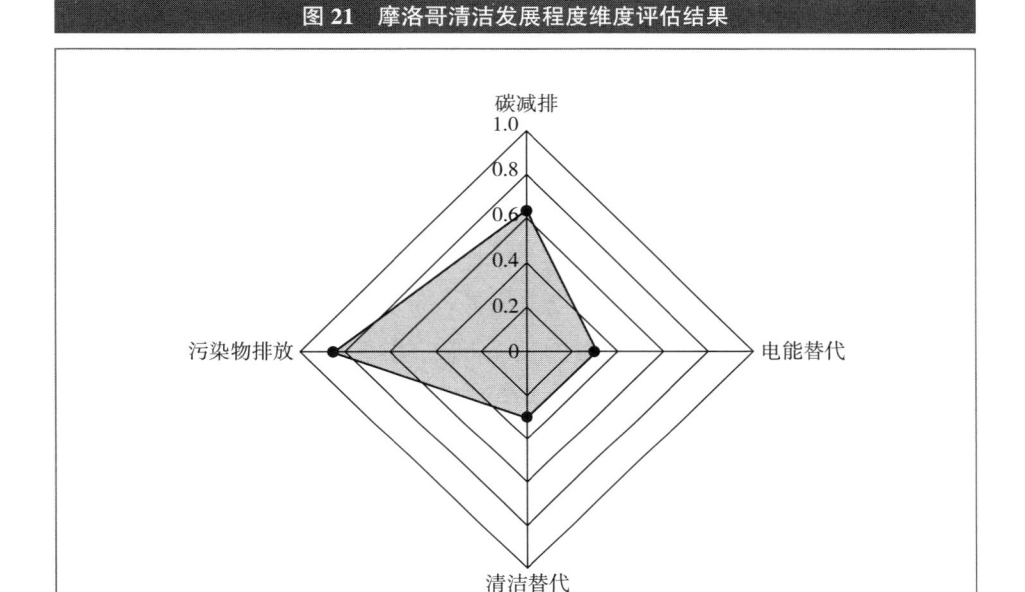

图 21　摩洛哥清洁发展程度维度评估结果

二　东部非洲

（一）埃塞俄比亚

主要特点：

- 政局较稳定，是东非第一大经济体；
- 对外出口电力，自身电网老化；
- 依赖水电，风电和地热能作为辅助。

埃塞俄比亚是非洲东北部的内陆国，位于非洲之角的中心，东与吉布提和索马里相邻，南与肯尼亚接界，西与苏丹和南苏丹接壤，北与厄立特里亚交界。奉行全方位外交政策，主张在平等互利、相互尊重主权、互不干涉内政的基础上与各国发展关系。重视加强与周边邻国的友好合作，努力发展与西方和阿拉伯国家间的关系，争取经济援助。注重学习借鉴中国等亚洲国家的发展经验。努力推动非洲政治、经济转型，重视在非洲特别是东非发挥地区大国作用，是非洲联盟、东非政府间发展组织、东南非共同市场等组织的成员。

埃塞俄比亚政局较为稳定。实行对外开放政策，推行经济市场化和私有化改革，多次修改投资法律法规，通过增加投资优惠政策、降低投资门槛、扩大投资领域、实行减免税优惠等措施，以及为外国投资者提供保护和服务等，鼓励外商投资。2017/2018财年，埃塞俄比亚GDP约为843亿美元，增长率为7.7%，人均GDP为883美元，是东非第一大经济体。2009~2018年GDP平均增长率达到8.3%，2017/2018年度实际GDP增速放缓，部分原因是内乱、政治不确定性以及有关财政整顿以稳定公共债务的政策调整。埃塞俄比亚具有不容忽视的公共债务问题，根据债务可持续性分析，截至2018年6月，埃塞俄比亚的公共债务占GDP的比例为61.8%，处于受债务困扰的高风险中。

世界经济论坛《2019年全球竞争力报告》显示，埃塞俄比亚在全球最具竞争力的141个国家和地区中排在第126位。在世界银行发布的《2020年营商环境报告》中，埃塞俄比亚的营商环境在全球190个经济体中排在第159位。该国经济社会支撑维度评估结果如图22所示。

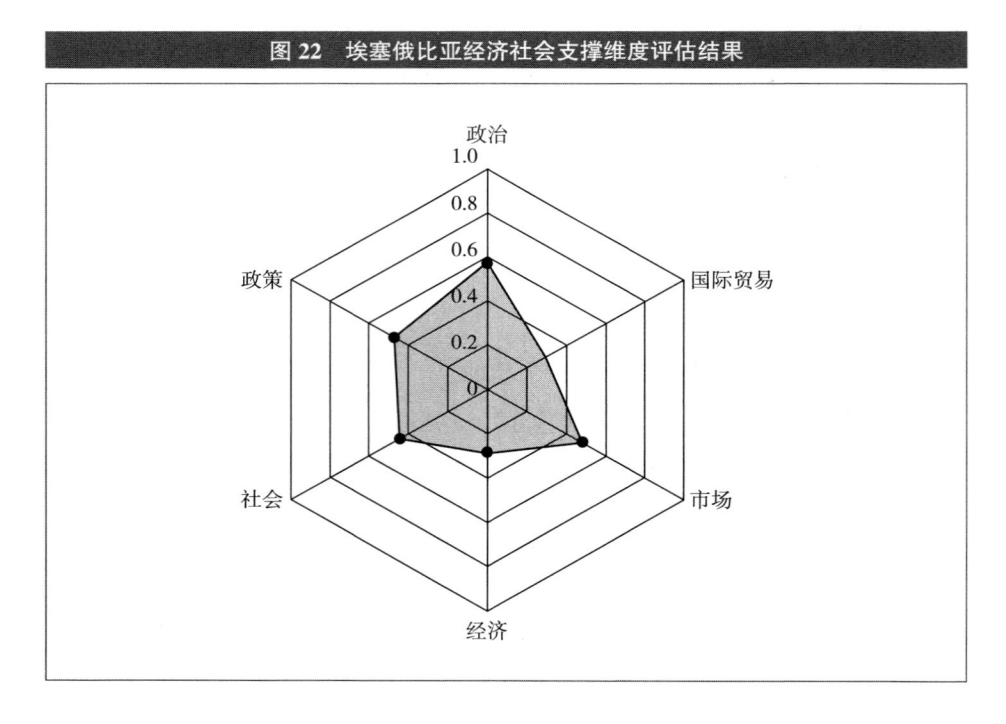

图22 埃塞俄比亚经济社会支撑维度评估结果

埃塞俄比亚电力供应足以满足本国需求。截至 2019 年 5 月，埃塞俄比亚的电力装机容量为 424.4 万千瓦（90％为水电、8％为风电、2％为柴油和垃圾发电），还有 913.2 万千瓦在建（主要是水电，埃塞俄比亚正积极建设装机容量达 645 万千瓦的复兴大坝水电项目）。配电网络老化，经常发生断电现象，57.6％的并网家庭每周面临 4~14 次中断，而 2.8％的家庭每周面临 14 次以上中断。埃塞俄比亚在电力建设和电网互通方面已成为非洲的样板。目前，埃塞俄比亚的电网与苏丹、吉布提和肯尼亚联通，并已向上述国家出口电力。未来，埃塞俄比亚还将向埃及、坦桑尼亚和南苏丹等国出口电力。2016/2017 财年，电力出口为埃塞俄比亚带来约 8000 万美元的外汇收入。埃塞俄比亚在 2017 年发布了国家电气化计划，争取到 2025 年实现 100％电气化，其中 35％为离网，65％为电网，并将在 2030 年实现 96％的电网连接。该国互联互通基础维度评估结果如图 23 所示。

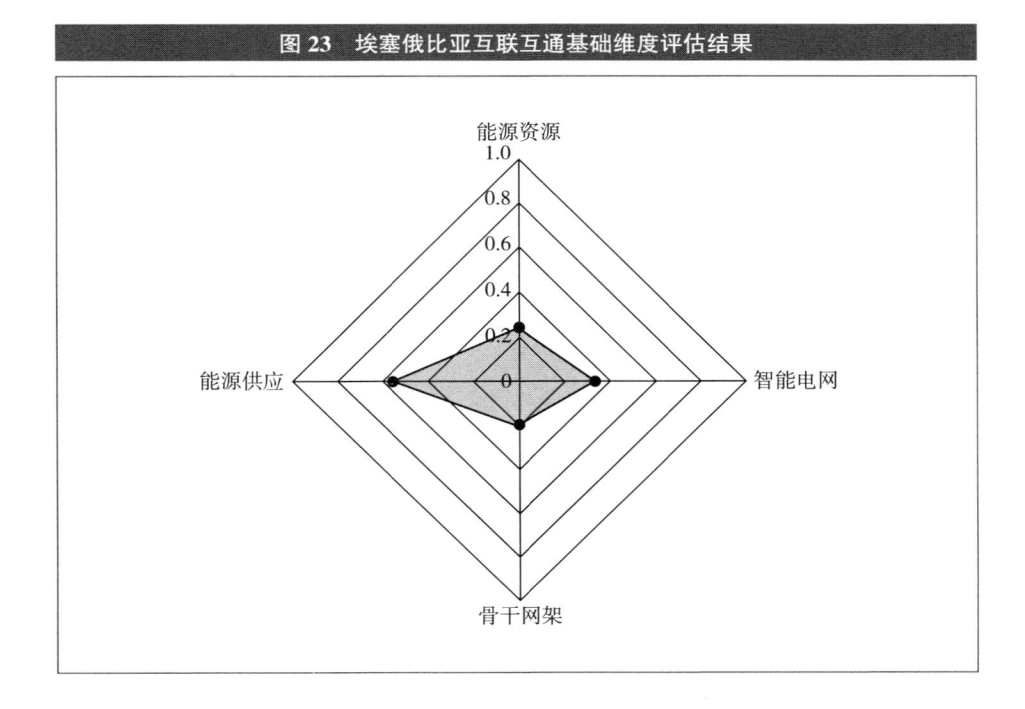

图 23　埃塞俄比亚互联互通基础维度评估结果

埃塞俄比亚正在大力投资可再生能源发电项目，并将成为东非的主要电力出口国。埃塞俄比亚计划在2015~2020年新增1456万千瓦的电力装机容量，其中23%主要来自风电和地热发电，累计投资将达到约300亿美元。这些项目还将促进埃塞俄比亚经济增长，是该国到2025年成为碳平衡的中等收入经济体的关键投入。到2030年，将增加2200万千瓦水电、100万千瓦地热能发电。该国清洁发展程度维度评估结果如图24所示。

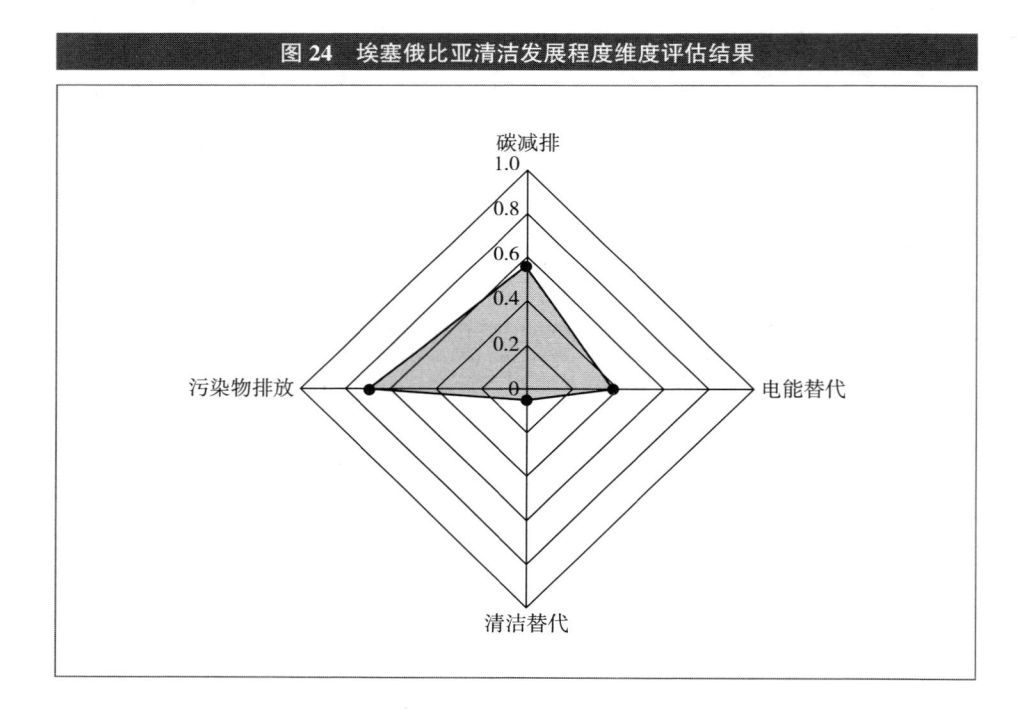

图24　埃塞俄比亚清洁发展程度维度评估结果

（二）厄立特里亚

主要特点：

- 政局基本稳定，经济落后；
- 电力落后，热力资源待开发；
- 清洁能源发展受限。

厄立特里亚地处东非及非洲之角最北部，奉行和平、不结盟、睦邻友好的对外政策，主张在和平共处原则基础上发展同其他国家的关系。侧重发展与中东地区、东亚和西方国家的关系。

厄立特里亚是世界最不发达国家之一，2018 年 GDP 为 63.27 亿美元，GDP 增速为 5.4%，人均 GDP 为 1064 美元。2019 年 5 月，厄总统在独立日讲话中强调，将严格审议通过提高生产力和增加产出来促进经济增长的基础性计划。为保证私人投资和公共投资具有持久活力，厄立特里亚政府举全国之力努力改善基础设施。在世界银行发布的《2020 年营商环境报告》中，厄立特里亚的营商环境在全球 190 个经济体中排在第 189 位。该国经济社会支撑维度评估结果如图 25 所示。

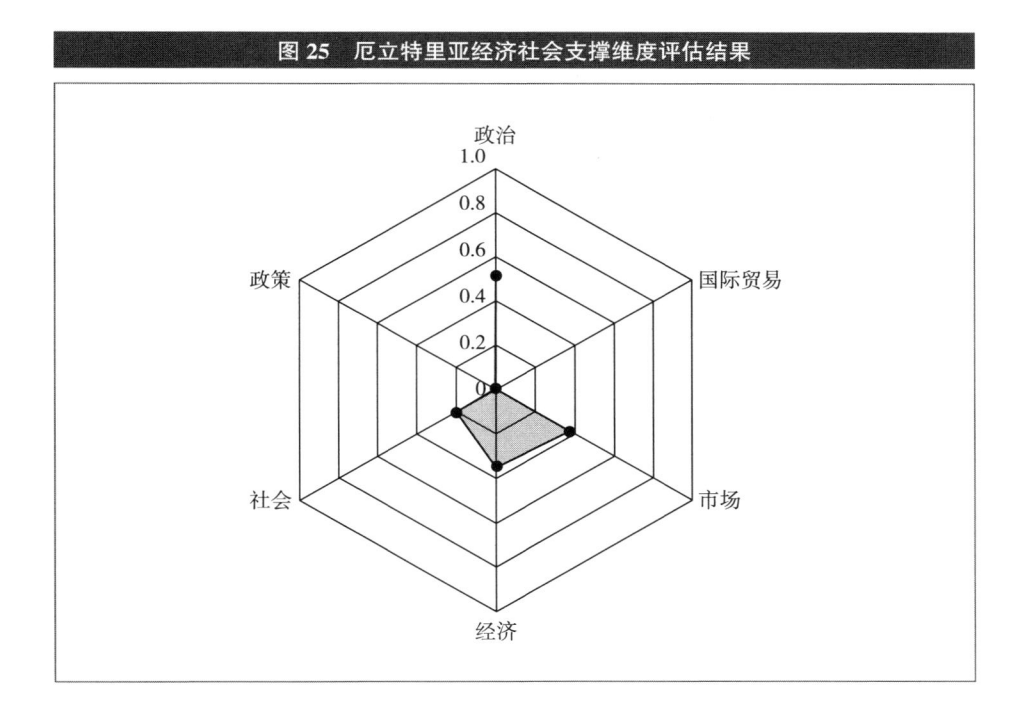

图 25 厄立特里亚经济社会支撑维度评估结果

厄立特里亚地热资源丰富，红海沿岸和西部地区或有较为丰富的石油和天然气。该国电力落后，国家电网主要向阿斯马拉、克伦、马萨瓦、门德法拉和德克姆哈雷等主要城市供电。截至 2017 年，在全国 75% 的人口居住的农村地区仅有 30.2% 的电力接入率，城市人口电力接入率为 76.5%。2018 年全国发电总量为 4.5 亿千瓦时，主要为火力发电，人均用电 71.3 千瓦时。截至 2018 年，厄立特里亚与其他国家无电力贸易。该国互联互通基础维度评估结果如图 26 所示。

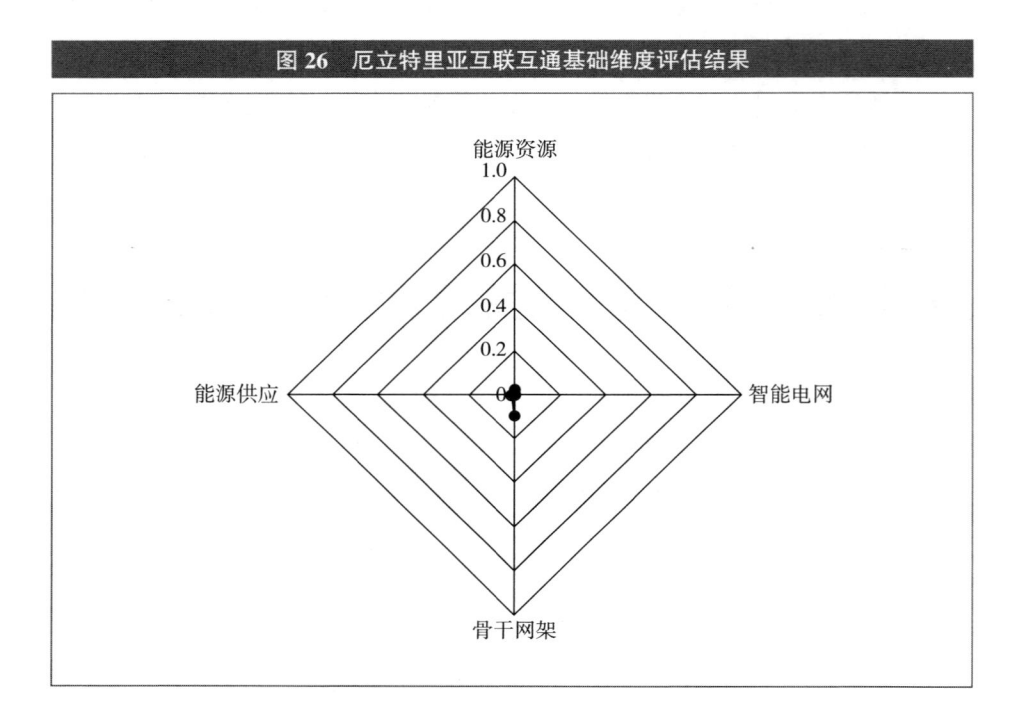

图 26　厄立特里亚互联互通基础维度评估结果

厄立特里亚能源清洁发展水平较低。2007 年 12 月，厄政府和联合国开发计划署在南红海省阿萨布地区投资 400 万纳克法建成风力发电站，三台风力发电机的功率为 750 千瓦时，至今没有新增。2017 年以来，太阳能发电装机量达 2700 千瓦。该国清洁发展程度维度评估结果如图 27 所示。

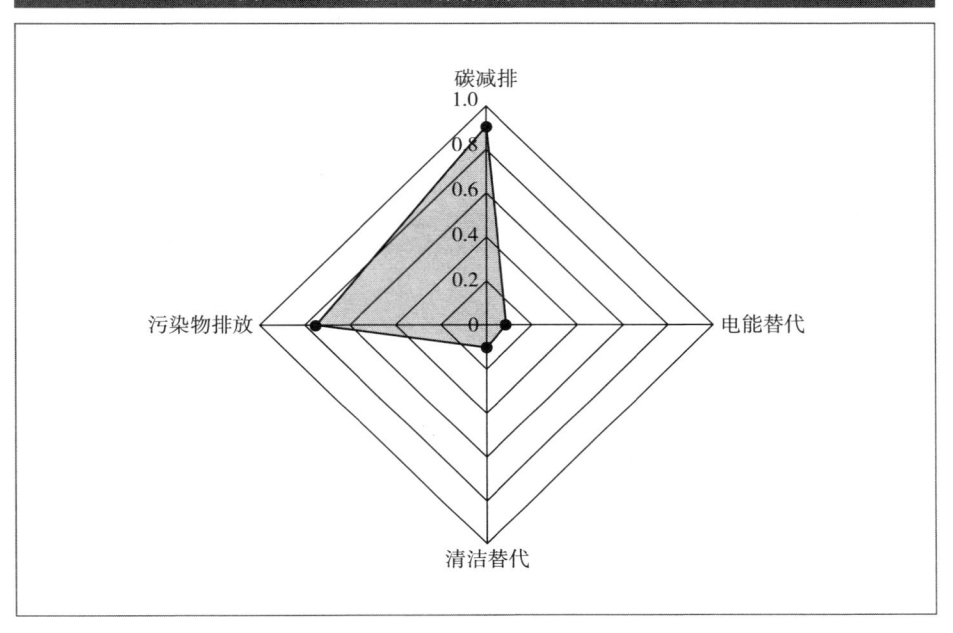

图 27　厄立特里亚清洁发展程度维度评估结果

（三）索马里

主要特点：

- 政治趋稳，经济落后；
- 利用风能和太阳能处于起步阶段。

索马里联邦共和国位于非洲大陆最东部的索马里半岛，在非洲与亚洲的交接处。北临亚丁湾，与阿拉伯半岛隔海相望，东濒印度洋，西与肯尼亚、埃塞俄比亚接壤，西北与吉布提交界，赤道横穿南端。奉行各国平等、尊重各国领土和主权完整、互不干涉内政、加强睦邻友好的外交政策。

2018 年，GDP 总量为 74.84 亿美元，人均 GDP 为 499 美元。索马里是世界上最不发达的国家之一。经济以畜牧业为主，工业基础薄弱。20 世纪 70 年代初，由于国有化政策过激，加上自然灾害等因素，经济严重困难。80 年代，在世界银行和国际货币基金组织支持下调整经济政策，经济状况一度好转。

1991年以后，由于连年内乱，工农业生产和基础设施均遭到严重破坏，经济全面崩溃。近年来，部分地方政权的辖区局势平稳，经济有所改善。在世界银行发布的《2020年营商环境报告》中，索马里的营商环境在全球190个经济体中排在末位。该国经济社会支撑维度评估结果如图28所示。

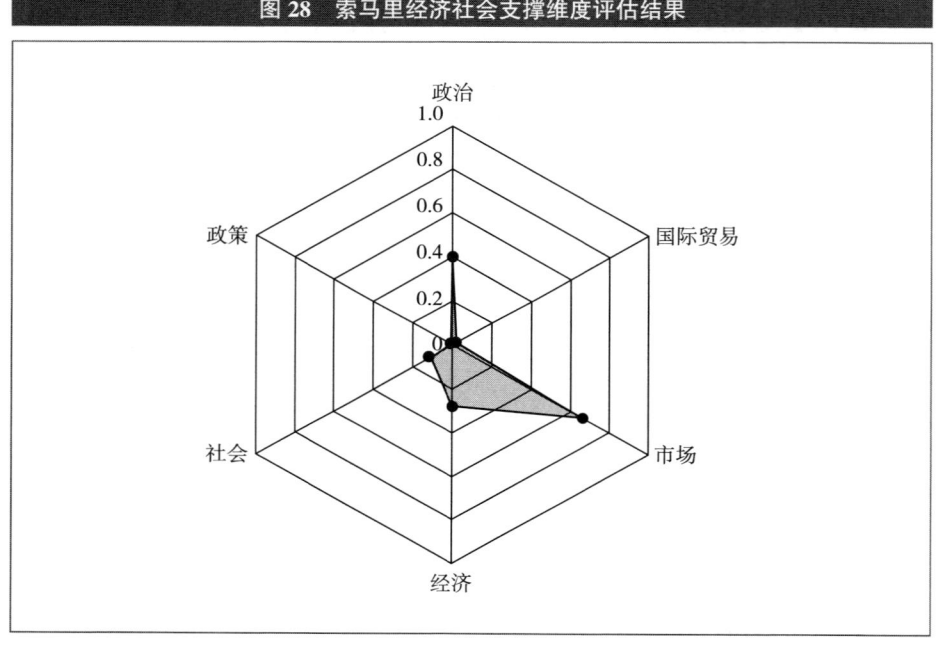

图28 索马里经济社会支撑维度评估结果

索马里风能和太阳能资源丰富，油气贫乏。截至2017年，城市人口电力接入率达到63.3%，乡村仅为8.7%。2018年发电量为4.3亿千瓦时，以火力发电为主，人均用电量仅为15.7千瓦时。与其他国家无电力贸易。该国互联互通基础维度评估结果如图29所示。

索马里发展落后，在碳减排等方面无国际责任，且工业和基础设施建设落后，其污染排放量处于低位。2012年开始开发风电，装机量为2200千瓦。截至2018年，风电累计装机3600千瓦。太阳能发电后来居上，截至2018年装机量达到7100千瓦。该国清洁发展程度维度评估结果如图30所示。

非洲各国综合指数详述

图 29　索马里互联互通基础维度评估结果

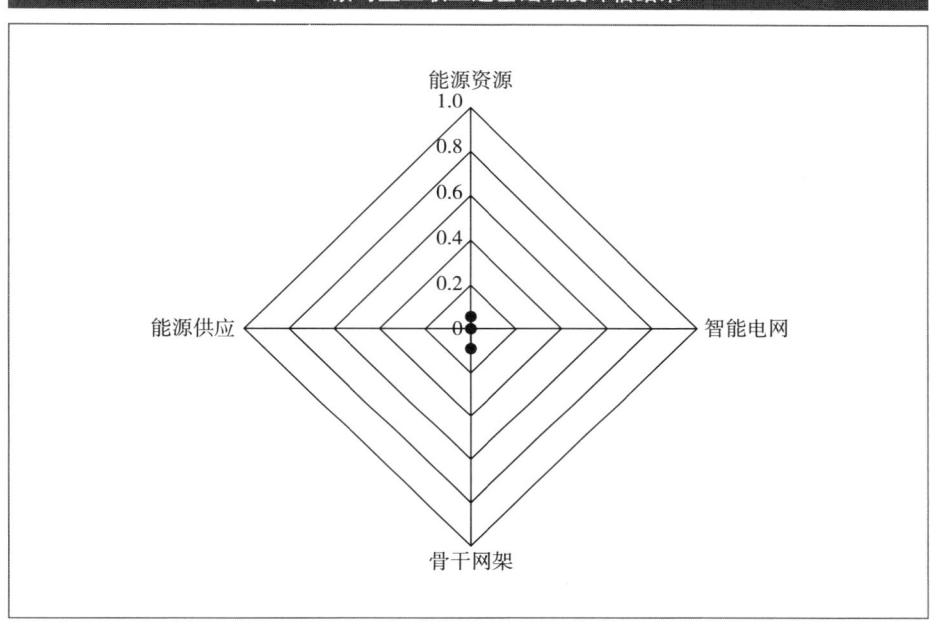

图 30　索马里清洁发展程度维度评估结果

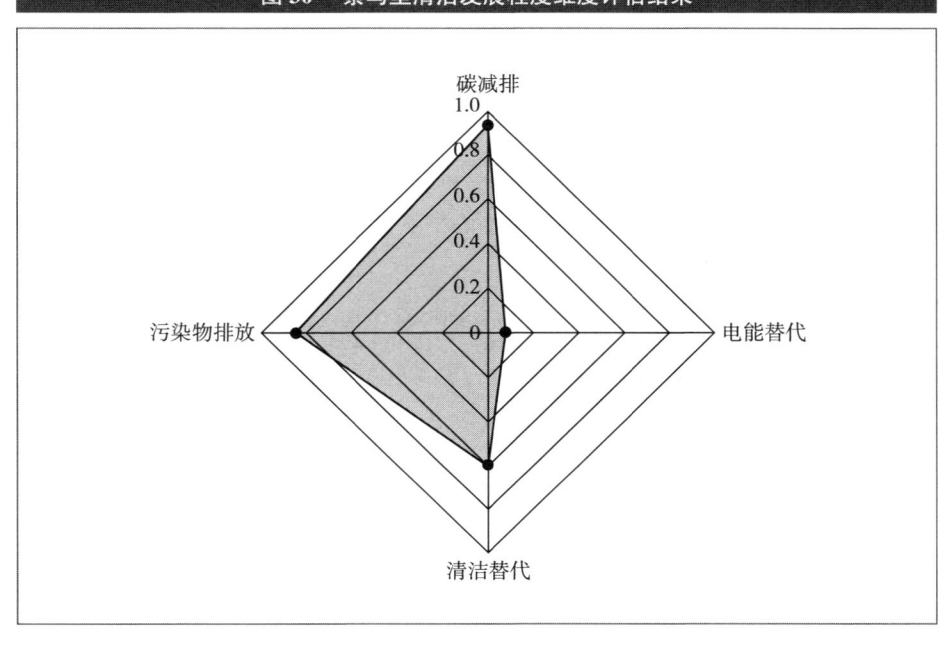

113

（四）吉布提

主要特点：

- 政治趋稳，经济落后；
- 依赖火电，电力系统落后；
- 地热资源丰富。

吉布提地处非洲东北部亚丁湾西岸。吉布提主张各国在平等基础上互利合作，支持通过和平方式解决国际争端。近年来，吉布提外交较为活跃，奉行中立、不结盟和睦邻友好政策，重视发展与周边国家的睦邻友好关系，大力发展同阿拉伯国家的政治经济关系。

吉布提是世界上最不发达的国家之一。自然资源贫乏，工农业基础薄弱。近年来，吉布提经济形势有所改善，经济增长主要得益于在港口、旅游和建筑业上外国直接投资的增加。2018年，吉布提经济发展平稳，GDP为20.3亿美元，增幅达7%，人均GDP约1990美元。外国直接投资占GDP的比重连年攀升，目前接近30%。世界银行《2020年营商环境报告》显示，吉布提的营商环境在全球190个经济体中排在第114位。该国经济社会支撑维度评估结果如图31所示。

吉布提沿海地区已发现了含油构造，但石油和天然气储量尚未探明。同时，地热资源丰富，但开发难度较大。吉布提电力供应紧张，截至2017年，城市人口的电力接入率为70%，乡村人口的电力接入率为26.3%。2018年，总发电量为3.9亿千瓦时，以火力发电为主，可再生能源发电约有300万千瓦时。即便是在首都也经常停电，家庭需要自备发电机。吉布提的电力设施迫切需要现代化升级。电压波动、停电、限电和其他中断，对工业、商业和住宅用户有重大影响。吉布提正努力开发利用太阳能、风电、地热等新能源发电，以弥补电力缺口。该国互联互通基础维度评估结果如图32所示。

可再生能源可以实现改善吉布提的能源供应和保障能源安全的双重目标。随着电力需求的增加，为实现2035年经济发展愿景中提出的规划目标，吉布

非洲各国综合指数详述

图 31　吉布提经济社会支撑维度评估结果

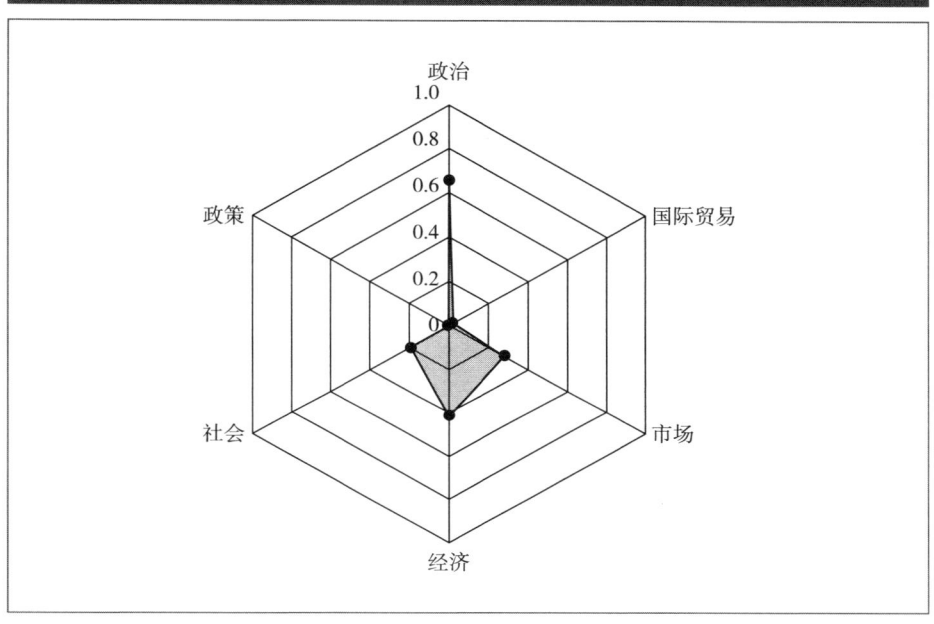

图 32　吉布提互联互通基础维度评估结果

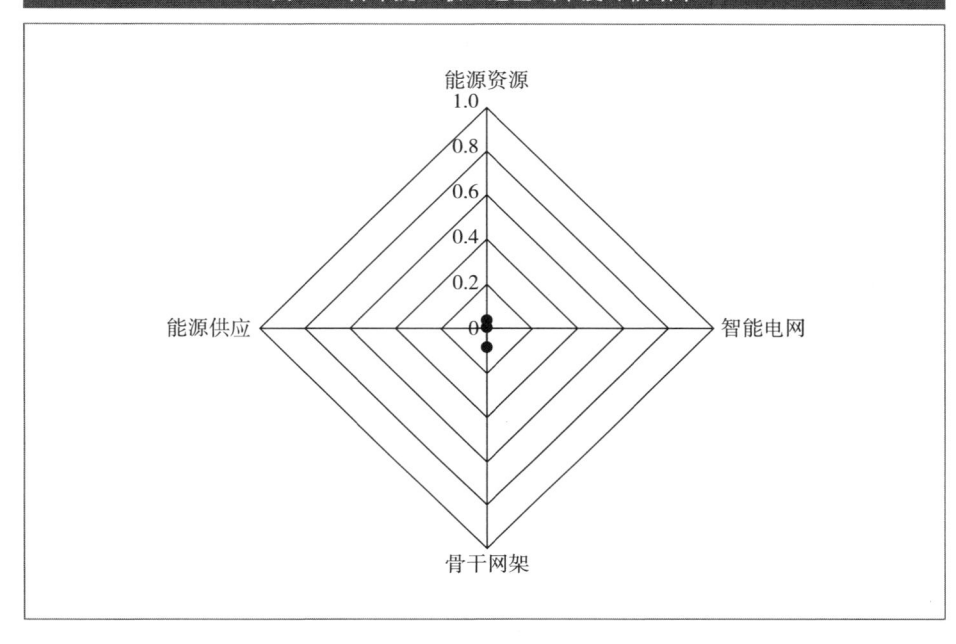

115

提将大力开发当地的地热、风能和太阳能资源，以减少对进口化石燃料的依赖。该国清洁发展程度维度评估结果如图33所示。

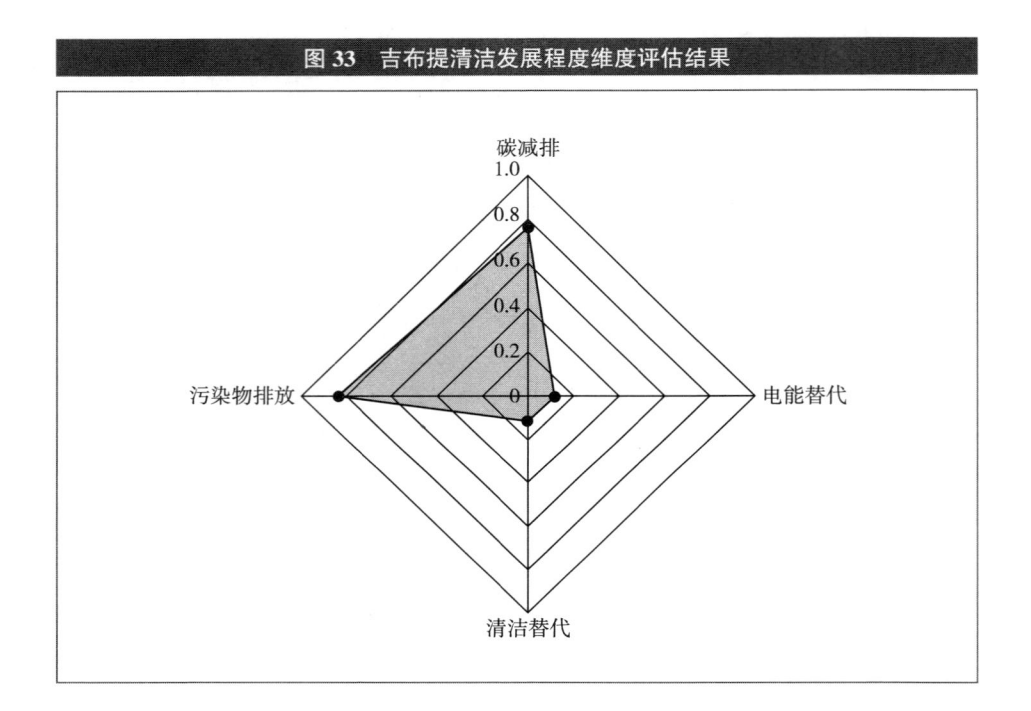

图33 吉布提清洁发展程度维度评估结果

（五）肯尼亚

主要特点：

- 经济平稳发展，营商环境良好；
- 电网较发达，电力装机多样；
- 地热资源丰富。

肯尼亚位于非洲东部，赤道横贯其中部，东非大裂谷纵贯南北。肯尼亚奉行和平、睦邻友好和不结盟的外交政策，积极参与地区和国际事务，大力推动地区政治、经济一体化，反对外来干涉，重视发展同西方及邻国的关系，注意同各国发展经济和贸易关系，开展全方位务实外交。近年来，提出以加强与中国合作为重点的"向东看"战略。

肯尼亚经济发展较平稳，中产阶级人口增长较快，国内市场不断扩大。随着东非区域一体化的推进，作为东非的交通枢纽和门户，在肯尼亚境内投资可辐射至东非内陆国家，有利于开拓整个东非市场。肯尼亚实行以私营经济为主体的"混合型经济"体制，私营经济在整体经济中所占份额超过70%。根据肯尼亚国家统计局（KNBS）发布的《2019经济统计》，肯尼亚2018年经济增长率达6.3%，人均GDP为1800美元。联合国贸发会议发布的《2019年世界投资报告》显示，2018年，肯尼亚吸收的外资达16.26亿美元，同比增长27%。据世界银行最新发布的《2020年营商环境报告》，肯尼亚的营商环境在全球190个经济体中排在第56位。世界经济论坛《2019年全球竞争力报告》显示，肯尼亚在全球最具竞争力的141个国家和地区中排在第95位。该国经济社会支撑维度评估结果如图34所示。

2012年，英国图洛石油公司（Tullow Oil）在肯尼亚西北部图尔卡纳

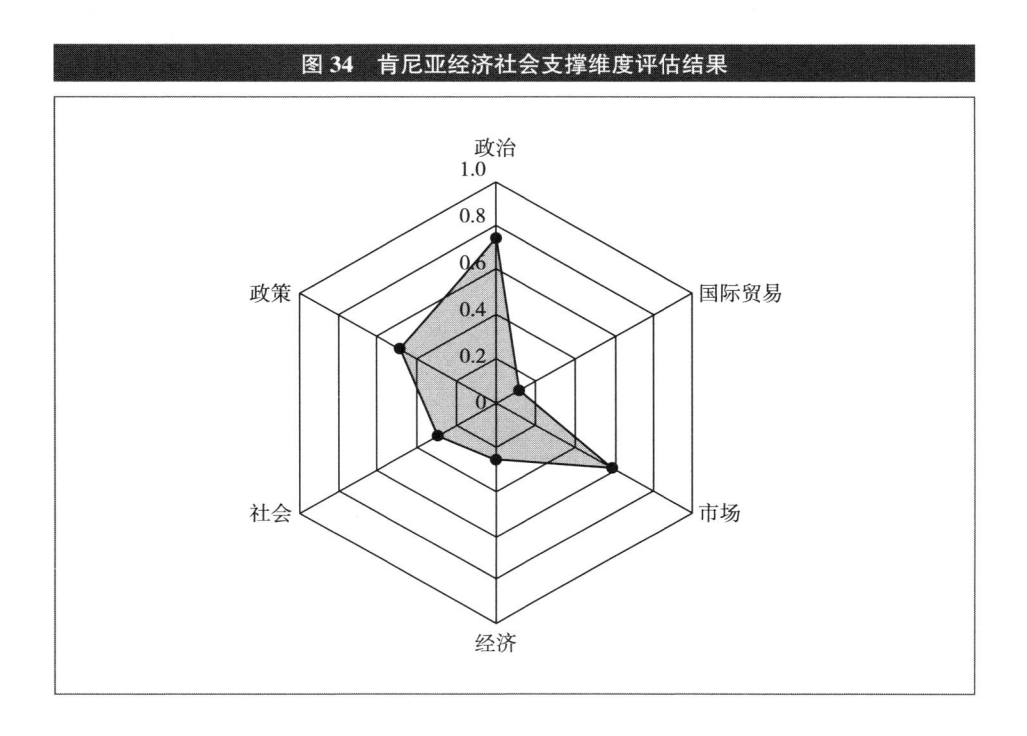

图34 肯尼亚经济社会支撑维度评估结果

郡的洛基查盆地发现石油资源，初步探明储量为7.5亿桶；东北部的曼德拉盆地也发现石油，初步探明储量为2亿桶；英国燃气公司在拉穆海上区块同时发现石油和天然气资源。但受国际油价低迷影响，肯尼亚的石油勘探和开采进展缓慢，政府已将实现大规模石油商业开采的时间推迟至2022年。

自2013年以来，肯尼亚是撒哈拉以南非洲地区电气化提升最快的国家之一。截至2017年，城市人口的电力接入率为81.1%，乡村人口的电力接入率为57.6%。肯尼亚政府将力争在2022年实现全民用电。2018年，全国发电总量达1.1亿千瓦时，人均用电量为172千瓦时。肯尼亚是电力进口大国，2018年进口2.3亿千瓦时，主要来自乌干达和坦桑尼亚。目前，肯尼亚在建和拟建的跨境电力项目包括：肯尼亚—埃塞俄比亚400千伏直流输电线路，总长度为1055千米；肯尼亚—乌干达—卢旺达—布隆迪—刚果（金）220千伏输电线路，总长度为769千米，有17座变电站；肯尼亚—坦桑尼亚400千伏输电线路等。该国互联互通基础维度评估结果如图35所示。

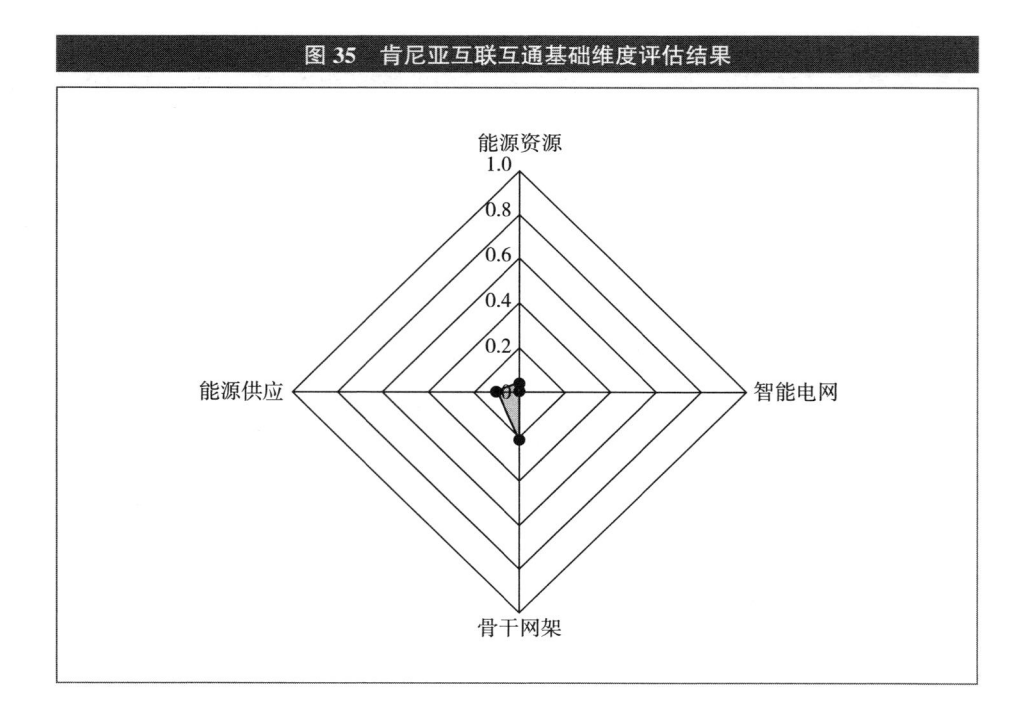

图35　肯尼亚互联互通基础维度评估结果

2018年，肯尼亚二氧化碳排放量约为1600万吨，到2030年将控制在2700万吨。发电主要由可再生能源提供，2018年装机结构为：水电83.7万千瓦，地热66.3万千瓦，风电33.6万千瓦，太阳能发电9.3万千瓦，生物质能发电8.8万千瓦。肯尼亚地热资源丰富，预计到2030年将开发出227.5万千瓦的地热能。Menengai地热项目将实现约40万千瓦的装机，供应50万户家庭和30万家小企业用电，同时温室气体排放每年减少195万吨二氧化碳当量。该国清洁发展程度维度评估结果如图36所示。

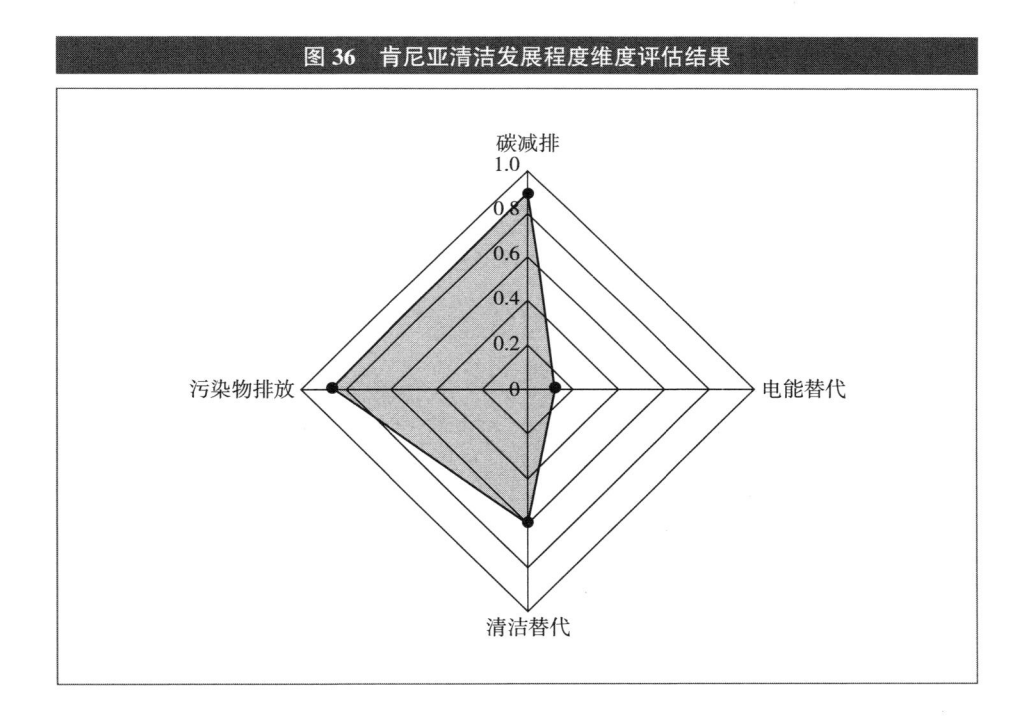

图36 肯尼亚清洁发展程度维度评估结果

（六）坦桑尼亚

主要特点：

- 政局稳定，经济结构单一；
- 天然气储量较多，以化石燃料发电为主，水电为辅；

- 水电和气电是清洁能源的主要来源，同时有少量生物质能和太阳能发电装机。

坦桑尼亚奉行不结盟和睦邻友好的外交政策，主张在互不干涉内政和相互尊重主权的基础上与各国发展友好合作关系。经济以农牧业为主，结构单一、基础薄弱、发展水平低下，是联合国公布的世界上最不发达的 48 个国家之一。近十多年来，坦桑尼亚 GDP 的年均增长率约为 6.5%。2017/2018 财年，GDP 总量约为 520.9 亿美元，人均 GDP 约 908 美元。据世界银行最新发布的《2020 年营商环境报告》，坦桑尼亚的营商环境在全球 190 个经济体中排名第 141 位。世界经济论坛《2019 年全球竞争力报告》显示，坦桑尼亚在全球最具竞争力的 141 个国家和地区中排在第 117 位。该国经济社会支撑维度评估结果如图 37 所示。

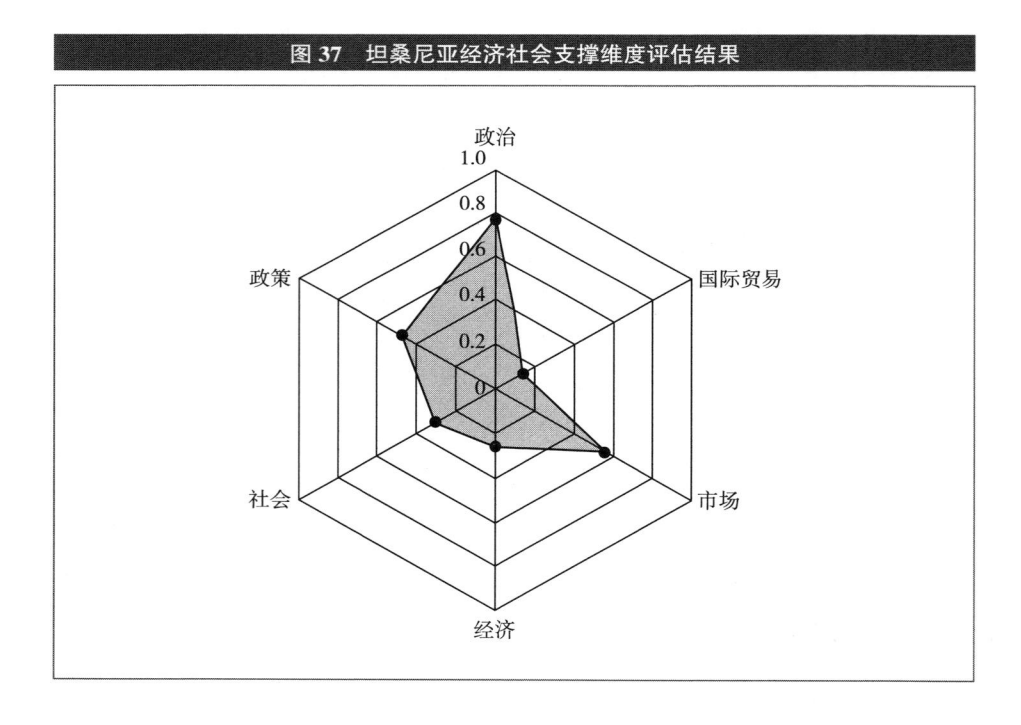

图 37　坦桑尼亚经济社会支撑维度评估结果

坦桑尼亚的煤炭储量在 20 亿吨以上，大陆、桑给巴尔及近海海域有若干储油丰富的区域，天然气的探明总储量为 1.6 万亿立方米，预计总储量可达

5.7万亿立方米。世界银行、欧洲投资银行等资助坦桑尼亚开发松戈气田（探明储量达300亿立方米），由加拿大管道公司负责建设，也有美国公司拟在姆特瓦拉地区建设天然气发电厂和输电线路。

电力短缺问题是长期制约坦桑尼亚经济发展的瓶颈。全国98%的电力由坦桑尼亚电力供应公司（TANESCO）负责，该公司于2002年初开始进行商业化运营。2017年，城市人口的电力接入率达到65.3%，乡村人口仅16.8%有电力使用。根据坦桑尼亚能源部的报告，目前全国总的装机容量中，水电机组的装机容量保持稳定，燃气机组的装机容量大幅增加。近年来由于气候干旱，水电机组的发电量大幅下降。2018年进口电力1.2亿千瓦时，主要来自肯尼亚、乌干达和赞比亚。该国互联互通基础维度评估结果如图38所示。

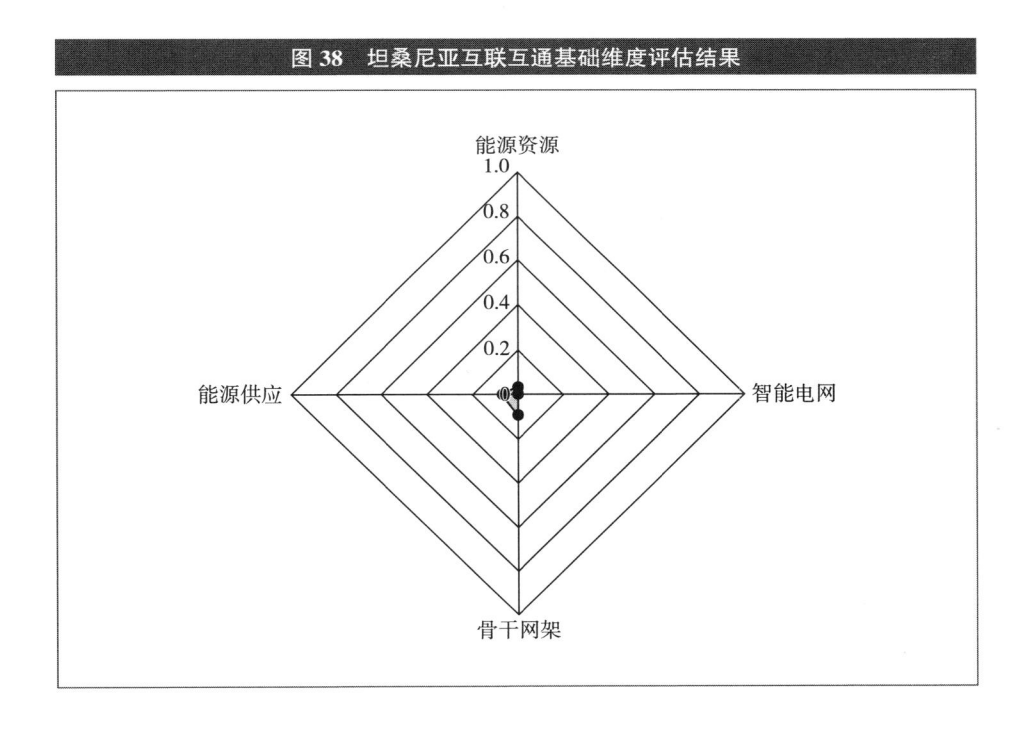

图38 坦桑尼亚互联互通基础维度评估结果

2018年，坦桑尼亚的清洁能源装机构成为：水电58.3万千瓦，太阳能发电2.5万千瓦，生物质能发电7万千瓦。为解决电力短缺问题，坦桑尼亚政府大力推动修建水电站。2018年，在塞卢斯保护区修建斯汀格勒峡水电站项目并进行了招标，总装机容量拟达到210万千瓦，总投资额约为30亿美元。2015年10月，由中石油承建的天然气处理厂和管道项目竣工，姆纳兹湾和松戈岛的天然气已成功输送至达累斯萨拉姆市，主要用于发电。该国清洁发展程度维度评估结果如图39所示。

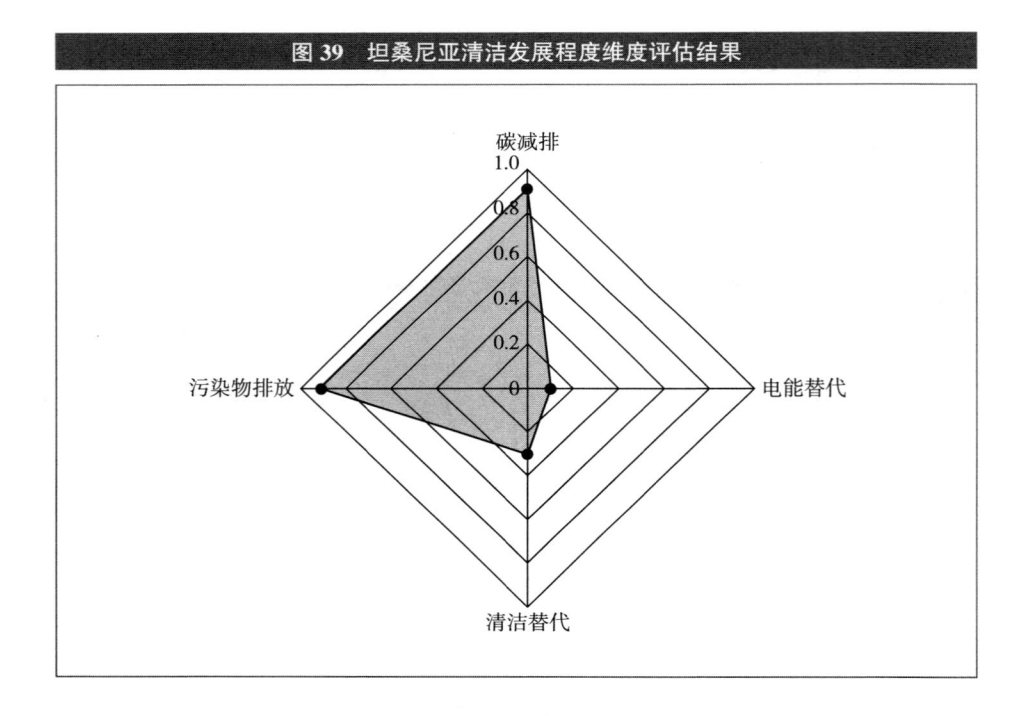

图39 坦桑尼亚清洁发展程度维度评估结果

（七）乌干达

主要特点：

- 经济稳中向好；
- 电气化水平低，跨国电网规模较大；
- 可再生能源发电占80%。

乌干达位于非洲东部，是横跨赤道的内陆国，北接南苏丹，东连肯尼亚，西邻刚果（金），西南与卢旺达接壤，南与坦桑尼亚交界。乌干达实行共和制及三权分立制度，奉行独立自主和不结盟外交政策，主张在平等互惠基础上同各种社会制度国家发展关系。

乌干达实行务实、稳妥的经济发展政策，积极开展基础设施建设，优先发展农业和制造业，重点发展私营经济，推行自由贸易。2016/2017财年，乌干达的经济增长率为4.0%。2018年，GDP为281亿美元，人均GDP为724.4美元。乌干达投资环境较好，经济自由化程度高，外国投资几乎不受行业、投资比例等限制。世界经济论坛《2019年全球竞争力报告》显示，乌干达在全球最具竞争力的141个国家和地区中排在第115位。世界银行《2020年营商环境报告》显示，乌干达的营商环境在全球190个经济体中排在第116位。该国经济社会支撑维度评估结果如图40所示。

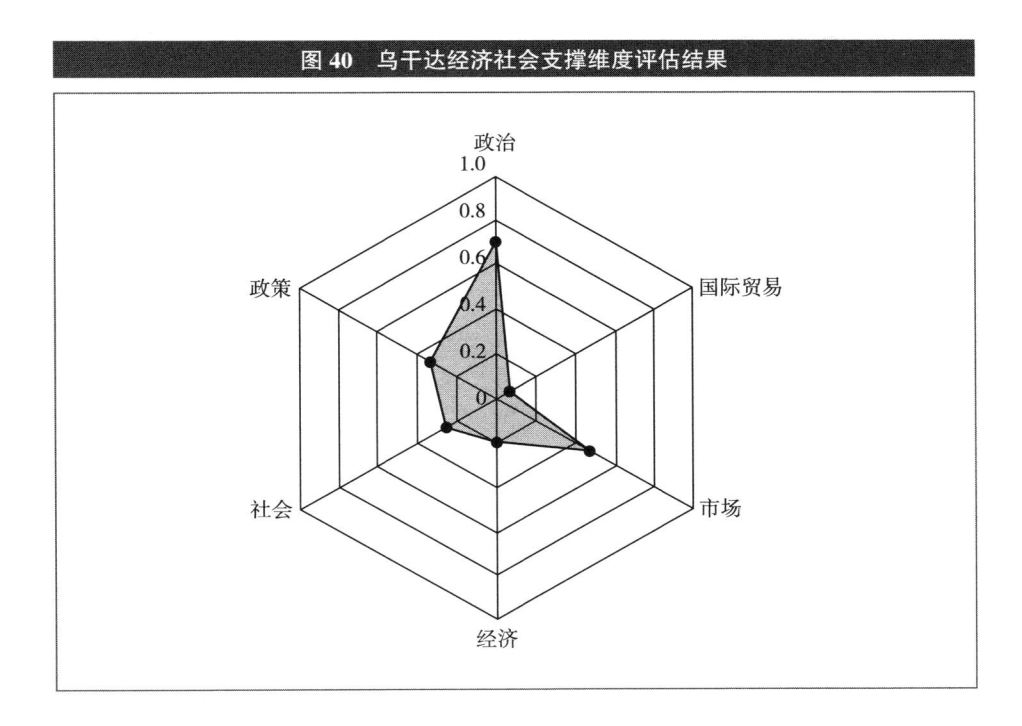

图40　乌干达经济社会支撑维度评估结果

乌干达的石油储量约为65亿桶，水电资源丰富，但大部分未得到有效开发利用。全国电力供应水平较低，2017年城市人口的用电率为57%，乡村中仅 11.4% 的人口有电力使用。由于电力供应不足，工农业生产及商业发展受到很大制约。2018 年，总发电量为 35.5 亿千瓦时，其中可再生能源发电 28.4 亿千瓦时，占 80%。乌干达电网与周边国家互联互通，2018 年出口电力 98.3 万千瓦时，进口电力 10.3 万千瓦时。在"区域电力交易"项目中，乌干达作为一个区域中心国家，与周边四国共同建设高压输电线路，五个国家的输电网络实现互联互通，为区域电力交易奠定了重要基础。列入建设计划的输电线路有：① Nkenda-Mpondwe-Beni（刚果）70 千米长的 220 千伏输变电线路，预计 2020 年完成；② Olwiyo-Nimule-Juba（南苏丹）190 千米长的 400 千伏输变电项目，目前处于可行性研究阶段，预计 2022 年完成。该国互联互通基础维度评估结果如图 41 所示。

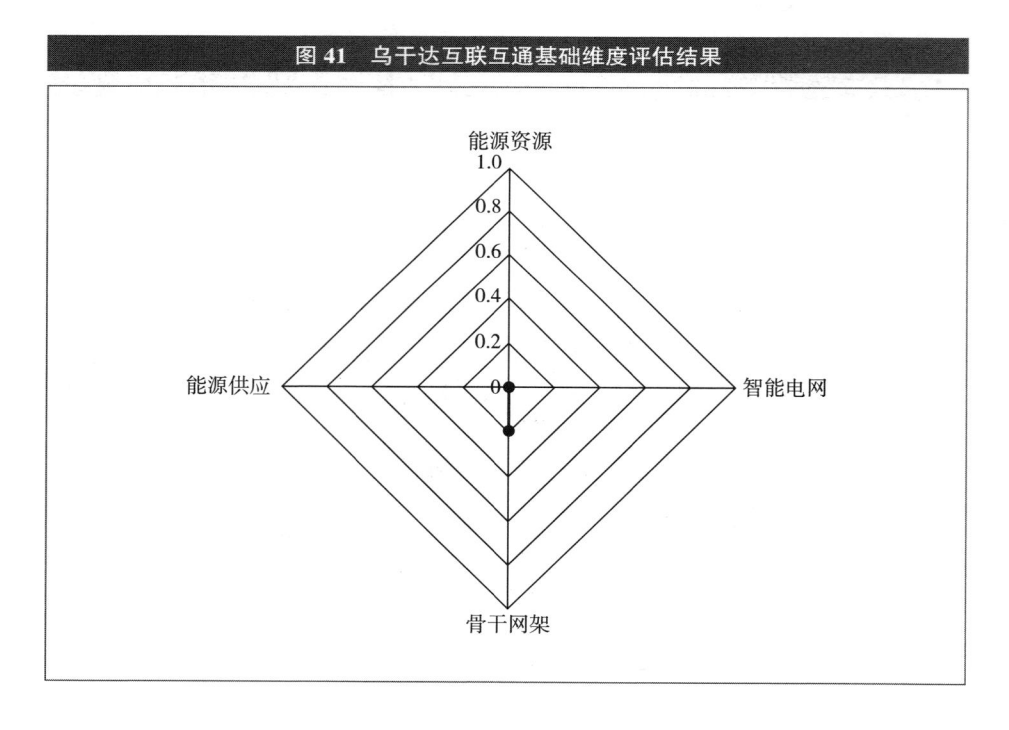

图 41　乌干达互联互通基础维度评估结果

乌干达在节能减排和碳排放交易方面在东部非洲表现出色。2006 年 4 月成立了碳管理局，这是东非唯一一家提供全方位服务的碳金融公司，涉及与可再生能源、能源效率、碳减排或固碳相关领域的广泛项目。2010年，乌干达碳管理局组成了东非碳基金会，促进东非参与气候变化和碳市场全球对话。乌干达重视发展可再生能源，2018年可再生能源装机构成为：水电72.3万千瓦，生物质能发电9万千瓦，太阳能发电4.8万千瓦。该国清洁发展程度维度评估结果如图42所示。

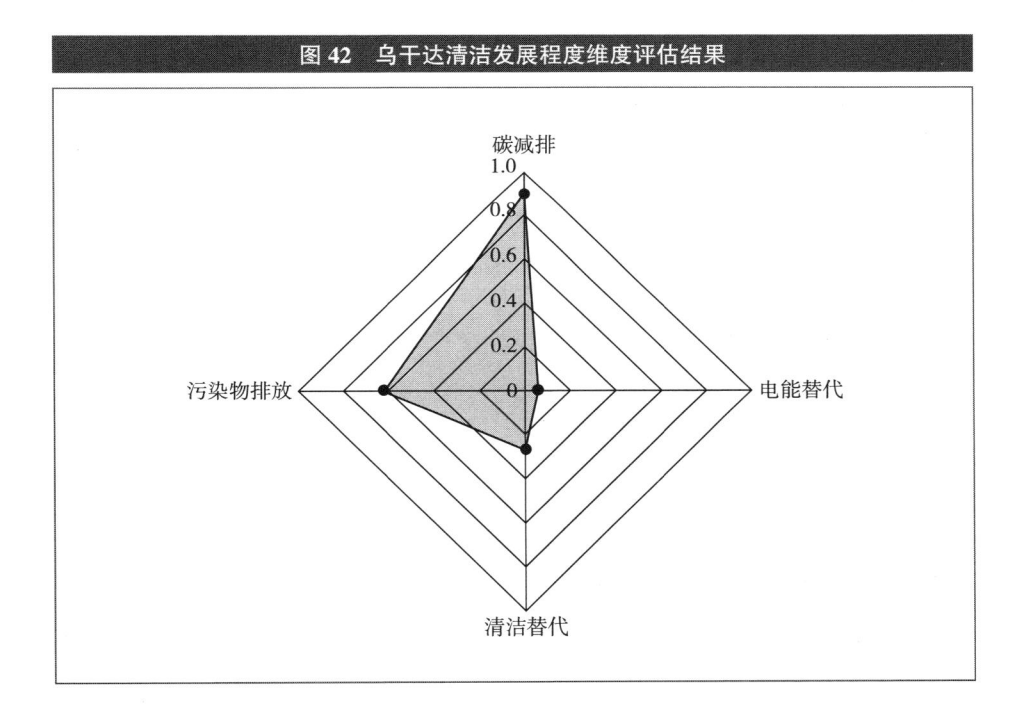

图42 乌干达清洁发展程度维度评估结果

（八）卢旺达

主要特点：

- 政治、经济发展平稳，营商环境良好；
- 天然气资源储量丰富，人均电力消费水平低；
- 59.6%的装机为清洁能源装机，以水电为主。

卢旺达位于非洲中东部的东非高原上，属内陆国家，东临坦桑尼亚，南接布隆迪，西接刚果（金），北连乌干达。卢旺达奉行和平、中立和不结盟的外交政策，重视发展同世界各国尤其是非洲大国间的关系。强调外交的务实性，将争取外援和谋求本国安全作为外交的主要任务。积极参与地区事务，寻求在次地区发挥作用。

卢旺达近年政局基本保持稳定，社会治安良好，经济发展平稳。2018年，GDP为95.1亿美元，人均GDP约为787美元，经济增长率为6.1%。2009~2018年平均经济增长率为6.3%。政府制定了一系列鼓励外国投资的政策，并向外资开放了包括电信业在内的几乎所有行业。但卢旺达市场狭小，竞争激烈，资源贫乏，国民经济缺乏支柱性产业，经济主要依靠外援。由于地处内陆，运输成本较高，进口消费品和燃油价格偏高；当地技术工人较少，劳动力价格相对较高。

根据透明国际发布的清廉指数（2018），卢旺达在全球排在第41位，在撒哈拉以南非洲国家中排在第2位。世界银行《2020年营商环境报告》显示，卢旺达的营商环境在全球190个经济体中排在第38位，在非洲排名第2位，是东非地区营商环境最好的国家。世界经济论坛发布的《2019年全球竞争力报告》显示，卢旺达在全球最具竞争力的141个国家和地区中排在第100位。2018年，卢旺达发展署位列东非地区最佳投资促进机构第2名。该国经济社会支撑维度评估结果如图43所示。

卢旺达天然气资源丰富，截至2017年拥有566亿立方米的探明储量。城乡通电水平差异大，截至2017年，城市人口的通电率为84.8%，而乡村仅为23.6%。2018年，总发电量达5.6亿千瓦时，其中化石燃料发电占58.5%。卢旺达是世界上人均消费电量最少的国家之一，人均用电量仅为36.2千瓦时。全国输电线路总长3300千米。卢旺达计划与乌干达、布隆迪等国进行电网互联互通。该国互联互通基础维度评估结果如图44所示。

卢旺达2018年清洁能源装机容量占全国电力装机容量的59.6%，其结构为：水电9.8万千瓦，太阳能发电3万千瓦，生物质能发电800万千瓦。为增加清洁能源装机容量，尼亚姆隆格二期水电项目、鲁西西三期水电项目和鲁苏姆水电项目正在计划投标中，2020年建成后，电力装机容量将分别

图 43　卢旺达经济社会支撑维度评估结果

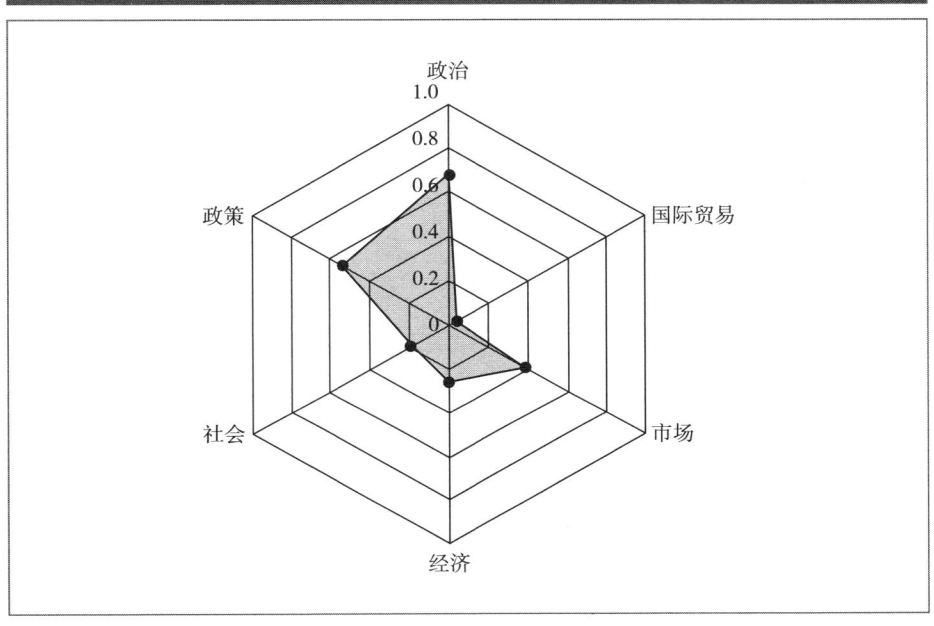

图 44　卢旺达互联互通基础维度评估结果

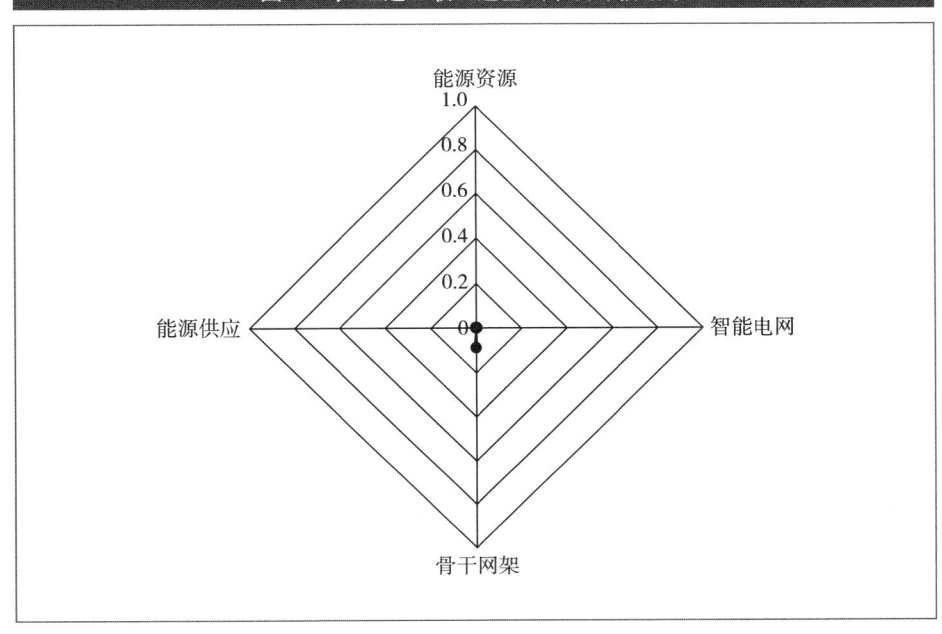

增加 15 万千瓦、14.7 万千瓦和 8 万千瓦。该国清洁发展程度维度评估结果如图 45 所示。

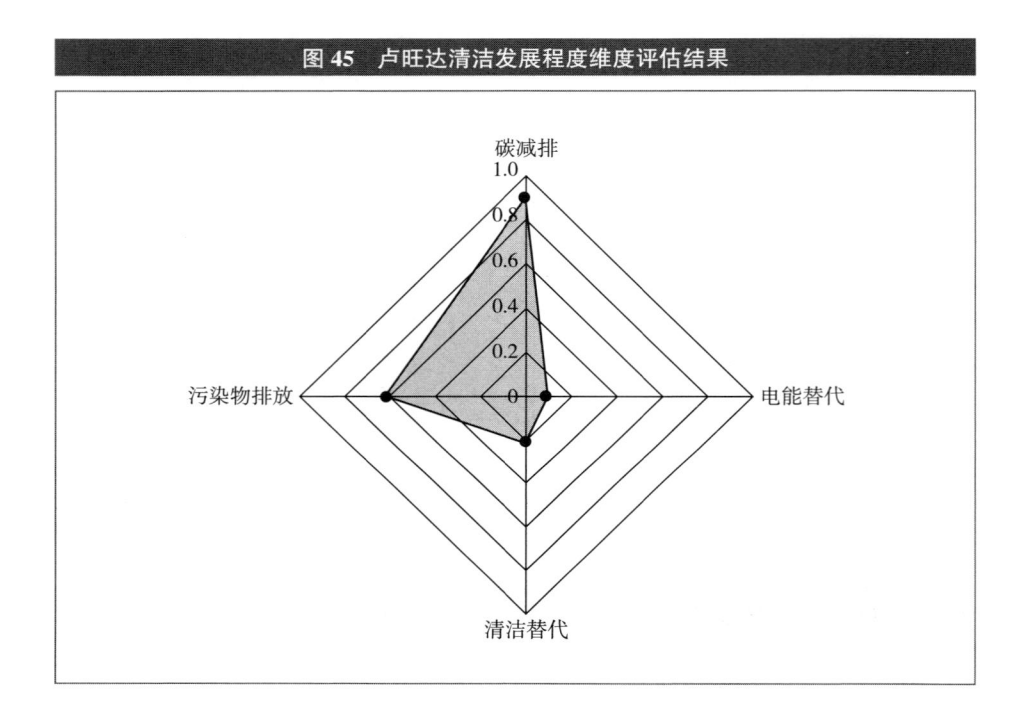

图 45　卢旺达清洁发展程度维度评估结果

（九）布隆迪

主要特点：

- 政局动荡，经济落后；
- 城乡电力供应分化，电力严重短缺；
- 严重依赖水电。

布隆迪位于非洲中东部，是东南非共同体成员国之一。在国际事务中主张睦邻友好、国际合作，以和平方式解决地区和国际冲突，反对诉诸武力、以大欺小，反对以人权为借口干涉别国内政，坚持不结盟立场，要求建立公正合理的国际政治、经济新秩序。重视联合国的作用，积极参与联合国和非盟等地区组织的活动。

布隆迪政局长期动荡不安，历史上发生过多次军事政变。布隆迪是个农业国家，工业产品、工业原材料、建材、医药、轻工日用品、交通工具等主要依靠进口。自 1993 年 10 月发生内战以来，经济严重倒退，国家财政收入减少，居民收入明显下降，市场购买力低，市场没有活力。战乱结束后，尤其是自 2005 年大选后，国家经济发展的活力逐渐得到恢复。2015 年，总统恩库伦齐扎第三次参选引起社会动荡和西方停援，布隆迪经济停滞不前，GDP 连续两年出现负增长。2017 年和 2018 年有所改善，但增长仍然非常缓慢，2018 年 GDP 为 30.78 亿美元，人均 GDP 为 275.4 美元，GDP 增长率为 1.6%。

由于基础设施落后、电力短缺严重、外汇极度短缺、本币大幅贬值等因素，布隆迪的经济发展受到严重影响。在世界银行最新发布的《2020 年营商环境报告》中，布隆迪的营商环境在全球 190 个经济体中排在第 166 位；世界经济论坛《2019 年全球竞争力报告》显示，布隆迪在全球最具竞争力的 141 个国家和地区中排在第 135 位。该国经济社会支撑维度评估结果如图 46 所示。

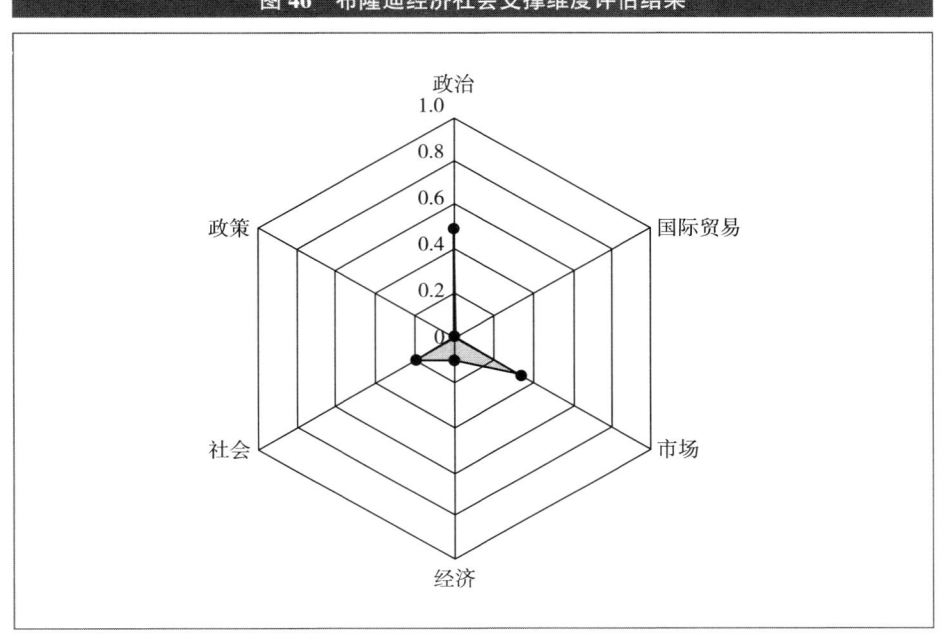

图 46 布隆迪经济社会支撑维度评估结果

水电是布隆迪最主要的能源，但电力供应严重不足。2017年，布隆迪国民的电力接入率仅为9.3%，城乡分化严重，城市人口的电力接入率为61.8%，乡村仅为1.7%。2018年总发电量为1.9亿千瓦时，水电占97.1%，人均用电量为14.7千瓦时。布隆迪是电力净进口国家，电力输入量逐年攀升，2018年全年进口电力1.2亿千瓦时。该国互联互通基础维度评估结果如图47所示。

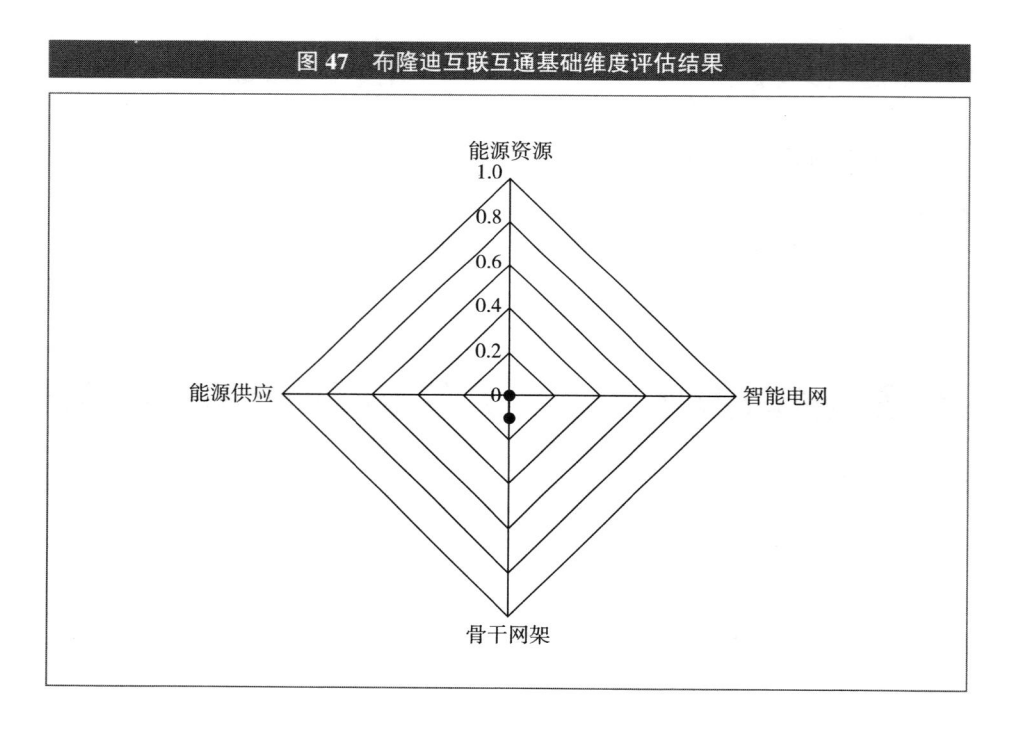

图47　布隆迪互联互通基础维度评估结果

布隆迪国内清洁能源装机以水电为主，2018年装机结构为：水电4.8万千瓦，太阳能发电5000千瓦，生物质能发电4000千瓦。布隆迪正进一步积极开发水电资源。卡布水电站（2万千瓦）由印度提供贷款，正在开工建设，原定2020年完工，但由于各种原因，工程延期已成定局。济济穆朗布维水电站（4.9万千瓦）由世界银行、欧盟、非洲开发银行等联合出资，已开工建设，预计于2022年建成。中国援助布隆迪的胡济巴济水电站项目

（1.5万千瓦）已于2018年10月开工，预计2022年投入使用。该国清洁发展程度维度评估结果如图48所示。

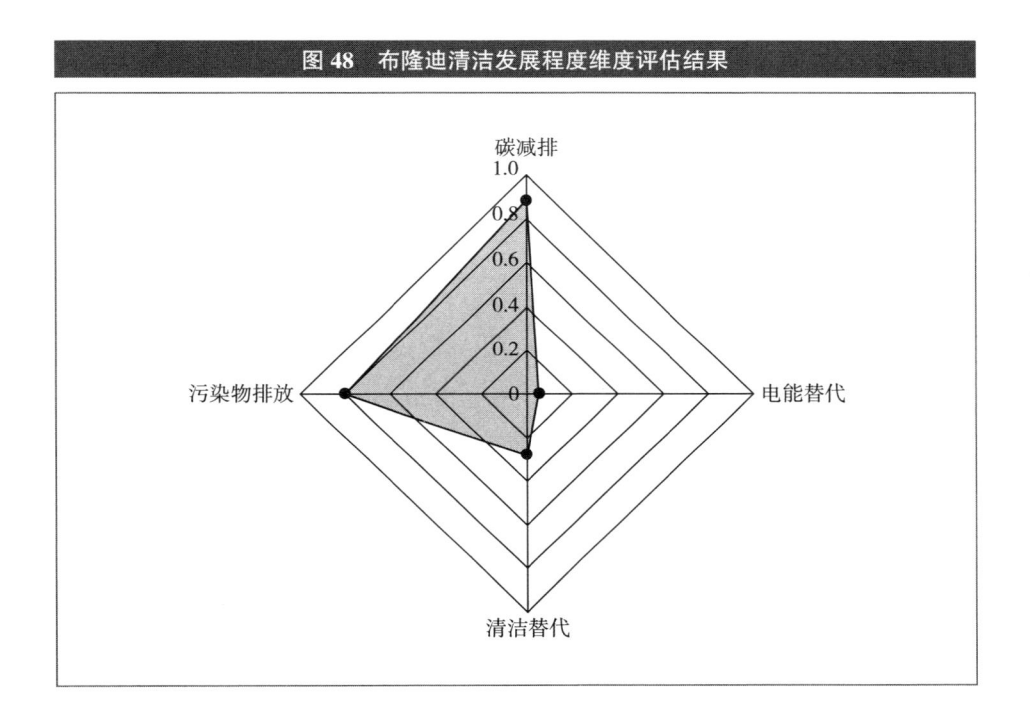

图48 布隆迪清洁发展程度维度评估结果

（十）塞舌尔

主要特点：

- 政局稳定，经济稳健发展；
- 依靠燃油发电，人口全部实现电力接入；
- 清洁能源装机占59.6%，以水电为主。

塞舌尔位于非洲大陆东海岸以东1500公里处的印度洋西侧，由115个大小岛屿组成，是典型的小岛型发展中国家。奉行中立、不结盟、睦邻友好和务实的外交政策，主张在尊重主权和不干涉别国内政的基础上同所有国家建立和发展关系。

塞舌尔原为法、英殖民地，1976年独立，1977年政变后实行一党制和计划经济，经济得到快速发展，但也造成财政缺口和外汇短缺等问题。2008年10月，由于拖欠2.3亿美元欧债，塞舌尔开始接受国际货币基金组织援助，并进行了较为激进的市场化改革。2017年塞舌尔已进入高收入国家行列。2017年，国际货币基金组织对塞舌尔扩展基金援助项目的评估结果显示，塞舌尔经济的整体状况及经济结构改革的整体进展均表现良好。塞舌尔在原油、食品、建材等重要领域严重依赖进口，卢比贬值，导致居民生活成本明显上升，通货膨胀较为明显。2019年GDP为16.47亿美元，人均GDP为16472美元，近十年GDP的平均增速为4.3%。

世界经济论坛《2019年全球竞争力报告》显示，塞舌尔在全球最具竞争力的141个国家和地区中排在第76位。世界银行发布的《2020年营商环境报告》显示，塞舌尔的营商环境在全球190个经济体中排在第100位。据2017年联合国开发计划署发布的人类发展指数（HDI），塞舌尔在188个经济体中排在第63位。该国经济社会支撑维度评估结果如图49所示。

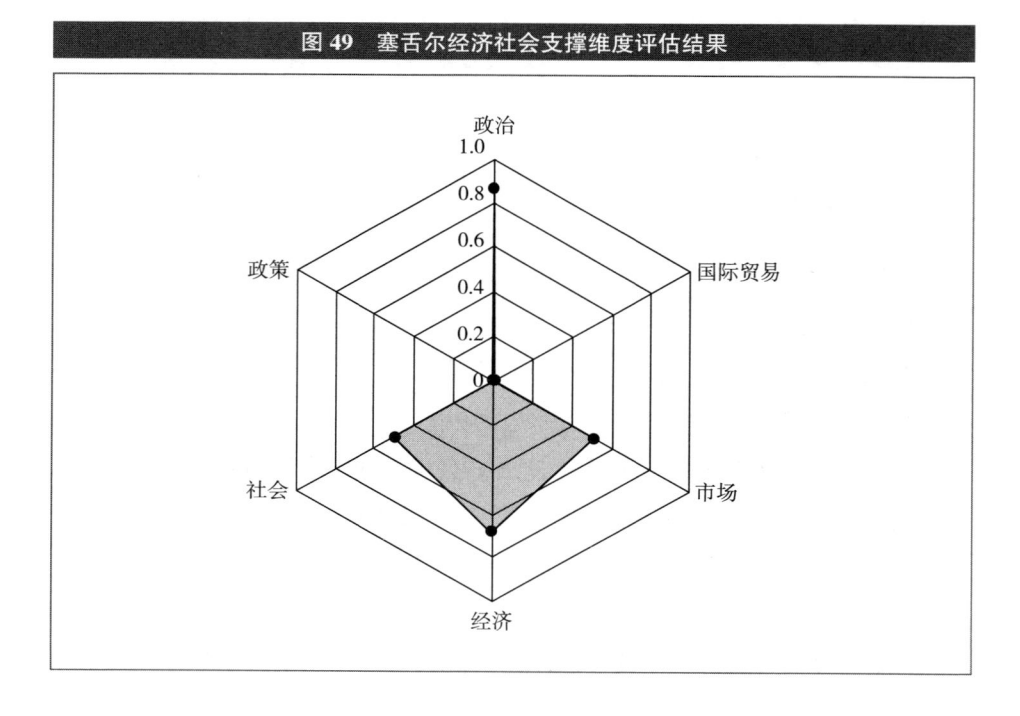

图49 塞舌尔经济社会支撑维度评估结果

塞舌尔是独立岛屿国家，主要依靠进口燃油发电，电网未与周边国家互联互通。由于面积小（不足上海市的 1/10）、人口少，自 2014 年起国民已全部实现电力接入。2018 年，全年总发电量达 4.8 亿千瓦时，人均用电量为 5785.7 千瓦时。该国互联互通基础维度评估结果如图 50 所示。

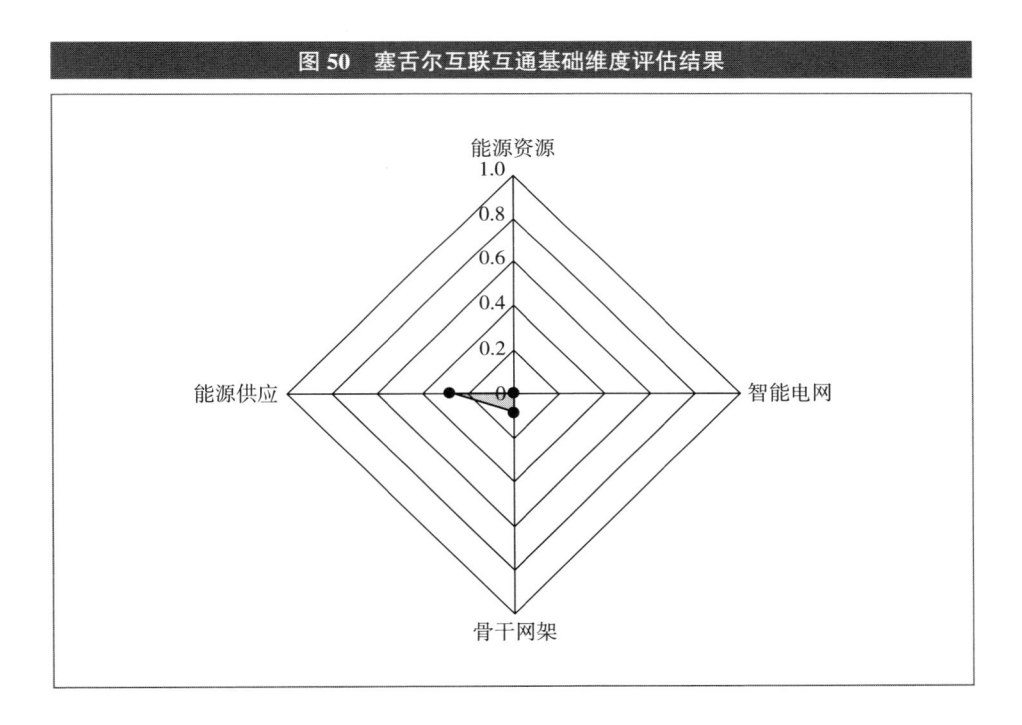

图 50　塞舌尔互联互通基础维度评估结果

塞舌尔以农业、渔业和旅游业为主，工业基础非常薄弱，污染排放少。2018 年清洁能源装机结构为：风电 6000 千瓦，太阳能发电 3500 千瓦。此外，由于进口燃油占用巨额外汇，政府提倡并鼓励进口、使用清洁和可再生能源，对电动汽车免除进口关税，对安装太阳能光板给予补贴。该国清洁发展程度维度评估结果如图 51 所示。

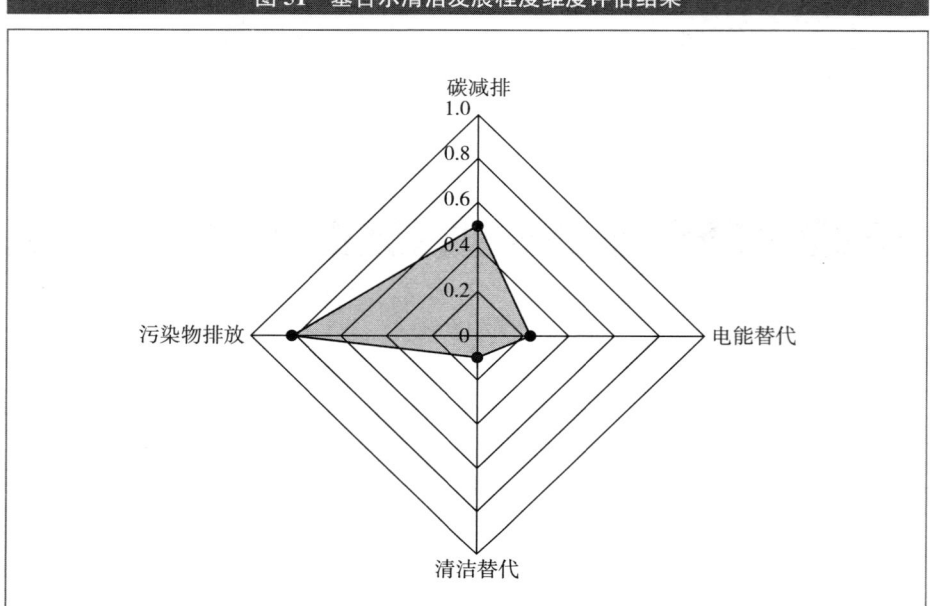

图51　塞舌尔清洁发展程度维度评估结果

三　西部非洲

（一）毛里塔尼亚

主要特点：

- 自然资源贫乏，基础设施落后；
- 政局相对稳定；
- 工业水平很低，经济结构单一。

毛里塔尼亚作为世界最不发达国家之一，是国际货币基金组织和世界银行已批准的符合重债穷国倡议援助条件的36个国家之一，发展基础十分薄弱。对外奉行独立、和平、中立的外交政策，强调自身的阿拉伯、非洲属性，致力于睦邻友好，积极推动非洲联合及马格里布电力联盟建设。重视发展与欧盟、海湾国家及国际组织的关系，努力拓展国际空间，争取更多外援，迄今共与110个国家建立了外交关系。毛里塔尼亚政局相对稳定，鼓励投资的领域较多，投资者选择余地较大，与欧盟签有特别协议，可享受《科托努修改协定》的优惠待遇。

世界经济论坛《2019年全球竞争力报告》显示，毛里塔尼亚在全球最具竞争力的141个国家和地区中排在第134位。世界银行《2020年营商环境报告》显示，毛里塔尼亚的营商环境在全球190个经济体中排在第152位。该国经济社会支撑维度评估结果如图52所示。

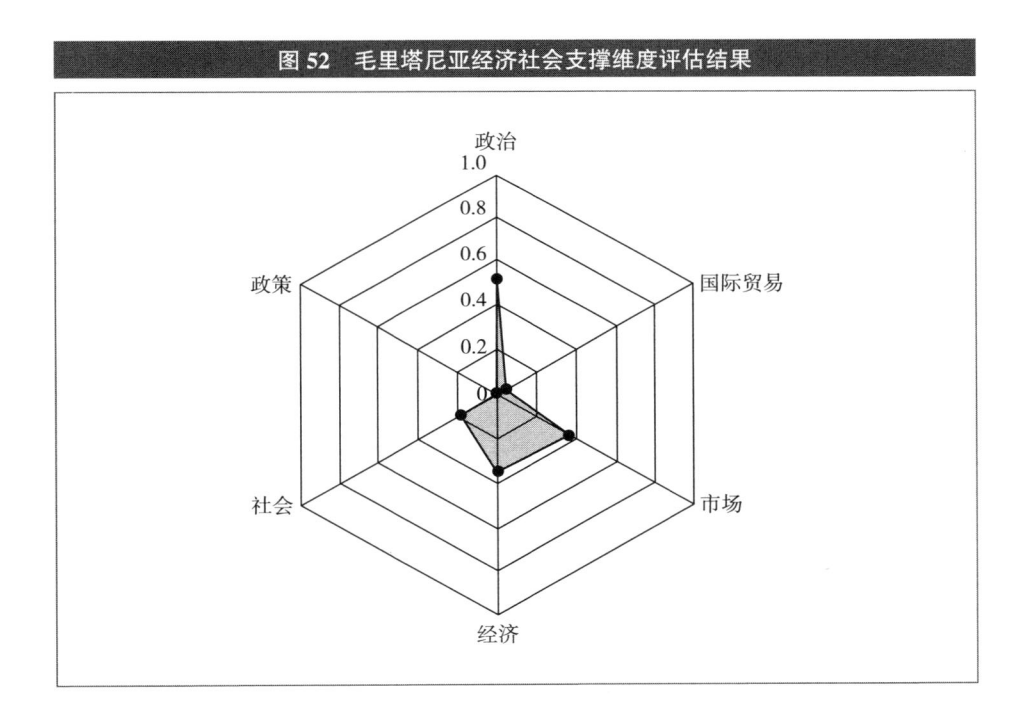

图52 毛里塔尼亚经济社会支撑维度评估结果

毛里塔尼亚的能源资源较为贫乏，泥煤储量为530万立方米，石油产业和天然气产业是新兴产业，目前已发现6个海岸油田，储油量估计达10亿桶。2006年2月，毛里塔尼亚正式成为石油生产国，但近两年产量逐年下降。毛里塔尼亚政府与美国公司探讨开发海上天然气资源，2016年5月，美国的两个海上钻井平台抵达友谊港。2017年5月，毛里塔尼亚政府与法国道达尔公司签订开发石油的协议。英国石油公司已开始开发天然气资源，该区块天然气储量预估将达到15万亿立方英尺。

毛里塔尼亚国家电力公司（SOMELEC）负责全国的电力供应、电力设施建设和管理。全国有30个柴油发电厂，装机容量为11万千瓦，年发电5000亿千瓦时，其中包括塞内加尔河流域开发组织（OMVS）贡献的1.3亿千瓦时。塞内加尔河流域开发组织包括马里、塞内加尔、毛里塔尼亚，目前三国共享的马南塔利水电站总发电量为3.14亿千瓦时。马南塔利水电站的电力通过电网输往努瓦克肖特、罗索、卡埃迪和博盖，还将输往塞利巴比。

近年来，毛里塔尼亚在阿拉伯国家的资助下，陆续启动了5000千瓦天然气电站、3500千瓦风力电站和5000千瓦太阳能电站等项目。2016年，已启动首都3万千瓦太阳能电站和努瓦迪布免税区10万千瓦风电站。目前，毛里塔尼亚的电力生产能力尚可，但由于全国无联通电网，电力输送能力低，电价较高，且电压不太稳定，远不能满足工农业生产和居民生活的需要。城镇通电率是50%，农村通电率仅为3%。毛里塔尼亚唯一的高压输电线路是从首都努瓦克肖特至南部临近塞内加尔河的城市罗索、卡埃迪、博盖的线路。毛里塔尼亚国家电力公司正在根据企业发展规划加大电力投资力度，新建、扩建和改建电力设施和输电网。目前，政府计划建设从首都到东北部矿区祖埃拉特及北部经济城市努瓦迪布的两条高压输变电线路，并进一步推进农村通电计划，力争尽快满足全国电力需求。该国互联互通基础维度评估结果如图53所示。

毛里塔尼亚国土面积较大，日均日照时间长达14小时，太阳能开发潜力较大。根据非洲发展银行的研究，毛里塔尼亚的风能潜力几乎是其每年所需能源的4倍。同时，毛里塔尼亚可再生能源在大部分地区与石油发电相比具有成本竞争力，因此目前该国有意重新考虑其能源发展战略，并已经采取相应措施，计划大规模使用可再生能源，用于并网和离网应用，并建立一个整合基于可再生能源的技术解决方案和商业模式的框架。该国清洁发展程度维度评估结果如图54所示。

图 53　毛里塔尼亚互联互通基础维度评估结果

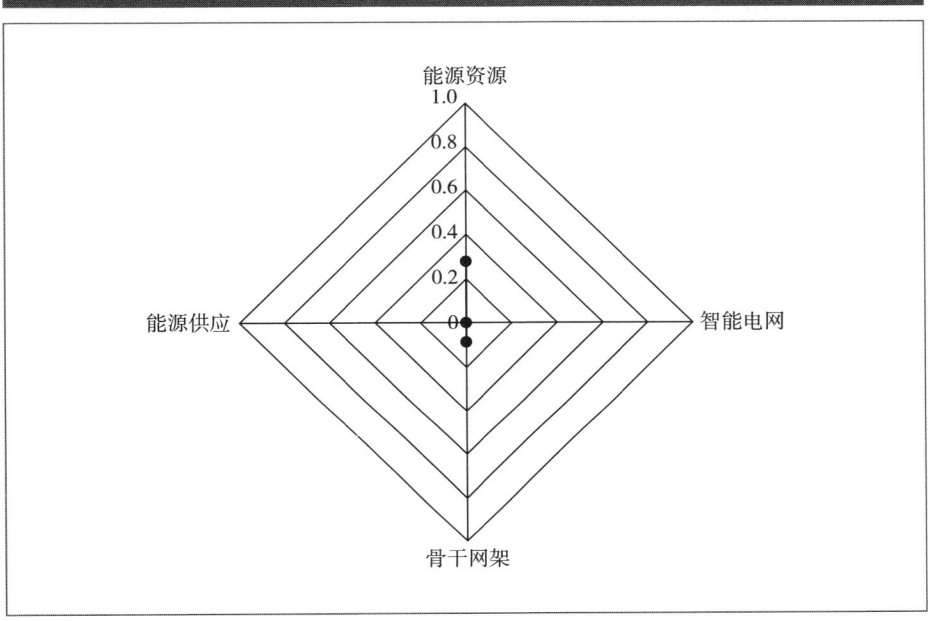

图 54　毛里塔尼亚清洁发展程度维度评估结果

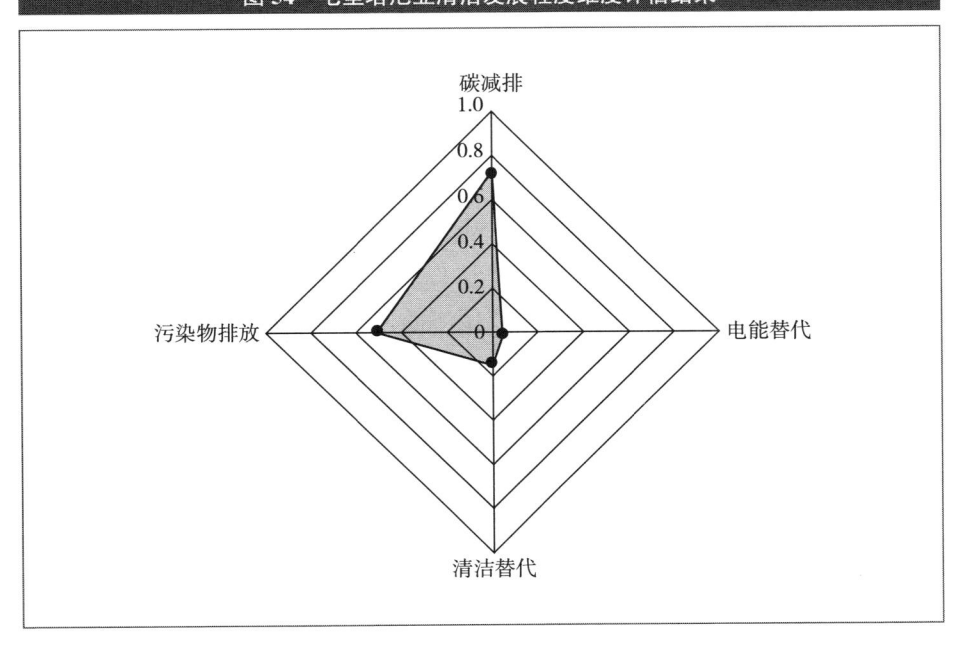

（二）塞内加尔

主要特点：

- 政局长期保持稳定，治安状况较好；
- 国内经济稳步增长，基础设施相对完善；
- 法律法规基本健全；
- 能源资源较为丰富，重视可再生能源的规模化利用。

塞内加尔作为联合国公布的最不发达国家之一，56%的人口从事农业，具备一定的工业基础，第三产业发展较快，近年来经济持续稳步增长。塞内加尔积极主张维护非洲团结，推动非洲经济一体化及南北对话、南南合作，建立国际政治经济新秩序。重视发展同邻国的关系，积极参与国际和地区事务。现为联合国、世界贸易组织、不结盟运动、法语国家组织、伊斯兰会议组织、非洲联盟、西非国家经济共同体、西非经济货币联盟、萨赫勒－撒哈拉国家共同体等组织的成员。目前已与约120个国家建立了外交关系。同时，与世界银行和国际货币基金组织等国际组织保持长期良好的合作关系，执行国际货币基金组织制定的经济结构调整计划，实行以市场经济为导向的经济改革，保持财政稳定。世界银行支持塞内加尔实施减贫计划，在教育、卫生、公共工程、城市发展、电力生产以及自来水供应等领域对塞内加尔进行援助。塞内加尔政局长期保持稳定，治安状况较好。

塞内加尔是西非国家经济共同体和西非经济货币联盟成员。西共体15国自2015年1月1日起实行共同对外关税，统一市场初步形成，商品出口到西共体内的其他国家都享受免税待遇。塞内加尔作为地区交通枢纽，辐射西非、北非、欧洲和美洲大片市场。塞内加尔基础设施相对完善，劳动力充足且素质较高，法律法规基本健全，国内市场具有一定购买力，为外国投资合作提供了很多便利。世界经济论坛《2019年全球竞争力报告》显示，塞内加尔在全球最具竞争力的141个国家和地区中排在第114位。在世界银行《2020年营商环境报告》中，塞内加尔的营商环境在全球190个经济体中排在第123位。该国经济社会支撑维度评估结果如图55所示。

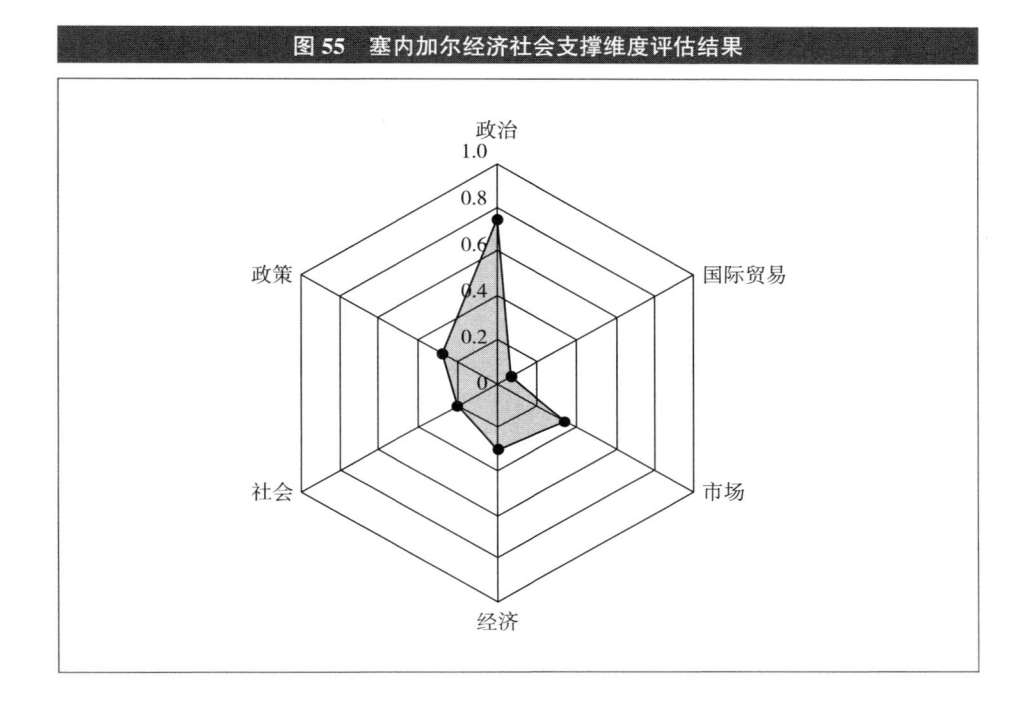

图 55　塞内加尔经济社会支撑维度评估结果

塞内加尔能源资源较为丰富。南部海上油田预计储量达 15 亿桶。在塞内加尔北部与毛里塔尼亚南部发现了西非最大的海上气田，初步预计储量为 1400 亿立方米。

塞内加尔主要依靠进口燃油火力发电、燃气发电，也有水力发电。2016 年，热力发电占比 92.12%，水力发电占比 7.88%。电力生产由政府控股的塞内加尔国家电力公司（SENELEC）经营，该公司还与几家大型私营发电厂签署了购电协议。此外，塞内加尔水力资源丰富，重视与邻国合作开发水电，成立了塞内加尔河流域开发组织（OMVS），成员国有塞内加尔、马里、毛里塔尼亚、几内亚；还成立了冈比亚河流域开发组织（OMVG），成员国有塞内加尔、冈比亚、几内亚、几内亚比绍。

塞内加尔国家电力公司支出的燃料成本占总成本的 2/3。因设备老化，大部分电厂发电量远低于装机发电量。因此，为缓解供电危机，塞内加尔国家

139

电力公司还大量租用发电机组,且租赁机组容量比较可观。该国互联互通基础维度评估结果如图56所示。

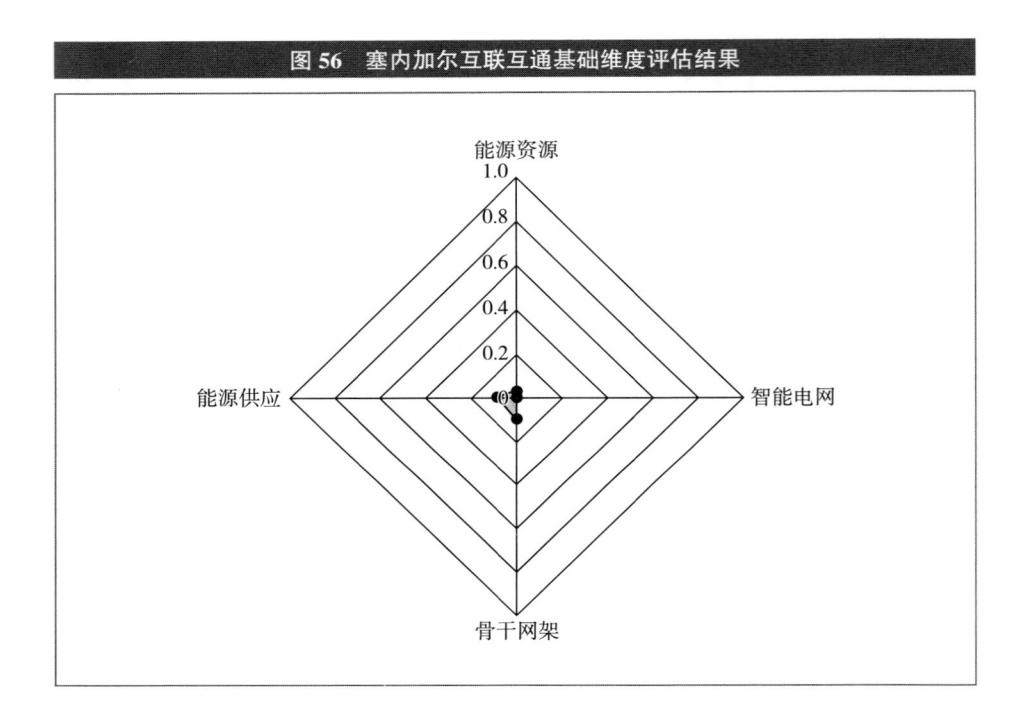

图56 塞内加尔互联互通基础维度评估结果

塞内加尔持续在城市和农村推广使用太阳能,提高太阳能发电比重,目标是达到可再生能源发电占20%。塞内加尔新能源促进署与荷兰合作,在部分学校、医院和公共场所安装了1.5万盏太阳能照明设备,利用阿联酋资金在Niakhar建设太阳能电站,目标是使国家电力公司减少对燃油发电的依赖,生产清洁和廉价能源。2016年1月,塞内加尔政府建设了一座装机容量为3万千瓦的太阳能发电站,项目投资达270亿西非法郎,由塞内加尔战略投资主权基金及其伙伴共同投资,该电站为塞内加尔目前最大的光伏电站。2017年5月,世界银行批准通过一笔9150万欧元的贷款,用于塞内加尔、马里和毛里塔尼亚三国边境电力交换系统的改造升级。该国清洁发展程度维度评估结果如图57所示。

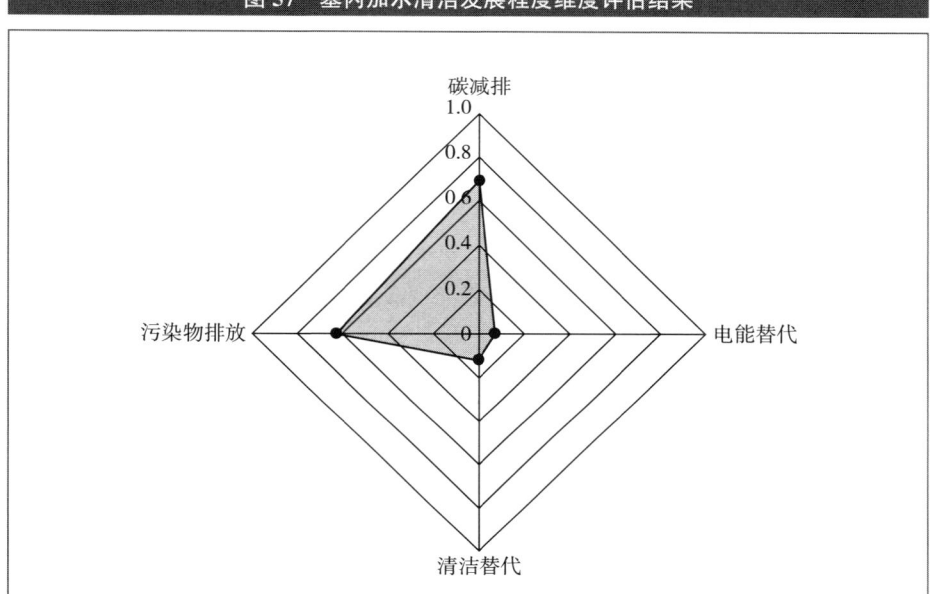

图 57 塞内加尔清洁发展程度维度评估结果

（三）冈比亚

主要特点：

- 政局相对稳定，治安状况较好；
- 经济结构单一，基本保持稳定；
- 工业基础薄弱，发展缓慢；
- 电力发展落后，电网覆盖率仅为 35%；
- 自然资源贫乏；
- 重视可再生能源开发利用。

冈比亚是联合国公布的最不发达国家之一。由于经济结构单一，粮食不能自给。1965 年冈比亚独立后，重视发展民族经济，努力实现经济多样化。20 世纪 80 年代中期，政府开始推行经济恢复和发展计划，鼓励私人资本投资，发展市场经济，保持宏观经济的稳定。冈比亚工业基础薄弱，发展缓慢，主要为农产品加工业和建筑业，还有少量轻工业。世界经济论坛发布的《2019年全球竞争力报告》显示，冈比亚在全球最具竞争力的141个国家和地区中排在第124位。世界银行发布的《2020年营商环境报告》显示，冈比亚的营商环境在全球190个经济体中排在第155位。该国经济社会支撑维度评估结果如图58所示。

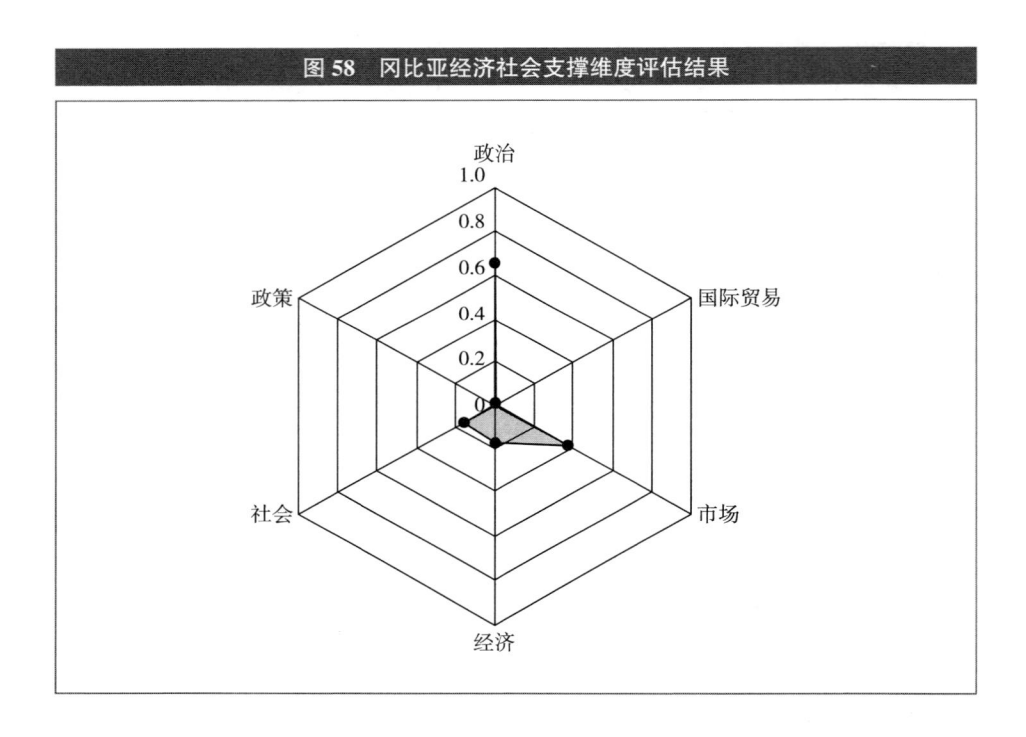

图58 冈比亚经济社会支撑维度评估结果

冈比亚自然资源贫乏，已探明的矿产资源有钛、锆、金红石混生矿（储量约有150万吨）和高岭土（储量有50多万吨），现正在进行石油勘探。冈比亚石油能源部2017年的统计数据显示，冈比亚全国总装机容量为9.9万千瓦，可利用装机容量为5.4万千瓦；班珠尔地区总装机容量为8.8万千瓦，可利用装机容量为4.5万千瓦；全国电力需求已经达到15万千瓦时，电力缺口达9.6万千瓦时。冈比亚国家水电公司数据显示，每年人均电力消耗仅为100千瓦时。由于输配电网设备老旧，运行维护水平较低，电力损耗高达约25%

左右，而且国家电力接入率低，目前电网覆盖率仅为35%。其中，主要电力消费群体集中在班珠尔地区，约有60%的人口通电，而其他省份的通电率仅为6%。在班珠尔地区限电经常发生，无法保证该地区工农业生产需求和居民的正常生活。

冈比亚目前只有33千伏、11千伏和400伏的电网，冈比亚河北岸地区与塞内加尔电力有互通。计划建成的冈比亚河流域开发组织225千伏线路将与周边国家塞内加尔、几内亚和几内亚比绍电网互联互通。该国互联互通基础维度评估结果如图59所示。

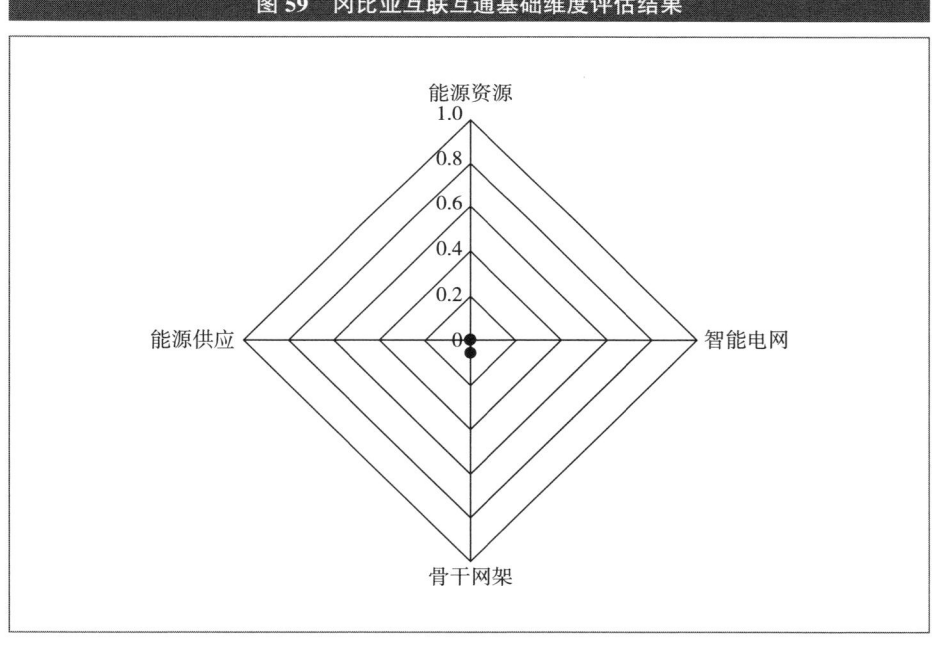

图59 冈比亚互联互通基础维度评估结果

冈比亚2015年发布的《冈比亚投资和出口促进局法案》，对鼓励投资的行业和投资激励政策做了具体规定，将风能、太阳能、水能等清洁能源发电列为符合投资激励条件的优先行业。该国清洁发展程度维度评估结果如图60所示。

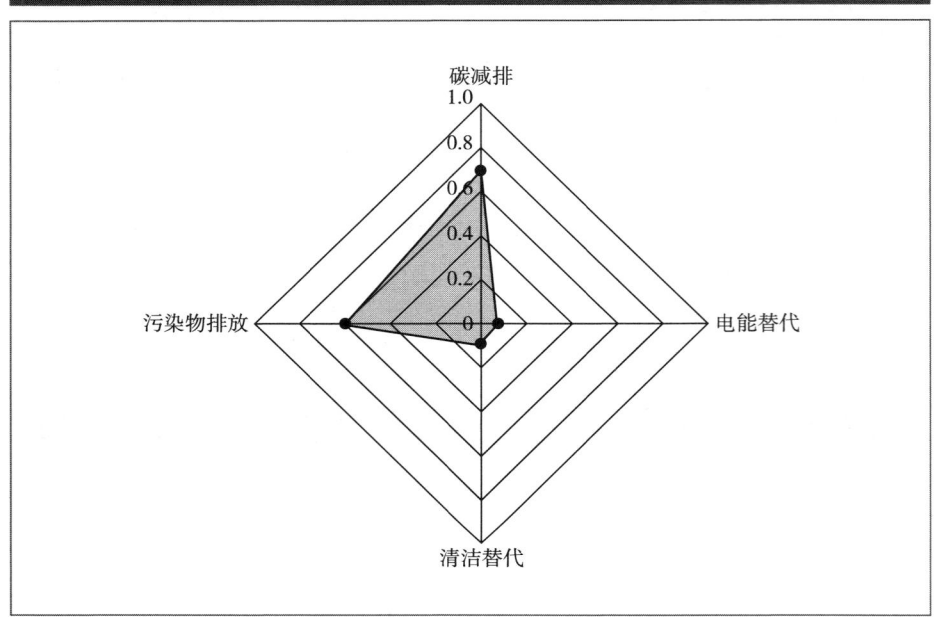

图60　冈比亚清洁发展程度维度评估结果

（四）马里

主要特点：

- 政局动荡，安全形势严峻，治安状况较差；
- 经济逐步恢复，但尚未达到危机前水平；
- 依赖火电，全国电力接入率为39%。

2012年，受军事政变和北部战争影响，马里的经济受到重创，GDP约合79.39亿欧元，增长率为–1.2%。2013年，因为粮食歉收，经济增长率只有1.7%，主要来自第二和第三产业的贡献，第一产业增长率为–7.4%。2014年，经济得到恢复性发展，GDP增长率为7%。2015年，经济保持较快增长势头，GDP增长6%。目前，经济逐步恢复，但尚未达到危机前水平。根据世界银行统计数据，2018年马里的GDP构成为：农业占38.53%，工业占18.75%，服务业占37.48%。2018年以来，马里的安全形势依旧严峻，针对平民及军队的恐袭事件频发。世界银行发布的《2020年营商环境报告》显示，马里的营商环境在全球 190 个经济体中排在第 148 位。该国经济社会支撑维度评估结果如图 61 所示。

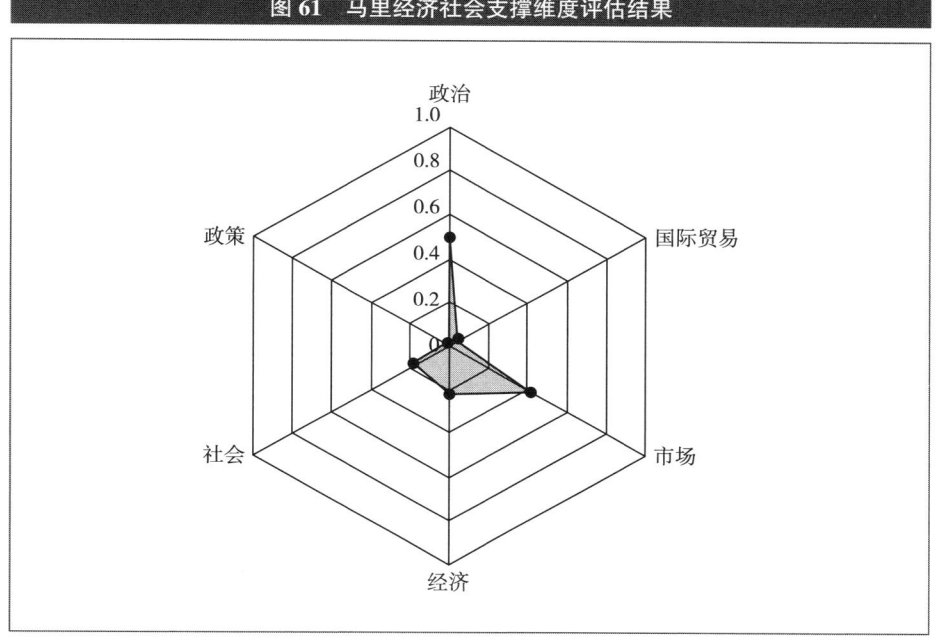

图 61 马里经济社会支撑维度评估结果

马里水力资源丰富，目前有 3 个水电站、12 个火力发电站、1 个太阳能电站。马里境内现有两套电力系统：一是马里能源公司经营管理的电网、发电站；二是塞内加尔河流域开发组织管理的马南塔利水电站（系马里、塞内加尔、毛里塔尼亚三国共有的水电站）。目前，马里政府利用印度、世行等提供的贷款正在实施与科特迪瓦的电力并网工程，以期提升供电能力，改善电力不足的状况。2017 年，全国电力接入率为 39%。马里在很大程度上依靠热力发电，耗资巨大，对电力部门的财务可持续性有较大影响。该国互联互通基础维度评估结果如图 62 所示。

马里北部为热带沙漠气候，干旱炎热，中、南部为热带草原气候，年均日照长达 3000 小时，非常适宜建设太阳能发电项目。该国清洁发展程度维度评估结果如图 63 所示。

图 62　马里互联互通基础维度评估结果

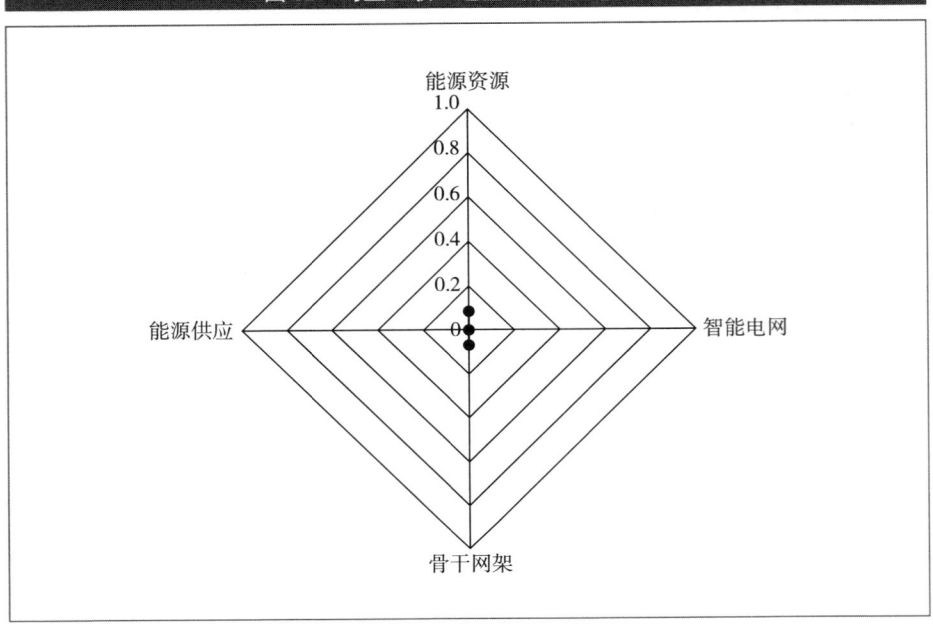

图 63　马里清洁发展程度维度评估结果

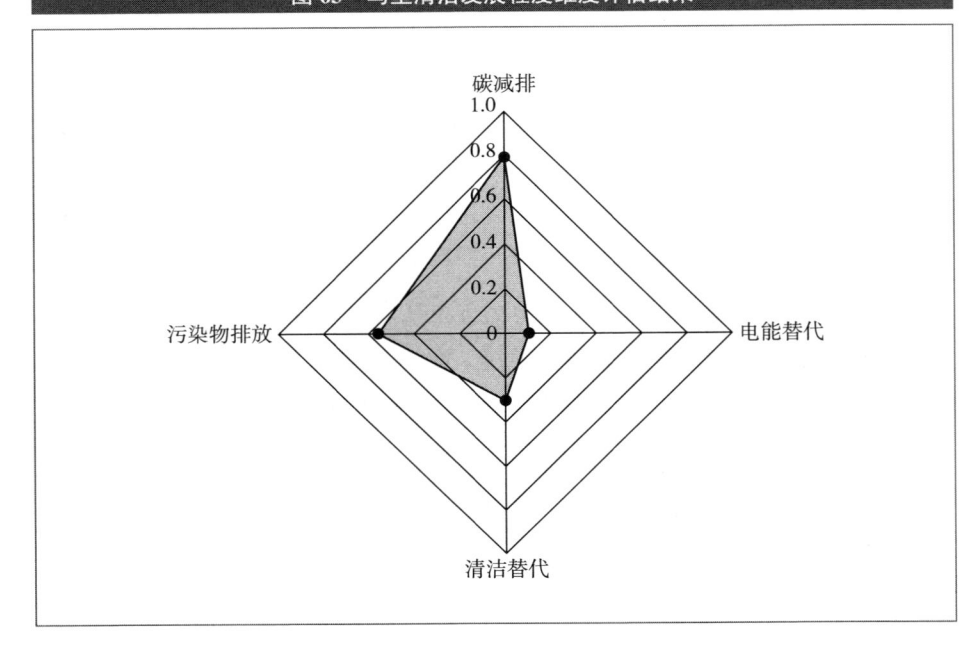

（五）布基纳法索

主要特点：

- 政局动荡，游行示威和恐怖袭击频发，整体治安状况较差；
- 是联合国公布的最不发达国家之一，工业基础薄弱，资源较为贫乏；
- 电力资源匮乏，全国电力供应的40%需要从科特迪瓦、加纳和多哥等国进口；
- 全国电力88%来源于火电，严重依赖石油产品，可再生能源开发比例极低。

布基纳法索政局动荡，政党、工会和传统领袖三股势力之间存在矛盾，政权几经更迭，形成文官政府和军人政府交替执政的局面。自独立以来，军队已发动过五次政变。目前，布基纳法索中南部地区局势较为平稳，治安情况较好。而东北部边境地带安全局势长期不稳定，恐怖袭击经常上演，袭击对象主要为当地宪兵和居民。根据布基纳法索国防部2019年6月公布的统计数据，2015年4月4日~2019年6月16日，布基纳法索发生恐袭283次，524人丧生，308人受伤。

布基纳法索是联合国公布的最不发达国家之一，是国际货币基金组织和世界银行已批准的符合重债穷国倡议援助条件的36个国家之一。经济以农牧业为主。工业基础薄弱，资源较为贫乏。布基纳法索国家人口数据统计局（INSD）2018年的国家数据报告显示，2018年GDP增速为6.8%，GDP总量为135亿美元。世界银行发布的《2020年营商环境报告》显示，布基纳法索的营商环境在全球190个经济体中排在第151位。该国经济社会支撑维度评估结果如图64所示。

布基纳法索电力资源匮乏，全国电力供应的40%需要从科特迪瓦、加纳和多哥等国进口。全国电力装机总容量为35.7万千瓦，其中火电29万千瓦，水电3.3万千瓦，太阳能发电3.4万千瓦。2017年，布基纳法索全国的电站共发电11亿千瓦时，另外进口电力7亿千瓦时，主要电力进口来源国为科特迪瓦。布基纳法索国家电力公司（SONABEL）负责全国电力的生产、输送工

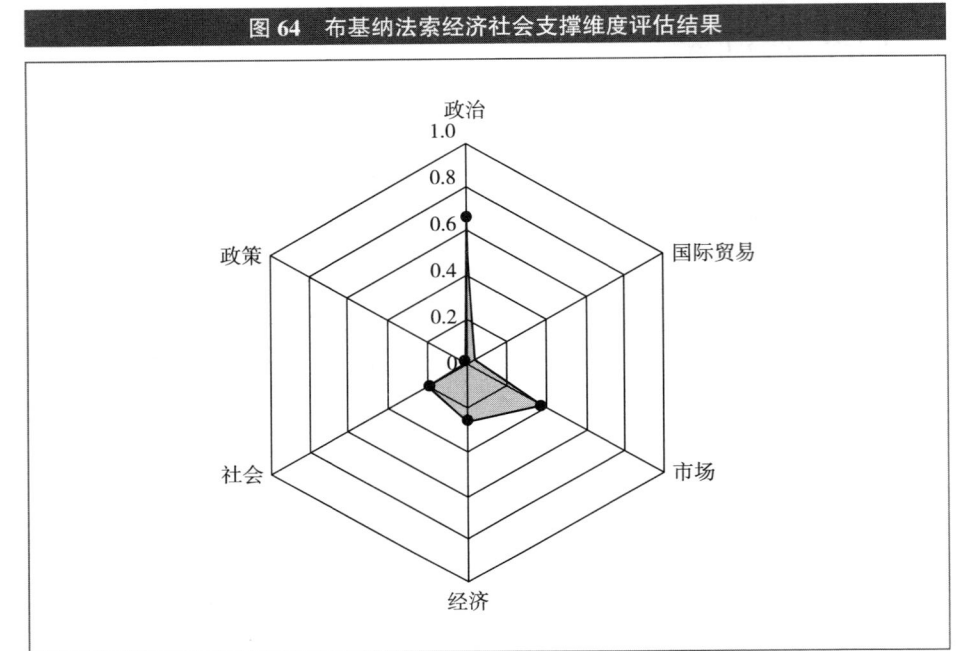

图64 布基纳法索经济社会支撑维度评估结果

作。近年来，随着布基纳法索社会、经济的不断发展，全国电力供应紧张情况日趋严重，部分地区每天停电时间长达15个小时。部分企业和家庭不得不通过柴油发电机或简易太阳能电池板发电。该国互联互通基础维度评估结果如图65所示。

全国电力的88%来源于火电，严重依赖石油产品，可再生能源开发比例极低，电力缺口巨大，电器普及率较低。为保证经济可持续发展、增加电力供应，降低发电成本是布基纳法索政府未来将要面临的主要挑战。为此，政府采取了以下措施：一是优化机构设置，出台配套法规与税收政策，以有效调配资金；二是保障国家能源供应安全，降低能源生产成本；三是加快偏远地区电网建设；四是挖掘国家能源潜力；五是提高能源利用率。同时，布基纳法索重视可再生能源尤其是太阳能领域的发展，积极加强与其他国家的电网联通和双边合作。该国清洁发展程度维度评估结果如图66所示。

图 65　布基纳法索互联互通基础维度评估结果

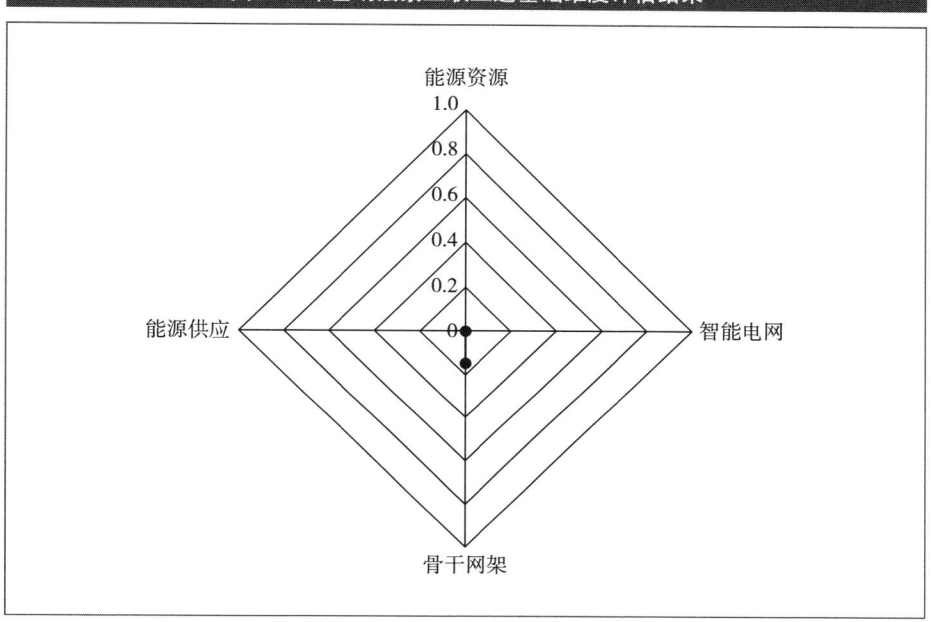

图 66　布基纳法索清洁发展程度维度评估结果

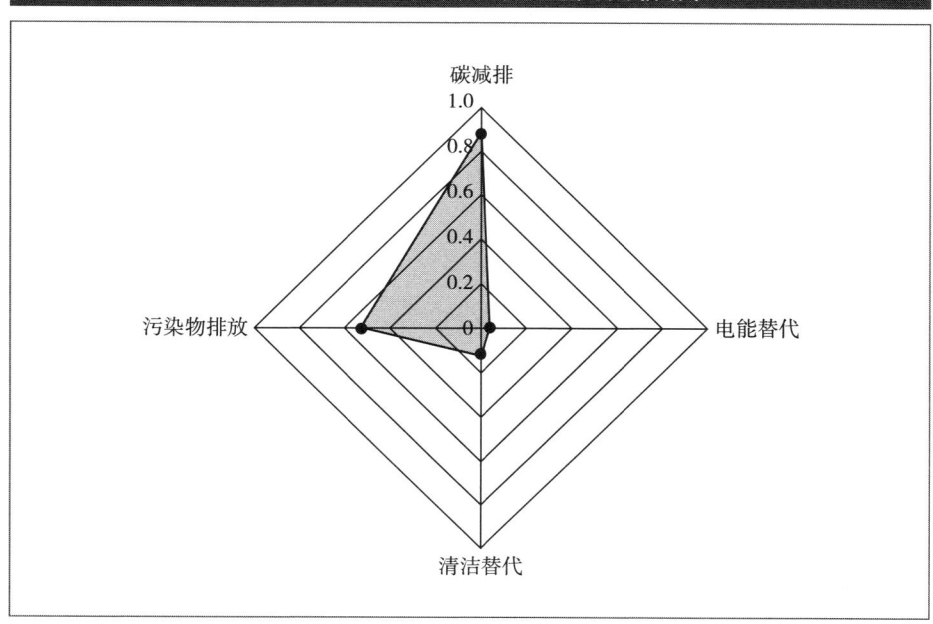

(六)几内亚

主要特点：

- 政局总体稳定，但局部地区社会治安形势较为严峻；
- 水力资源丰富，有"西非水塔"之称，境内有1165条河流，水电蕴藏量达600万千瓦；
- 经济增长较快，但外债数量不断增加，负担日益沉重。

自2011年几内亚新政权成立后，政局总体稳定，社会治安得到很大改善，但局部地区社会治安形势有所恶化，偷盗、抢劫时有发生，部分地区发生了数起游行示威事件，造成人员、财产损失，但总体影响有限。

近年来，几内亚矿业、农业和能源快速发展；由中国公司承建的卡雷塔水电站投入使用，使电力供应大幅度增加，带动实体经济发展；政府提高了增值税、海关税、电信税等税收，促使几内亚经济快速增长。世界经济论坛《2019年全球竞争力报告》显示，几内亚在全球最具竞争力的141个国家和地区中排在第122位。根据世界银行发布的《2020年营商环境报告》，几内亚的营商环境在全球190个经济体中排在第155位。近年来，随着在水、电、公路、通信等基础设施方面的投资不断扩大，几内亚外债数量不断增加，负担日益沉重。几内亚是国际货币基金组织和世界银行公布的世界重债国家之一。该国经济社会支撑维度评估结果如图67所示。

几内亚资源丰富。其矿产资源主要是铝矾土，储量约410亿吨，其中已探明储量达290多亿吨，占世界已探明储量的30%，居世界第1位。几内亚油气资源丰富，积极与其他国家合作开展油气勘探。水力资源丰富，境内有1165条河流，水电蕴藏量达600万千瓦，而目前只有2%得到开发，受益人口仅占全国人口的8%。

几内亚电力供应非常紧张，尤其是旱季枯水期，水电站不能充分发电。几内亚已开发的水电装机总容量为12万千瓦。卡拉菲里水电站是几内亚最大的水电站，装机容量为7.5万千瓦，共投资2.38亿美元，1998年正式并网发电。此外，主要水电站还包括金康水电站（3400千瓦）、丁基索水电站（1650

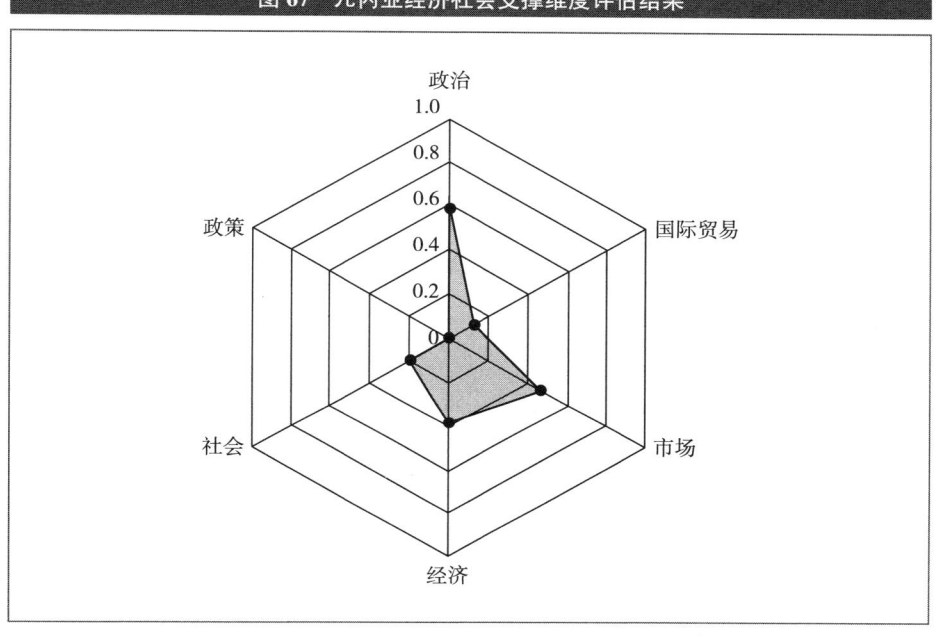

图 67　几内亚经济社会支撑维度评估结果

千瓦）等。全国除首都中心区外，其他地方均需自备发电机发电。火电厂主要有科纳克里东博热电厂（5.1万千瓦）及外省14个小型火电厂（总装机容量为1.55万千瓦）。为缓解用电紧张，几内亚政府2012年从巴西采购了10万千瓦发电机组，同时建设卡雷塔水电站，该水电站由中国长江三峡集团下属的中国水电对外公司承建，2015年8月正式竣工，系几内亚目前最大的水电站，装机容量为24万千瓦。2016年几内亚全国总发电量为16.55亿千瓦时，同比增长50.5%，首都供电不足状况得到缓解。截至2017年底，全国约有190万人用上了电，占全国总人口的18%。在乡村，人口电力接入率仅为2.5%。目前，几内亚电网尚未与周边国家电网实现互联。该国互联互通基础维度评估结果如图68所示。

除水力外，几内亚拥有丰富的太阳能和风能资源，政府重视可再生能源的开发利用。2019年3月，几内亚启动了乡村太阳能发电项目，以尽快普及电力，实现"村村通电"的目标。2019年9月，在国际太阳能联盟的支持下，

图 68　几内亚互联互通基础维度评估结果

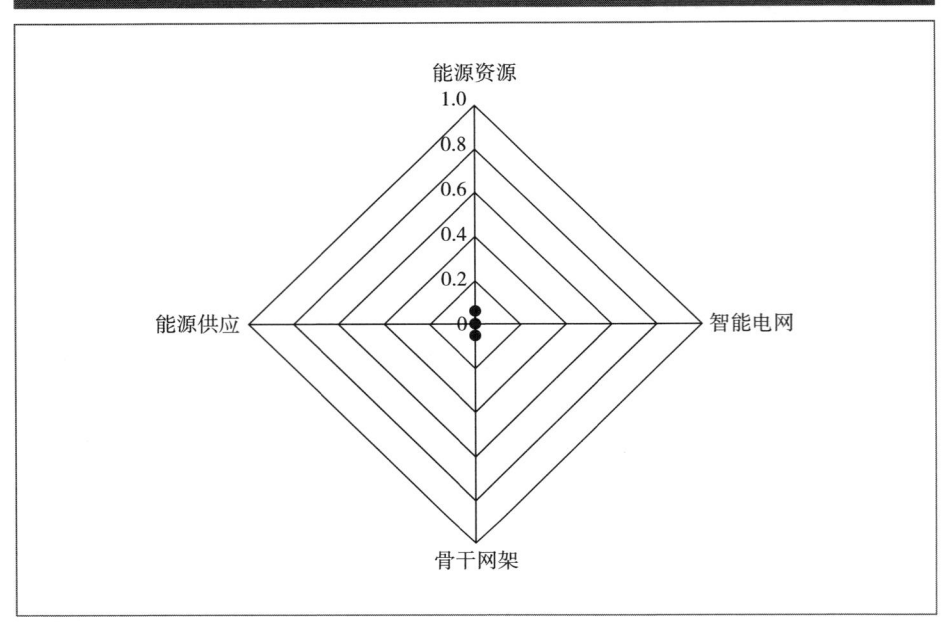

图 69　几内亚清洁发展程度维度评估结果

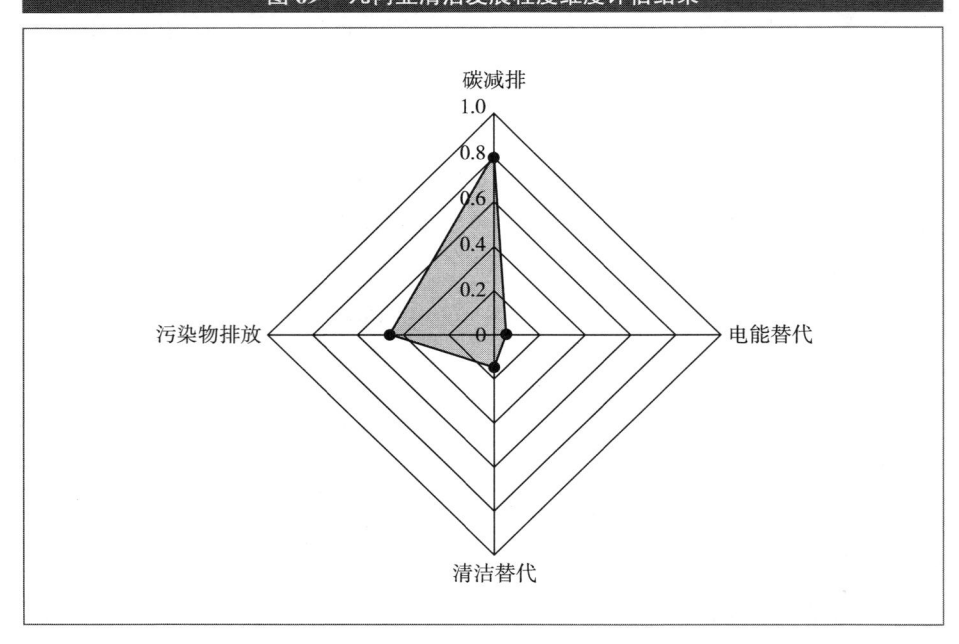

几内亚决定尽快上马两个可再生能源相关项目：一是建设一家组装太阳能光伏板的工厂；二是建设一家太阳能、风能发电零配件生产厂。目前，几内亚已经获得了2000万美元的融资，为三所大学、几所国立医院安装了太阳能发电装置。该国清洁发展程度维度评估结果如图69所示。

（七）几内亚比绍

主要特点：

- 社会治安形势不稳定；
- 工业基础薄弱，以农产品和食品加工业为主；
- 经济促进政策缺乏透明度，政府办事效率低下，虽经多年的努力，国家经济仍不见明显改善；
- 电力设施严重落后，花费大量资金租借邻国发电机。

几内亚比绍的社会治安形势不稳定。由于部族较多，党派纷争，社会矛盾激化，政坛动荡不已，枪支弹药散落民间，走私、贩毒呈上升趋势。

几内亚比绍是联合国公布的最不发达国家之一。1998年开始的内战使国家经济倒退约十年。1999年开始，经济呈恢复性增长。2000年底，几内亚比绍被世界银行和国际货币基金组织列入"重债穷国减债计划"。世界银行发布的《2020年营商环境报告》显示，几内亚比绍的营商环境在全球190个经济体中排在第174位。几内亚比绍工业基础薄弱，以农产品和食品加工业为主，工业企业不足100家，大多数集中在首都比绍，电力不足是主要的制约瓶颈。在IMF和世界银行主持下，几内亚比绍先后实行了"结构调整计划"、"恢复私有制及发展方案"、"重债穷国减债计划"、"2015~2025发展计划"，旨在取消对市场和价格的官方管制，发展农业和私有经济，实行贸易自由化，紧缩政府财政，减少财政缺口。但因政策缺乏透明度，政府办事效率低下，财政困难，基建设施落后，疾病、灾害肆虐，虽经多年的努力，国家经济仍不见明显改善。该国经济社会支撑维度评估结果如图70所示。

几内亚比绍电力设施严重落后，除首都外，全国绝大部分地区不通市政电，供电设备是柴油发电机组。用电总需求达6万千瓦时，从2016年起，几

图 70　几内亚比绍经济社会支撑维度评估结果

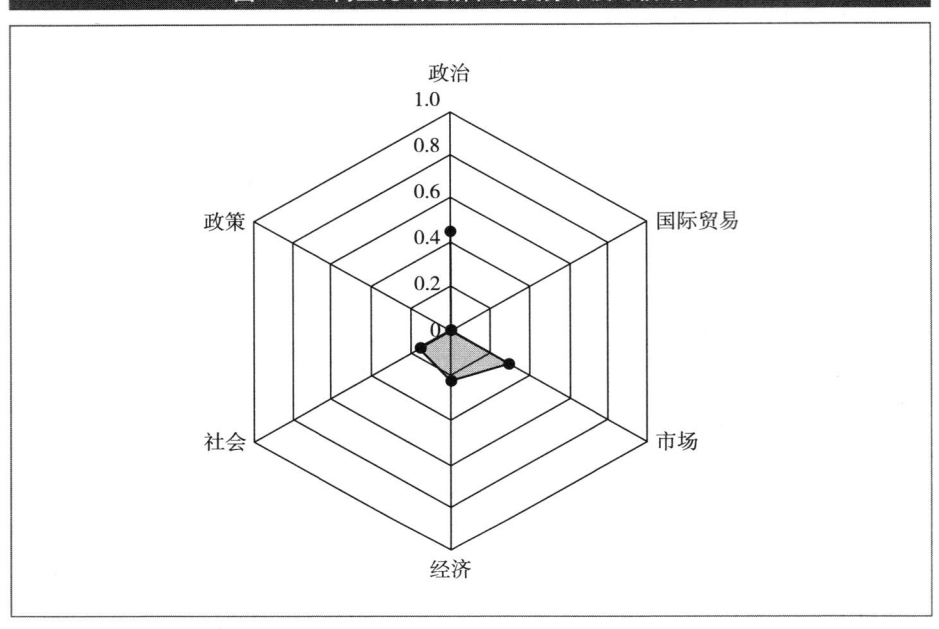

图 71　几内亚比绍互联互通基础维度评估结果

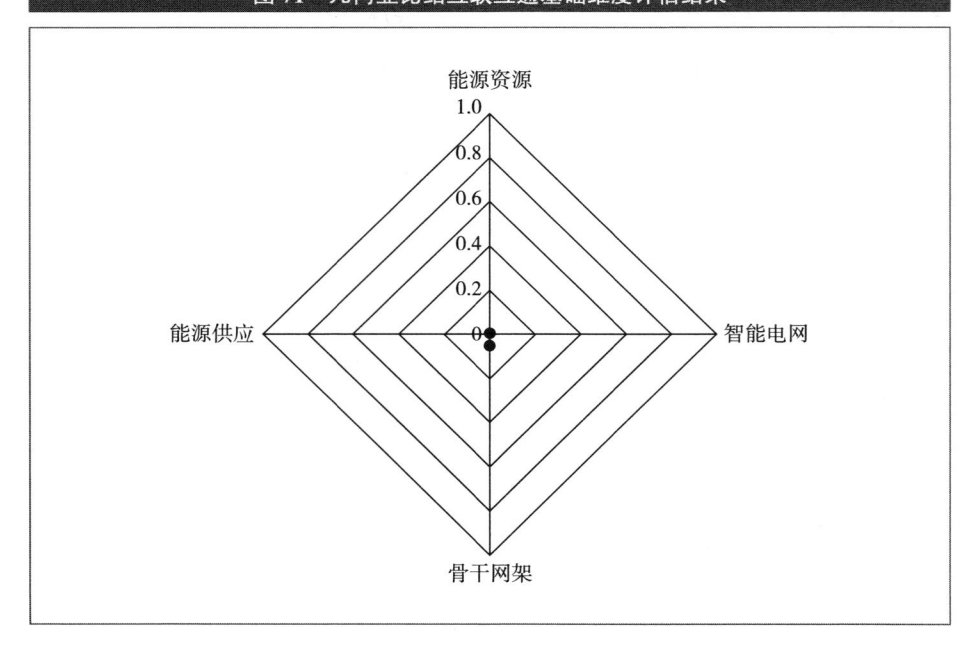

内亚比绍水电公司每月花 25 万美元从塞内加尔租赁 19 台发电机，每天购买约 7 万升柴油，实际供电量约 2.5 万千瓦时，能满足基本用电需求。因资金短缺不能供电时，由各单位使用发电机单独发电。该国互联互通基础维度评估结果如图 71 所示。

几内亚比绍政府较为重视可再生能源的开发，以缓解本国电力短缺问题。2019 年，非洲生物燃料和可再生能源公司代表几内亚比绍政府在非洲国家开展 2.2 万千瓦电力容量的招标。招标项目包括位于比绍市附近 Gardete 的 2 万千瓦地面太阳能发电厂和位于 Gabu 和 Canchungo 的两个 1000 千瓦混合太阳能柴油发电厂。该项目一旦完成，太阳能发电厂将根据长期电力购买协议向国营电力公司 Electricidade e Aguas da Guine-Bissau 出售产品。该项目获得西非开发银行 4290 万美元贷款资助，可为 50 万居民提供足够的电力。该国清洁发展程度维度评估结果如图 72 所示。

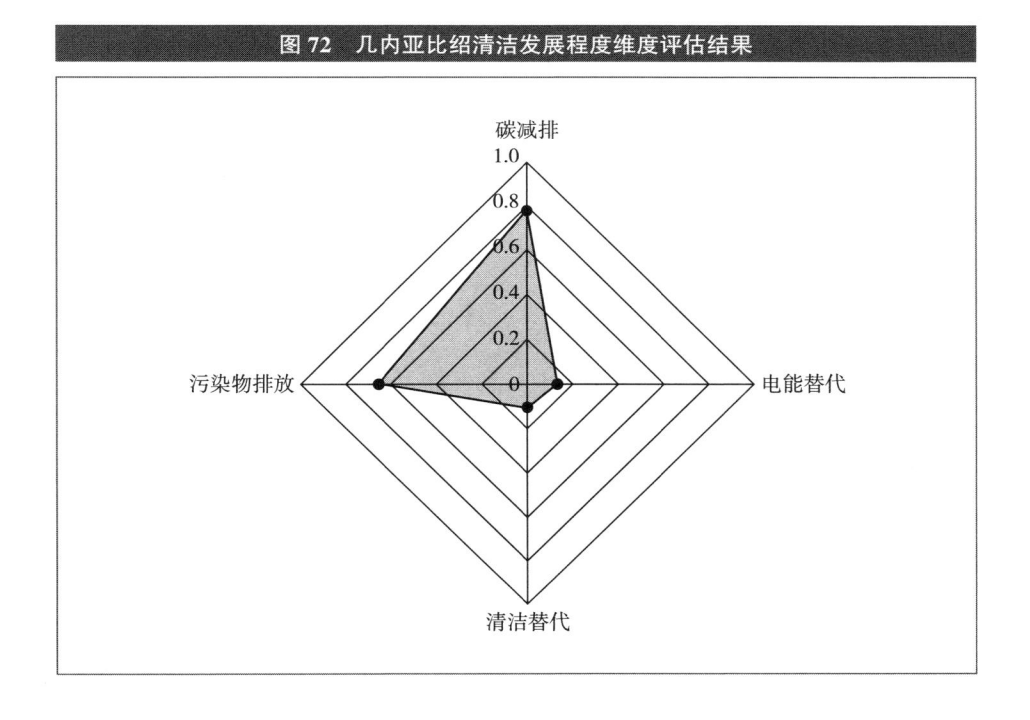

图 72　几内亚比绍清洁发展程度维度评估结果

(八）佛得角

主要特点：
- 国家政局稳定，社会比较安定；
- 风能和太阳能丰富，但未得到有效开发；
- 以柴油发电为主，电力供应不足。

佛得角地处欧洲、美洲、非洲之间的大西洋上，位于北美和南部非洲的等分线上，居南美和中欧交通线的中点，地理位置得天独厚。政治稳定、管理规范；政策透明度较高，贸易投资风险较低。佛得角是西非国家经济共同体成员，投资市场潜力巨大。世界经济论坛《2019年全球竞争力报告》显示，佛得角在全球最具竞争力的141个国家和地区中排在第112位。世界银行《2020年营商环境报告》显示，佛得角的营商环境在全球190个经济体中排在第137位。近年来，佛得角的公共债务在GDP中占比过高（128.6%），现政府优先实施国有企业私有化和财政紧缩政策，努力整顿公共财政，并逐步降低公共债务的水平。2017年8月，佛得角政府公布国企私有化清单，计划对由政府掌控的23个国有企业实行私有化改制，以增加财政收入，降低负债水平，并希望引入有竞争力的国际合作伙伴带动本国经济发展。该国经济社会支撑维度评估结果如图73所示。

佛得角的电力生产以柴油发电为主，占80%；其次是风力和太阳能发电，占20%。佛得角电力供给不足，截至2017年，全国的供电普及率为90.1%。佛得角各岛电网完全独立，与邻国未实现互联互通。该国互联互通基础维度评估结果如图74所示。

佛得角作为大西洋岛国，积极推动太阳能、风能等可再生能源的开发与利用。2013年，中国援佛得角太阳能示范项目顺利移交。该项目主要内容包括建设两座15千瓦太阳能光伏发电站，以及为佛得角政府办公楼、议会大厦、普拉亚市中心广场、公园等安装太阳能照明系统。2015年，中国与佛得角签订援佛得角太阳能示范后续合作项目实施合同。该合作项目旨在落实中国 - 葡语国家经贸合作论坛第四届部长级会议的决定。根据合同，中方将为佛得

非洲各国综合指数详述

图 73 佛得角经济社会支撑维度评估结果

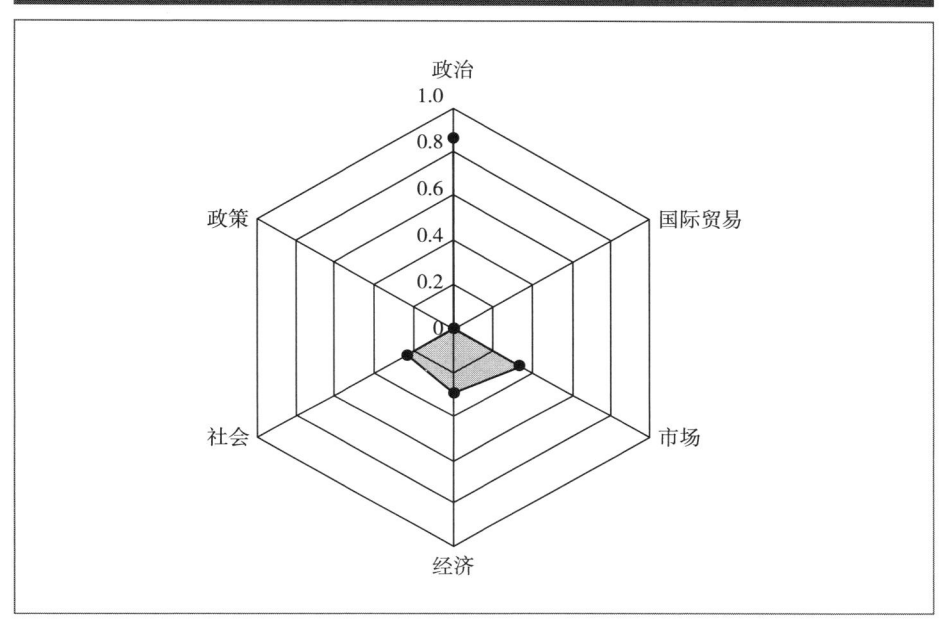

图 74 佛得角互联互通基础维度评估结果

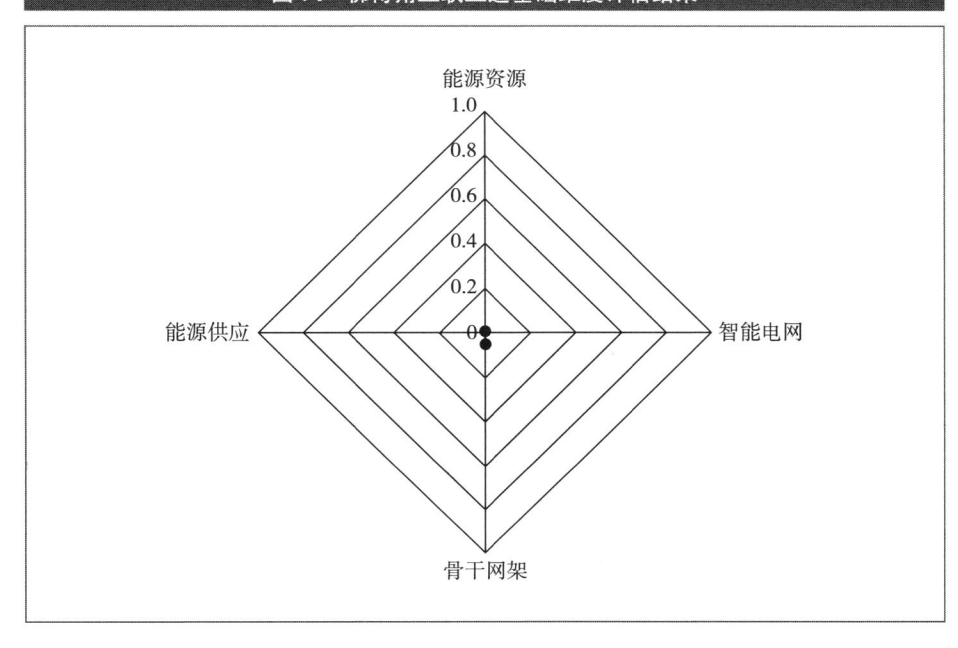

角政府办公楼铺设 120 千瓦太阳能光伏板，为外交部安装 15 套太阳能庭院灯，为泡衣崂水坝管理用房安装光伏照明系统。该国清洁发展程度维度评估结果如图 75 所示。

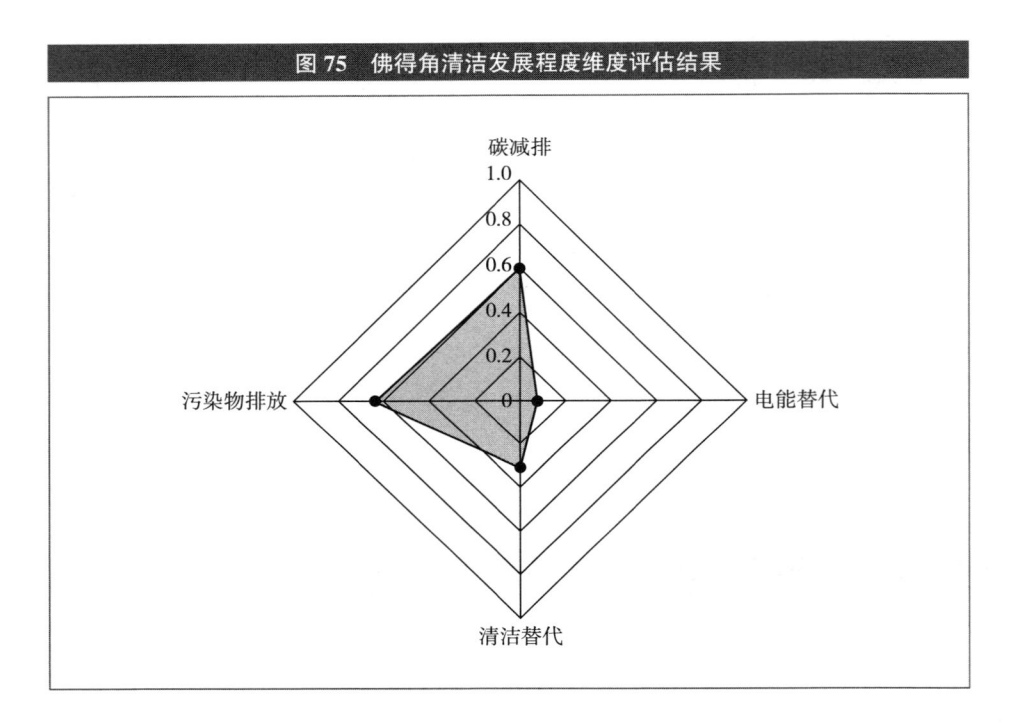

图 75　佛得角清洁发展程度维度评估结果

（九）塞拉利昂

主要特点：

- 政局基本稳定，社会治安较好；
- 经济相对落后，经济结构过于单一，抗风险能力较弱；
- 电力供需矛盾非常突出且分布不均，停电、断电现象频发；
- 正积极发展太阳能等清洁能源。

塞拉利昂自 2002 年内战结束后，在国际社会的帮助下政局日趋稳定，反政府武装组织已不复存在，社会治安日趋良好。2017 年全球和平指数（GPI）显示，塞拉利昂在 163 个国家和地区中排在第 39 位，是西非地区最和平的国家，在非洲国家中列第 3 位。塞拉利昂经济相对落后，市场开发潜力较大，农业、工业和第三产业亟待发展，劳动力成本相对较低。经济结构过于单一，抗风险能力较弱，经济严重依赖矿业和外援，受国际经济形势影响较大。根据世界银行发布的《2020 年营商环境报告》，塞拉利昂的营商环境在全球 190 个经济体中排在第 163 位，电力供应不足仍是影响该国营商环境的最不利因素。该国经济社会支撑维度评估结果如图 76 所示。

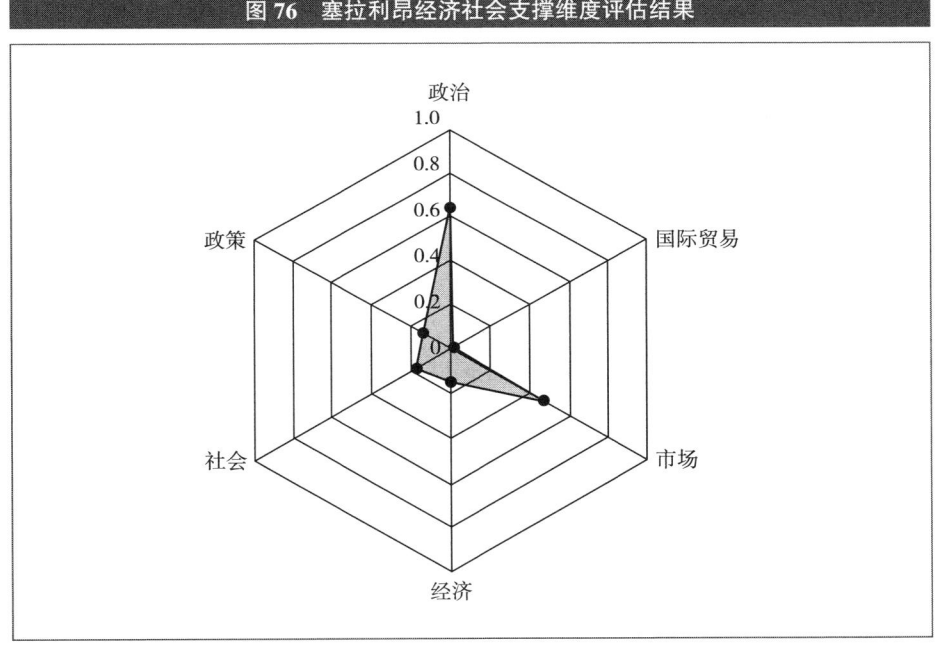

图 76　塞拉利昂经济社会支撑维度评估结果

塞拉利昂电力供需矛盾非常突出且分布不均，全国 80% 的电力供应集中在首都所在的西部地区，剩余 20% 的电力又优先输送到各省会和重要城市，广大农村地区电力供应基本为零。电力的 70% 用于工业、商业、政府和医疗机构，30% 用于居民。目前仅 10%~12% 的城镇居民和 2% 的农村居民可获得市政电力。因电力供应紧张，又要确保医院和重要的工业部门的用电，塞拉利昂国家电力局只能通过限制用电的方式，分时段、分区域来提供电力，电路需不停进行切换，加上技术人员缺乏，出现故障不能及时维修，停电、断电是经常的。

2017年，塞拉利昂的发电量为3.47亿千瓦时。水力发电占据半壁江山，其中本布纳水电站的装机容量为5万千瓦；哥马水电站由中国于20世纪70年代在东方省援建，2007年扩容至6000千瓦，主要为博城和凯内马地区提供电力，由于年代久远，设备损坏较严重，目前发电能力仅剩3000千瓦。2016年下半年，中国援建的夏洛特小电站（2200千瓦）、马卡里小水电站（120千瓦）、坡特洛科水电站项目（2000千瓦）相继竣工，与之配套的输变电项目于2017年12月移交给塞方。2017年底，议会批准装机容量为14.3万千瓦的本布纳二期项目。火力发电中，1.65万千瓦发电机组和1万千瓦发电机组分别安装在首都弗里敦的东部和西部，2套6000千瓦发电机组，每套含3台2000千瓦发电机，分别安装在隆基和科诺地区，其余5500千瓦零星分布在其他地区。2018年2月，塞拉利昂启动西区发电项目，项目建成后预计装机容量为5万千瓦。据统计，当前塞拉利昂国内的用电需求约为40万千瓦时，供求缺口巨大。该国互联互通基础维度评估结果如图77所示。

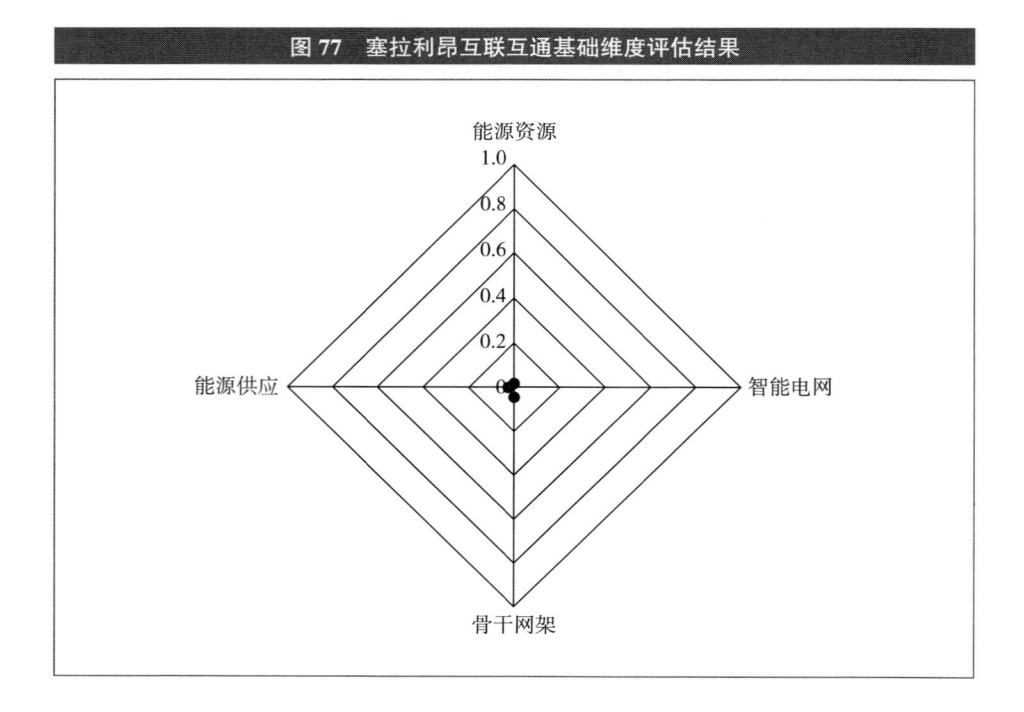

图77 塞拉利昂互联互通基础维度评估结果

塞拉利昂正积极发展太阳能等清洁能源。2017 年 5 月，塞拉利昂能源部与 Infinity-E 联盟签署协议，建设太阳能发电园区，加强对弗里敦的电力供应。2019 年 3 月，塞拉利昂能源部与 Winch Energy 签署了一项公私合作伙伴关系（PPP）协议，将建造 24 座小型太阳能发电厂，为该国 24000 多名居民供电。该国清洁发展程度维度评估结果如图 78 所示。

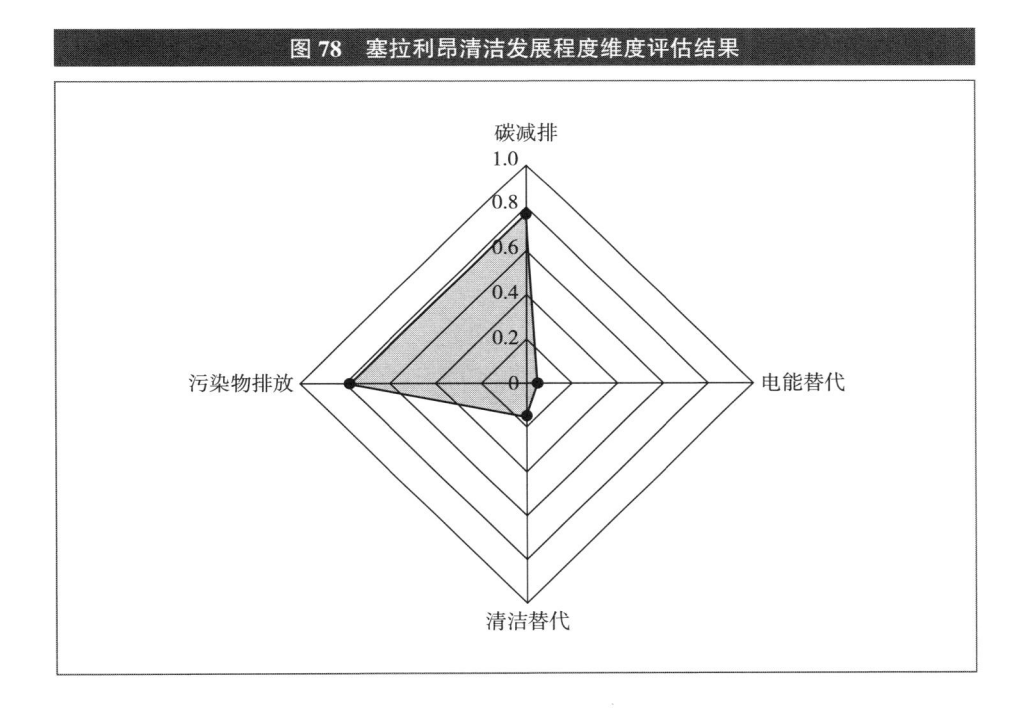

图 78 塞拉利昂清洁发展程度维度评估结果

（十）利比里亚

主要特点：

- 安全局势基本稳定，但暴力案件时有发生；
- 经济增长乏力，营商环境较差；
- 电力短缺问题严重，生产、生活用电主要依靠自备的燃油发电机来解决；
- 政府对可再生能源的开发与利用较为重视。

目前，利比里亚安全局势基本稳定，但暴力案件时有发生。由于利比里亚警力有限，且缺乏机动性，警方对大型暴力群体事件束手无策，需要联合国驻利比里亚特派团（简称"联利团"）进行干预。

2017年，利比里亚GDP增长了约2.5%，得益于黄金、农林业及经济特区的发展，到2023年预计GDP增长率约为4.7%，但仍低于埃博拉疫情之前年均7.5%的增长率。由于受主要出口商品橡胶和铁矿石的国际价格低迷的影响，且联利团于2018年结束任务撤离，2018年利比里亚经济增长乏力。据世界银行和利比里亚中央银行的统计数据，2018年利比里亚实际GDP的增长率为3.0%，总量为9.325亿美元（据世界银行统计，名义GDP为32.49亿美元）。世界银行发布的《2020年营商环境报告》显示，利比里亚的营商环境在全球190个经济体中排在第175位。该国经济社会支撑维度评估结果如图79所示。

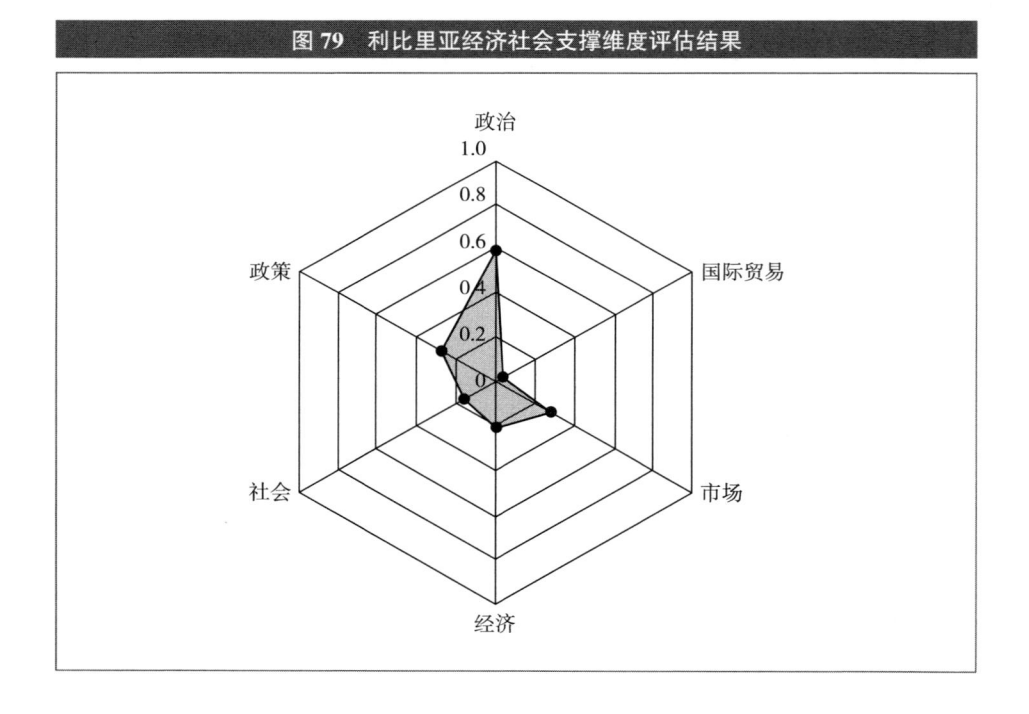

图79 利比里亚经济社会支撑维度评估结果

多年战乱使利比里亚的全国市政供电系统遭到严重破坏，目前生产、生活用电主要依靠自备的燃油发电机来提供。国家电力公司使用重油发电，仅可供应首都及周边部分地区，每度电售价为39美分。高额的电价和稀缺且不稳定的电力供应极大地制约了利比里亚的经济发展，成为利比里亚政府亟待解决的难题。

为了解决严重的电力短缺问题，2009年，利比里亚国家电力公司与欧盟签订了一项援助协议，由欧盟出资1800万美元为蒙罗维亚市内及近郊尚不能享受"紧急电力项目"供电的地区解决电力供应问题。项目由瑞典电力工程公司承建，包括22千米长的66千伏输电线、15千米长的22千伏输电线、4个功率分别为10兆伏安的变电站以及18个配电所。2012年，世界银行启动了西非电力联营项目，提供3150万美元的援款和1.4亿美元的无息贷款，为利比里亚、科特迪瓦、塞拉利昂和几内亚四国解决电力供应难题。在世界银行与非洲发展银行、欧洲投资银行、德国复兴信贷银行等合作伙伴及四国政府的协作下，第一期方案已经实施，主要是建设连接四国的总长度约达1349千米的输变电线路。2013年以来，利比里亚政府在全国范围内总计开展和实施了20个电力项目，包括输变电线路建设和市区升级增容项目。其中，重点项目是咖啡山水电站修复项目。2017年3月，该项目三个机组已全部建成发电，总发电量达6.6万千瓦时，占国家电力公司发电总量的60%。该国互联互通基础维度评估结果如图80所示。

利比里亚政府重视可再生能源的开发和利用，计划在边远乡村地区安装太阳能设备，鼓励矿业企业研究建设水力和重油发电厂的可能性，支持离网地区发展小规模热能、水力和太阳能设施。该国清洁发展程度维度评估结果如图81所示。

图 80 利比里亚互联互通基础维度评估结果

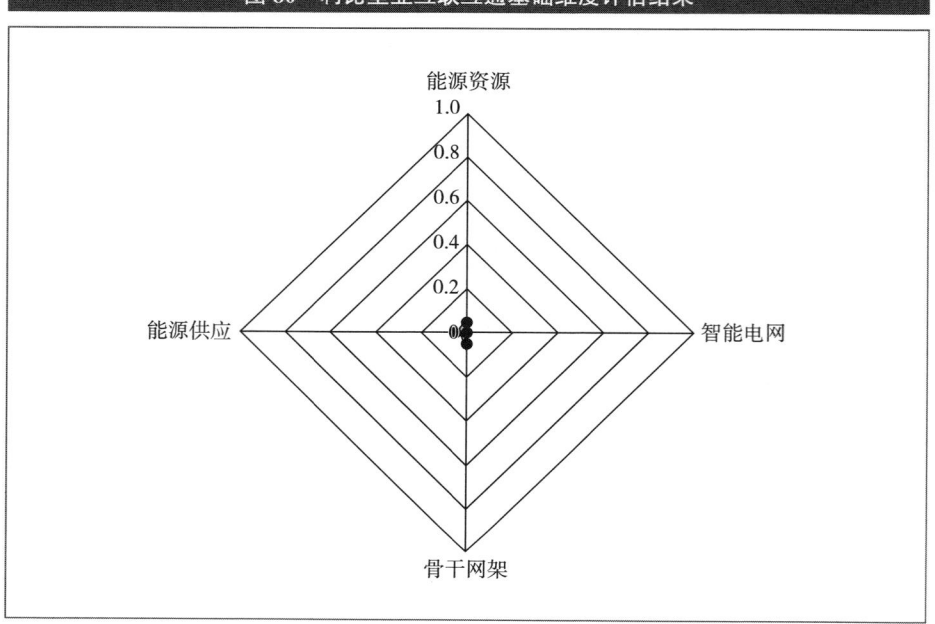

图 81 利比里亚清洁发展程度维度评估结果

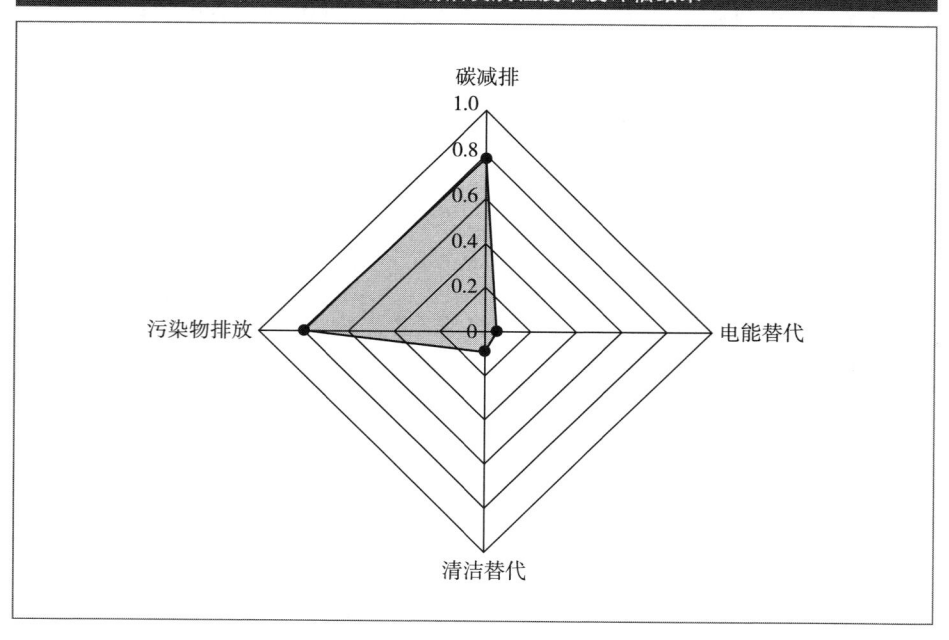

（十一）科特迪瓦

主要特点：

- 政治稳定，治安状况相对较好；
- 经济快速稳步增长，是世界范围内经济增长最快的国家之一；
- 能源资源丰富，石油储量约为 2.2 亿桶，天然气储量达 1.1 万亿立方米；
- 电力资源比较丰富，除满足国内基本需求外，还可出口到周边国家。

2012~2015 年，科特迪瓦实际 GDP 实现了年均 9% 的增速，成为世界范围内经济增长最快的国家之一。同时，2016~2019 年经济金融计划确定后，IMF 每 6 个月来科特迪瓦一次，对其经济情况进行回顾和总结。根据 2019 年 3 月公布的结果，科特迪瓦 2018 年经济增长率为 7.4%，高于西非经济货币联盟所有成员国的增长率及联盟的平均水平（6.6%）。

科特迪瓦政府出台政策鼓励外来投资，投资合作形式多样化，政府提供部分优惠政策，法律法规比较健全。科特迪瓦辐射西非内陆国家的区位优势明显，交通、通信设施有一定的基础，水、电供应充足。世界经济论坛《2019 年全球竞争力报告》显示，科特迪瓦在全球最具竞争力的 141 个国家和地区中排在第 118 位。根据世界银行发布的《2020 年营商环境报告》，科特迪瓦的营商环境在全球 190 个经济体中排在第 110 位，同时跻身 2017~2018 年营商环境改善进步最大的十个经济体之列。该国经济社会支撑维度评估结果如图 82 所示。

科特迪瓦的石油储量约为 2.2 亿桶，天然气储量达 1.1 万亿立方米，主要分布在沿海几内亚湾，整个油气田面积达 7.3 万平方千米，80% 的油气井深度在 2000~3000 米。科特迪瓦共有四个区块生产原油和天然气，包含 8 个油气田，日均原油产量约为 3.3 万桶，天然气产量约为 481 万立方米。产出的天然气均用于发电。

科特迪瓦的电力资源比较丰富，除满足国内基本需求外，还出口到周边国家，但电力设施陈旧老化。科特迪瓦政府的目标是：在 2020 年将发电装机容量由 227.5 万千瓦提高至 400 万千瓦，且实现发电来源多样化。为此，科特迪瓦政府已通过一些项目，到 2030 年预计投资 204 亿美元。据统计，2018 年，科

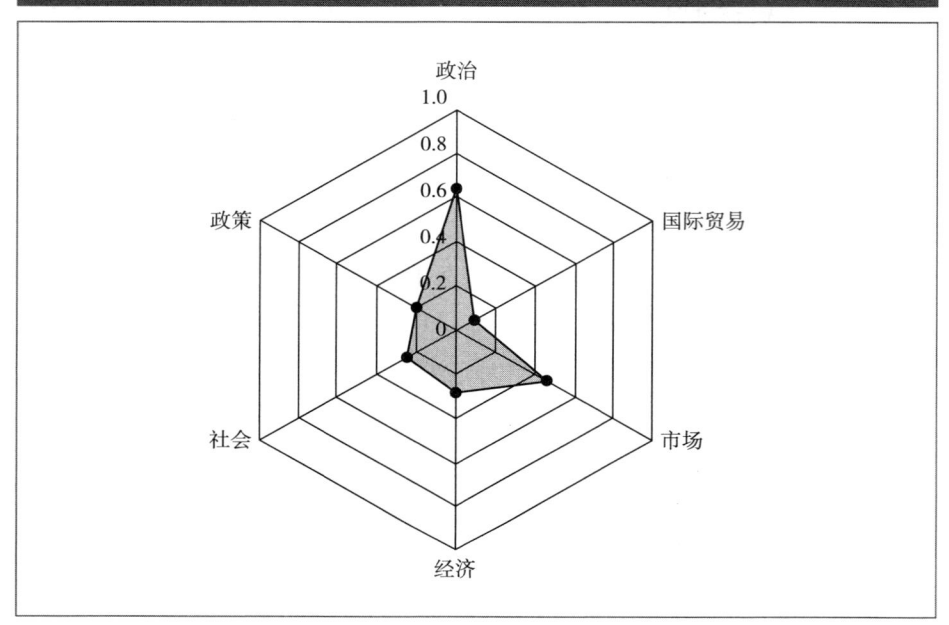

图 82　科特迪瓦经济社会支撑维度评估结果

特迪瓦的发电量为 98.3 亿千瓦时，同比增长 0.33%，其中 70.12% 的发电来自火电，29.88% 来自水电。火力发电量同比减少了 11.3%，消耗了 1650 亿西非法郎（约合 2.52 亿欧元）的燃料，其中包括 1629 亿西非法郎（约合 2.49 亿欧元）的天然气，水力发电量同比增加 44.8%。由于加纳电力的发展，加纳、贝宁和多哥停止从科特迪瓦购电。2018 年，科特迪瓦的电力出口达 10.781 亿千瓦时，同比减少了 9.5%。2018 年，电力领域共支出 5717 亿西非法郎（约合 8.72 亿欧元），收入 5727 亿西非法郎（约合 8.73 亿欧元），盈余 10 亿西非法郎（约合 153 万欧元）。该国互联互通基础维度评估结果如图 83 所示。

科特迪瓦在获得电力方面领先于西非邻国，但可再生能源发展仍有所滞后。一方面，科特迪瓦积极推进国家潜在可再生资源开发计划，预计投资 66.15 亿西非法郎（约合 1350 万美元）以促进生物能源、太阳能、风能和小水电的发展；另一方面，科特迪瓦政府设定了本国可再生能源的利用比例在未来达到 16% 的目标。该国清洁发展程度维度评估结果如图 84 所示。

图 83　科特迪瓦互联互通基础维度评估结果

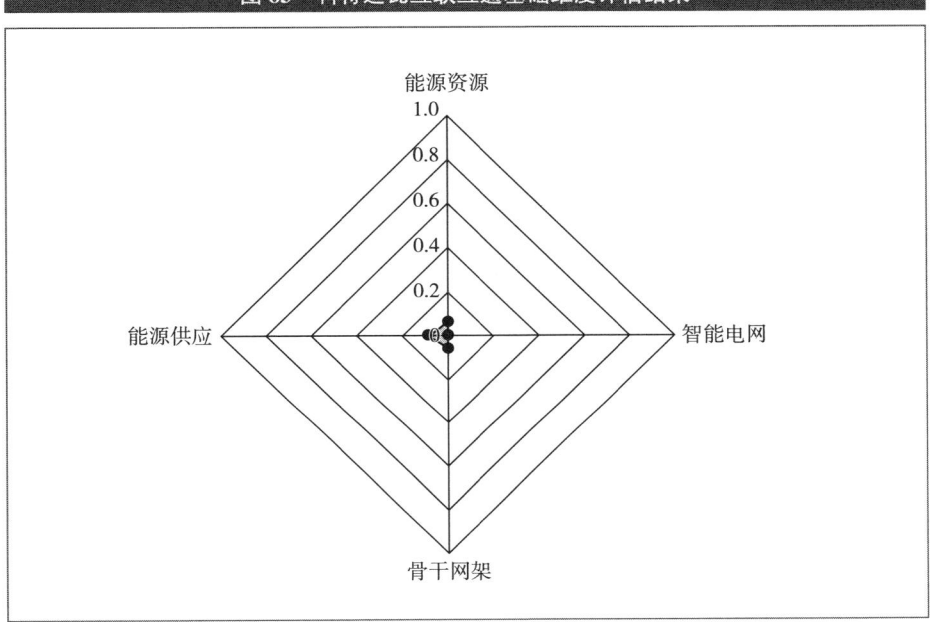

图 84　科特迪瓦清洁发展程度维度评估结果

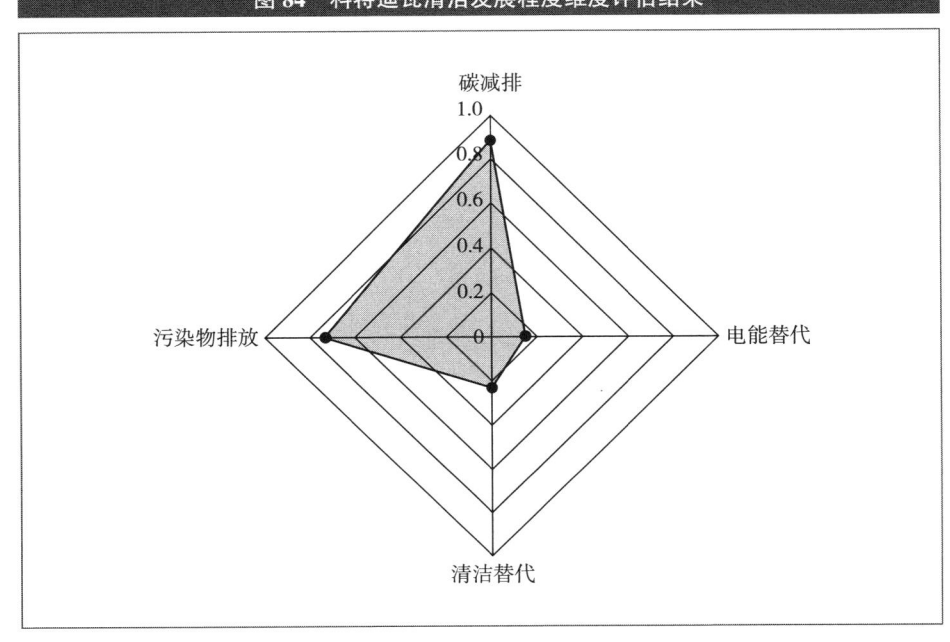

（十二）加纳

主要特点：
- 政治稳定，治安状况较好；
- 经济发展快速平稳，法制正逐步健全，市场相对开放；
- 工业基础较薄弱，技术装备落后陈旧，工业发展总体水平滞后；
- 油气资源丰富，电力覆盖率在非洲仅次于南非；
- 政府重视可再生能源的开发与利用，计划到2030年，实现太阳能发电装机25万千瓦。

加纳政治稳定，是撒哈拉以南非洲国家中治安环境较好的国家，且民风淳朴，得到全球多数国家的认可和肯定。目前，只有北部地区、东部与多哥交界地区、西部与科特迪瓦交界地区存在不稳定因素，地区冲突、难民闹事和夜间持枪抢劫现象也时有发生。

加纳是非洲大陆经济调整和改革比较好的国家之一，被世界银行誉为"非洲经济复兴的中心"。加纳经济发展快速平稳，加纳政府长期以来追求经济自由化的努力已初显成效，法制逐步健全，市场相对开放，吸引投资的政策环境也相对宽松，政府效率进一步提高。根据世界银行发布的《2020年营商环境报告》，加纳的营商环境在全球190个经济体中排在第118位。该国经济社会支撑维度评估结果如图85所示。

加纳的油气储量较为丰富，石油储量初步估计在20亿桶左右，天然气储量初步估计约为227亿立方米。截至2017年，加纳发电站的总装机容量为440万千瓦，其中水电装机容量为158万千瓦，热电及其他能源发电装机容量为282万千瓦。2015年，加纳陷入严重的电力危机，由于气候变化导致降水减少，水电站运行不足，部分火电站也因受到天然气供应不足等因素影响未能满负荷运转，导致供应能力仅为150万千瓦时，而总需求却高达210万千瓦时，需求缺口为60万千瓦时。随着加纳经济的发展，预计对电力的需求将以每年10%左右的速度递增。截至2017年，加纳的电力覆盖率为82.34%，其中农村覆盖率为50%，城市覆盖率为91%，在非洲国家

图 85 加纳经济社会支撑维度评估结果

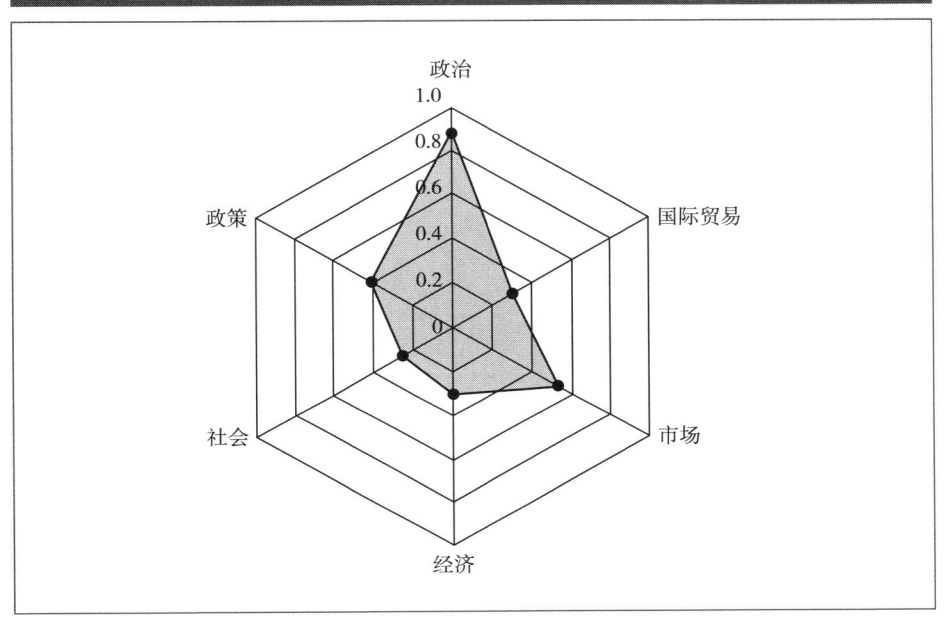

图 86 加纳互联互通基础维度评估结果

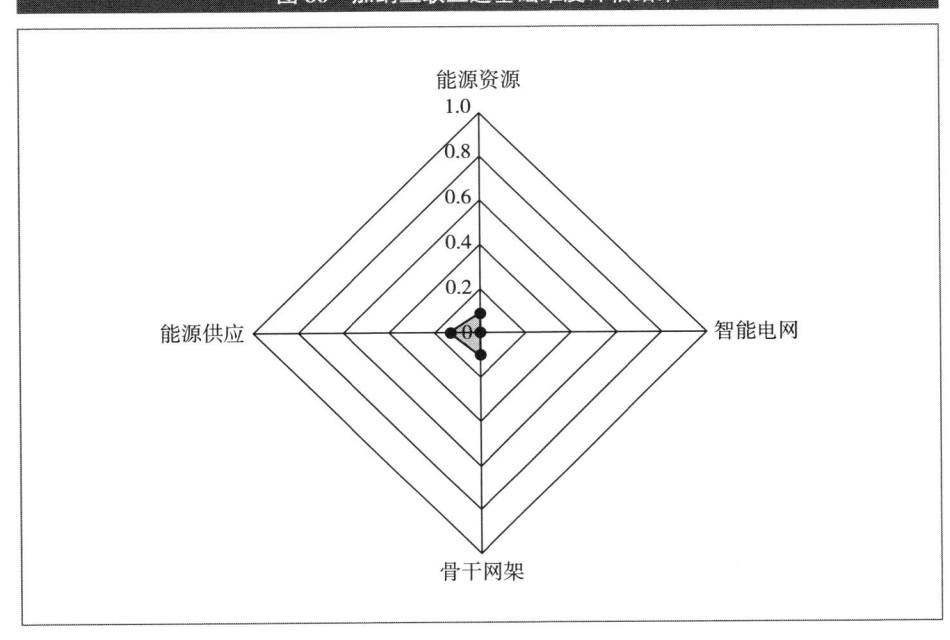

中仅次于南非。加纳政府计划在 2020 年实现 100% 全覆盖。该国互联互通基础维度评估结果如图 86 所示。

尽管加纳阳光充足，且许多地区全年享有高水平的太阳照射，但目前太阳能仅占加纳整体能源结构的 1%，化石燃料占 59%，水力占 40%。加纳政府热衷于发展规模化应用的太阳能项目，并在离网和岛屿地区加快发展小型电网解决方案，以用于照明、灌溉和其他经济活动。加纳在《巴黎协定》中做出承诺，将在 2030 年之前实现太阳能发电装机从目前的大约 2.25 万千瓦增长到 25 万千瓦的规模。此外，加纳将在城市和选定的非电气化农村社区为家庭、商业和政府安装 20 万个太阳能系统，并建立 55 个平均容量为 100 千瓦的小型电网电气化系统。这些系统将以太阳能光伏技术为基础，并与其他发电方式相结合，为岛屿和离网社区服务。该国清洁发展程度维度评估结果如图 87 所示。

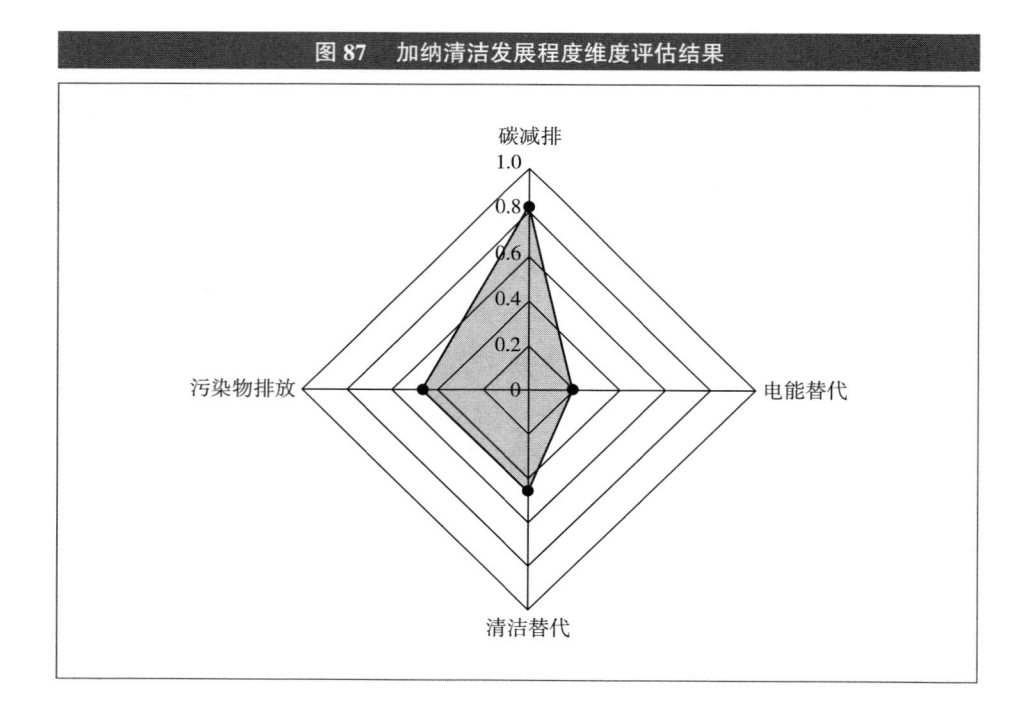

图 87　加纳清洁发展程度维度评估结果

（十三）多哥

主要特点：

- 政局稳定，整体治安状况一般；
- 经济结构单一，工业门类不全，基础设施落后，经济发展严重依靠外援；
- 电网覆盖率较低，远低于西非的平均水平；
- 政府依托太阳能开发利用，减少无电人口数量，提升国家的电气化水平。

多哥政局相对稳定，但治安状况一般，经济诈骗、偷盗、抢劫等案件时有发生。多哥是联合国公布的世界最不发达国家之一，自然资源匮乏，经济结构单一，工业门类不全，基础设施落后，经济发展严重依赖外援。根据世界银行发布的《2020年营商环境报告》，多哥改革措施明显，营商环境在190个经济体中排在第97位。根据世界银行发布的2018年物流绩效指数（LPI）报告，多哥在160个国家和地区中排在第118位。在西非国家中，多哥的LPI位列西非经济货币联盟第5位、西非国家经济共同体第7位。该国经济社会支撑维度评估结果如图88所示。

目前，多哥的电力主要由贝宁电力共同体（CEB）、多哥电力公司（CEET）和美国Contour Global公司自有的发电厂供应，其余从加纳VRA公司和科特迪瓦EIE公司进口。2017年，多哥电力能源公司CEET的总供电量为12.19亿千瓦时，较上年增长1.5%。其中，多哥自产电量仅有2194万千瓦时，较上年减少了40%。贝宁电力共同体供电7.46亿千瓦时，较上年增长了53.5%。特变电工承建的索科地161千伏/66千伏/20千伏变电站及线路连接项目，是使用中国优惠贷款并由中国企业在多哥承建的第一个电力项目。该项目2013年8月正式开工，2015年初竣工。建成后的索科地电站作为多哥—贝宁电网连接的枢纽工程，一方面与多哥现有的阿塔帕梅—卡拉161千伏线路连接，实现多哥161千伏骨干输电线路的南北贯通，为多哥中部地区（索科地、索图布阿、查姆巴、巴萨）提供电力；另一方面与现有的卡拉—索科地66千伏线路以及20千伏输电线路连接，为多哥中部5城提供电气化服务。该项目二期为多哥共和国各大城市及洛美周边地区配网巩固和扩建项目。该

图 88 多哥经济社会支撑维度评估结果

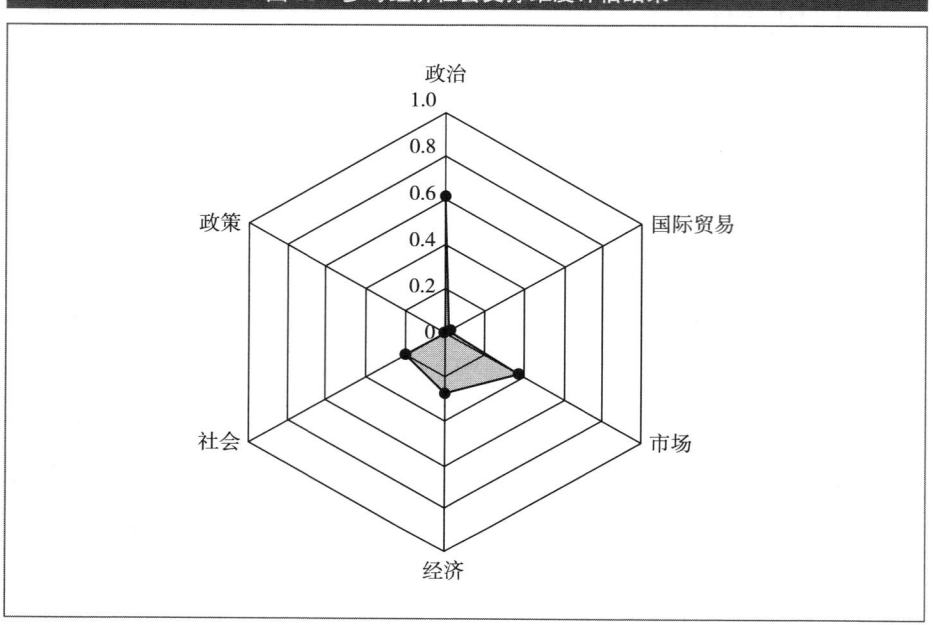

图 89 多哥互联互通基础维度评估结果

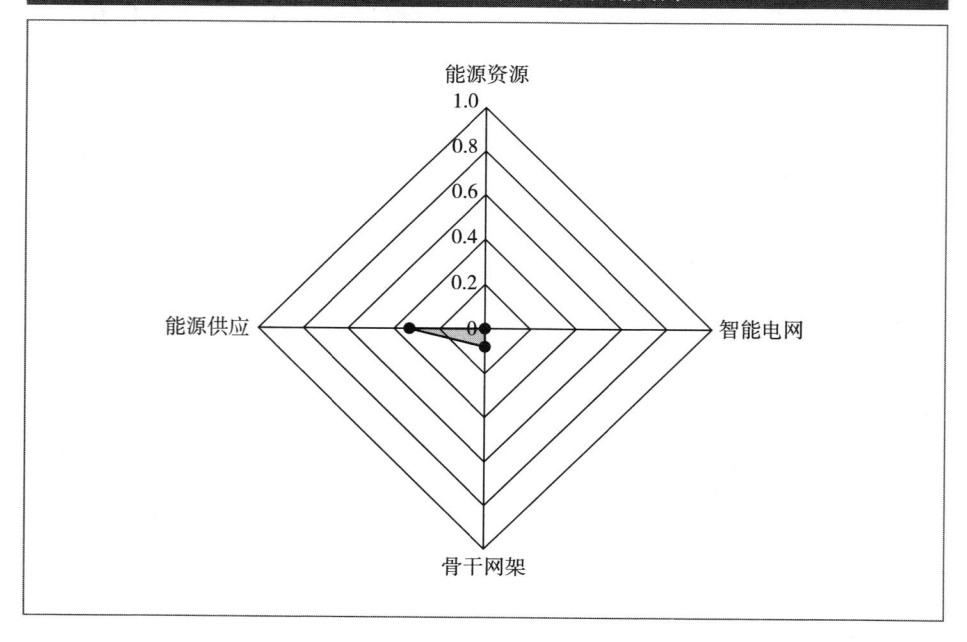

国互联互通基础维度评估结果如图89所示。

多哥政府提出"电气化战略",期望将国民从黑暗中解救出来。该战略的目标是:在2020年为多哥750万人口的一半供电,并在2025年将电网接入人口占比提升至75%,最终在2030年实现全民供电。这项战略的关键在于,利用太阳能为多哥电网无法达到的区域中的300万人口供电。为了达到这个目标,多哥政府在全国范围内建立起300个迷你太阳能电站,同时向50万户家庭分发太阳能小型工具,多哥政府甚至免去了太阳能小型工具30%的关税。这些做法与世界银行在非洲推广电力的建议一致,并且成为多哥在2030年可再生能源占全部能源供应一半目标的一部分。目前,多哥正在部署发展太阳能离网项目,项目名称为Cizo,旨在改善该国农村地区的电力供应。在非洲开发银行的支持下,Cizo项目在未来五年将获得非洲金融共同体680亿法郎的资助,预计到2022年将使近30万个家庭受益。该国清洁发展程度维度评估结果如图90所示。

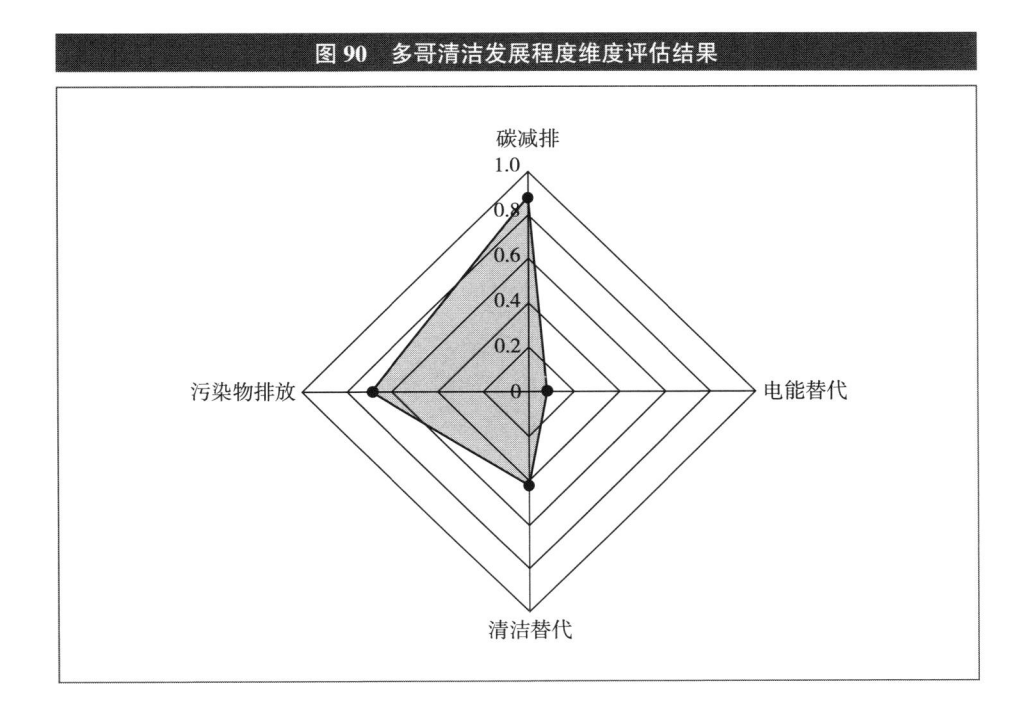

图90 多哥清洁发展程度维度评估结果

（十四）贝宁

主要特点：

- 政局长期保持稳定，社会治安总体良好；
- 经济发展较为缓慢，工业基础薄弱，设备陈旧，生产能力水平较低；
- 电力严重不足，全国缺电率达50%以上；
- 政府较为重视可再生能源的开发与利用。

贝宁政治较稳定，政府重视解决社会治安问题，推动经济持续增长和扩大消费需求。世界银行《2020年营商环境报告》显示，贝宁的营商环境在被评估的全球190个经济体中排在第149位，较上年上升了4位。世界经济论坛《2019年全球竞争力报告》显示，贝宁在全球最具竞争力的141个国家和地区中排在第125位。按照2017年11月20日颁布的2017年莫伊卜拉欣非洲国家治理指数，在非洲54国中贝宁排在第14位。2018年7月，贝宁的标准普尔主权信用评级为B+，展望稳定。据国际透明组织公布的2018年腐败指数，贝宁位列180个国家和地区的第85位。该国经济社会支撑维度评估结果如图91所示。

目前，贝宁电力严重不足，全国缺电率达50%以上。贝宁的电力装机容量大约为14万千瓦，可满足全国20%的用电需求，其余所需都是从邻近国家进口的，包括科特迪瓦、加纳和尼日利亚。2016年，贝宁电力共同体作为贝宁和多哥的发电及输电组织，共发电10万千瓦时，向加纳、科特迪瓦和尼日利亚公司进口的电量共计27万千瓦时，进口比例达到73%。电力自给率过低对贝宁的经济发展和人民生活水平的提高造成了严重不良影响。贝宁政府2016~2021年的行动计划将清洁能源列为优先发展领域。2018年4月13日，贝宁议会批准政府签署关于贝宁–多哥电力修正法案的国际协议，同意私人资本进入产电、供电领域。从1968年起，贝宁电力共同体一直是为贝宁和多哥提供电力的唯一经营者，而这一垄断局面在2018年被打破。10月初，贝宁内阁部长会议通过网外电气化规定实施了500千伏以上项目特许权制度和500千伏以下项目批准制度。该国互联互通基础维度评估结果如图92所示。

图 91 贝宁经济社会支撑维度评估结果

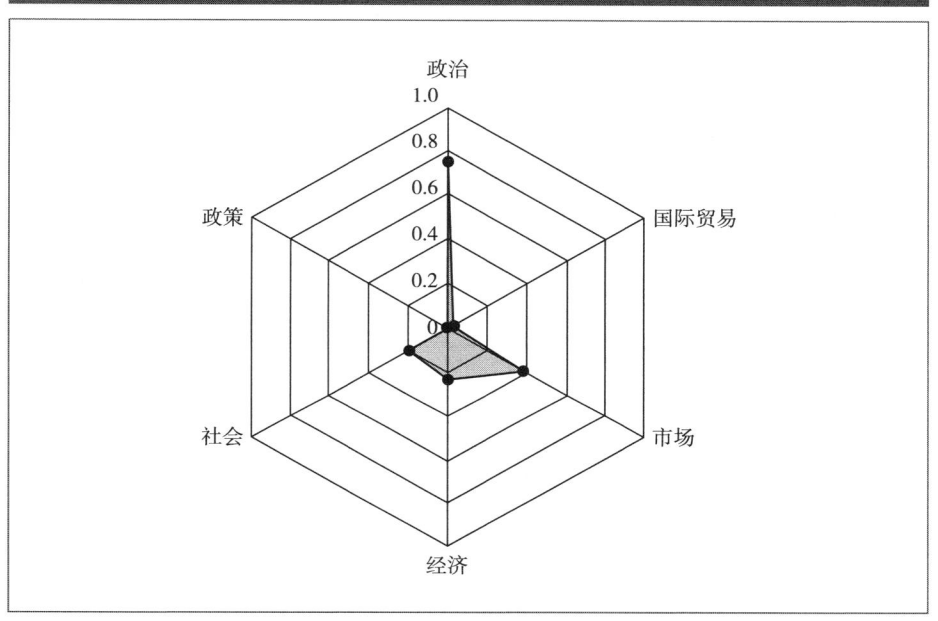

图 92 贝宁互联互通基础维度评估结果

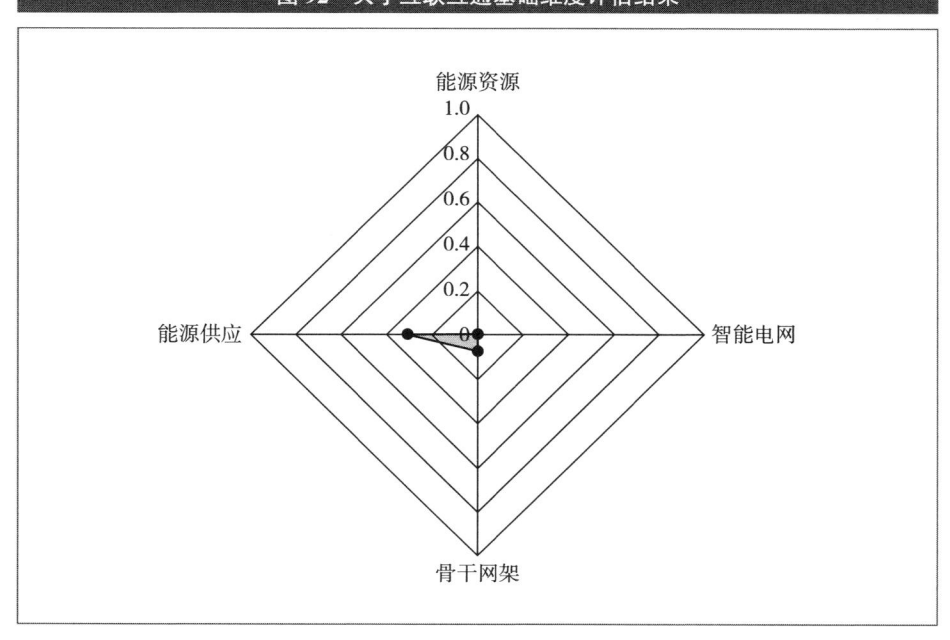

贝宁政府较为重视可再生能源的开发与利用。2019年，贝宁政府批准了四座光伏电站的建设，总装机容量为5万千瓦。这四座电站将分别建于博希孔（1.5万千瓦）、帕拉库（1.5万千瓦）、朱古（1万千瓦）和纳蒂廷古（1万千瓦）。同时，在贝宁撒哈拉以南地区的村庄，还有一座大型太阳能电站正在建设当中，装机容量为2.5万千瓦。该国清洁发展程度维度评估结果如图93所示。

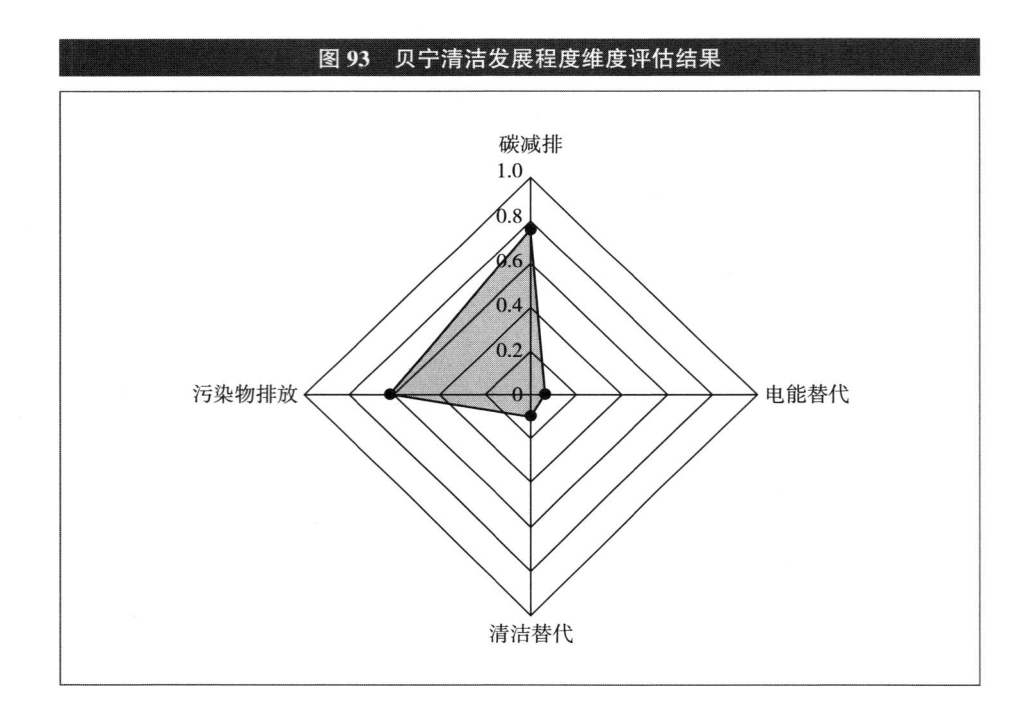

图93 贝宁清洁发展程度维度评估结果

（十五）尼日利亚

主要特点：

- 安全形势较为严峻，安全状况持续恶化；
- 非洲第一经济和人口大国，在西非地区和整个非洲都具有重要影响；
- 油气资源丰富，天然气和石油储量分列非洲第2位和第1位；

- 电力供应非常落后，电力供需矛盾成为阻碍经济发展的主要问题之一；
- 太阳能和风能资源丰富，计划到2030年30%的能源需求通过可再生能源满足。

目前，尼日利亚的安全形势较为严峻，各派利益纷争加剧，安全状况持续恶化，恐怖袭击、教派冲突、恶性绑架等案件呈明显上升趋势，并向首都等重点城市蔓延。中北部地区的富拉尼族武装分子与当地信奉基督教的农民频繁发生冲突，动辄屠村灭族。东南部产油区盗油活动猖獗，几内亚湾海域海盗肆虐，成为安全问题热点之一。尼日利亚境内绑架案件高发，约占全球的1/4，武装抢劫更是随时随地都可能发生。

尼日利亚是非洲第一经济和人口大国，在西非地区和整个非洲都具有重要影响。世界经济论坛《2019年全球竞争力报告》显示，尼日利亚在全球最具竞争力的141个国家和地区中排在第116位。世界银行《2020年营商环境报告》显示，尼日利亚的营商环境在全球190个经济体中排在第131位。近年来，该国政府推出企业网上注册审批、公开办理施工许可证、提供信用评级服务、开通电子支付缴纳联邦赋税等方面的改革举措，使得尼日利亚成为全球营商便利度排名上升最快的10个经济体之一。电力供应不稳定、税收支付体系不完善以及外汇管制等是阻碍尼日利亚经济发展的重要因素。该国经济社会支撑维度的评估结果如图94所示。

尼日利亚是非洲第一大产油国、世界第十大石油生产国及第七大原油出口国，已探明的石油储量约为371亿桶，居非洲第2位、世界第11位。以目前产量计算，可继续开采50年。已探明天然气储量达7.3万亿立方米，居非洲第1位、世界第10位。以目前产量计算，可继续开采上百年。

尼日利亚的电力供应非常落后。据尼日利亚电力部估算，年电力需求最低为2000万千瓦时，最高近6000万千瓦时。2017年，可利用的电力仅约400万千瓦时，需求缺口巨大，全国约55%的居民无电可用。尼日利亚电网与周边国家几无互联互通。现有发电约有61%来自热电，31%来自水电，且多数发电设备陈旧，缺乏应有的维护和保养。由于供电紧缺，尼日利亚大部分政府机关、事业单位以及97%以上的企业不得不自备发电机发电，电力供需矛盾成

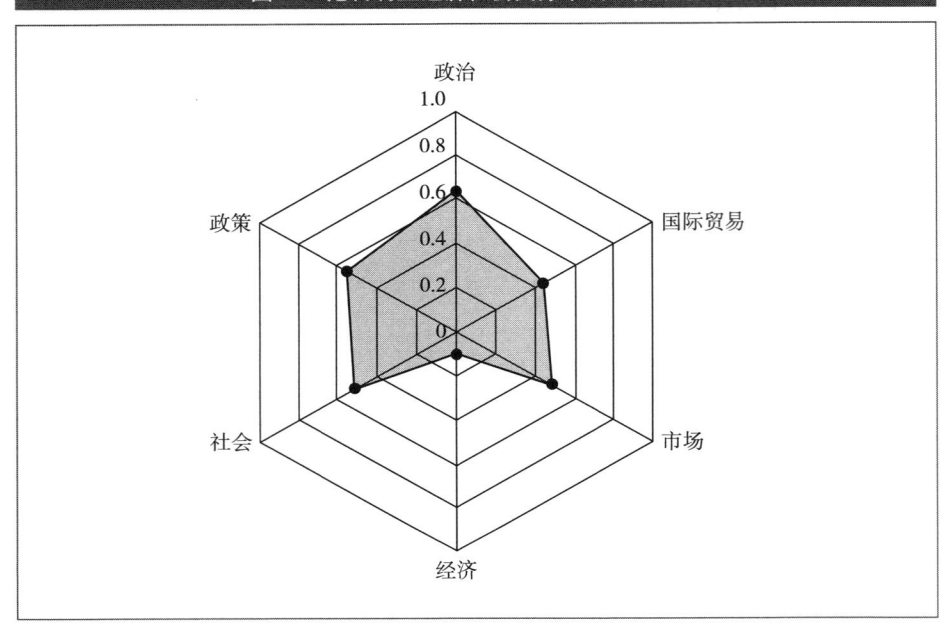

图94　尼日利亚经济社会支撑维度评估结果

为阻碍尼日利亚经济发展的主要问题之一。政府下一步拟重点提升电力供应水平。虽然尼日利亚天然气资源丰富，但天然气对电厂供应不足，成为制约其电力发展的一大瓶颈。该国互联互通基础维度评估结果如图95所示。

尼日利亚位于赤道附近，太阳能资源丰富。在卡齐纳、赞法拉和索科托等州也拥有丰富的风能资源。尼日利亚的日均日照时间为6.25小时，在北部沿海地区约为3.5小时；日均太阳辐射强度约为3.5千瓦时/米^2，沿海地区特别是南部和北部边界地区，日均太阳辐射强度为7.0千瓦时/米^2。尼日利亚每小时可获得约4909千瓦的太阳能，大致相当于108万吨石油。这是目前每天原油产量的4000倍，天然气产量的约1.3万倍。据估计，到2050年，尼日利亚的可再生能源将提供11%~13%的经济增长。为促进能源多样化并优化其他发电资产，尼日利亚计划到2030年30%的能源需求通过可再生能源满足。政府将签署14个太阳能购买协议（PPAs），这些协议可提供超过100万千瓦的太阳能。该国清洁发展程度维度评估结果如图96所示。

非洲各国综合指数详述

图 95　尼日利亚互联互通基础维度评估结果

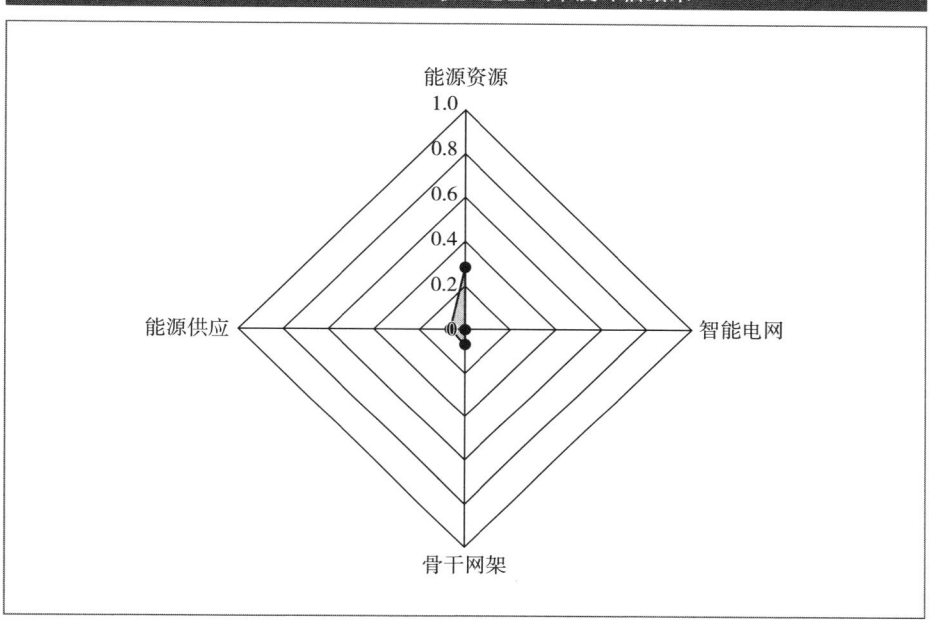

图 96　尼日利亚清洁发展程度维度评估结果

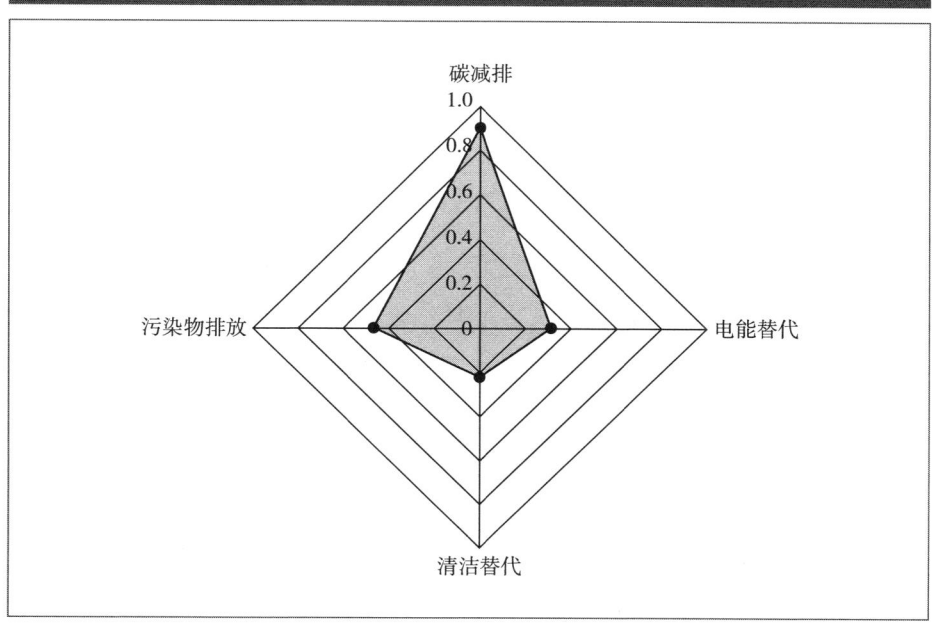

179

（十六）尼日尔

主要特点：
- 总体安全形势较为严峻，局部地区属高风险；
- 经济基础薄弱，总体仍十分困难；
- 工业基础薄弱，结构单一，以炼油业为主；
- 电力发展落后，供需矛盾突出；
- 太阳能资源丰富，政府重视太阳能的开发利用。

受利比亚和马里局势以及"博科圣地"恐怖组织的影响，尼日尔总体安全形势较为严峻，局部地区属高风险，农村地区治安相对较好。经济以农牧业为主，是联合国公布的最不发达国家之一。尼日尔积极推进"粮食自给自足倡议"、"复兴计划二期"、"2017~2021年经济社会发展规划"，大力发展农业、能源、电力、交通等产业，致力于整顿经济、改善民生，取得了一定成效，经济保持小幅增长。但尼日尔经济基础薄弱，受自然灾害、国际市场波动和国内安全形势影响较大，总体仍十分困难。世界银行发布的《2020年营商环境报告》显示，尼日尔的营商环境在全球190个经济体中排在第132位。该国经济社会支撑维度评估结果如图97所示。

尼日尔电力发展落后，供需矛盾突出，不能满足工业的需要，即使在首都也经常停电，相关重要机构及在尼日尔的中资企业大多都自备柴油发电机组以满足需要。尼日尔目前是非洲电力供应率最低的国家之一。在约2000万人口中，只有15%的人能够获得电力。该国电力依然主要依赖从邻国尼日利亚进口，装机容量仅为14万千瓦。尼日尔每年有超过60%的电力从邻国尼日利亚进口，但仍然无法满足国内需求，严重制约了经济发展。2017年4月，新建的位于首都尼亚美的古胡·邦达重油电站（装机容量为8万千瓦）并网发电，部分缓解了首都的供电紧张状况。2017年12月，中国葛洲坝集团股份有限公司中标尼日尔的坎大吉水电站项目（装机容量为13万千瓦）。同时，中尼双方正在推进比尔宁凯比—尼亚美及扎波利—马兰维尔330千伏输变电项目。两项目建成后，可基本满足首都的供电需求。尼日尔积极参与西非电

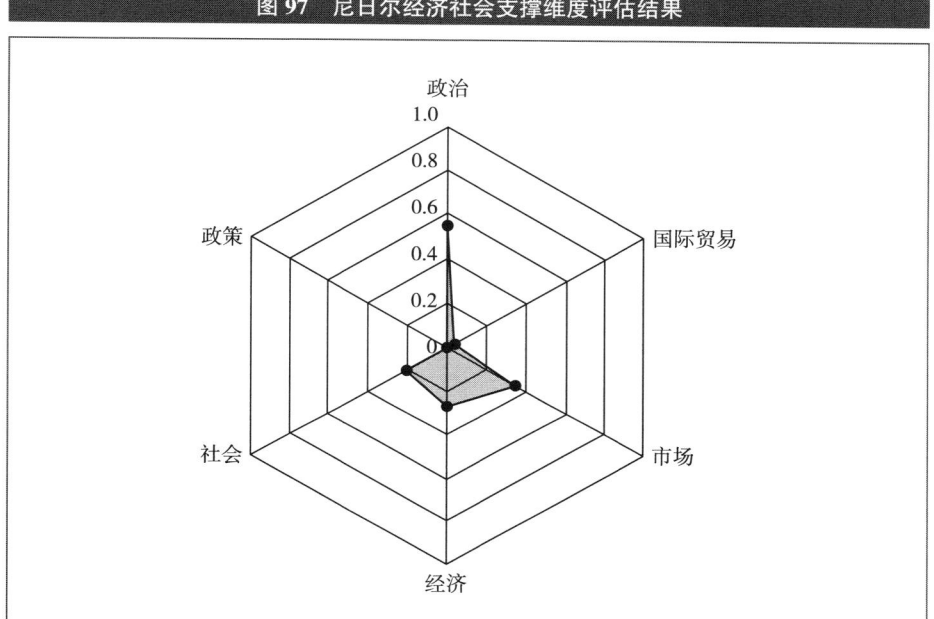

图 97 尼日尔经济社会支撑维度评估结果

力联盟建设，落实有关计划，致力于缓解地区电力供不应求的现状，提高电力的安全保障。同时，尼日尔希望通过一系列电力项目的开发，从电力进口国转变为电力输出国，提升国家经济实力和地区经济发展的影响力。该国互联互通基础维度评估结果如图 98 所示。

目前，全国大约有 700 万人口得不到电网供电，只能自备照明工具，经济负担较重。尼日尔太阳能资源丰富，发展太阳能等可再生能源有助于摆脱对国家电网的过度依赖，减缓电力供需矛盾。尼日尔政府计划到 2021 年部署 10 万千瓦太阳能项目，其中包括在建的四个太阳能电站，即多索（1 万千瓦）、马拉迪（2 万千瓦）、尼亚美戈鲁班达（3 万千瓦）和马尔巴扎（1.3 万千瓦）。2017 年，尼日尔政府与世界银行签署了总额约 5000 万美元的投资协定，以支持太阳能发电项目。2018 年，国内第一座太阳能发电站顺利投产，这座价值 2470 万美元的光伏电站将满足马达瓦、马尔巴扎和孔尼各省约 3 万户家庭的用电需求。该国清洁发展程度维度评估结果如图 99 所示。

图 98　尼日尔互联互通基础维度评估结果

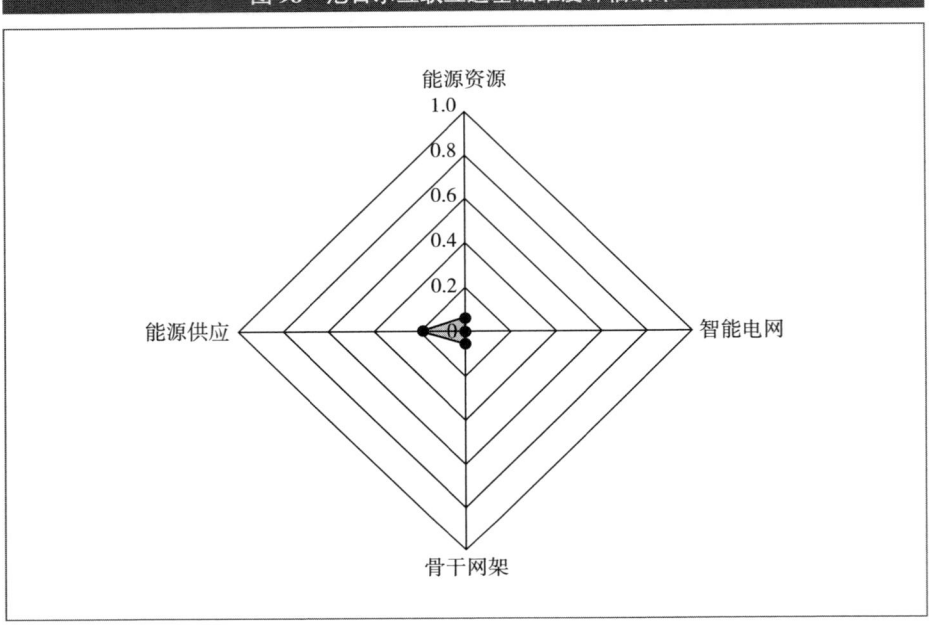

图 99　尼日尔清洁发展程度维度评估结果

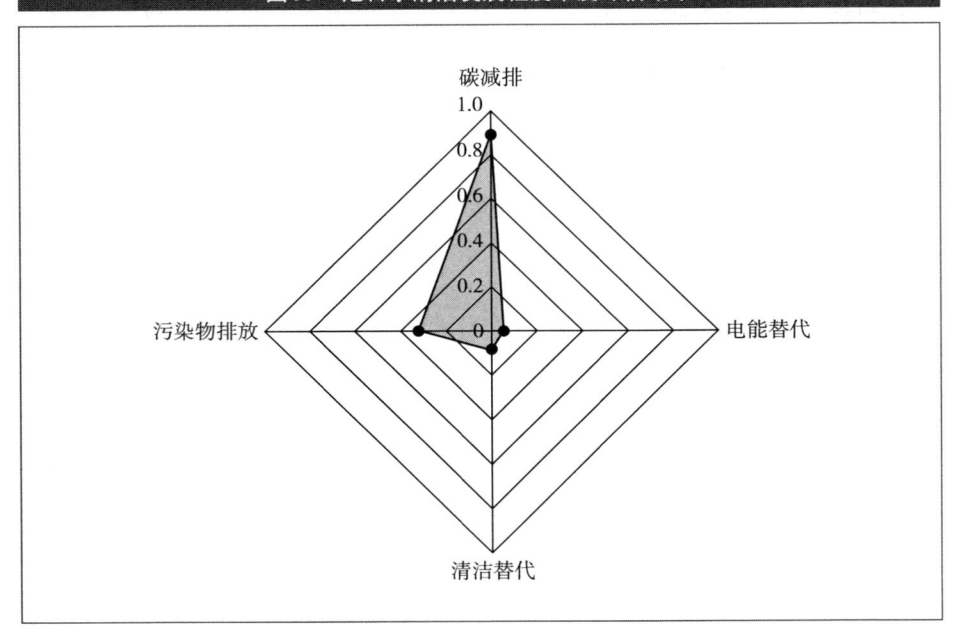

四 中部非洲

（一）乍得

主要特点：

- 政局稳定、经济表现良好；
- 石油资源丰富，石油工业是经济的支柱产业；
- 电力行业发展落后，风能、太阳能资源丰富，但开发刚起步，清洁替代水平较低。

乍得近年政局总体稳定，议会、司法等相关国家机构运转平稳。乍得政治生活正进一步走向规范化、制度化、民主化，政治运行将更加平稳，有望为开辟全新篇章带来新的生机和活力。

乍得经济落后，人民生活水平低下，超过55%以上的民众生活在贫困线以下，被联合国列为世界上47个最不发达的国家之一。经济以农业为主。2018年，乍得国内生产总值中，第一产业占52.5%，第二产业占13.9%，第三产业占33.6%。工业经济主要依赖石油工业。2015年以来，国际油价长期在低位徘徊，乍得经济遭遇了较大困难。2018年，国际油价从低位显著回升，乍得政府采取多项稳增长举措，助力经济展现出复苏势头，自2015年以来首次实现正增长，增速为3.1%。同时，乍得政府制定了《国家发展计划2017~2021》，着力加强对国家发展的规划引导，提出加速推进基础设施建设，改善国内营商环境，增强私营经济活力，促进贸易和投资，鼓励外国投资，探索经济多元化发展路径。经济发展前景良好，2019年增速达4.5%。乍得曾出现债务拖欠事件，被国际货币基金组织认定为处于债务危机中。但当前债务机构基本保持稳定。截至2017年底，乍得的公共债务共计27319.8亿中非法郎，约合49.95亿美元，占GDP的42.8%，债务水平低于国际警戒线。世界银行发布的《2020年营商环境报告》显示，乍得的营商环境在全球190个经济体中排在第182位。该国经济社会支撑维度评估结果如图100所示。

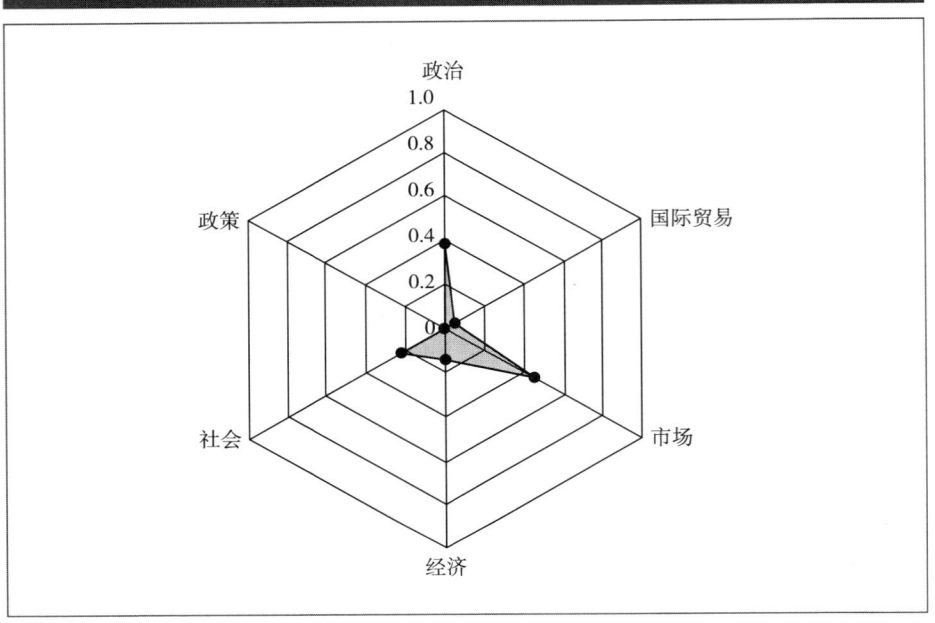

图 100 乍得经济社会支撑维度评估结果

乍得的能源资源较丰富，尤其是石油资源。世界银行预计，乍得的石油储量超过 20 亿桶，居非洲第 10 位。但乍得的能源资源大多尚未被开发。电力设施非常落后，主要依靠柴油发电。目前，全国用电覆盖率仅为 11%，装机容量为 17.4 万千瓦，其中首都恩贾梅纳占到 14.4 万千瓦，绝大部分城市和广大农村地区无电可用。因此，乍得政府正在努力扩大电力供应，并鼓励加大对能源部门的投资以刺激经济。该国互联互通基础维度评估结果如图 101 所示。

乍得能源的清洁替代水平较低，可再生能源及核能约占终端能源消费比重的 10%，可再生能源发电占比仅为 4%。乍得拥有较为丰富的风能与太阳能资源，但由于技术问题及缺乏投资，可再生能源长期未能得到有效开发。近年来，在政府大力引进外部能源的环境下，加之在世界银行、非洲可持续能源基金（SEFA）等的帮助下，多个太阳能发电项目得以落实，使得乍得的清洁能源发电比重不断上升。乍得的电能替代在中非国家中居较高水平，电能占终端能源的比重约为 9%。该国清洁发展程度维度评估结果如图 102 所示。

图 101　乍得互联互通基础维度评估结果

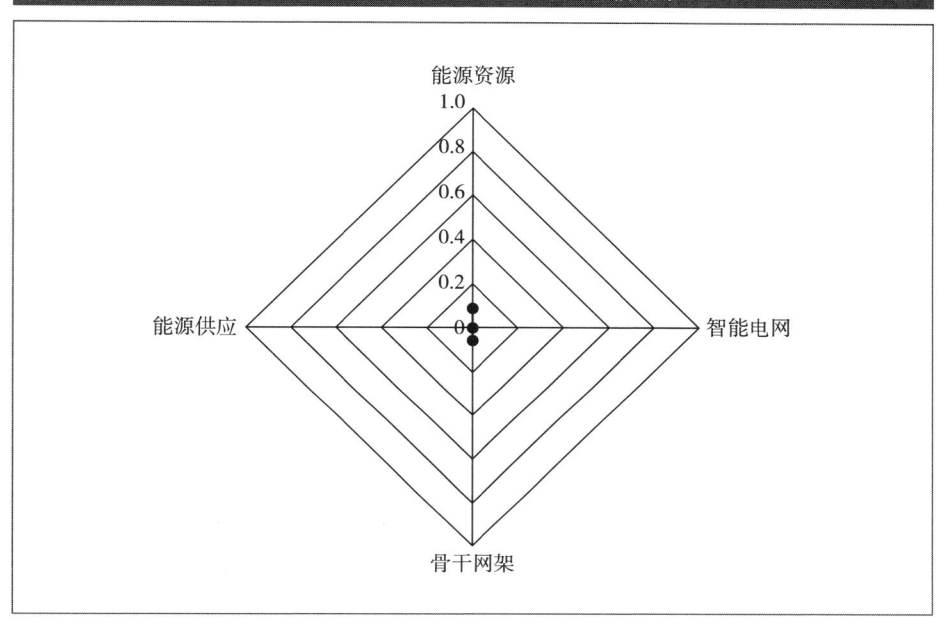

图 102　乍得清洁发展程度维度评估结果

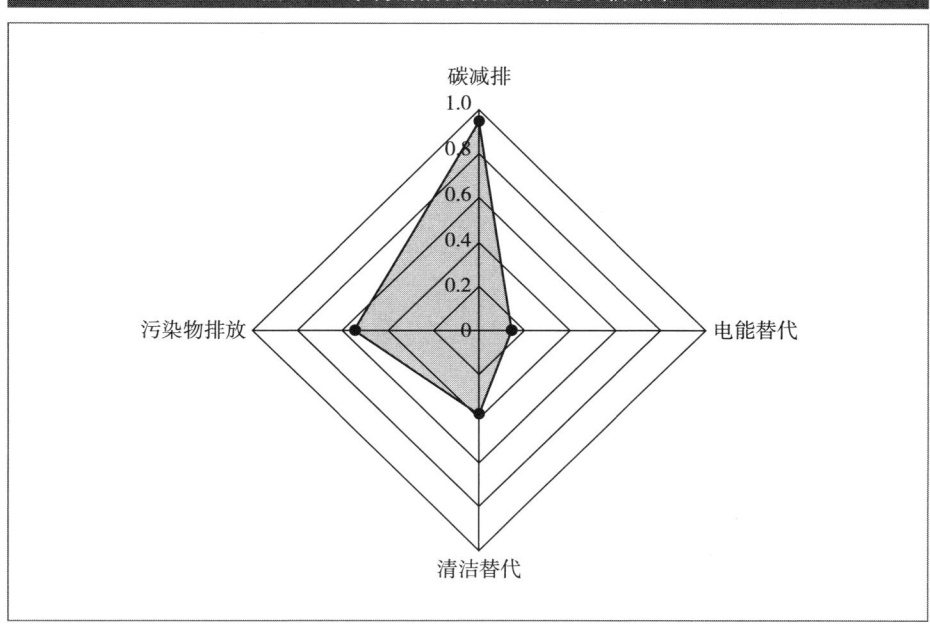

（二）中非

主要特点：

- 政治局势较为动荡；
- 经济发展落后，经济形势逐步转好；
- 电力供应严重不足，水能、太阳能资源丰富，但开发刚起步，可再生能源占终端能源消费比重较高。

中非自建国以来内乱不断。2012年底，"争取团结民主力量联盟"等数支反政府武装组成联盟，连续攻占北部和中部多座城市，中非安全形势恶化。之后数年，中非一直处于动荡之中，但政府与反对势力也进行着和平谈判。2019年，在非盟主导和联合国支持下，中非政府同境内全部14个武装团体签署了和平协议，组建了包括武装团体成员在内的新一届政府。政局基本稳定，但处于政治制度建设初期，且政府内部派别林立，同样存在较大的隐患。

经济方面，中非是联合国公布的世界最不发达国家之一。根据联合国开发计划署公布的2016年人类发展指数，中非在188个国家和地区中排名垫底。经济以农业为主，工业基础薄弱，80%以上的工业品靠进口。木材、钻石、棉花、咖啡是中非经济的四大支柱。2016年图瓦德拉总统就职以来，重视经济发展，积极争取国际援助，重点发展农业，优先保障饮用水、能源、教育、卫生、交通等基础设施服务，鼓励私营企业发展带动青年就业，总体经济形势有所好转。

中非基础设施落后，生产和供应能力较弱，商业环境亟待改善，基础工业不发达等成为影响外来投资的主要原因。世界银行发布的《2020年营商环境报告》显示，中非的营商环境在全球190个经济体中排在第184位。该国经济社会支撑维度评估结果如图103所示。

中非的电力生产和供应在非洲排名均靠后，电力供应覆盖率仅为14%，其中农村地区为2%，首都班吉约为35%。目前，全国电力装机仅为2.3万千瓦，其中博阿利水电站1号电站和2号电站装机1.9万千瓦。因线路老化，电

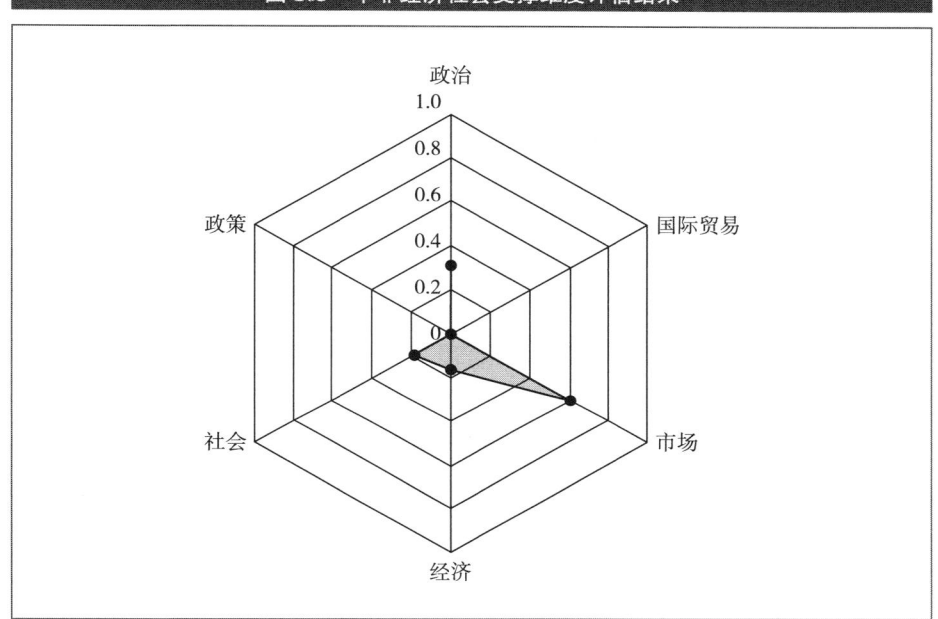

图 103　中非经济社会支撑维度评估结果

力传输过程中的损失率高达 33%。整个班吉有 3 万电力用户，电费收缴率为 65%，电费价格每度为 65 中非法郎。入不敷出使中非的国家电力公司债务负担沉重，经营管理滞后，需要政府对其补贴才能维持运转。由于电力短缺，中非的投资、营商和就业环境受到严重干扰，这是造成社会动荡和不安定的根本原因。

中非目前尚未与其他国家实现跨国电网互联。2012 年 12 月，非洲发展银行与中非政府签订了一笔总金额达 230 亿中非法郎的援助协议，旨在建设连接中非南部和刚果（金）北部的电网系统。该国互联互通基础维度评估结果如图 104 所示。

中非可再生能源较为丰富，主要是水能、生物质能及太阳能资源。全国一半以上的发电来自水力，可再生能源消费占终端能源消费的 77%，可再生能源发电占总发电量的 84%。但电能替代水平较低，电能约占终端能源消费的 4%。该国清洁发展程度维度评估结果如图 105 所示。

187

图 104　中非互联互通基础维度评估结果

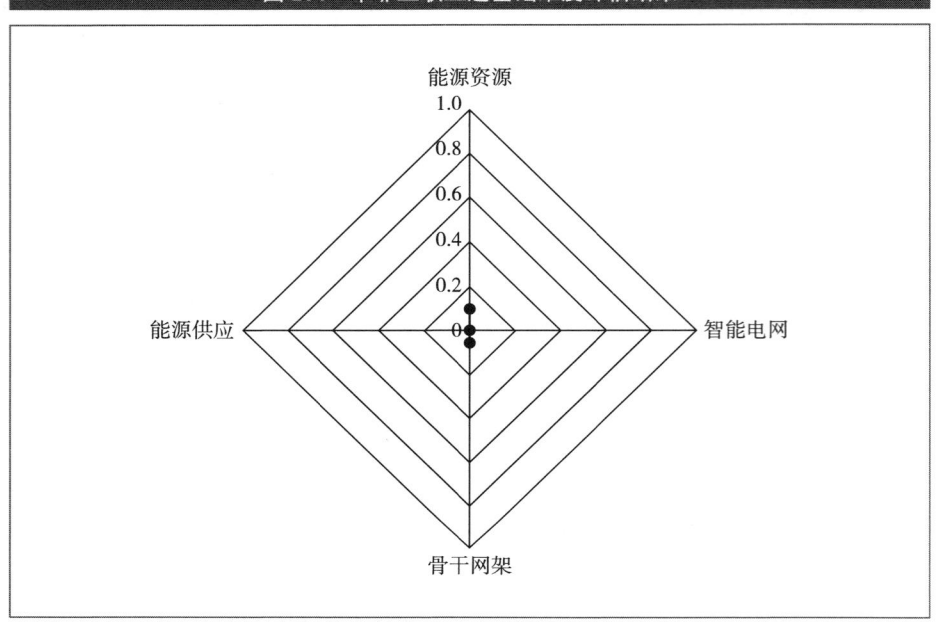

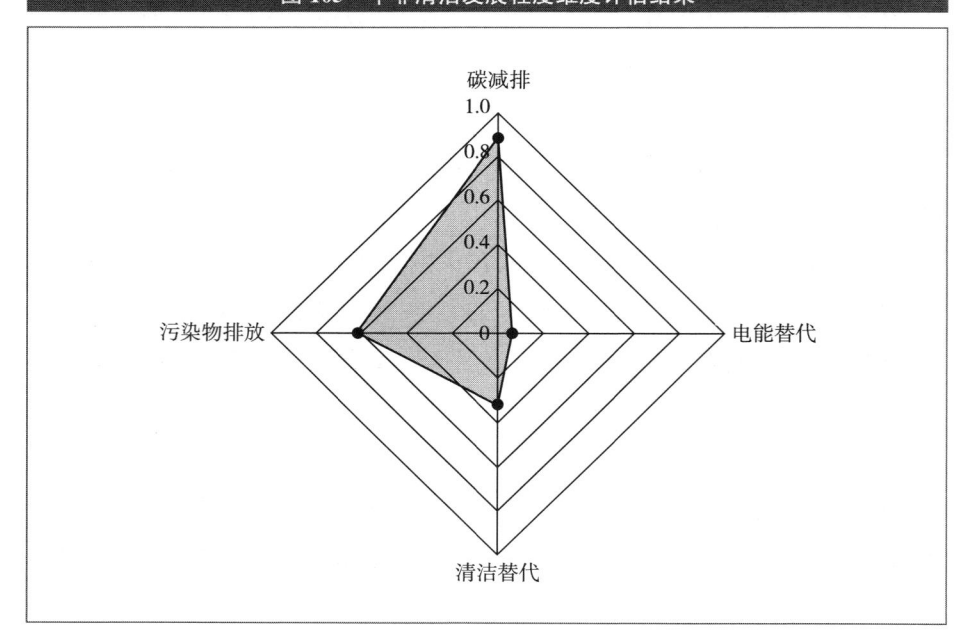

图 105　中非清洁发展程度维度评估结果

（三）喀麦隆

主要特点：

- 政治基本稳定，经济发展形势良好；
- 石油资源丰富，石油工业是经济的支柱产业；
- 电力供应基本平衡，水能、太阳能资源丰富，但开发刚起步，清洁替代水平较高。

喀麦隆政局基本稳定。现任总统比亚自1984年执政以来强势把持政府，政权稳固，反对势力各自为政，难以形成影响政局的力量。"博科圣地"恐怖组织和英语区的独立倾向是目前政治与社会稳定的较大隐患。

近年来，喀麦隆经济保持平稳增长，近五年经济平均增长率约为5%。喀麦隆的主要产业为农业与能源产业，工业得到一定程度发展，主要是农产品领域的工业制造业。喀麦隆的通货膨胀长期保持低位。由于在大型基础设施

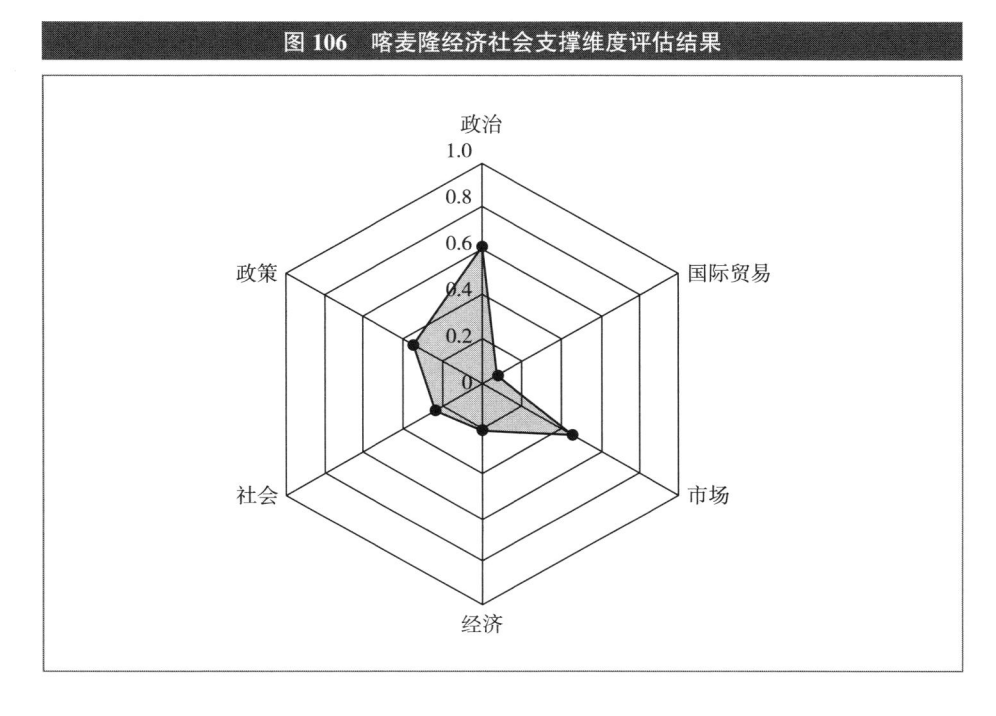

图106 喀麦隆经济社会支撑维度评估结果

领域持续投资，2009年以来喀麦隆的公共债务持续上升，债务风险累积。从长远看，喀麦隆仍有较大的经济增长空间，但也面临电力短缺、基础设施不足等掣肘，营商环境较差。世界银行发布的《2020年营商环境报告》显示，喀麦隆的营商环境在全球190个经济体中排在第167位。该国经济社会支撑维度评估结果如图106所示。

喀麦隆的石油资源较为丰富，石油储量约为2亿桶，在全球排在第55位。喀麦隆约有130万千瓦的装机容量，发电量为81亿千瓦时。电力供应不足问题较为严重，全国电力供应覆盖率约为50%，工业用电严重不足。水能、太阳能资源较为丰富，日均太阳辐射约为5千瓦时/米^2。水能、太阳能开发潜力巨大，近年来项目投资快速增长，使得发电增长率达到7%的水平。但水能、太阳能资源开发严重不足，目前水能利用率仅为5%。

喀麦隆电网暂未与周边国家互联互通。至于当前的有关规划，一是喀麦隆与乍得的电网互联项目，拟在喀麦隆境内的恩冈代雷与乍得首都恩贾梅纳

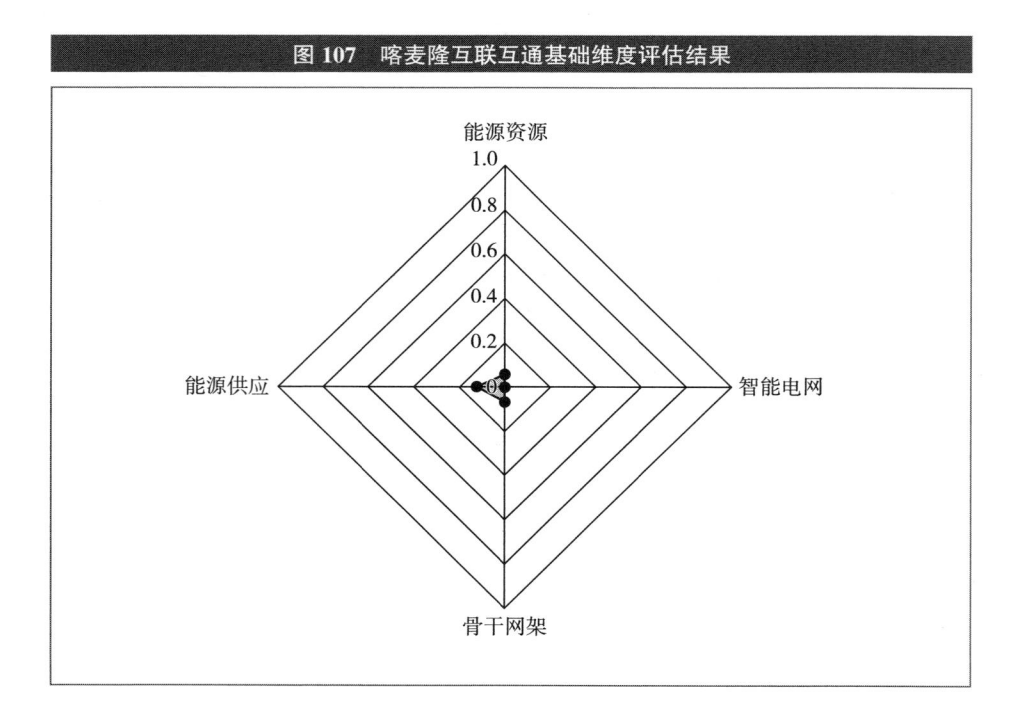

图107　喀麦隆互联互通基础维度评估结果

之间架设长达 700 千米的电力输送线路，政府于 2013 年底确定向非洲发展基金贷款 9.3 亿中非法郎，用于该项目前期各项研究。二是喀麦隆与尼日利亚电网互联项目，计划连接喀麦隆境内的加鲁阿与尼内的约拉。该国互联互通基础维度评估结果如图 107 所示。

喀麦隆的电能替代水平一般，电能占终端能源消费的比例约为 7%。清洁替代在中非国家中居较高水平，可再生能源及核能占终端能源消费的 28%，可再生能源发电占总发电量的 56%，绝大部分为水电。喀麦隆除进一步开发水电外，在太阳能资源开发上也付出了较大努力。2016 年，喀麦隆政府划拨 166 亿中非法郎用于 160 多个太阳能发电厂建设，并积极吸引外资开发太阳能资源，进一步促进清洁化发展。该国清洁发展程度维度评估结果如图 108 所示。

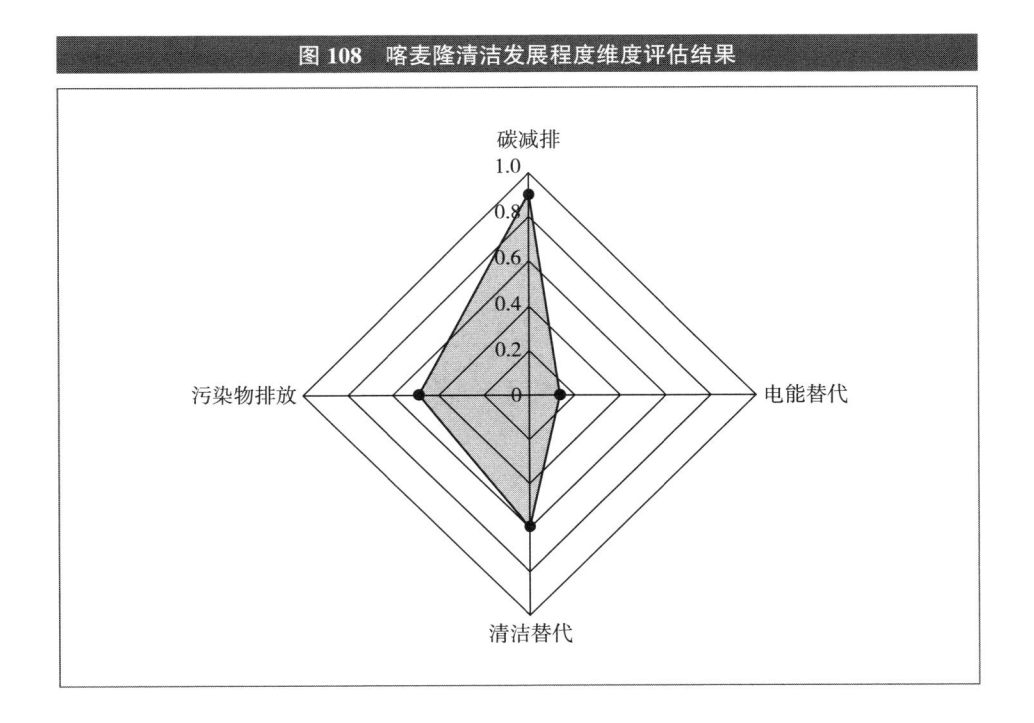

图 108 喀麦隆清洁发展程度维度评估结果

（四）赤道几内亚

主要特点：

- 政治基本稳定，经济落后，经济发展受国际资源价格影响较大；
- 石油资源丰富，石油工业是经济的支柱产业；
- 电力普及程度较高，水能、风能资源丰富，但风能资源开发不足，电力与清洁替代居一般水平。

赤道几内亚政治局势基本稳定。奥比昂领导的民主党先后在1993年、1999年、2004年、2008年和2015年的五次议会选举中获得压倒性多数席位。近年来，奥比昂继续奉行民族和解和政治多元化政策，改组内阁、严惩腐败、整顿吏治，以提高公共行政效率。但社会治安呈恶化趋势，刑事犯罪案件数量上升。

赤道几内亚经济较为落后，经济曾长期困难。自1991年开始开发石油后，经济出现转机。赤道几内亚属资源型国家，经济结构单一，国民收入的90%来自石油产业，经济发展易受国际原油价格波动影响。2014年国际油价下跌，经济陷入困境，2014~2017年经济呈现负增长，平均为 –4%。近两年国际油价回升，经济缓慢复苏。世界银行发布的《2020年营商环境报告》显示，赤道几内亚的营商环境在全球190个经济体中排在第178位。该国经济社会支撑维度评估结果如图109所示。

赤道几内亚石油资源较为丰富。根据2018年BP国际能源统计数据，截至2017年底，赤道几内亚的石油探明储量为11亿桶，约合1亿吨。

赤道几内亚的电力供应在非洲国家属于较高水平，约70%的人口可获得稳定的电力供应。电力供应主要来自水电，水电占总装机容量的一半以上。赤道几内亚拥有丰富的水能与风能。水电潜能约为2600兆瓦。南部地区平均风速可达6米/秒，但风能尚未得到有效开发。

目前，赤道几内亚尚未与周边国家联通电网，但其过剩的电力可用于供应加蓬北部地区。两国正积极推进已有一定实施基础的蒙戈（Mongomo，属赤道几内亚）—奥耶姆（Oyem，属加蓬）输电线路项目，以落实中部非洲地区的能源共享政策。该国互联互通基础维度评估结果如图110所示。

图 109　赤道几内亚经济社会支撑维度评估结果

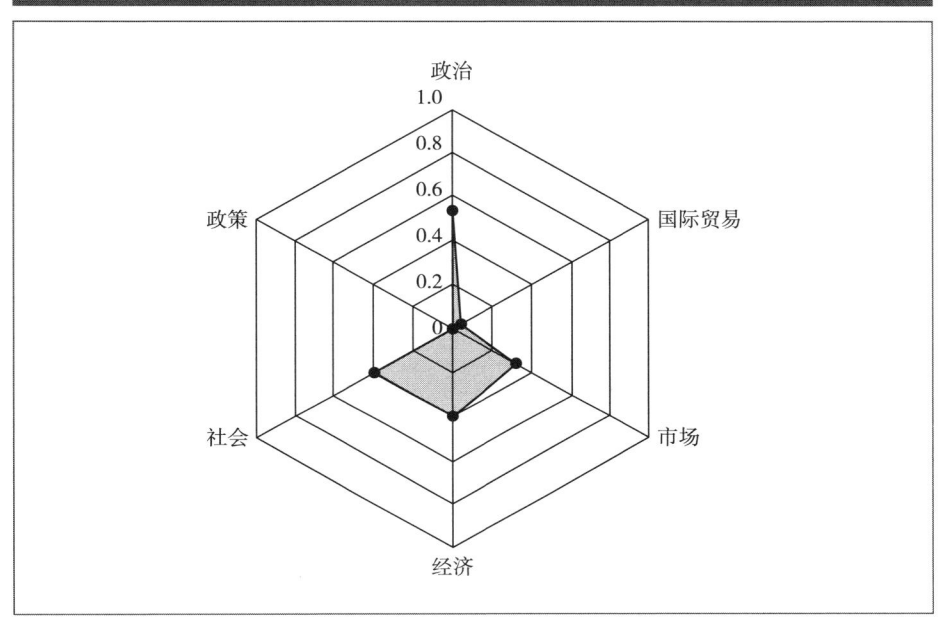

图 110　赤道几内亚互联互通基础维度评估结果

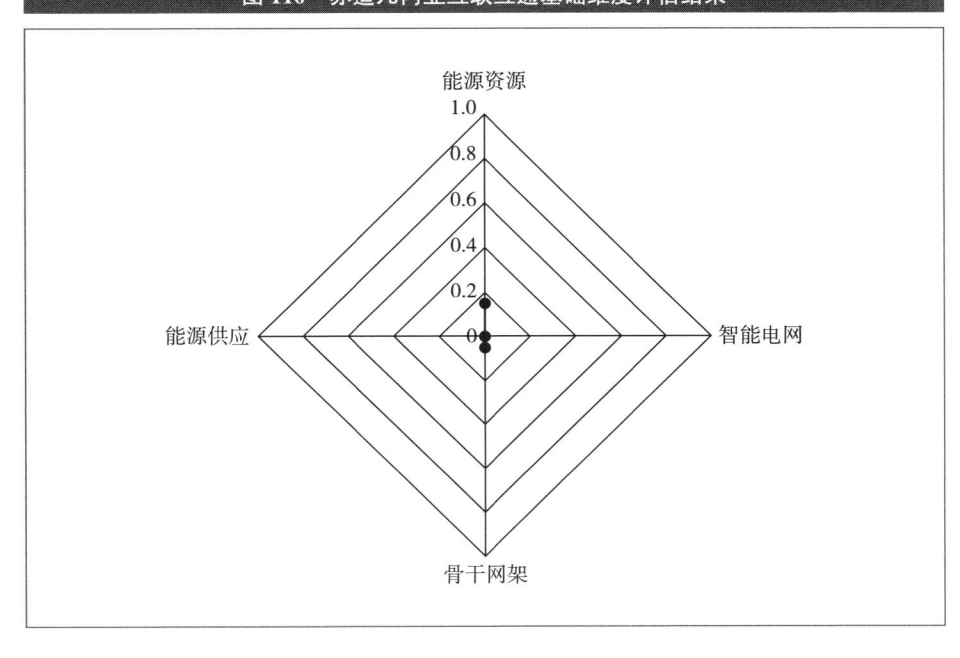

赤道几内亚的清洁替代及电能替代均属一般水平，电能约占终端能源消费比重的8%，可再生能源发电约占发电总量的26%。赤道几内亚近年来致力于国家的电气化与清洁化，将其作为一项重要的国家战略。联合国开发计划署将通过全球环境基金项目（GEF）为赤道几内亚偏远地区发电提供资金支持。赤道几内亚政府也着重将提升天然气在能源消费中的比重作为清洁化发展的重要手段，大力开发天然气资源。该国清洁发展程度维度评估结果如图111所示。

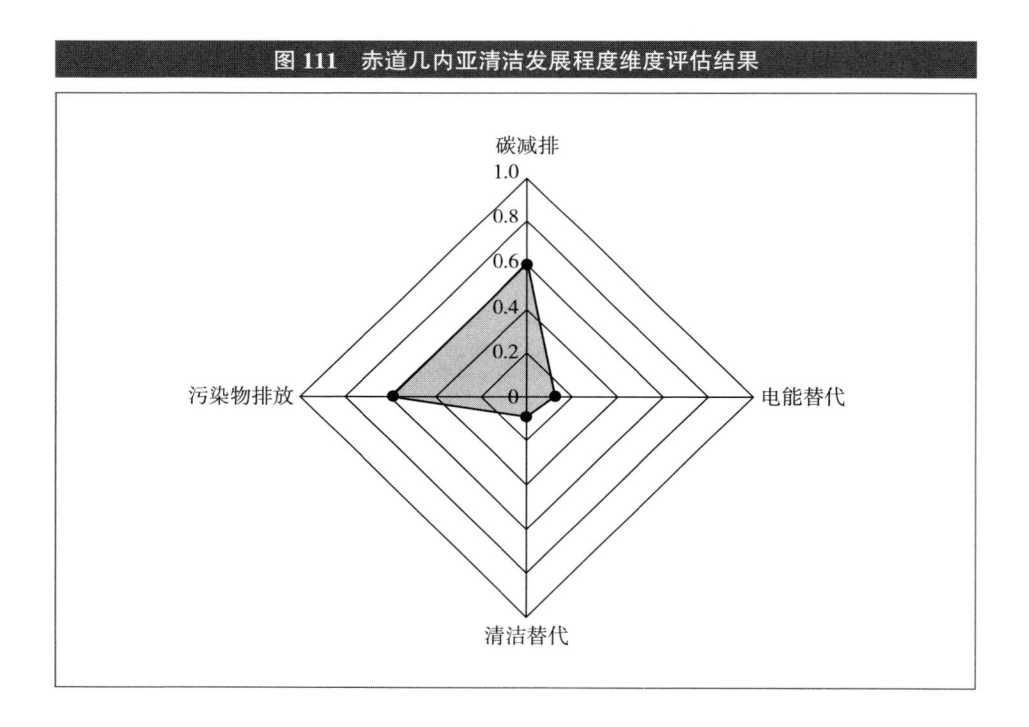

图111 赤道几内亚清洁发展程度维度评估结果

（五）加蓬

主要特点：

- 政治基本稳定，潜在政治风险较大；
- 经济在非洲国家中较为发达，发展前景看好；

- 石油资源丰富，石油工业是经济的支柱产业；
- 电力普及率高，水能、太阳能资源丰富，但太阳能开发不足，电力与清洁替代居一般水平。

加蓬当前的政治局势基本稳定，但潜在政治风险较大。2009年邦戈总统执政以来，执政基础日益稳固，执政党加蓬民主党牢牢控制议会，反对派力量较为弱小。但加蓬政治派别林立，一旦统治力量有所削弱，围绕政权的争斗势必加剧。加蓬社会总体保持稳定，但近年来刑事犯罪时有发生。尤其是自2018年加蓬政府宣布计划采取包括削减公务员薪酬在内的诸项进一步紧缩措施以来，已引发数场抗议与罢工活动。

加蓬是非洲较为发达的经济体。2018年GDP达到170亿美元，人均GDP高达8000美元，2009~2018年保持平均5%的较高经济增速。但经济高度依赖石油等资源产品出口，深受国际能源和原材料市场价格影响。为摆脱对石油经济的过度依赖，实现经济多元化发展，2009年该国提出建设"新兴加蓬"的战略口号，确立"绿色加蓬"（可持续开发森林等资源）、"工业加蓬"（促进资源加工电力供给）和"服务业加蓬"（提供金融、电信、科研和旅游等高附加值产品）三大目标，力争2025年成为新兴国家。尽管自2014年下半年以来，受国际油价暴跌和原材料价格低迷影响，加蓬的经济发展速度放缓，但总体实现了平稳过渡，经济发展前景看好。世界银行发布的《2020年营商环境报告》显示，加蓬的营商环境在全球190个经济体中排在第169位。该国经济社会支撑维度评估结果如图112所示。

加蓬石油资源丰富。2018年，原油产量为964.6万吨，出口原油871万吨，得益于国际原油价格上涨，加蓬的原油出口金额达45亿美元，同比增长约20%。原油出口成为其财政收入的主要来源。

加蓬拥有丰富的生物质能与水能。超过50%的电力来自水电，加蓬政府计划2020年水电装机容量达到120万千瓦。太阳能资源也较为丰富，每年约有300天的光照日，太阳光照的日辐射量约为4千瓦时/米^2，但太阳能资源开发严重不足。

加蓬的电力普及率高达92%，是非洲电力普及率最高的国家之一。装机总

图 112 加蓬经济社会支撑维度评估结果

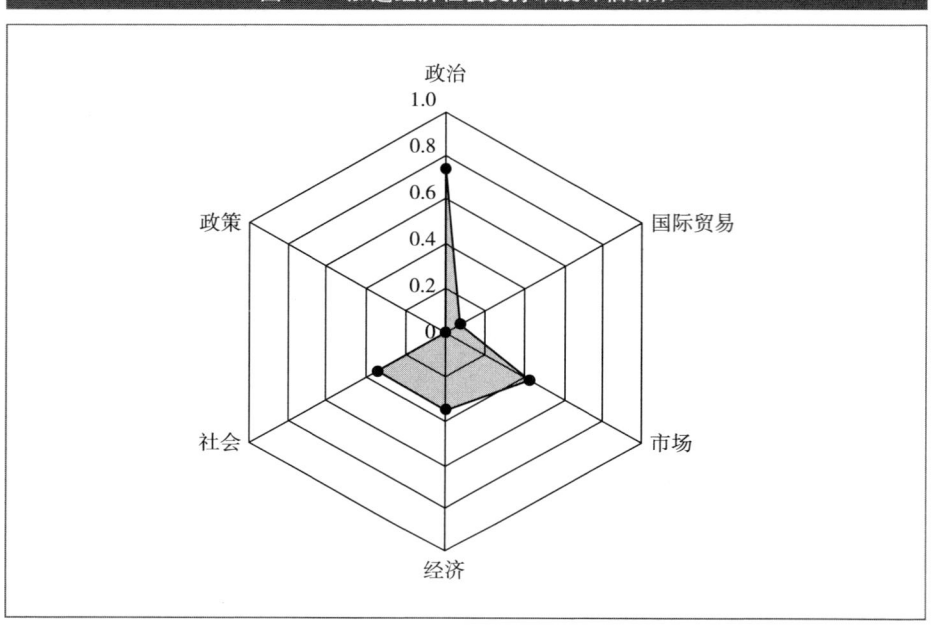

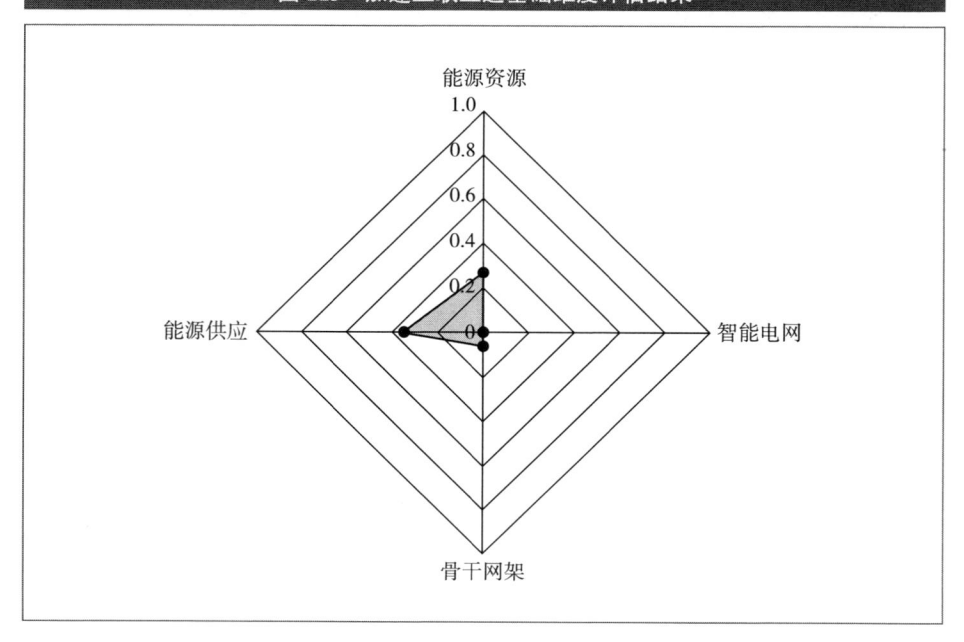

图 113 加蓬互联互通基础维度评估结果

量约为 670 兆瓦，全国超过一半的发电来自水能，其余多为化石能源发电，有少量生物质能及太阳能发电。该国互联互通基础维度评估结果如图 113 所示。

加蓬的电力约占终端能源消费比重的 13%，可再生能源及核能约占终端能源消费比重的 14%。可再生能源发电主要是水电，占总发电量的 46% 左右。太阳能与风能尚未得到有效开发，但近年在该领域的投资快速增长，清洁发展程度有望稳步提升。该国经济社会支撑维度评估结果如图 114 所示。

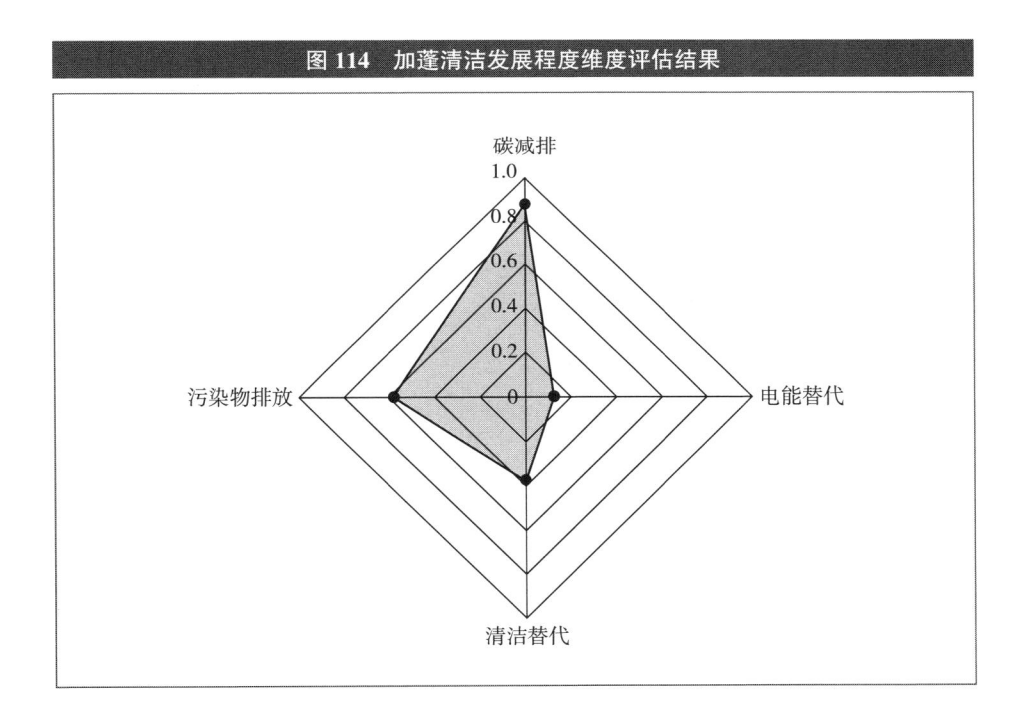

图 114　加蓬清洁发展程度维度评估结果

（六）刚果（布）

主要特点：

- 政治基本稳定，经济落后，经济呈缓慢增长态势；
- 石油资源丰富，石油工业是经济的支柱产业；
- 电力供应不足，电能替代水平较低，清洁替代居一般水平。

刚果（布）政局稳定。2009 年，萨苏总统首次连任后提出旨在改善民生、促进经济社会发展的"未来之路"理念，随后提出的经济多样化政策、《2018~2022 年五年发展规划》以及 2025 年以前刚果（布）迈入新兴国家行列的目标，均是对"未来之路"理念的贯彻和细化。经过 2015 年成功修宪，2016 年 4 月，萨苏再次当选总统，总统任期及执政年限累计超过 30 年。

刚果（布）的经济发展形势一般，近年出现过负增长，但总体呈现缓慢增长态势。经济结构单一，易受国际油价波动影响，2014 年下半年开始的国际石油价格下跌使刚果（布）经济出现衰退。随着国际油价上涨，及国际货币基金组织的援助，未来几年其经济形势看好。世界银行发布的《2020 年营商环境报告》显示，刚果（布）的营商环境在全球 190 个经济体中排在第 180 位。该国经济社会支撑维度评估结果如图 115 所示。

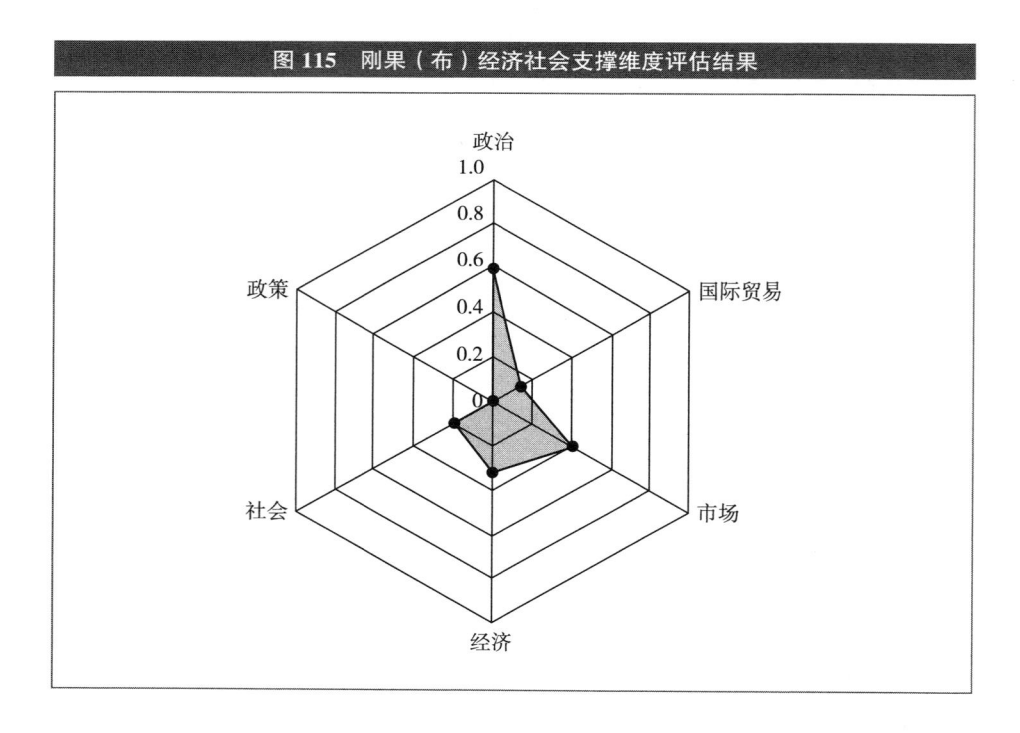

图 115 刚果（布）经济社会支撑维度评估结果

刚果（布）拥有丰富的石油资源，石油储量约为 16 亿桶，在全球排在第 38 位，石油产业是国家的支柱产业。刚果（布）存在较大的电力供应缺口,目前装机总容量为 70 万千瓦,主要是水电与气电,占比分别为 56% 与 43%。电力供应覆盖率在农村仅为 5%,在城市约为 45%。刚果(布)已与刚果(金)等周边国家实现了跨国电力联网,较为注重跨国电力互联互通建设。中国与刚果(布)在开发刚果河水电资源方面合作日益深化,水电站及跨国电力联网项目正在规划中。将来,刚果(布)和刚果(金)除满足自身电力需求外,有望成为电力输出大国。该国互联互通基础维度评估结果如图 116 所示。

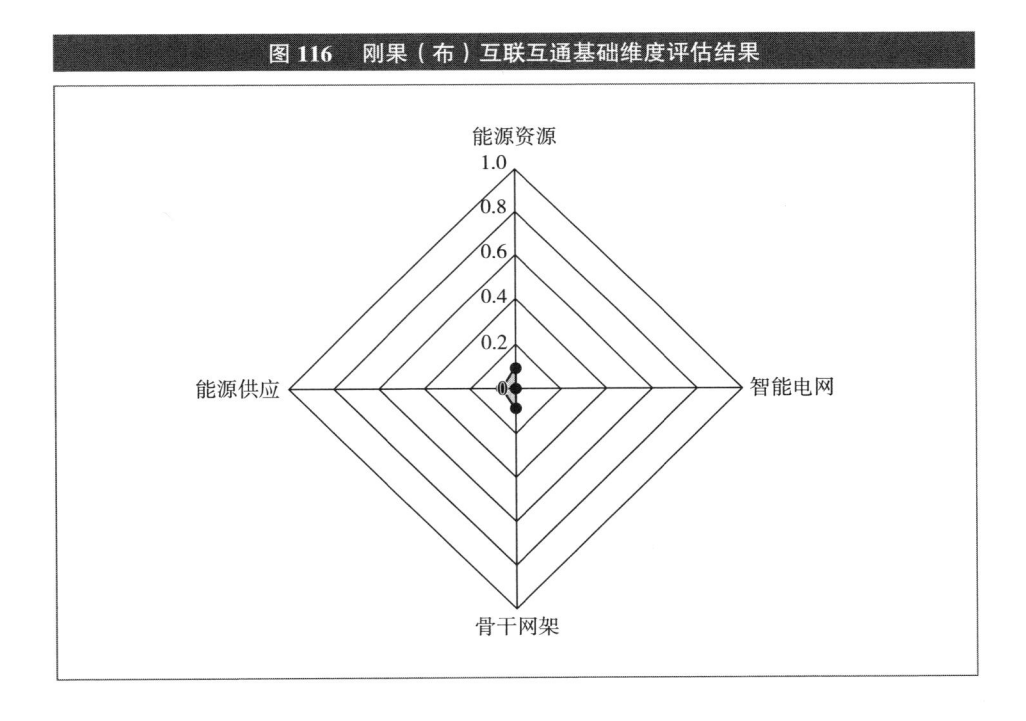

图 116 刚果(布)互联互通基础维度评估结果

刚果(布)的电能替代水平较低,电能占终端能源消费的比例约为 3%。清洁替代发展程度在中非国家中属中等水平,可再生能源及核能占终端能源消费的 12%,可再生能源发电占 56%。由于石油资源丰富,是国家主要的消费能源品种,清洁替代中短期内难以取得较大进展。该国清洁发展程度维度评估结果如图 117 所示。

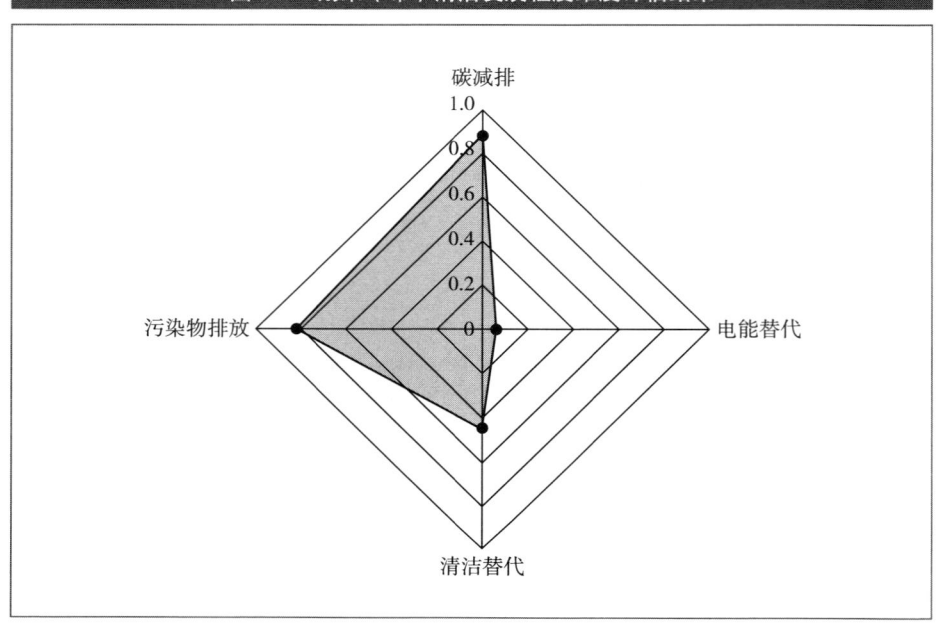

图 117　刚果（布）清洁发展程度维度评估结果

（七）刚果（金）

主要特点：

- 政治稳定性不高，经济发展受国际资源价格影响较大；
- 电力供应不足，水力资源丰富，清洁替代水平较高，电能替代水平较低。

刚果（金）的政治稳定性不高。国内政治派别林立，各党派矛盾较为突出，执政党与反对派之间对立较为严重。由于执政联盟与反对派存在利益冲突，2016 年刚果（金）总统大选时间一变再变，2018 年甚至爆发示威游行，并造成人员伤亡。刚果（金）面临大量人民流离失所、土地纠纷、族群矛盾、缺乏经济机会和社会基本服务匮乏等深层次的社会问题，东部省份武装冲突此起彼伏。该地区恐怖主义活动及社会暴乱等问题短期内难以解决。

当前，刚果（金）的经济形势不甚乐观。由于政局不稳及外部市场风险加大，近年来刚果（金）经济增速明显放缓，本币贬值严重，通货膨胀率上升。刚果（金）的经济对矿产资源出口依赖较大。2014 年以后出口商品价格下跌，经济出现明显下滑。2016 年以后政局动荡，进一步导致经济发展的低迷。政府虽致力于经济多元化发展，但目前收效甚微，短期内难以改变对单一资源类产品过度依赖的情况。尽管如此，刚果（金）丰富而独特的自然资源仍能支撑其经济长期、较快速度的增长。世界银行发布的《2020 年营商环境报告》显示，刚果（金）的营商环境在全球 190 个经济体中排在第 183 位。该国经济社会支撑维度评估结果如图 118 所示。

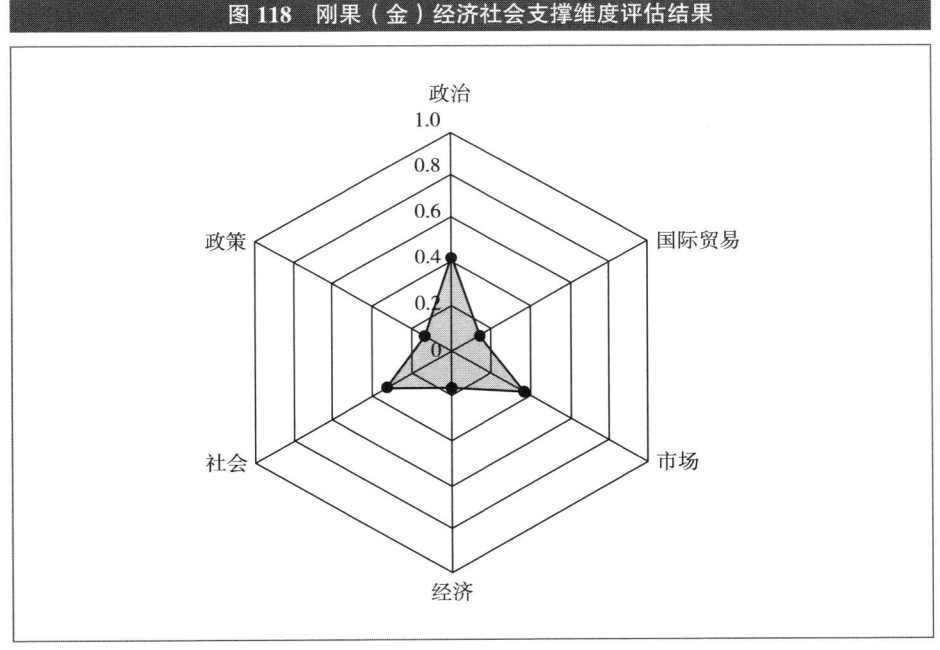

图 118 刚果（金）经济社会支撑维度评估结果

刚果（金）拥有较为丰富的石油资源。根据 2018 年的数据，其石油储量约为 1.8 亿桶，全世界排在第 58 位。已开发的石油仅占其储量的极小部分，石油产业发展前景较好。

刚果（金）电力供应缺口较大，全国电力覆盖率仅为 9%，其中城市为 19%，农村为 1%。2018 年，刚果（金）总装机容量为 263 万千瓦，发电量达到 90 亿千瓦时左右。刚果（金）水能资源丰富，水电潜能约为 10 万兆瓦，占世界水电总量的 13%。其中，4400 万千瓦集中在英加水电站周围地区，5600 万千瓦分布在其他 80 个可开发电站周围地区。

刚果（金）政府通过多个跨国输电网与安哥拉、布隆迪、刚果（布）、卢旺达、赞比亚、津巴布韦等周边国家进行电力贸易。主要跨国电网有：英加水电站—金沙萨—布拉柴维尔长 295 千米的 220KV×2 输电线路，布卡武—布琼布拉长 106 千米的 70KV 输电线。非洲发展银行 2016 年向刚果（金）提供 1100 万美元，用于推进尼"罗河赤道湖区辅助行动计划"（NELSAP）在刚果（金）实施。该计划旨在提高项目所涉及国家的电网覆盖率及发电能力，并拟在短期内扩大各国廉价电力的供应范围，实现乌干达—卢旺达、肯尼亚—乌干达间的电网互联，并加固布隆迪—刚果（金）—卢旺达的现有电网骨架等。该国互联互通基础维度评估结果如图 119 所示。

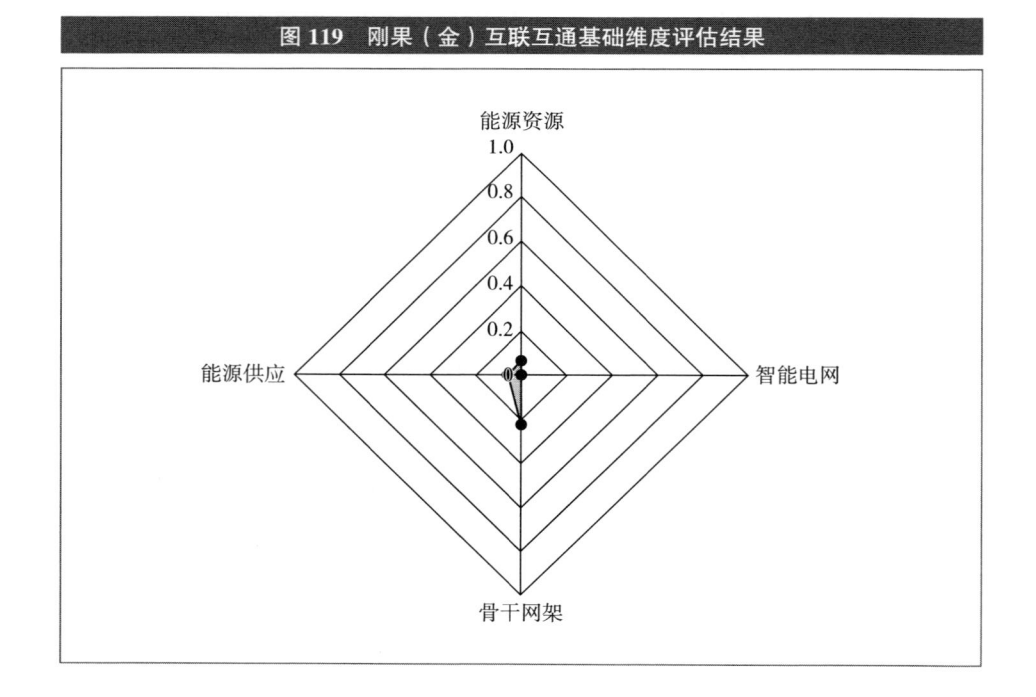

图 119 刚果（金）互联互通基础维度评估结果

刚果（金）清洁发展程度较高，但电能替代水平较低。可再生能源及核能占终端能源消费的67%，电能约占终端能源消费的3%，全国98.7%的电力来自水电。刚果（金）与刚果（布）类似，正通过大力吸引外部投资而进一步开发丰富的水电资源，中国、印度、美国等国在刚果（金）水电开发及能力建设方面进行了大量投资与援助，其电力供应水平正快速提升。该国清洁发展程度维度评估结果如图120所示。

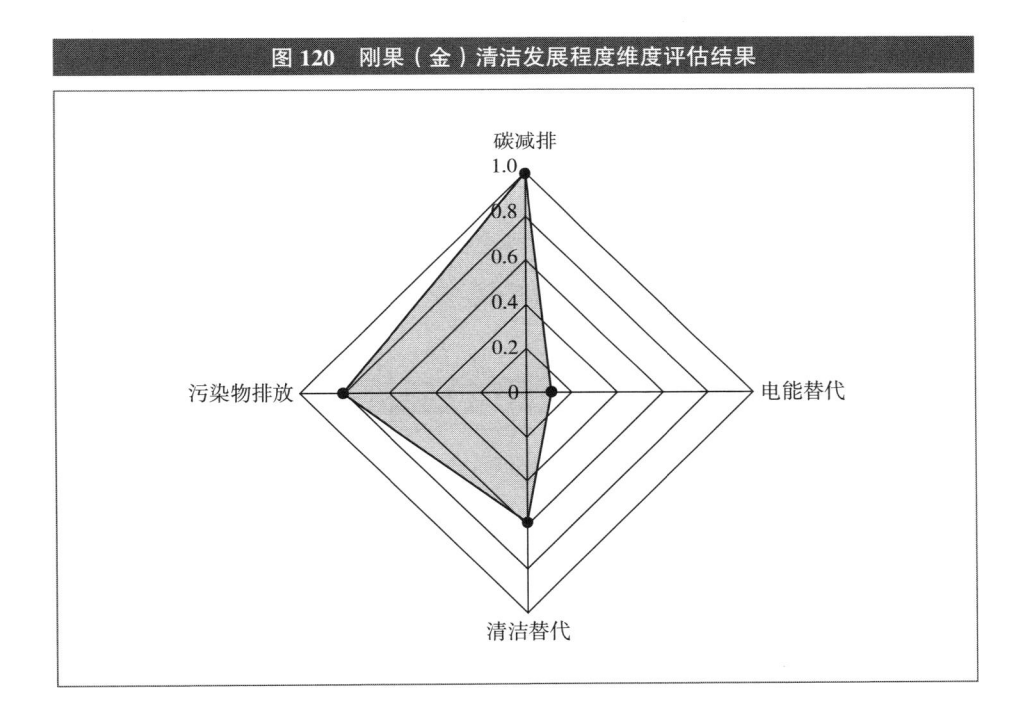

图120 刚果（金）清洁发展程度维度评估结果

（八）圣多美和普林西比

主要特点：

- 政治基本稳定，但处于政治民主化转型阵痛期，政治动荡隐患较大；
- 经济落后，但呈稳步增长态势；
- 石油资源丰富，石油工业是经济的支柱产业；
- 电力供应不足，电气化程度低，电能替代与清洁替代均居较低水平。

圣多美和普林西比目前政局基本稳定，2018 年的选举使其进一步向民主化转型。但该国长期政局不稳，政治斗争较为激烈，政治制度表现出政治民主化转型中的脆弱性特征。当前的政治统治维持了一种脆弱的平衡，政治动荡、政治碎片化的隐患仍然较大。

圣多美和普林西比经济发展落后，但经济呈现稳步增长趋势。国家财政持续拮据，民众生活水平两极分化严重，超过 50% 的人口生活在贫困线以下。产业结构不合理，全国超过一半的人口从事农业生产，主要经济作物为可可，产值占 GDP 的 20% 以上。近年来，政府积极寻求葡萄牙等国及国际货币基金组织的援助，同时采取降低关税、改善投资环境和建立自由贸易区等措施吸引外资，重点投资港口、电力等基础设施，积极发展旅游等新兴产业。经济保持稳步增长，近年来保持了 4% 左右的较高增速。世界银行发布的《2020 年营商环境报告》显示，圣多美和普林西比的营商环境在全球 190 个经济体中排在第 170 位。该国经济社会支撑维度评估结果如图 121 所示。

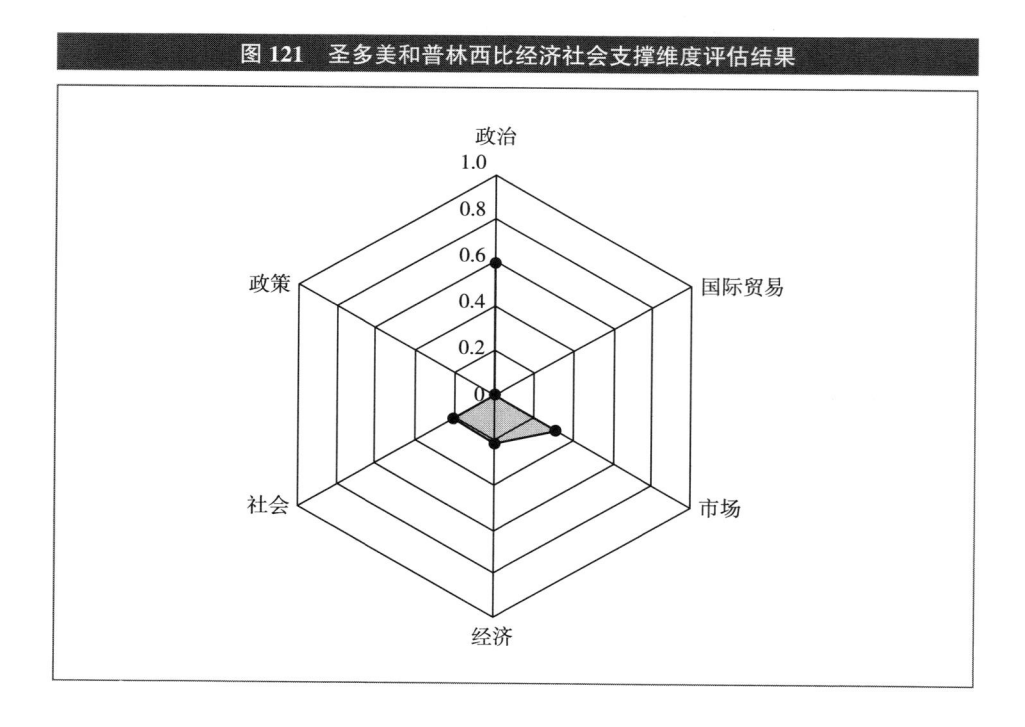

图 121 圣多美和普林西比经济社会支撑维度评估结果

圣多美和普林西比的石油储量较为丰富,石油探明储量据估计有60亿~100亿桶,但目前尚处于开发起步阶段。该国存在电力供应不足的困难,2017年装机容量约为1900万千瓦,电力供应覆盖率约为72%,其中在农村为45%,在城市为83%。圣多美和普林西比目前尚未实现与他国电网互联。该国互联互通基础维度评估结果如图122所示。

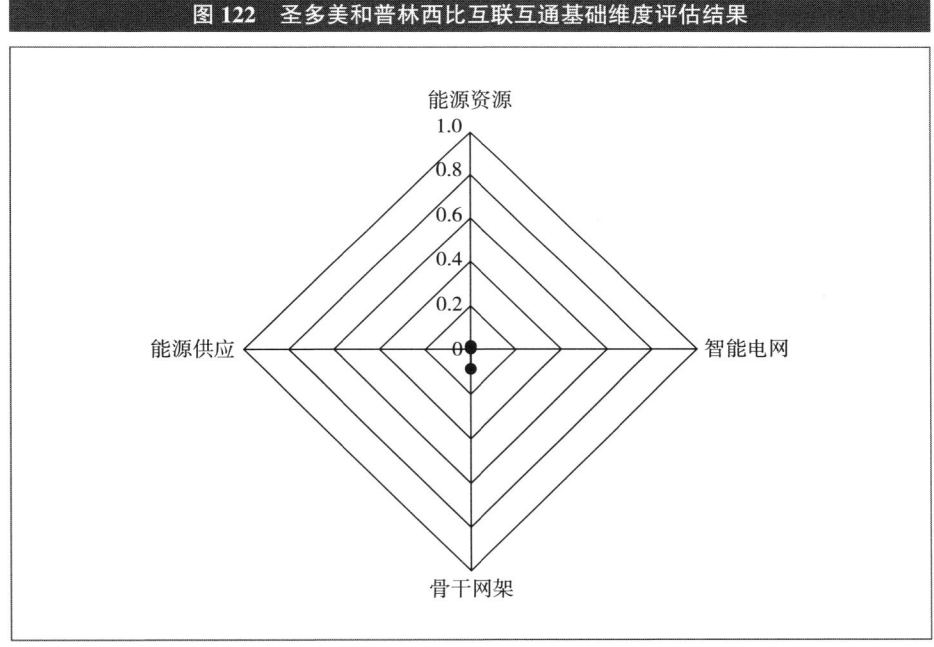

图122　圣多美和普林西比互联互通基础维度评估结果

圣多美和普林西比电能替代与清洁替代水平较低。可再生能源占终端能源消费的9%,能源消费主要是石油,约占终端能源消费的90%。可再生能源发电占比约为9%,绝大部分为水电,电能占终端能源消费的比重仅为3%。圣多美和普林西比的清洁化与电气化发展面临较大的困难,在其提交的应对气候变化的自主贡献文件中没有提出无条件贡献的承诺,并指出本国的清洁发展需要大量外部资金与技术的援助,否则很难取得有效进展。该国清洁发展程度维度评估结果如图123所示。

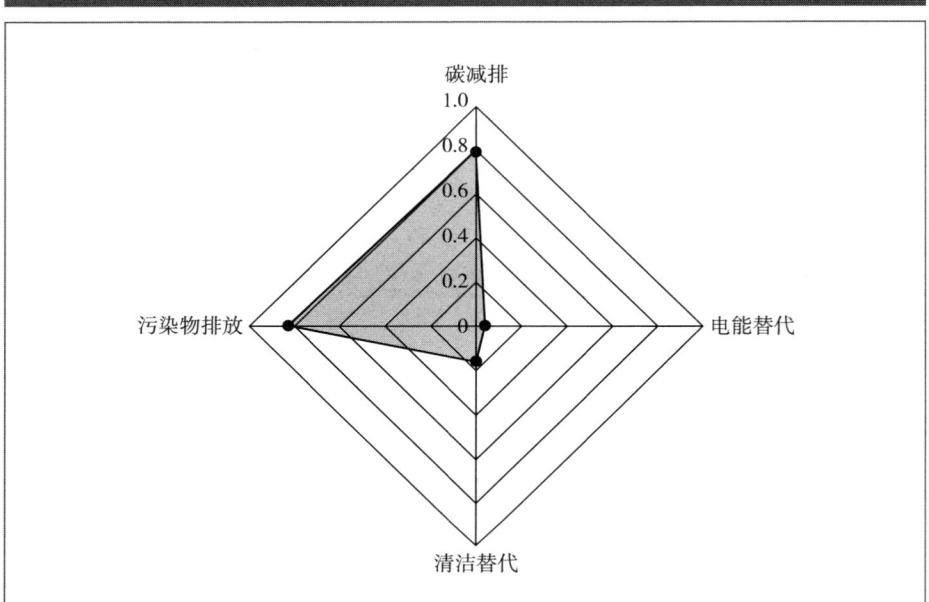

图 123　圣多美和普林西比清洁发展程度维度评估结果

五　南部非洲

（一）赞比亚

主要特点：

- 政治相对稳定，经济发展规划较明晰；
- 水电资源丰富，占据电力供应的绝对主导地位；
- 电力供应受降雨、水量等季节性因素影响较大。

赞比亚地处非洲中南部内陆，近年来经济持续稳定增长。2018年GDP为267.84亿美元，人均GDP为1586美元，经济增幅为3.7%。政治环境总体稳定。自1964年独立以来，赞比亚未与邻国发生任何军事冲突，领导人连续执政，为国家发展制定较为长远的规划并有效执行，不断推出新的经济计划和政策，力图实现经济社会稳定发展。赞比亚于2013年启动"营商环境行动计划"，通过引入统一公司注册码、对低风险项目环境影响评估费用实行减免及推行自动化程序机制等方式便利投资，改善本地营商环境。在世界银行发布的《2020年营商环境报告》中，赞比亚位列非洲国家第7位、全球第85位。世界经济论坛《2019年全球竞争力报告》显示，赞比亚在全球最具竞争力的141个国家和地区中排在第120位。2017年6月21日，赞比亚政府发布第七个国家发展五年计划，于2017~2021年实施。根据该计划，2017~2021年赞比亚GDP增长率将保持在5%以上，非矿出口份额提高至50%左右。还将大力发展交通、能源基础设施建设，鼓励私营部门参与国家建设。该国经济社会支撑维度评估结果如图124所示。

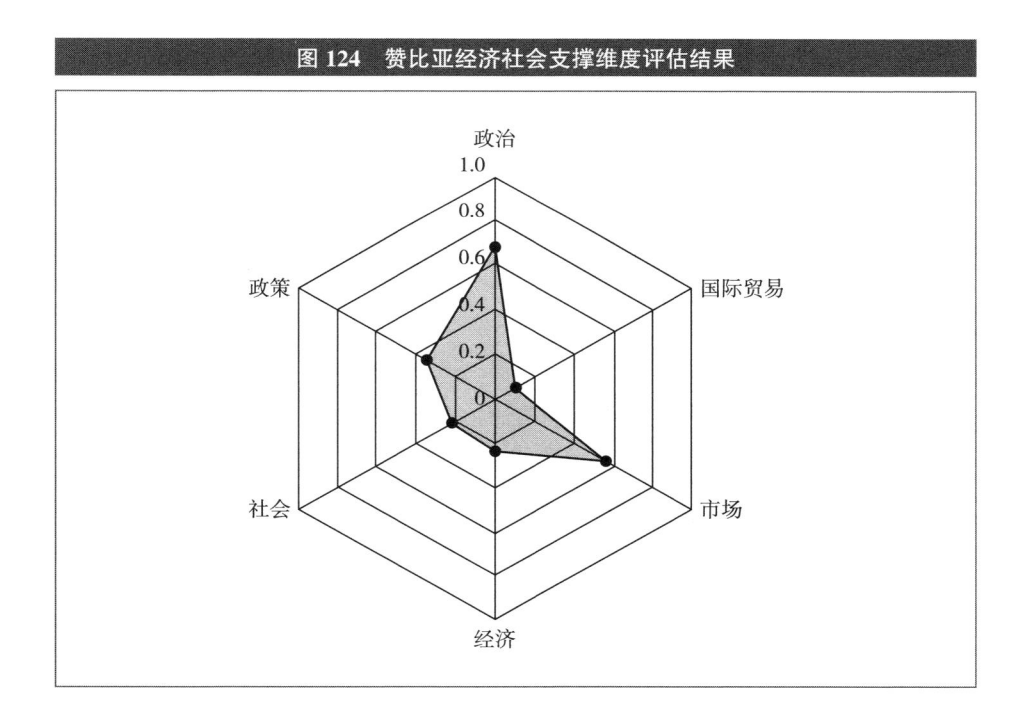

图124 赞比亚经济社会支撑维度评估结果

赞比亚水利资源丰富，地表水占南部非洲地表水储量的42%，地下水资源则占南部非洲地下水储量的45%。水电资源开发潜力为600万千瓦。赞比亚现有三家主要的电力公司：赞比亚国家电力供应公司（ZESCO），通过国家电网向全国大部分地区输送电力；赞比亚铜矿带能源公司（CEC），主要向铜带省采矿区供应电力；卢森法瓦电力公司（Lusemfywa Electricity Company），则主要负责中央省的电力供应。2018 年，赞比亚大约有 1100 万人无法获得电力，占比约为 63%。受 2018~2019 年雨季降水不足影响，赞比亚 2019 年电力缺口约为 50 万千瓦时。自 2019 年 6 月 1 日起，赞比亚国家电力供应公司开始在全国范围实施轮流停电减载措施，每日停电至少 4 小时，以应对电力供给不足，住宅和工业用户均受到影响。赞比亚与坦桑尼亚、莫桑比克、纳米比亚、津巴布韦等国电网均有连接。除供本国使用外，根据协议，赞比亚将部分电力输送给坦桑尼亚、纳米比亚等周边国家。目前，赞比亚政府正在加快推动 Kasama-Nakonde 高压输电线路建设，这是赞比亚—坦桑尼亚—肯尼亚电网互联（ZTK）的一部分，预计投资将达 7000 万美元。该项目可将赞比亚与东非电力系统 East African Power Pool 连接起来，促进该地区电力贸易和电力系统稳定。该国互联互通基础维度评估结果如图 125 所示。

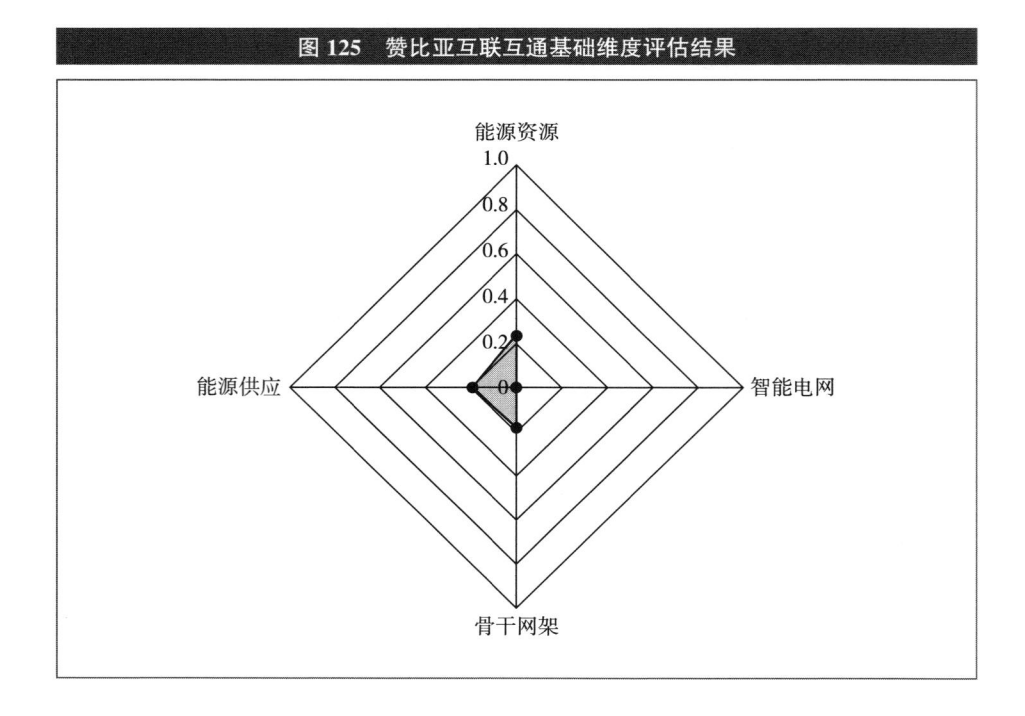

图 125　赞比亚互联互通基础维度评估结果

2018年，赞比亚可再生能源发电结构为：水电装机239.8万千瓦，太阳能发电装机仅0.5万千瓦，生物质能发电装机4.3万千瓦。赞比亚太阳能潜力巨大，还拥有丰富的河流和水资源。太阳能和水力是最适合赞比亚发展的可再生能源。2018年，全国总装机容量约为280万千瓦，水电约占85%。赞比亚大力推动可再生能源开发。其中，下凯富峡水电站项目是赞比亚40年来投资开发的第一个大型水电站，项目装机容量达75万千瓦，预计在2020年完成。项目建成后，赞比亚的电力供应可以提高38%。英国、德国、意大利等多国正在开展对赞比亚光伏项目的投资。2017年4月，意大利可再生能源生产商Enel Green Power（EGP）与赞比亚国家电力供应公司签署了一份为期25年的购售电协议。根据该协议，EGP将投资4000万美元在卢萨卡南多功能经济区建设一座容量达34兆瓦的太阳能电厂，赞比亚国家电力公司将以7.84美分/度的价格从该电厂购电。赞比亚还选择与俄罗斯合作核能项目，预计核反应堆启动后，核电装机规模将达200万千瓦。该国清洁发展程度维度评估结果如图126所示。

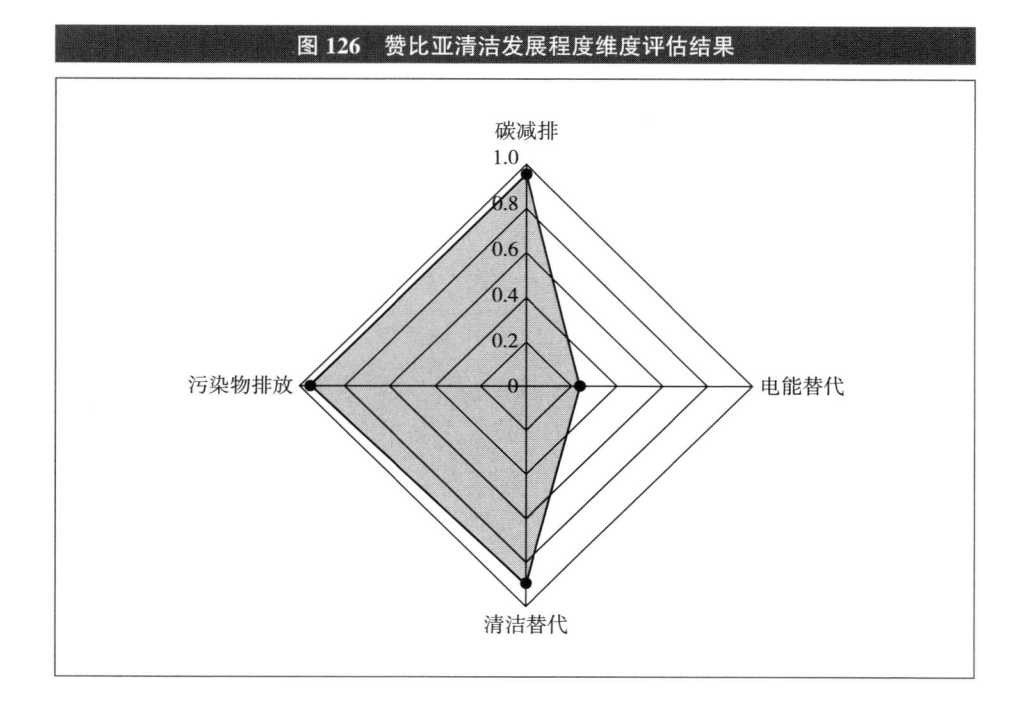

图126 赞比亚清洁发展程度维度评估结果

（二）安哥拉

主要特点：

- 致力于在能源部门引进外资，并对投资法案进行修改，使其更符合吸引外资的自由化原则；
- 受国际油价下跌影响，中长期经济增长潜力被削弱，从而制约了电力行业发展；
- 光照资源丰富，在离网光伏发电方面具有天然优势。

安哥拉是撒哈拉以南非洲地区的第三大经济体和吸引外资能力较强的国家之一。政治形势较为稳定，自然环境较为优越，水源充足，土地肥沃，可耕地面积广，具有较大的经济发展潜力。世界经济论坛《2019年全球竞争力报告》显示，安哥拉在全球最具竞争力的141个国家和地区中排在第136位。世界银行《2020年营商环境报告》显示，安哥拉的营商环境在全球190个经济体中排在第177位，在非洲排在第46位。安哥拉位于非洲西南部，北邻刚果（布）和刚果（金），东接赞比亚，南连纳米比亚，是中部、南部非洲的重要出海通道之一；西濒大西洋，海岸线长1650公里，国土面积为124.67万平方公里，战略地位十分重要。

自2014年以来，受国际油价下跌影响，安哥拉长期依赖石油产业的弊端开始显现，经济开始下滑。2016~2018年，安哥拉连续三年经济衰退。财政收入减少直接导致项目迟滞、通胀严重、债务高企、外汇紧缺等，阻碍了国家经济发展和人民生活水平提高。2018年，安哥拉政府采取了一系列措施改善营商环境，出台了新的私人投资法，取消最低投资额限制和安方持股要求，增加了享受税收优惠的投资行业；出台竞争法，鼓励市场竞争，实施新的海关税则和签证制度，鼓励生产和出口，为投资者到安哥拉投资提供更多便利。2019年4月，安哥拉政府发布《2018~2022年国家发展五年规划》，确立了未来五年国家发展要达到的六个目标，分别为：提高人民生活水平；实现经济可持续包容发展；改善基础设施条件；加强民主与法制，实施改革和权力下放；建设和谐社会；维护社会稳定与领土完整，提高国际地位。该国经济社会支撑维度评估结果如图127所示。

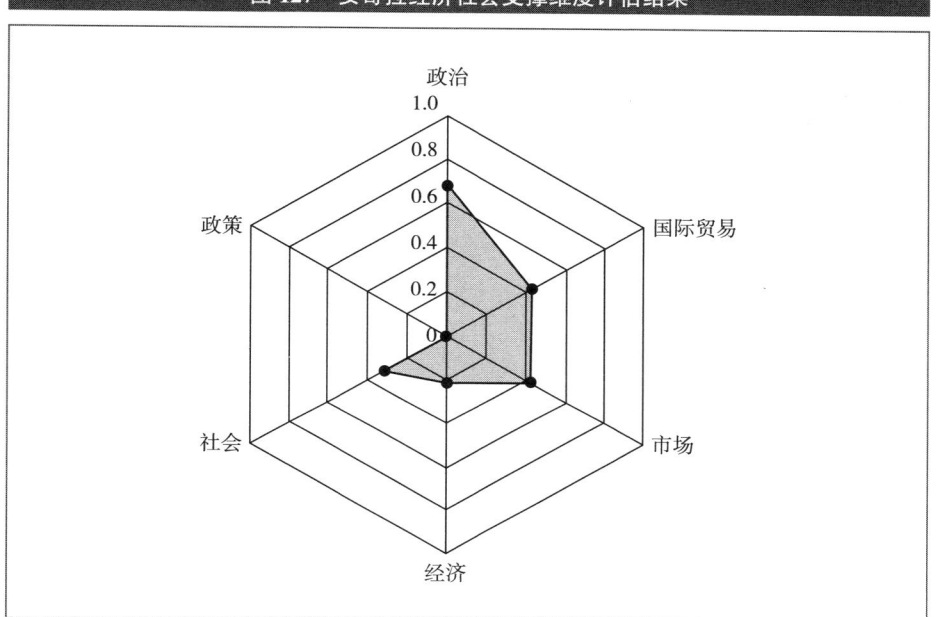

图 127　安哥拉经济社会支撑维度评估结果

电力基础设施缺乏、电力短缺以及电力部门投资不足是撒哈拉以南非洲地区各国普遍面临的问题。2018 年，安哥拉无电人口达 1700 万，占比为 55%。安哥拉的石油、天然气等资源丰富。2018 年已探明的石油可采储量约为 130 亿桶，安哥拉是非洲第二大产油国，也是目前中国的第三大石油进口来源国。2018 年，原油日产量为 147 万桶。该国天然气储量达 7 万亿立方米。

安哥拉水力资源较丰富。水资源潜力达 1400 亿立方米，水力发电量占全国总发电量的 75%，其余 25% 来自火力发电。安哥拉目前电力需求缺口很大，包括首都在内的很多城市和地方均不能确保日常正常用电。2016 年总装机容量约为 217 万千瓦，总发电量约为 85 亿千瓦时，还无法完全保障工农业生产的基本需求。安哥拉能源水利部 2013~2017 年的总预算为 147 亿美元，其中 76.2 亿美元用于供电系统建设，59.2 亿美元用于水能、风能、太阳能等清洁能源开发，7.13 亿美元用于供水系统建设。目前，位于宽扎河上安哥拉装机容量最大的拉乌卡水电站已开始发电，这使安哥拉的电力供应得到极大改观。目前，安哥拉的电力价格不到生产成本的 1/3。世界银行已与安哥拉达成协议，将为安哥拉提供三笔融资（分别为 5 亿美元、2.5 亿美元和 3.3 亿美元），作为国际货币基金组织中期贷款的补充。该协议的目标之一是，在 2020 年底前取消对水电、公共交通、燃油等领域的价格补贴，预计取消补贴后电价将提高 3 倍。

全国电网分为三个独立的区域：北部、中部和南部。2014 年 11 月，安哥拉政府建立了两家负责输电和配电的公共企业——安哥拉国家输电公司（RNT）和安哥拉国家配电公司（ENDE）。安哥拉大部分配电网建于 20 世纪 70 年代国家独立之前，服务质量较差。安哥拉政府近年加大电网投入，在发电及输配电环节改善供电质量，大区间互联输电线路相继建设。该互联互通基础维度评估结果如图 128 所示。

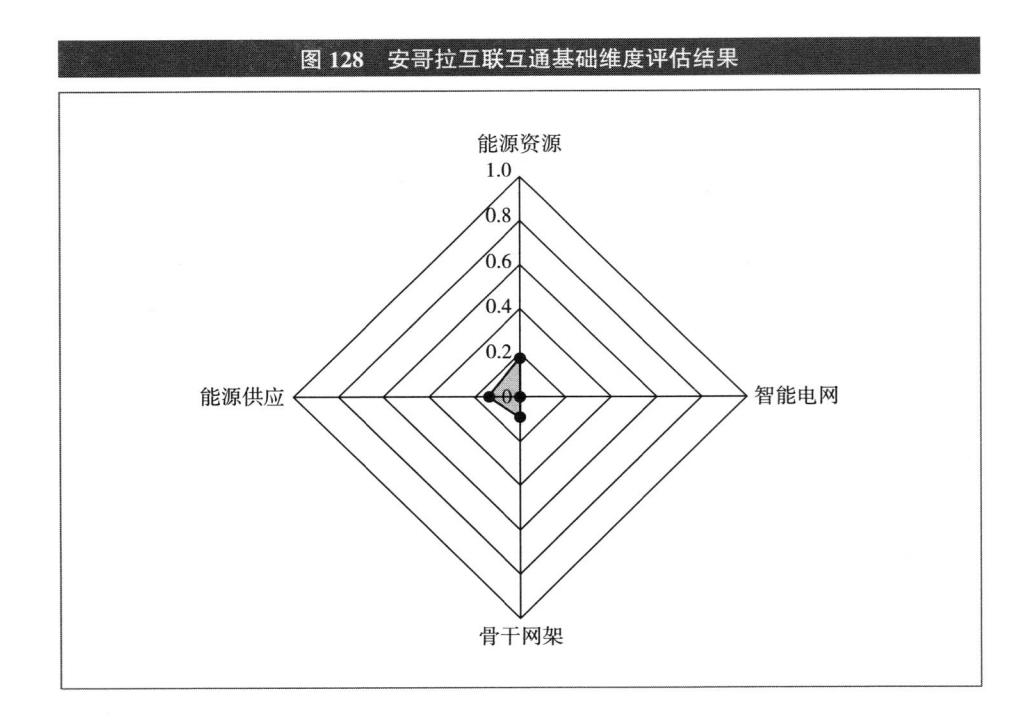

图 128 安哥拉互联互通基础维度评估结果

2018年，安哥拉可再生能源发电结构为：水电装机270万千瓦，太阳能发电装机仅1.3万千瓦，生物质能发电装机5.1万千瓦。安哥拉水电资源丰富。由于多年战争，原有的许多水电站已经瘫痪，政府无力修复，导致电力供应十分紧张。政府无力投资，于是探索采取ROT（改造—运行—移交）和BOT（建设—运营—转让）的方式建设电站项目。此类融资项目投资规模较大，电费回收率很低，资金回收期较长，投资风险比较大。安哥拉2019年9月宣布，计划到2022年部署60万千瓦的太阳能发电，来自大约3万个太阳能园区和分布式发电项目。这些项目是该国2018~2022年国家发展计划的一部分，将极大推动可再生能源的发展。非洲开发银行的非洲可持续能源基金同意向安哥拉政府提供100万美元，支持其建立能源项目实施支持部门。根据安哥拉的可再生能源发展目标，至2025年光伏装机将达到10万千瓦，中小水电装机达到37万千瓦，风电装机达到10万千瓦。该国清洁发展程度维度评估结果如图129所示。

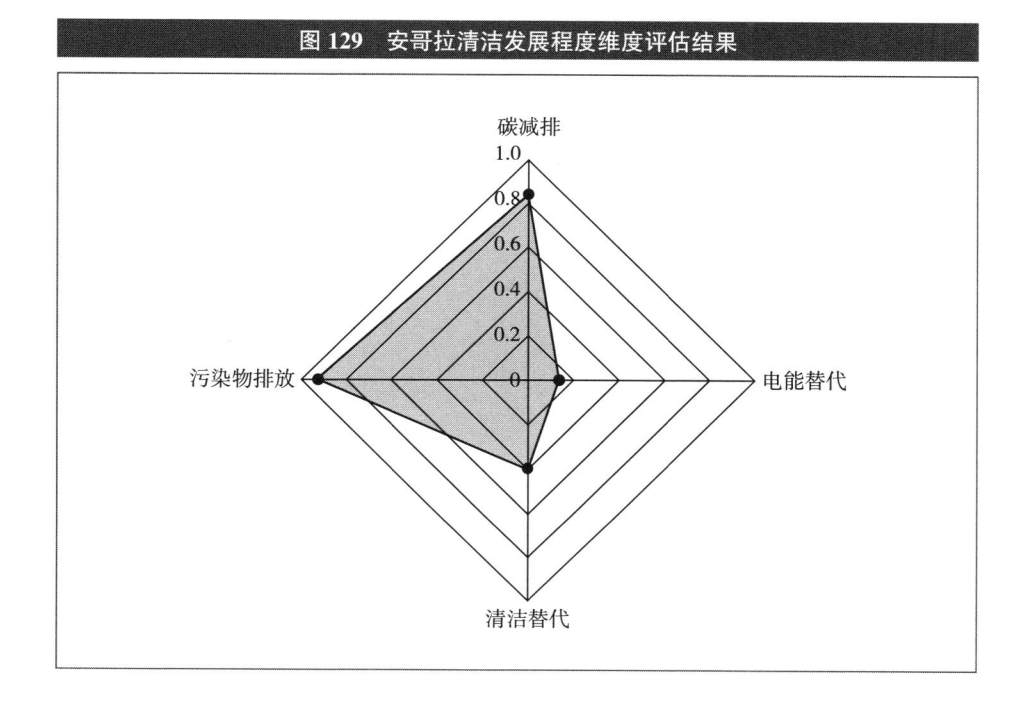

图129　安哥拉清洁发展程度维度评估结果

（三）津巴布韦

主要特点：

- 拥有较强的高等教育系统，具有高技术水平和完备的人力资源基础；
- 蕴藏着世界上规模最大的矿藏资源；
- 已经在全国大部分地区成功安装了预付费电表。

津巴布韦位于东南部非洲腹地，面积为39.1万平方公里，人口有1306万。2017年GDP为178.5亿美元，增速为3.69%，人均GDP为1246.71美元。2017年11月，津巴布韦新旧政权平稳过渡，新政府积极推动多领域改革，扩大对外开放，改善营商环境，吸引外国投资，未来发展前景看好。世界经济论坛《2019年全球竞争力报告》显示，津巴布韦在全球最具竞争力的141个国家和地区中排在第127位。世界银行《2020年营商环境报告》显示，津巴布韦的营商环境在全球190个经济体中排在第140位，在非洲居第26位。津巴布韦有很强的高等教育系统，具有高技术水平和完备的人力资源基础。全国识字率达到90%以上，是非洲和世界上识字率较高的国家之一。津巴布韦政府致力于推动经济复苏和发展，制定了《津巴布韦可持续社会经济转型规划》，在农业、矿业、基础设施、旅游、经济特区等重点领域提出了一系列目标和具体项目。

津巴布韦产业分布较为全面，矿产业、农业、旅游业以及其他服务业都得到一定发展，是撒哈拉以南非洲各国当中除南非之外产业结构较为完整的国家之一。2017年，赞比亚公布了第七个国家发展计划（2017~2021年），旨在实现"2030年国家愿景"中提到的"到2030年成为一个繁荣的中等收入国家"的长期目标。该国经济社会支撑维度评估结果如图130所示。

2018年，津巴布韦无电人口达1100万，占比76%。主要的电站有万吉火电站（装机容量为92万千瓦）、卡里巴湖南岸水电站（75万千瓦），以及哈拉雷、布拉瓦约、穆尼亚提三个小火电站（共计37.5万千瓦），此外还有一些私人的小型发电站。由于设备老化、维护不当或水量不足等原因，实际发电量很低。目前，全国发电装机总容量不足130万千瓦，而需

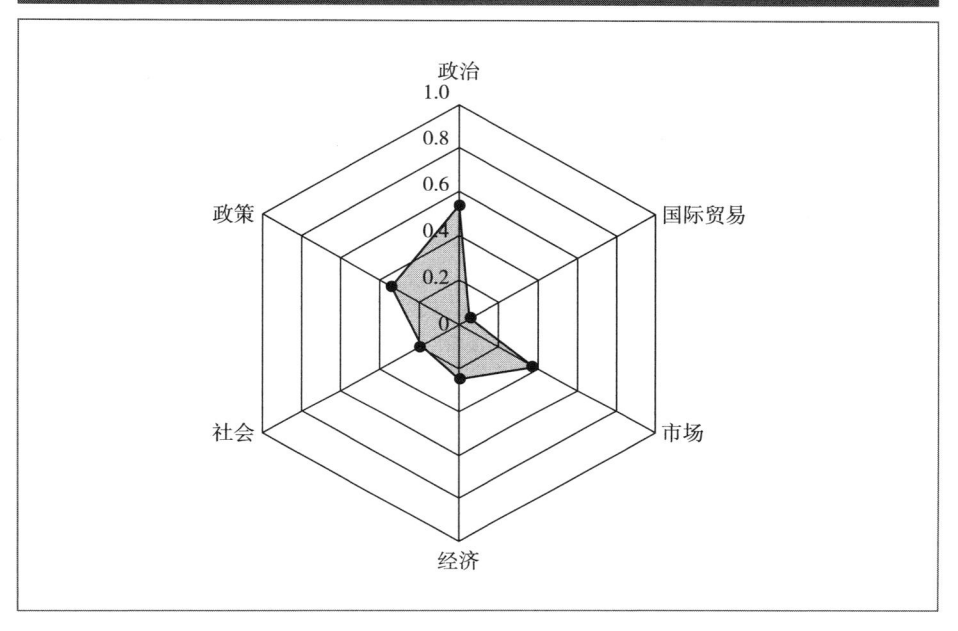

图 130　津巴布韦经济社会支撑维度评估结果

求量则超过 220 万千瓦。2019 年，由于遭遇了 40 年不遇的干旱，津巴布韦最大的湖泊卡里巴湖水位下降，造成作为供电主要来源的卡里巴湖南岸水电站发电能力下降。加上万吉等其他四座火力发电站设备陈旧，机器故障频发，同时煤炭供应不足，使绝大部分电站发电能力丧失。津巴布韦电力供应出现巨大缺口，大大影响了经济，并对医药、采矿和其他行业造成了严重影响。

津巴布韦地处南部非洲中心地带，其电网与赞比亚、莫桑比克和博茨瓦纳等周边国家互联互通。为弥补电力供应不足，津巴布韦从南非、赞比亚和莫桑比克进口电力（约占津巴布韦实际用电量的 1/3）。但由于外汇偿付困难，周边国家电力需求增加和电力负荷特性与津巴布韦相似（即高峰、低谷负荷同时率高），津巴布韦电力进口经常中断，停电现象时常发生。

津巴布韦加快电网基础设施建设。总价 1910 万美元的 Alaska-Karoi 地区电网升级项目于 2018 年开工，非洲发展银行为此提供资金支持。津巴韦基金二期（Zim-Fund）将提供1110万美元，用于多个地区的紧急电力改造项目，并提供3650万美元用于农村电力项目建设。津巴布韦已经在全国大部分地区成功安装了预付费电表。该国互联互通基础维度评估结果如图131所示。

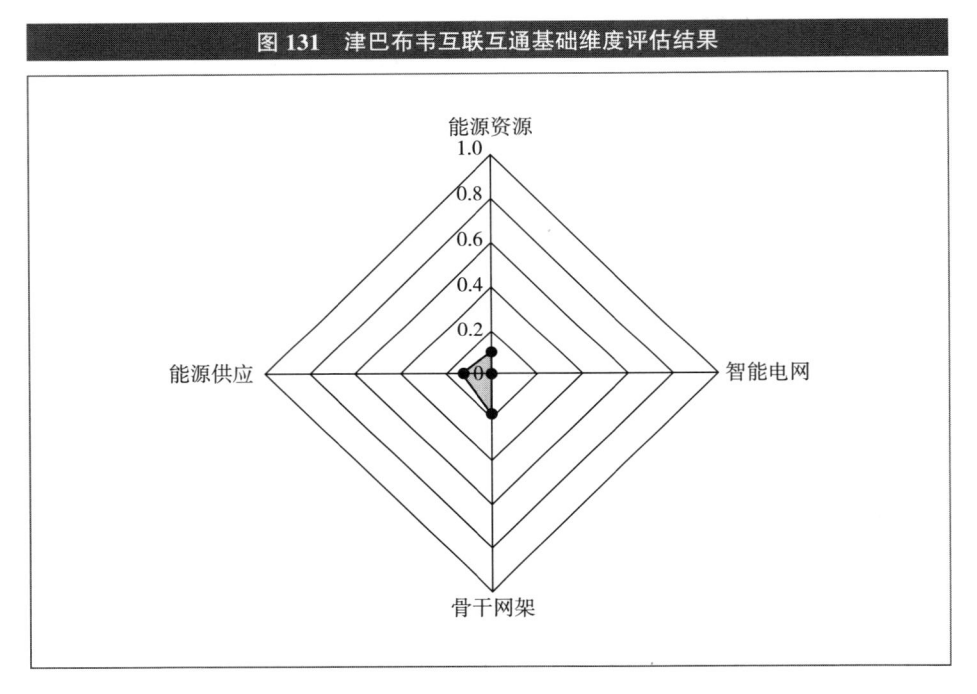

图 131　津巴布韦互联互通基础维度评估结果

2018年，津巴布韦可再生能源结构为：水电装机108万千瓦，太阳能发电装机仅1.1万千瓦，生物质能发电装机10万千瓦。津巴布韦可再生能源潜力巨大。根据国际可再生能源署的数据，该国拥有约20万千瓦的小型水力发电潜力和较大的太阳能发电潜力，年均日照时间有300天（或3000小时）。津巴布韦计划到2025年实现100万千瓦的可再生能源装机量，届时可再生能源将占当年发电总量的大约16%。该国清洁发展程度维度评估结果如图132所示。

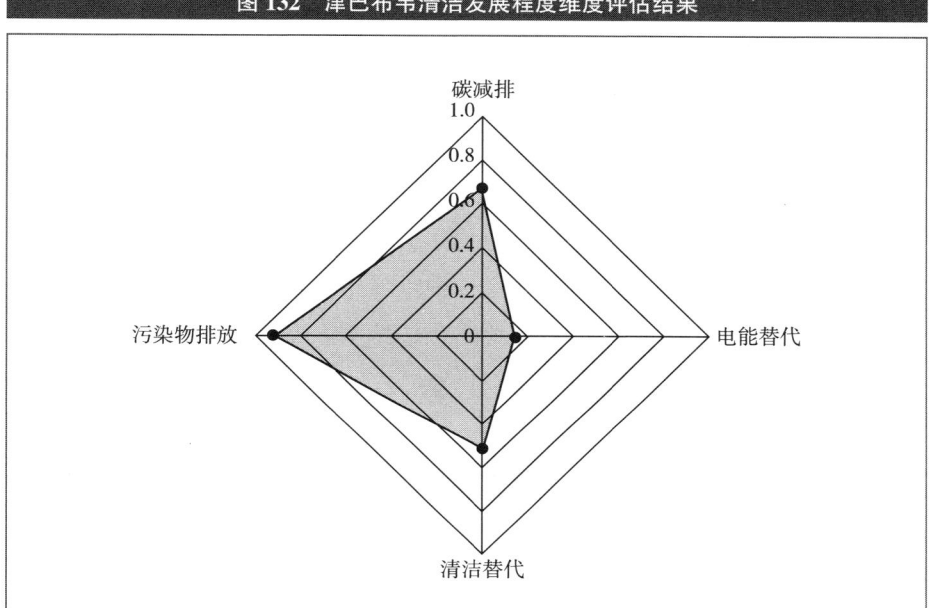

图 132　津巴布韦清洁发展程度维度评估结果

（四）马拉维

主要特点：

- 为农业国家，工业发展严重滞后，经济严重依赖外部援助；
- 由于政府资金匮乏，与莫桑比克的电力贸易协议进展缓慢。

马拉维位于非洲东南部腹地，国土总面积为 11.8 万平方公里，地形狭长。马拉维是南部非洲发展共同体和东南非共同市场成员，其政局长期保持稳定。作为联合国认定的世界最不发达国家之一，马拉维仍是个农业国，工业发展严重滞后，经济发展基本依赖外国援助。世界经济论坛《2019 年全球竞争力报告》显示，马拉维在全球最具竞争力的 141 个国家和地区中排在第 128 位。世界银行《2020 年营商环境报告》显示，马拉维的营商环境在全球 190 个经济体中排在第 109 位，在非洲排在第 13 位。2016 年，马拉维政局继续保持稳定，但经济发展仍乏善可陈。受气候变化影响，近年来旱涝交替，受灾严重。马拉维积极增强自我发展能力，2017 年以来经济呈现回稳向好的趋势，GDP

达到 63.07 亿美元，增长 5.1%。

为了尽快发展国家经济、摆脱经济困境，马拉维政府近年来实行了一系列欢迎和鼓励外国投资的政策，并取得了一定成效。同时，马拉维电力、交通等基础设施比较落后，急需外国投资。2016 年以来，马拉维成立国家发展委员会，编制"马拉维增长与发展战略"（MGDG），提出发展"绿色农业带"，发展农业与灌溉，"投资青年，驾驭人口红利"。新政府制定了一系列法律法规并进行体制改革，为企业经营扫除障碍，放开私有经营，改善营商环境。第三期"马拉维增长与发展战略"是马拉维政府制订的最新一期五年发展计划，实施期为 2017~2022 年。其发展目标是：通过实现可持续性经济增长，不断创造社会财富，减少贫困人口，将马拉维由一个进口消费型国家转变成制造出口型国家；优先发展农业和食品安全、水利灌溉、交通基础设施、电力、城乡一体化发展、艾滋病防治等六个行业和领域。该国经济社会支撑维度评估结果如图 133 所示。

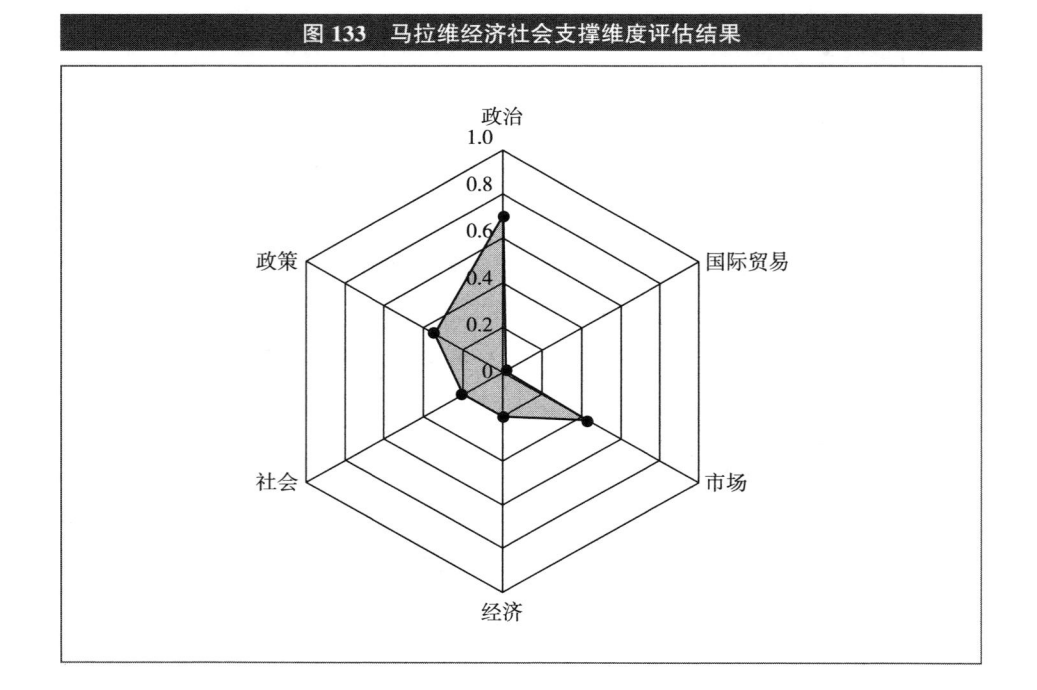

图 133　马拉维经济社会支撑维度评估结果

图 134 马拉维互联互通基础维度评估结果

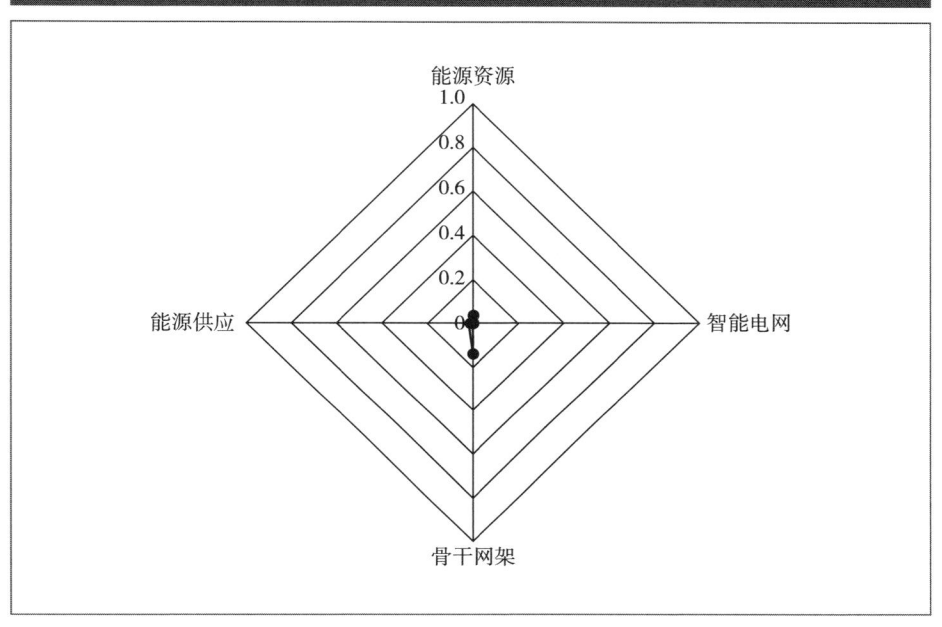

图 135 马拉维清洁发展程度维度评估结果

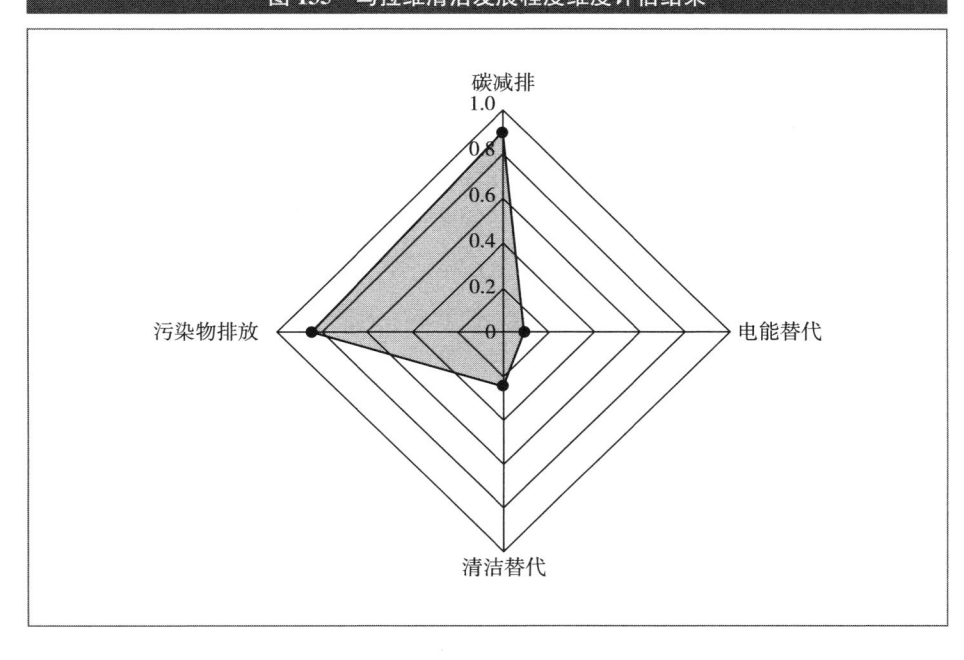

219

马拉维拥有较丰富的自然资源，水资源丰富。由于道路、电力等基础设施欠发达，大多数矿产尚未得到开发。2018 年，无电人口有 1100 万，占 60%。马拉维电力供应严重短缺，稳定性差。国有变电站装机容量仅有 35 万千瓦，其中水电占 95%，火电占 5%。马拉维现有电站总体运转正常，但近年发生了多起因河水漂浮物和水库泥沙淤积而导致的运转事故。另外，目前逾半数机组均已超过设计年限，维修、保养压力增大。

2011 年 4 月，美国千年挑战公司（MCC）与马拉维政府签署了为期五年、价值达 3.51 亿美元的电力项目援助协议，计划更新和升级马拉维现有的电力系统，改革和调整产业结构，对希雷河下游地区的自然资源进行治理。目前该项目进展缓慢。为了提高国内的通电率，2016 年，马拉维政府颁布电力法并成立国有发电公司，大力发展电力基础设施。莫桑比克将新建一条跨境高压输电线路连接马拉维，全长大约 218 千米，其中 78 千米位于马拉维境内，输电容量达到 20 万千瓦。该 400 千伏高压输电线路于 2018 年开建，将连接莫桑比克的西部省份太特省（Tete）和马拉维的封贝亚（Phombeya），以及两端的变电站。该国互联互通基础维度评估结果如图 134 所示。

2018 年，马拉维可再生能源结构为：水电装机 36 万千瓦，太阳能发电装机仅 2.3 万千瓦，生物质能发电装机 1.2 万千瓦。马拉维积极吸引外部投资进行可再生能源项目开发。2018 年，马拉维国家公用事业电力供应公司（ESCOM）与项目开发商签署了一项为期 20 年的电力购买协议，用于 60 兆瓦的 Salima 太阳能发电项目。2019 年，马拉维启动一项装机容量为 2 万千瓦的太阳能电站的招标工作，计划将太阳能电站安装在负荷中心萨利马附近，以最大限度满足下午的用电高峰需求。该国清洁发展程度维度评估结果如图 135 所示。

（五）莫桑比克

主要特点：

- 为 2004~2014 年非洲发展最快的国家之一，发展潜力较大；
- 资源禀赋优越，天然气已探明储量达 5.66 万亿立方米。

莫桑比克位于非洲东南部，是东南部非洲内陆国家的重要出海口和区域性交通走廊，是"21世纪海上丝绸之路"在非洲的自然延伸。世界经济论坛《2019年全球竞争力报告》显示，莫桑比克在全球最具竞争力的141个国家和地区中排在第137位。世界银行《2020年营商环境报告》显示，莫桑比克的营商环境在全球190个经济体中排在第138位，在非洲排在第26位。

莫桑比克于1992年结束内战后，国内长期和平稳定，社会经济平稳快速发展。特别是2004~2014年，GDP保持7%以上的增长，莫桑比克成为同时期非洲发展最快的国家之一。2015年以来，受国际原材料价格大幅下跌、自然灾害增多、货币贬值等多种因素影响，莫桑比克的经济增速有所放缓。2018年，GDP为118.04亿美元，增长率为4%左右。国际货币基金组织预测，受煤炭、天然气等资源开发的强力支撑，莫桑比克的经济增速在2022年以后可能达到17.6%。该国经济社会支撑维度评估结果如图136所示。

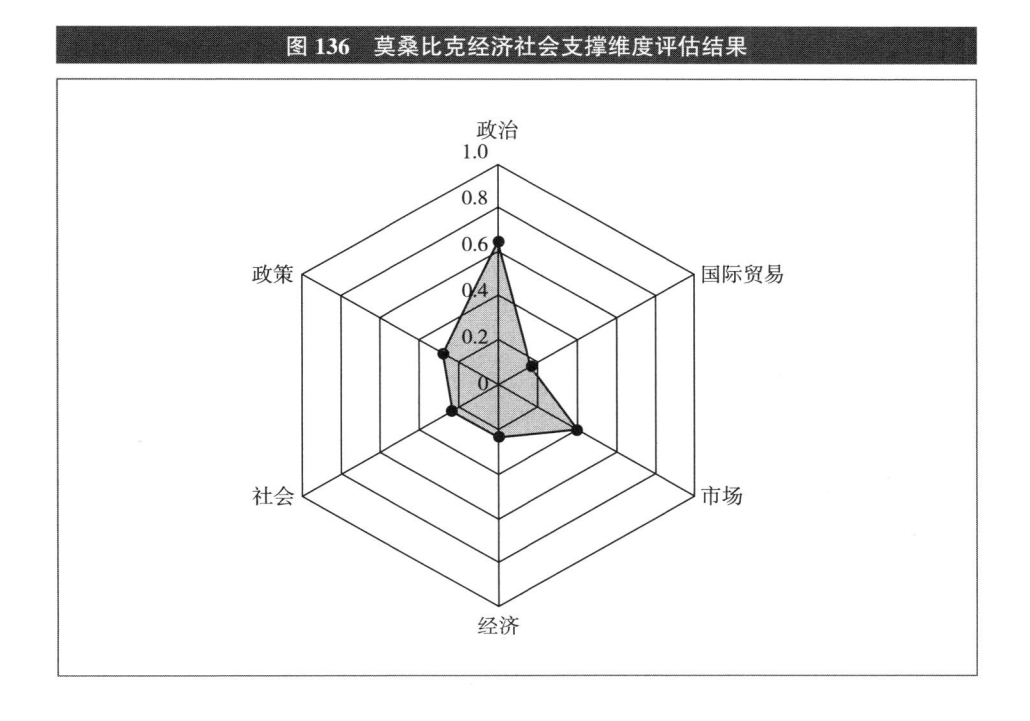

图136　莫桑比克经济社会支撑维度评估结果

莫桑比克资源禀赋优越。天然气已探明储量达5.66万亿立方米，主要分布在北部鲁伍马盆地和中部莫桑比克盆地。国际上普遍预计，莫桑比克将成为世界第四或第五大天然气生产国。煤炭储量丰富，莫桑比克大部分矿产资源处于未开发状态。境内有大小河流25条，水力资源丰富。坐落在赞比西河上的卡奥拉·巴萨水电站，装机容量为207.5万千瓦，1975年建成时是非洲最大的水电站，目前仍是南部非洲最大的水电站。2018年，莫桑比克无电人口达2200万，占71%。全国90%以上的电力供应依靠赞比西河上的卡奥拉·巴萨水电站，其余电力供应则依靠小型煤电和天然气发电。

莫桑比克煤炭、天然气、水力等资源丰富，都可以用于发电。国家电力供应存在的主要问题，一是缺少用于建设发电设施的投资，二是输变电线路老旧和覆盖率低，限制了国家工业化发展。短期内莫桑比克的电力供应基本能够满足需求，但是一旦北部天然气开发进入密集期以及大型工业项目陆续上马，电力供应将出现短缺。莫桑比克的电网与南非、马拉维、津巴布韦、坦桑尼亚等周边国家互联互通，国内电网覆盖率较低，现有输电线路主要集中在大城市沿线及周边地区。到莫桑比克投资设厂，如果用电量较大或在电网覆盖范围外，需要自备发电设备或自建输变电设施。

莫桑比克的电网设施已经老化，南部地区的电网已经服役40多年，中部地区的电网服役更是超过50年。因此需要大量资金、资源投入，对全国范围内的电网进行翻新、升级，才能满足日益增长的电力需求。莫桑比克国家电力公司（EDM）2018年初表示，未来几年拟投资51.5亿美元，以维持莫桑比克作为南部非洲发电供电中心的地位。莫桑比克是撒哈拉以南非洲国家中电力潜力最大的国家，但由于南部非洲的经济增长放缓，莫桑比克目前尚未利用的发电产能达到700万千瓦时。该国互联互通基础维度评估结果如图137所示。

2018年，莫桑比克的可再生能源结构为：水电装机220万千瓦，太阳能发电装机仅1.7万千瓦，生物质能发电装机1.4万千瓦。未来，莫桑比克的规划电站以水电、燃煤、燃气和风电、太阳能等新能源为主。2018~2042年，该国规划总装机容量为1030万千瓦，其中水电项目约17个，火电项目约25个，

图 137　莫桑比克互联互通基础维度评估结果

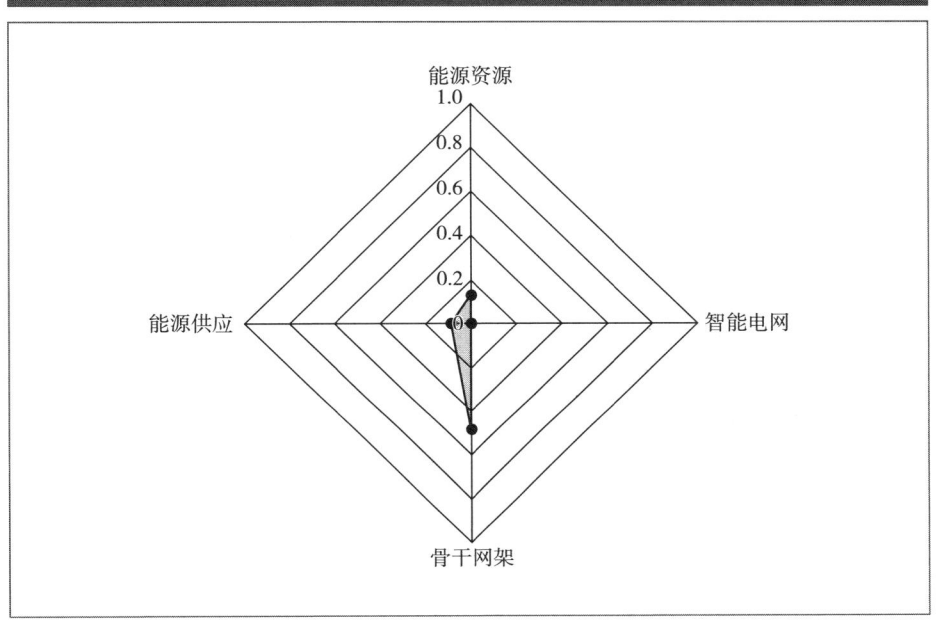

图 138　莫桑比克清洁发展程度维度评估结果

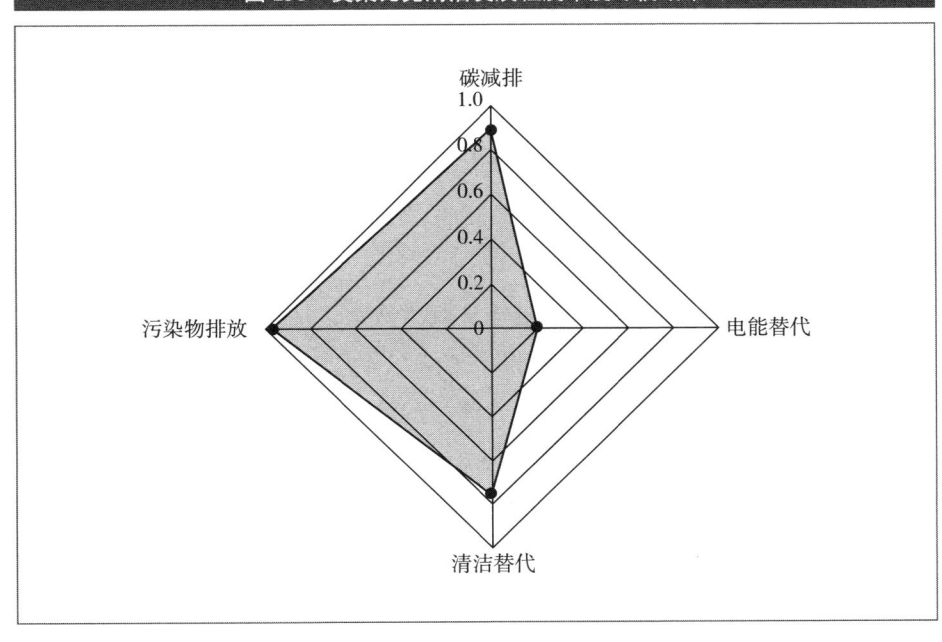

可再生能源项目约 5 个。目前，莫桑比克只有一座大型太阳能发电厂正在建设中，即挪威斯卡特克太阳能公司开发的 40 兆瓦莫库巴太阳能 IPP 项目，耗资将达 7600 万美元，并与能源管理公司签订了一份为期 25 年的电力采购协议（PPA）。2019 年，世界银行附属机构国际金融公司和莫桑比克国家电力公司计划在莫桑比克 3~5 个地点开发小型太阳能电站，容量范围为 1 万 ~1.5 万千瓦。该国清洁发展程度维度评估结果如图 138 所示。

（六）博茨瓦纳

主要特点：
- 被誉为非洲的"小康之国"，在非洲属于经济发展较快、经济状况较好的国家；
- 在撒哈拉以南非洲地区中电气化率较高；
- 煤炭资源丰富，过度依赖火力发电；
- 由于输电线路老化和存在偷电、漏电现象，电网损失率很高。

博茨瓦纳政局较为稳定，是非洲经济发展较快、经济状况较好的国家。政府推出经济刺激政策，着力提振经济发展，保持财政政策和货币政策的稳定性；加大对基础设施和文教、卫生等社会领域的投入，推动经济多元化发展，鼓励出口。博茨瓦纳依靠"钻石经济"于 1974 年摘掉"最贫穷国家"的帽子。20 世纪 90 年代初，博茨瓦纳人均国民生产总值跃居非洲国家前列，跨入"中等收入国家"行列，被誉为非洲的"小康之国"。2018 年，博茨瓦纳 GDP 约合 186.64 亿美元，同比增长 4.5%。

政府出台国家发展计划，推出经济刺激政策，加大对基础设施和文教、卫生等领域的投入，推动经济多元化。2018 年 4 月 1 日，博茨瓦纳政府更迭，新一届政府致力于打造人人平等的有尊严的社会，着力解决青年就业问题，促进经济多元发展。世界经济论坛《2019 年全球竞争力报告》显示，博茨瓦纳在全球最具竞争力的 141 个国家和地区中排在第 91 位。世界银行《2020 年营商环境报告》显示，博茨瓦纳的营商环境在全球 190 个经济体中排在第 87 位，在非洲排在第 8 位。博茨瓦纳第十一个国家发展计划自 2017 年 4 月开始实施，到2023年3月结束，目标是实现可持续的创造就业和消除贫困的包容性增长，实现经济、社会和环境的平衡发展。其中包括加大对电力、废水处理及利用、铁路建设、信息通信技术等的投入，改善民生，促进经济增长。该国经济社会支撑维度评估结果如图139所示。

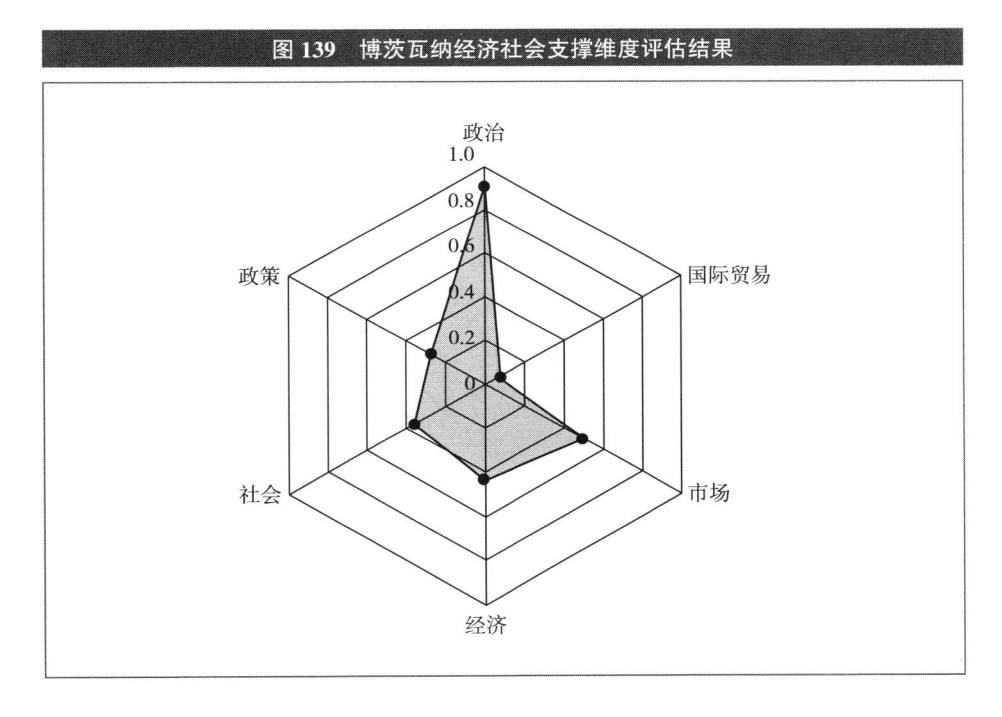

图139 博茨瓦纳经济社会支撑维度评估结果

博茨瓦纳属南部非洲内陆国家，矿产资源丰富。2018年，电力覆盖人口占66%。博茨瓦纳电力供应短缺，输配电损失率很高，约超过总电量的30%。2018年，发电量为27.3亿千瓦时，进口电量为11.9亿千瓦时，电力自给率为69.6%。博茨瓦纳以火力发电为主，现有两个燃煤电站，分别是132兆瓦的莫鲁卜勒A燃煤电站和60万千瓦的莫鲁卜勒B燃煤电站。此外，还有7万千瓦的马茨谢拉加贝迪电站和9万千瓦的奥拉帕电站等两个紧急柴油发电站。由于两个燃煤电站长期处于改造过程中，博茨瓦纳的电力供应总体上短缺。进口的电力主要来自南非，少量来自莫桑比克和纳米比亚。为保障能源安全，提高电力自给率，政府计划扩建莫鲁卜勒 B 燃煤电站，增加 30 万千瓦装机容量。博茨瓦纳的电力需求主要来自快速发展的采矿业及农村用电。该国互联互通基础维度评估结果如图 140 所示。

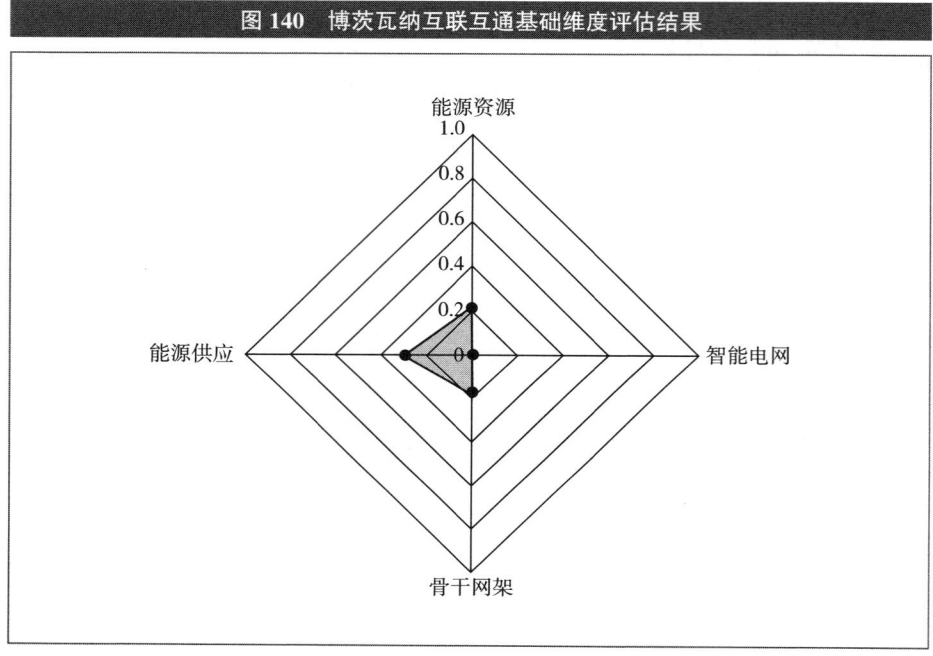

图 140　博茨瓦纳互联互通基础维度评估结果

截至 2016 年底，国内总装机容量为 732.0 兆瓦，全部为火电。博茨瓦纳积极推动太阳能等新能源发展，拟建设 1 个装机容量为 10 万千瓦的太阳能发电站、12 个总装机容量为 7.5 万千瓦的小型太阳能发电站以及 20 个总装机容量为 3 万千瓦的村庄混合发电站。2019 年，世界经济论坛全球未来理事会宣布，纳米比亚和博茨瓦纳合作开发一个容量为 5 吉瓦的太阳能项目，该项目包括光伏和光热发电部分，将分几个阶段执行。第一阶段，为满足两国能源需求，将招标 30 万~50 万千瓦的电力装机。第二阶段，将建设 50 万~100 万千瓦的电力装机。第三阶段，即最后一个阶段，将建设 100 万~300 万千瓦的电力装机。后两个阶段生产的电力将出售给南部非洲国家。世界经济论坛表示，博茨瓦纳和纳米比亚的太阳能项目生产的电力可以为南部非洲其他国家服务。该国清洁发展程度维度评估结果如图141所示。

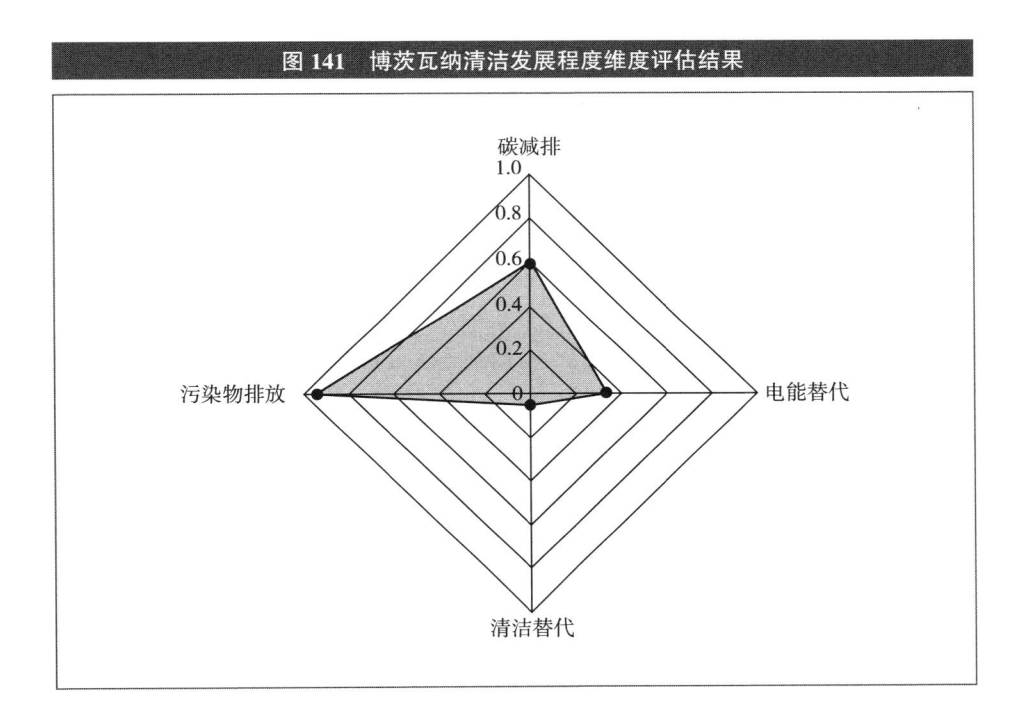

图141 博茨瓦纳清洁发展程度维度评估结果

（七）纳米比亚

主要特点：

- 被联合国列为中等收入国家，经济发展水平在西南部非洲位居前列；
- 矿产资源十分丰富，素有"战略金属储备库"之称；
- 约一半的电力从南非进口，电力消费中矿业占50%，其余满足市政需求。

纳米比亚被联合国列为中等收入国家，经济发展水平在西南部非洲位居前列。政局稳定，社会治理基础好，法律健全，具有比较成熟发达、产业完整的市场体系。生活环境适宜，人均收入较高，经济发展潜力较大。世界经济论坛《2019年全球竞争力报告》显示，纳米比亚在全球最具竞争力的141个国家和地区中排在第94位。世界银行《2020年营商环境报告》显示，纳米比亚的营商环境在全球190个经济体中排在第104位，在非洲排在第12位。2017年6月，纳米比亚发布了主题为"共同努力迈向繁荣"的第五个国家发展规划（NDP 5），时间为2017~2021年，经济上为2030年进入高收入社会，实现包容性、可持续和平等的增长目标打下基础。其中提出，要着力增加基础设施投资，解决水和能源问题。该国经济社会支撑维度评估结果如图142所示。

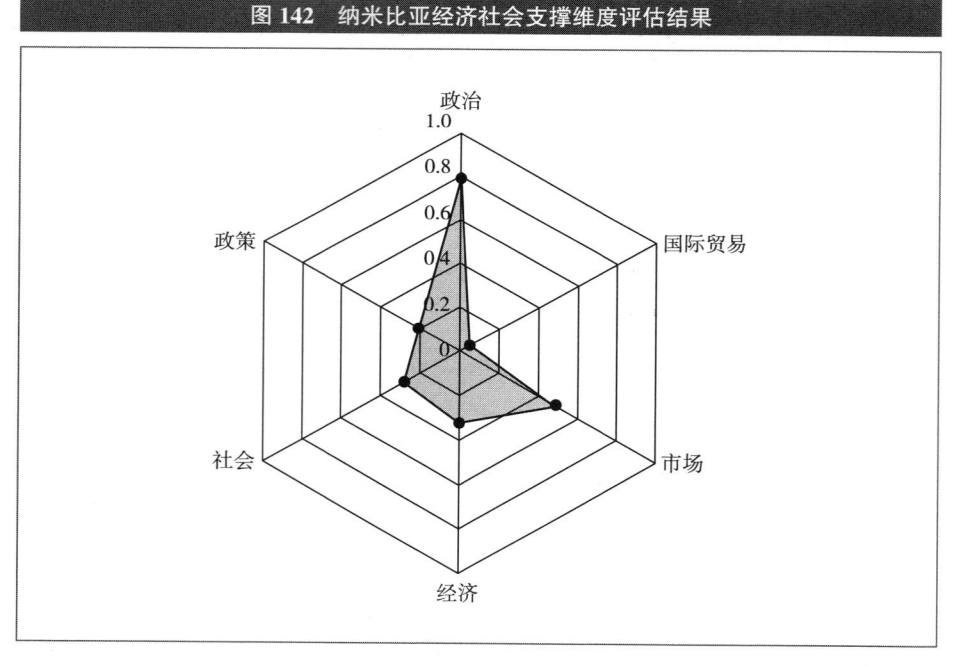

图142　纳米比亚经济社会支撑维度评估结果

纳米比亚的矿产资源十分丰富，素有"战略金属储备库"之称。现已开采了30余种矿产，其中最有价值的是钻石、铀、铜、铅、锌和金。矿产品90%用于出口。纳米比亚的供电系统属于南部非洲电力联盟（SAPP），目前全国用电负荷每年达50万千瓦，其中约一半的电力从南非进口。2018年，纳米比亚电力覆盖率为40%。北部的卢阿卡纳瀑布电站，装机容量为24万千瓦，每年有一半时间可以发电；首都有备用煤电厂一家，装机容量为12万千瓦，建成于1968年；海边建有重油发电机组，装机容量为24兆瓦，正在扩容，将达到15万千瓦。其余电力不足部分从南非进口，两国间建有22万千瓦输电线路。全国高压输电线路长8000千米，有变电站64个，变压器总装机容量达189万千伏。目前正在建设1000千米的直流高压输变电线路。在电力消费中，矿业占50%；其余满足市政需求。供电高峰期可以出口电力，但枯水期则需要进口电力。该国互联互通基础维度评估结果如图143所示。

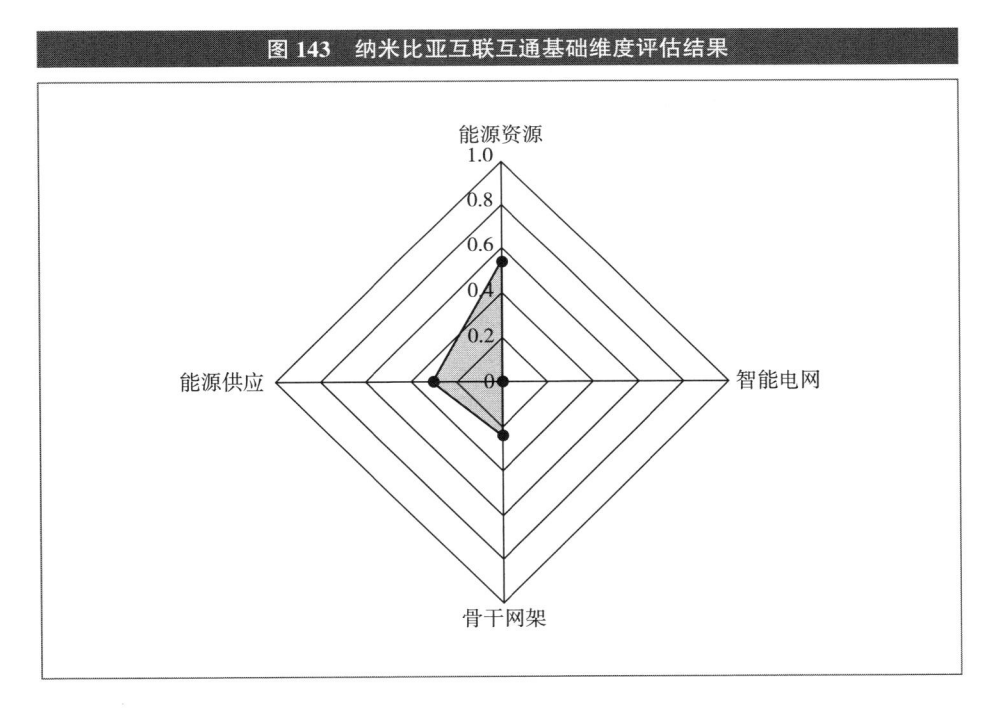

图143　纳米比亚互联互通基础维度评估结果

2018年，纳米比亚可再生能源发电结构为：水电装机34.7万千瓦，风电装机0.5万千瓦，太阳能发电装机8.8万千瓦。纳米比亚是非洲大陆上最干燥的国家，每年日照时间近300天。国有电力公司Nampower宣布投资3.38亿美元发展可再生能源。当前，纳米比亚有两个运行的光伏项目，分别是0.5

万千瓦的 Otjozondjupa 太阳能电站和 0.45 万千瓦的 Omburu 太阳能电站。该国清洁发展程度维度评估结果如图 144 所示。

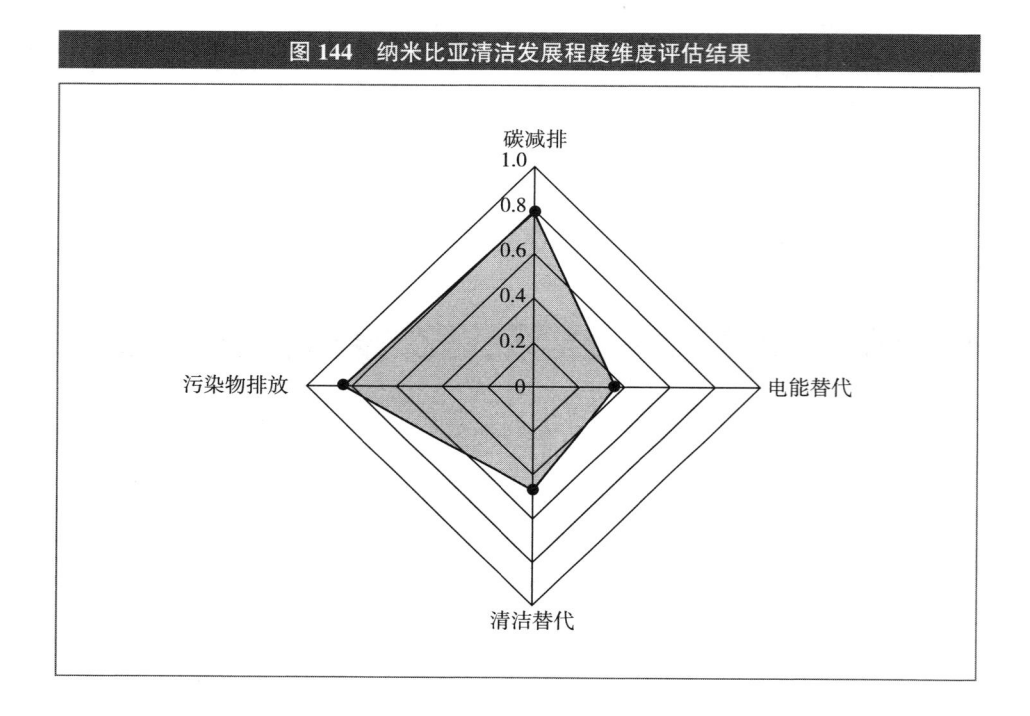

图 144 纳米比亚清洁发展程度维度评估结果

（八）南非

主要特点：

- 在非洲综合实力为首强，也是第二大经济体，属中等收入发展中国家，GDP 约占非洲的 1/5；
- 可再生能源潜力巨大，国家在对其开发利用方面进展迅速；
- 商业环境和电力部门的发展水平在南部非洲处于领先水平；
- 已建电厂的检修、在建电厂工期的拖延使得国家电力公司应对电力需求季节性波动的能力较弱，2019 年进行了多轮次限电。

南非位于非洲大陆南端的战略要冲，是"金砖五国"和南部非洲关税同盟（SACU）的成员之一，是与非洲大陆其他国家进行经济、政治、人文等各方面交流的重要门户，是跨国公司对非洲投资的首选目的地。南非是非洲第二大经济体，属中等收入发展中国家，GDP约占非洲的1/5，总人口有5591万。受大宗商品价格走低、劳资关系紧张等因素影响，近年来经济持续低迷。2017年，南非经济触底反弹，呈现出企稳向好的迹象，GDP约为3493亿美元，人均GDP约为6182美元，GDP同比增长1.3%。从长期来看，南非经济发展存在较多有利条件，增长潜力亟待挖掘。

南非石油、天然气等资源丰富。矿产资源种类多、储量大、品位好，铂金、黄金、铁矿砂、锰、镍、铀、铬、煤炭等储量均居世界前列。通信、公路、港口等基础设施优良，部分领域研发和创新能力达到世界水准，具备较好的工业化基础。金融、法律、电信等服务业发达，商业配套设施较为完备。低技能工人数量充足，是非洲制造业和服务外包的基地。世界经济论坛《2019年全球竞争力报告》显示，南非在全球最具竞争力的141个国家和地区中排在第60位。世界银行《2020年营商环境报告》显示，南非的营商环境在全球190个经济体中排在第84位，在非洲排在第6位。南非曾是世界上电价最低的国家之一，2008年以前终端用户电价仅为0.19兰特/度，相当于2.2美分/千瓦时。南非之前一直采取低电价策略来促进经济增长。由于多年来电力投资不足、生产和管理滞后等原因，南非国家电力公司（Eskom）面临亏损，融资困难。2012年，国家电力公司向南非能源监管委员会提交了为期五年（2014~2018年）的第三阶段电价调整方案。南非名义电价由2013/2014年的0.6551兰特/度涨到2018年的0.8913兰特/度。

南非实施了《2030年国家发展计划》（NDP），力争2010~2030年平均经济增长率达到5.4%，创造500万个就业岗位，失业率降至6%。措施主要包括：加快工业化发展，新增3000万千瓦发电能力（其中核电达960万千瓦），设立10个经济特区，建设18个重大基础设施项目，并积极筹划英加水电站、南北交通走廊等跨国基础设施建设。2012年，南非政府推出《国家基础设施规划》，详细列明了基础设施领域17个大型战略一体化项目，涉及多个方面。其中，"能源战略一体化项目"包括：①发展绿色能源产业；②加快新发电设施建设；③扩建输配电网络，协调十年期输电计划、国家宽带计划和铁路物流开发计划。该国经济社会支撑维度评估结果如图145所示。

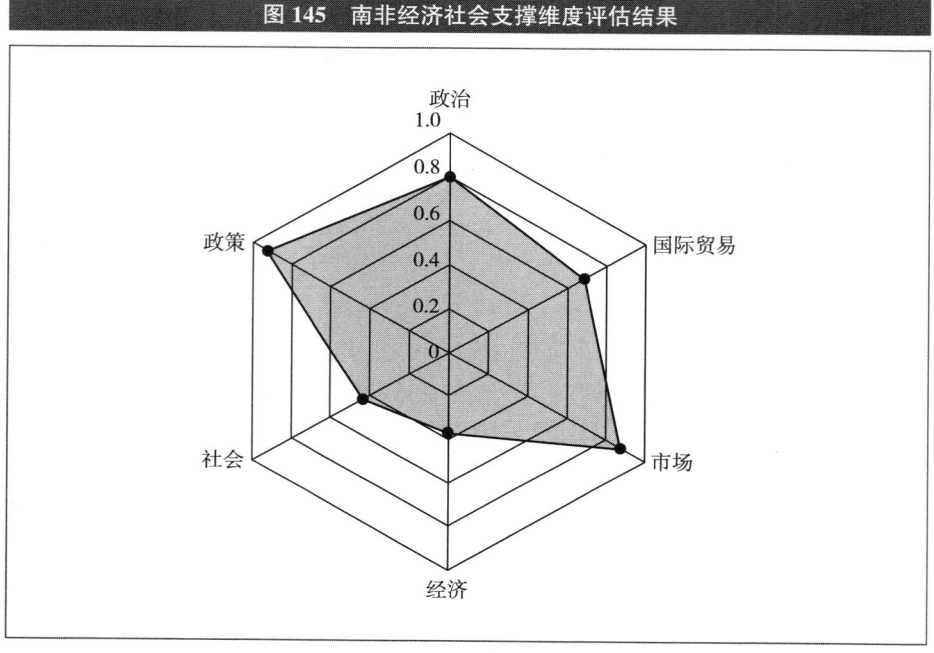

图145　南非经济社会支撑维度评估结果

南非的矿产资源非常丰富，是世界五大矿产资源国之一。其矿产以种类多、储量大、产量高而闻名于世，拥有号称居世界第2位的富含矿产的地质构造。目前，南非已探明储量并开采的矿产有70余种，总价值约达2.5万亿美元。但油气资源缺乏，南非能源主要以煤炭为主，石油、天然气主要依赖进口，部分采用生物能源、煤变油技术、核能、太阳能和风能。南非是非洲的电力大国。截至2016年底，国内电力总装机达5054万千瓦，发电量为2397亿千瓦时。南非的电源结构以火电为主，其装机占比为83%，发电量占比为92%；水电装机占比为6.1%，发电量占比为0.436%；核电装机占比为3.7%，发电量占比为5.737%；非水可再生能源发电装机占比为7.2%，发电量占比为2.453%。据南非国家电力公司统计，截至2016年，南非的输电线路长达31957千米，主要是400千伏和275千伏线路，还有约49210千米长的配电线路。国家的输配电损失较高，2016年损失了211亿千瓦时，占发电量的8.8%。电气化率在撒哈拉以南非洲国家中最高，为95%。目前，南非的电力市场供大于求，2016年净出口电力达151亿千瓦时。根据预测，随着各电力项目的开展，到2022年南非净出口电力将增加到427亿千瓦时。

南非国家电力公司是南非主要的电力企业，也是目前南非国有的和垂直一体化的公用事业公司，是世界上第七大电力生产和第九大电力销售企业。它的发电装机容量超过4400万千瓦，发电量约占全国的95%、整个非洲大陆的60%。该公司向包括博茨瓦纳、莱索托、莫桑比克、纳米比亚、斯威士兰和津巴布韦在内的邻国出售电力。南非国家电力公司还拥有高压输电网的运营权，并直接提供约60%的电力。其余的配电由许多地方当局承担，这些当局从南非国家电力公司购买大量电力，有些还在其辖区内进行少量的销售。

由于政府近年来忽视电力的维护和发展，南非陷入了严重的电力危机，2019年政府三次执行大规模限电令。2019年12月，南非遭遇强降雨袭击，极端天气引发的洪水、泥石流灾害导致南非国家电力公司的数个发电机组受到影响。在此情况下，南非国家电力公司不得不连续启动限电措施，将限电令的级别提升至六级（减少供电600万千瓦时），这是自2008年以来南非首次执行如此大规模的限电令。此次限电导致约翰内斯堡、比陀等重要城市陷入黑暗，交通、商业、卫生系统基本瘫痪，南非与邻国津巴布韦、赞比亚签订的供电合同也无法履行。该国互联互通基础维度评估结果如图146所示。

近年来，南非重视可再生能源行业的发展，可再生能源发电在南非的发展前景十分光明。2018年，南非可再生能源发电结构为：水电装机74.7万千瓦，风电装机209.4万千瓦，太阳能发电装机296万千瓦，生物质能发电装机26.5万千瓦。为了推动能源转型，近年来南非政府做出不少努力。2010

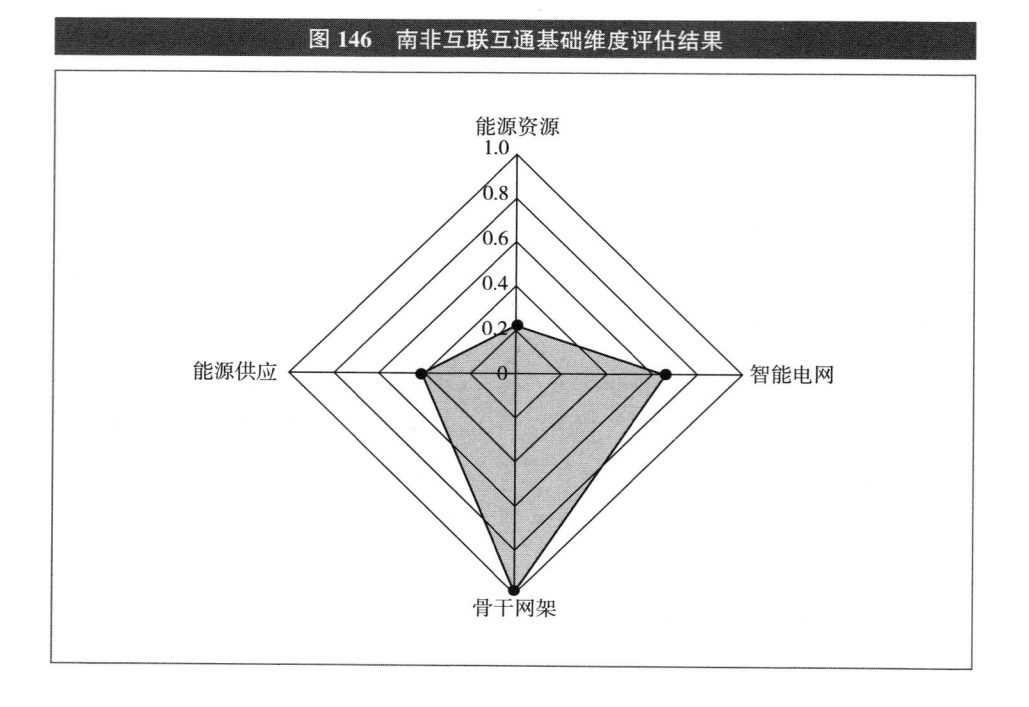

图 146　南非互联互通基础维度评估结果

年，确立了新能源发展机制，宣布将大力发展光伏、风电、光热等可再生能源，并计划开始征收碳税。预计到 2030 年，煤电占比将降到 50% 以下。另外，根据预测，南非未来用电需求也将有所增长，到 2030 年电力需求量预计将上涨 30% 左右，而随着火电逐步退出，可再生能源将迎来发展契机。2018 年 4 月，南非能源部部长签署了 27 个新能源独立发电厂项目（REIPPP）协议，主要涉及太阳能和风电项目。2016 年，南非能源部发布了综合资源计划（IRP）草案。据该草案，到 2030 年将增加 567 万千瓦的光伏容量和 810 万千瓦的风电容量，风电容量达到 1144 万千瓦，占发电装机总容量的 15%，而光伏将占 10%，容量达 796 万千瓦。此外，还包括 60 万千瓦的聚光太阳能容量（占 1%），以及 291 万千瓦的抽水蓄能容量（占 4%）。预计到 2030 年，南非将增加 250 万千瓦的水电装机容量。2019 年，南非政府在最新的长期能源总体规划中特别提出建设小型核电站计划，作为未来解决供电不足的办法之一。该国清洁发展程度维度评估结果如图 147 所示。

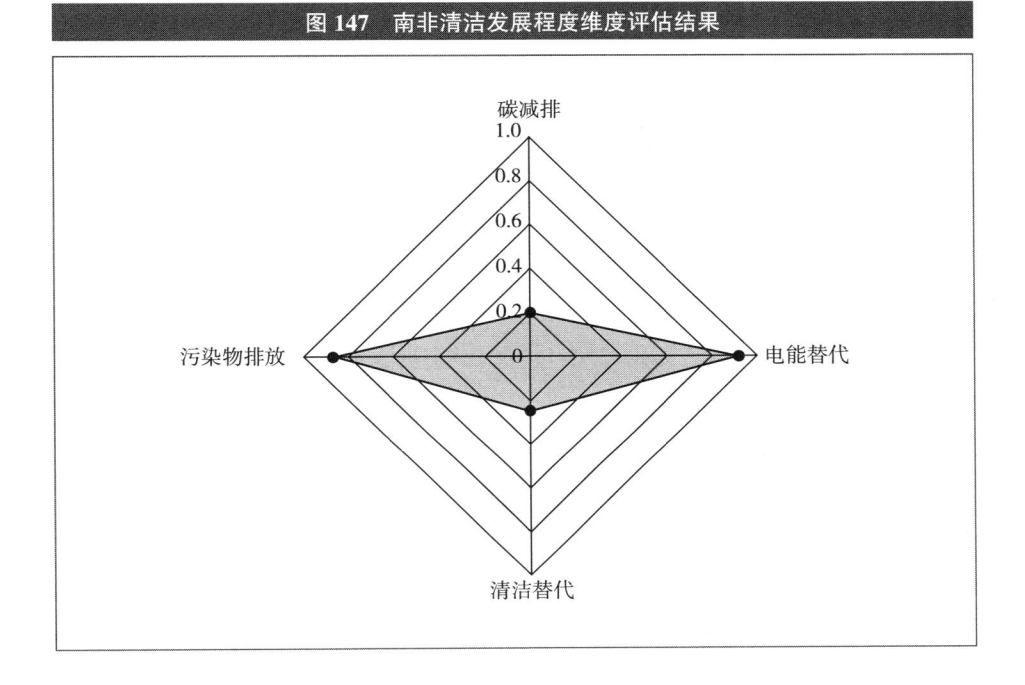

图147　南非清洁发展程度维度评估结果

（九）斯威士兰

主要特点：

- 人均GDP居非洲国家前列；
- 电力进口主要依赖南非。

斯威士兰人均GDP居非洲国家前列，被世界银行列为中等偏下收入国家。奉行自由市场经济，重视利用私人和外国资本，鼓励出口。经济开放度高，出口以农产品为主，经济增长受气候条件和国际市场变化影响较大。斯威士兰在20世纪80年代末期经济发展较快，GDP年增长率曾达7.8%。90年代增速出现回落，年均增长率为6.5%。2003年推出新的经济增长战略，在增收减支的同时，努力促进农业发展，保障粮食安全，实现农作物种植多样化。斯威士兰经济严重依赖南非，自身回旋余地小，出口商品单一，发展不均衡，社会贫富差距悬殊。2018年GDP为48亿美元，人均GDP为3453美元。世界银行《2020年营商环境报告》显示，斯威士兰的营商环境在全球190个经济体中排在第 121 位，在非洲排在第 19 位。

斯威士兰是一个内陆小国，与南非共和国接壤，东部与莫桑比克接壤。斯威士兰的大部分进出口都依赖南非，货币与南非兰特挂钩，实际上是将本国的货币政策让给南非。政府几乎一半的收入都依赖南部非洲关税同盟（SACU）的关税。斯威士兰是一个中等收入较低的国家。截至 2017 年，超过 1/4 的成年人感染了艾滋病毒或患上艾滋病，斯威士兰是世界上艾滋病感染率最高的国家，这是一种财政压力，也是经济不稳定的根源。

斯威士兰的国家发展战略将于 2022 年到期，该战略将基础设施、农业生产和经济多样化列为优先事项，同时旨在减少贫困和政府支出。随着南非推动新的分配计划，斯威士兰从 SACU 获得的关税收入可能会继续下降，这使得政府更难保持财政平衡。该国经济社会支撑维度评估结果如图 148 所示。

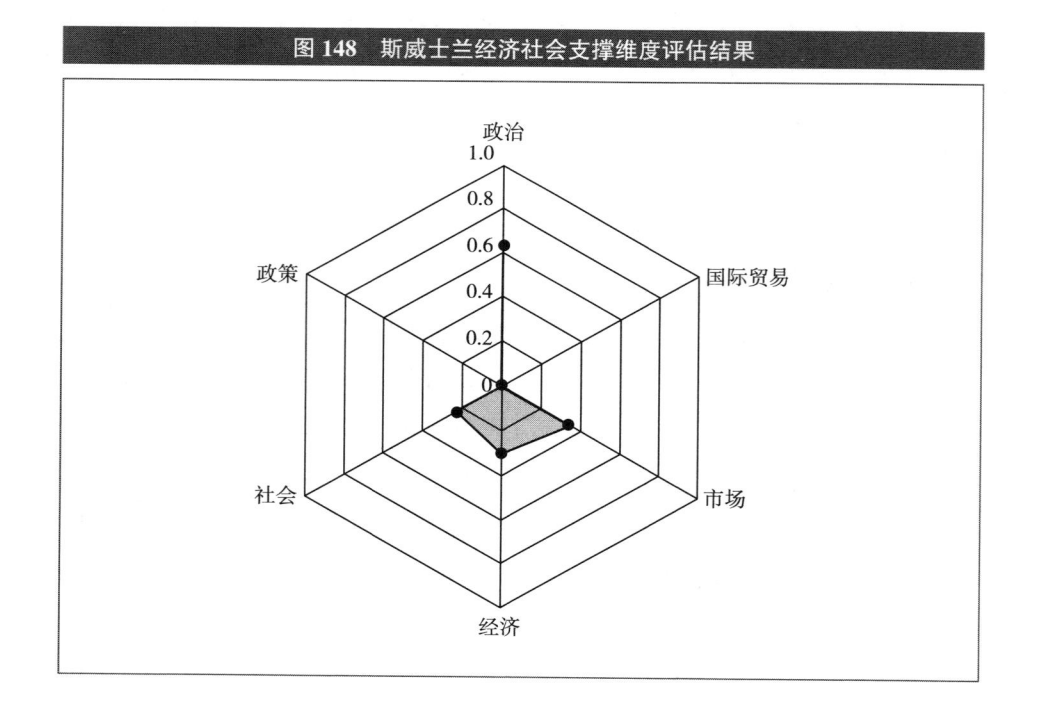

图 148 斯威士兰经济社会支撑维度评估结果

斯威士兰自然资源丰富，主要矿藏有石棉、煤、铁、金、钻石、高岭土等，另有少量黄金和钻石储量。森林面积为54.1万公顷，约占国土总面积的31.5%。2016年，斯威士兰的电力装机容量为29.5万千瓦，其中火电装机占39%，水电装机占20%，其他可再生能源装机占41%。斯威士兰的电气化率为27%，所用电力的80%都是从南非和莫桑比克进口的，该国希望通过建造国内发电设施来降低电价。该国互联互通基础维度评估结果如图149所示。

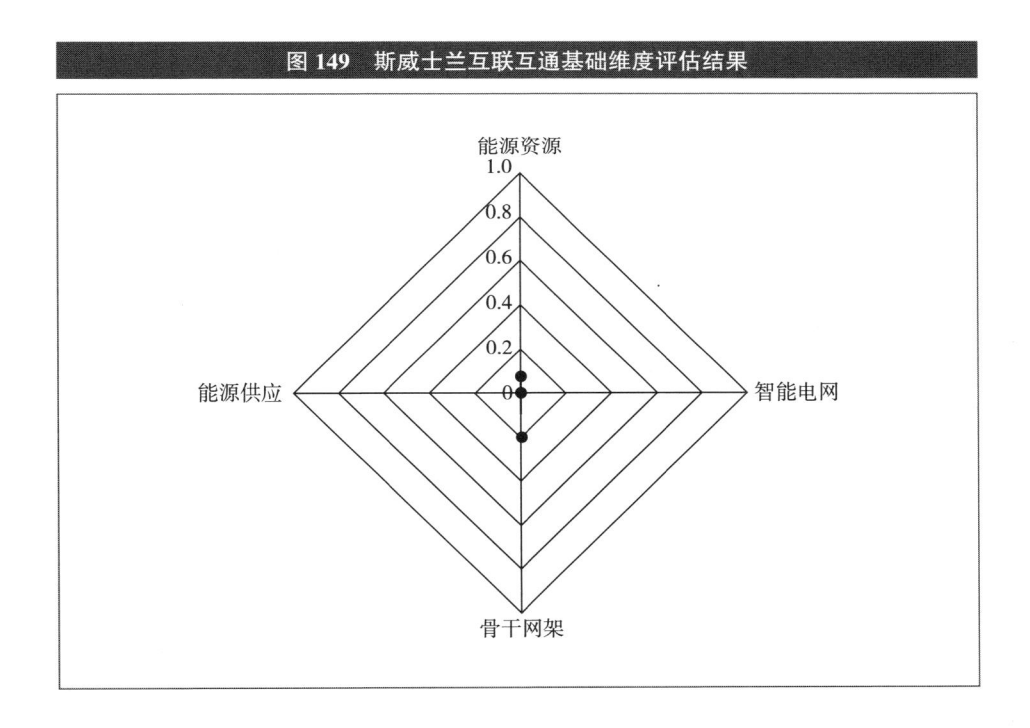

图149 斯威士兰互联互通基础维度评估结果

2018年，斯威士兰可再生能源发电结构为：水电装机62.1兆瓦，太阳能发电装机0.09万千瓦，生物质能发电装机10.6万千瓦。自然资源和能源部（MNRE）制定了斯威士兰独立电力生产者政策，旨在提高当地可再生能源的利用率，加强能源安全和自给自足，主要利用生物质能和太阳能光伏（PV）技术。作为全民可持续能源（SE4ALL）倡议的成员，斯威士兰制定了一项行动计划，即到2030年将国家能源结构中可再生能源的发电量提高到50%。为了实现这个目标，MNRE与斯威士兰电力公司（SEC）共同制定了在斯威士兰东南部Lavumisa地区建造1万千瓦太阳能光伏电站的发展计划。长期以来，该国80%的电力来自南非，2019年，南非自身也陷入了电力短缺的困境，并由此导致数年来最严重的轮流停电。为缓解国内用电问题，斯威士兰进行4万千瓦光伏项目招标，以减少日后对南非电力的依赖，促进当地的就业，并刺激国外的投资。该国清洁发展程度维度评估结果如图150所示。

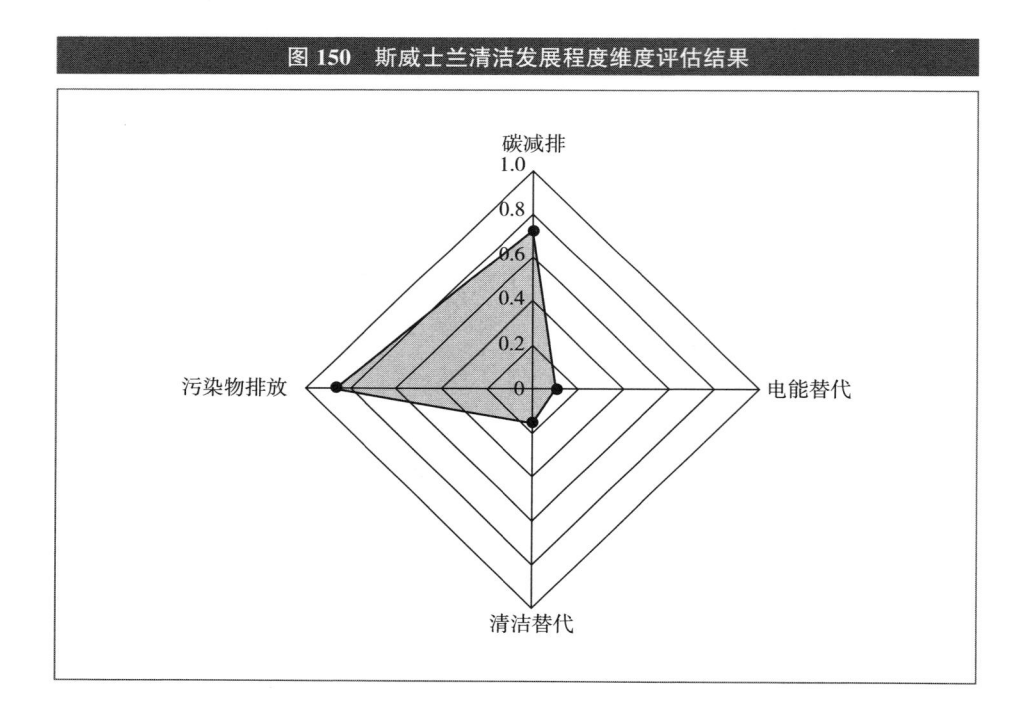

图150 斯威士兰清洁发展程度维度评估结果

（十）莱索托

主要特点：

- 是最不发达的内陆贫穷小国；
- 水资源相对丰富。

莱索托被南非环抱，为"国中国"。因地处东南非高原地带、实施君主立宪政体，被称为"高山王国"。莱索托人口少，道路等基础设施条件较差，经济发展水平较低。自然资源匮乏，经济基础薄弱，是联合国认定的世界最不发达国家之一。经济以农牧业和服装加工出口为主，粮食不能自给。侨汇是国民收入的主要来源之一。世界经济论坛《2019年全球竞争力报告》显示，莱索托在全球最具竞争力的141个国家和地区中排在第131位。世界银行《2020年营商环境报告》显示，莱索托的营商环境在全球190个经济体中排在第122位，在非洲排在第20位。

近年来，莱索托政府相继制定了《2020年国家经济发展远景规划》、《2012/13~2016/17国家战略发展规划》、《2018/19~2022/23国家战略发展规划》等发展规划，大力开展基础设施建设，积极改善投资环境，加快发展制造业，推动出口贸易发展，改善医疗卫生条件，减少贫困人口。这使莱索托的经济得到一定的发展。2018年，受全球经济下行影响，莱索托的经济增长率下降至1.21%。以钻石开采为主的矿产业和建筑业，或将为莱索托的经济提供新的增长动力。

2019年3月，莱索托政府发布了《2018/19~2022/23国家战略发展规划》，提出要建立良好的商业环境及稳定有效的金融部门，促进私营部门经济的可持续发展，推动产业集群发展，制定包容和公平的教育制度，继续加强基础设施建设，强化国家治理和问责机制，并将商业化农业、纺织及服装制造业、旅游业和科技创新作为重点发展领域。该国经济社会支撑维度评估结果如图151所示。

自然资源较为匮乏，但钻石资源较为丰富。高原山区水资源丰富，水电蕴藏量约为45亿千瓦，地表水流量约为3.4亿立方米/年。电力供应紧张，电力缺口为88兆瓦。据能源管理部门统计，2014年家庭通电率仅为34%。莱索托政府计划，2020年家庭通电率达到40%。莱索托境内有1座水力发电站，装有3台发电机组，满负荷发电能力为72兆瓦。全国的电力供应只能满足不到50%的用电需求，余下的用电需求要通过从南非和莫桑比克的电力公司购买电力来弥补。

莱索托与南非从1986年开始共同建设莱索托高原水利工程，通过修建

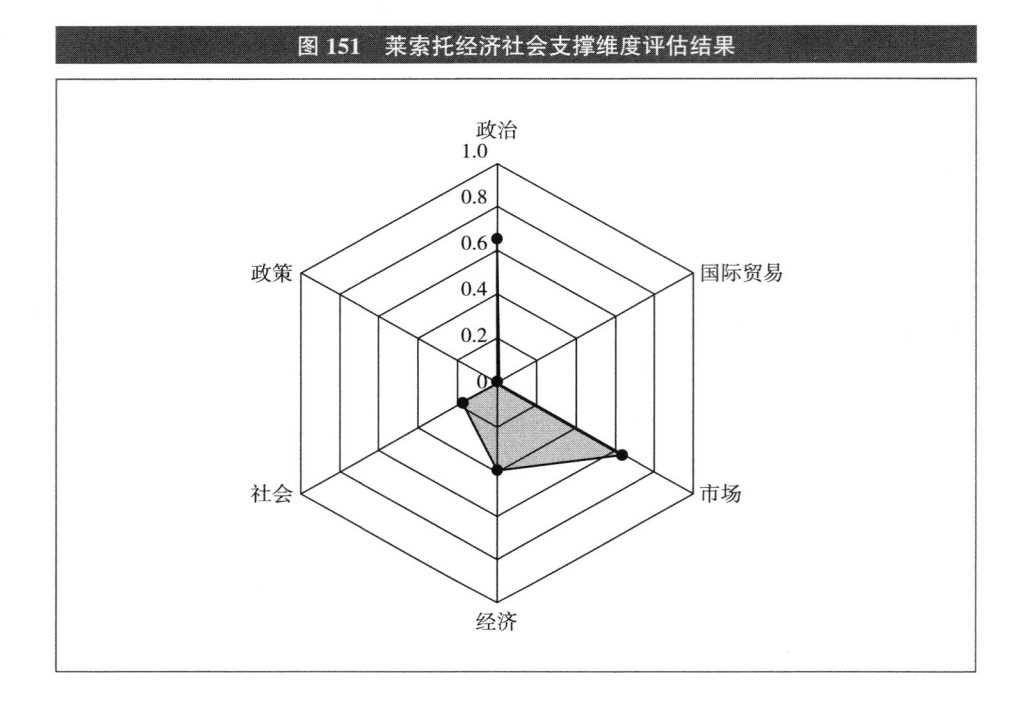

图 151　莱索托经济社会支撑维度评估结果

一系列水坝、水库、输水管道等水利设施，将莱索托的高山水资源引入南非。此工程不仅解决了南非用水紧张的问题，而且带动莱索托电力和水利事业的发展。项目共分四期，建设总周期为 30 年，建成后向南非的输水量达 70 立方米/秒。该项目主要包括输水、水力发电和配套设施建设三大方面。项目建成后，不仅能满足南非用水需求，同时也将促进莱索托农业、工业等行业的发展，满足国内发展用水需求，还将改变莱索托目前依赖进口电力的现状，满足国内的用电需求。项目一期建成了高 185 米的凯茨大坝（Katse Dam）、高 145 米的莫哈利大坝（Mohale Dam）和相关配套输水渠道，以及莫埃拉水力发电站。据莱索托高地发展管理局（LHDA）统计，2018 年莱索托水资源储藏量约为 8 亿立方米，发电超过 5 亿千瓦时，近年来电产量相对稳定。据中央银行估算，2018 年电力和水利产值约为 11.26 亿马洛蒂，占当年 GDP 的 5.11%。该国互联互通基础维度评估结果如图 152 所示。

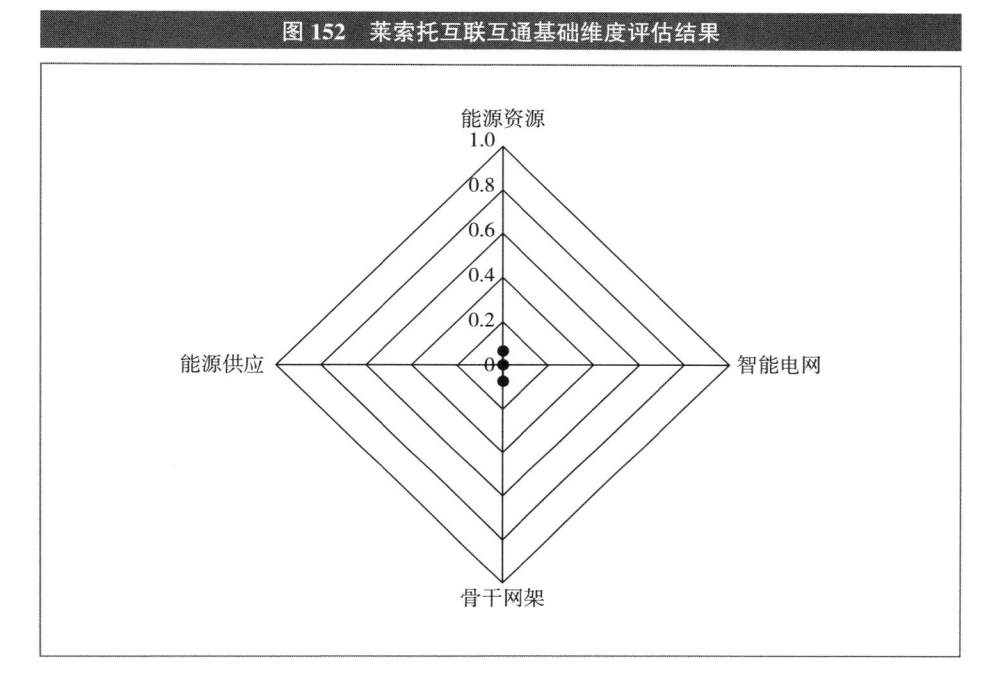

图 152　莱索托互联互通基础维度评估结果

莱索托政府通过各种渠道致力于开发可再生能源。2018 年，可再生能源发电结构为水电装机 7.5 万千瓦。莱索托已在三个地区开始实施风能和太阳能发电项目。全国约 70% 的家庭在农村，主要以木料、农作物余料和牛粪作为生活能源。约 25% 的家庭生活在城市，能使用电，还有非常少的家庭使用液化气和煤油烹饪和取暖。多年来，能源部门已考虑利用风力发电。莱索托海拔高，是理想的风电场。

莱索托计划兴建本国最大的风电场。2011 年 10 月，莱索托政府和南非哈里森－怀特公司（Harrison and White）签署了"谅解备忘录"，将合作开发装机容量达 1 万兆瓦的电力项目，其中风电为 600 万千瓦，水电为 400 万千瓦。除了风电项目外，总装机容量为 28 万千瓦、价值约 3000 万马洛蒂（约合 375 万美元）的太阳能发电项目正在马塞卢莫舒舒一世国际机场建设。该项目由日本政府捐资，计划 16 个月后开始运营。届时，可大大节省机场的电费支出，目前机场电费的年支出额为 100 万马洛蒂。另外，中国公司在马费腾等地投资兴建的太阳能发电项目，总装机容量达1万千瓦。这些项目的实施将削减莱索托自南非和莫桑比克的电力进口，同时也有利于增加就业和改善基础设施，并解决边远农村地区的用电问题。该国清洁发展程度维度评估结果如图153所示。

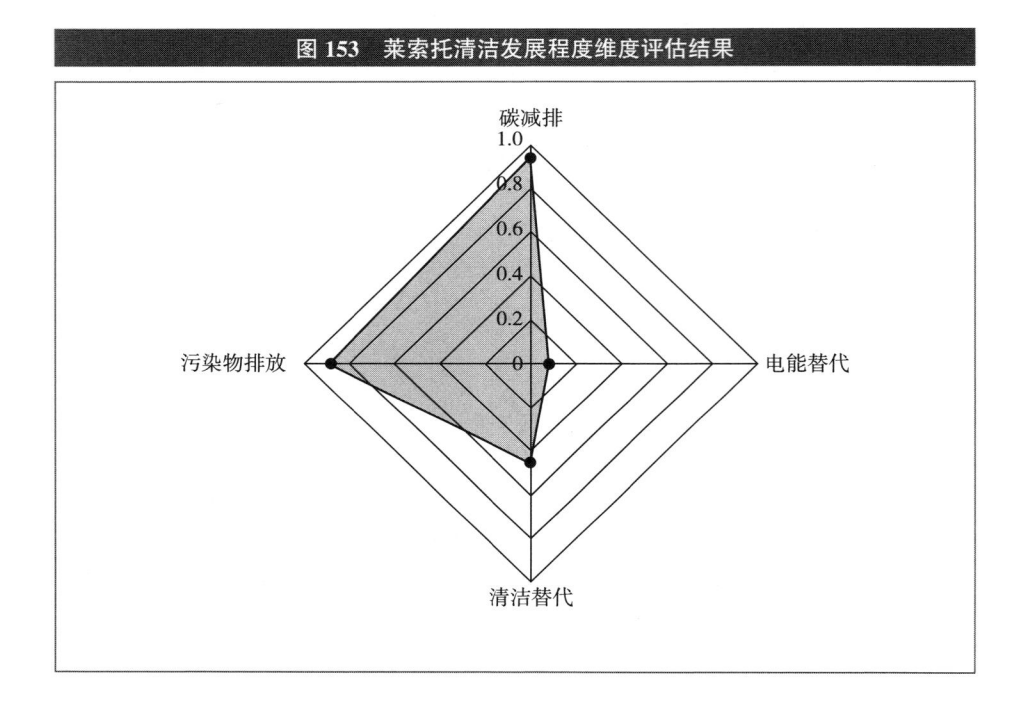

图153　莱索托清洁发展程度维度评估结果

（十一）马达加斯加

主要特点：

- 是世界第四大岛，地处印度洋西部和非洲东部航道的中心；
- 2018年GDP实际增速达5.2%，自2009年以来增速首次突破5%；
- 用电成本高昂，阻碍工业发展。

马达加斯加虽为世界最不发达国家之一，但自然资源禀赋突出，发展潜力大。马达加斯加是世界第四大岛，地处印度洋西部和非洲东部航道的中心，是从太平洋、印度洋到非洲大陆的重要支点，也是中国和非洲共建"一带一路"的桥梁和纽带。政府采取措施促进经济振兴，减少贫困，创造就业，并加大对公共领域的投入。世界经济论坛《2019年全球竞争力报告》显示，马达加斯加在全球最具竞争力的141个国家和地区中排在第132位。世界银行《2020年营商环境报告》显示，马达加斯加的营商环境在全球190个经济体中排在第161位，在非洲排在第37位。2018年，马达加斯加GDP达121亿美元，名义GDP增速为6.6%，实际GDP增速为5.2%，自2009年以来增速首次突破5%，人均GDP为461美元。

2018年初，马达加斯加政府推出"振兴与新生2030计划"，拟在大力吸引外国投资的基础上重点发展七大领域，即生态农业、林业、农产品深加工业、渔业与水产养殖业、轻工业、矿业与宝石业、旅游业。计划设定了一系列具体的经济社会发展指标：到2030年，人均国民总收入达1000美元；贫困人口比例从2/3下降到1/4；创造500万个就业岗位；人类发展指数上升到世界前70位；在三年内实现全国通电，恢复国内铁路系统，2019年实现GDP两位数增长等。该国经济社会支撑维度评估结果如图154所示。

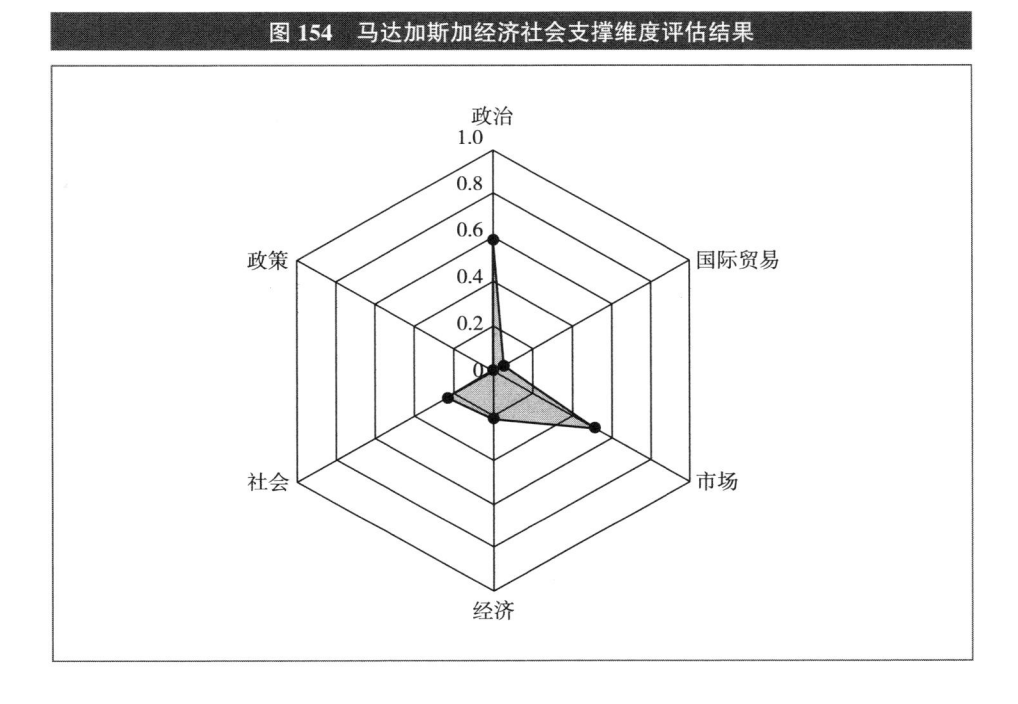

图154　马达加斯加经济社会支撑维度评估结果

马达加斯加作为西南印度洋上的一颗明珠,资源禀赋突出,发展潜力大。矿产资源丰富,拥有石墨、镍钴、钛铁、铝矾土、石英、黄金、煤、油气等矿藏,还有宝石、半宝石资源,以及大理石、花岗岩和动植物化石等。马达加斯加拥有丰富的水力资源,有 780 万千瓦的水电开发潜能,但目前仅有 3% 得到开发。马达加斯加大部分为热力发电站(40.6 万千瓦)和水力发电站(16 万千瓦),风能和生物质发电能占比很小,装机量都只有几百千瓦。电力发展落后,供需矛盾突出,严重制约了经济和工业发展。2018 年,马达加斯加无电人口有 2000 万,占总人口的 76%,停电现象较为严重。马达加斯加是印度洋岛国,电网未与周边国家相连。

用电成本高昂是阻碍其工业发展的因素之一。马达加斯加工业用电成本是邻国毛里求斯和南非的 2 倍。即便电价如此昂贵,电力生产仍然远远不能满足工业生产的用电需求。经常性停电迫使企业频繁使用应急发电机维持生产,这也加重了企业负担。新一届政府 2019 年 1 月上台后在施政纲领中特别提出,满足全体人民对能源和水的需求,拟在五年内实现能源产量翻番,降低能源价格,通过打井等手段在全国范围内显著增加饮用水供应。该国互联互通基础维度评估结果如图 155 所示。

2018 年,马达加斯加可再生能源发电结构为:水电装机 16 万千瓦,太阳能发电装机 3.3 万千瓦,生物质能发电装机 0.02 万千瓦。马达加斯加的目标是:在 2030 年之前为 70% 以上的家庭提供电力;同时可再生能源发电占比达到 85%,其中太阳能和风能占比有望达到 5%,而水力发电占比最高,约为 75%。

为了支持清洁发展,2019 年,马达加斯加政府宣布对进口光伏组件实行增值税率并豁免关税,同时对住宅和商业太阳能发电系统的电力收入减免 50% 的税收,推动向全国普及自发自用屋顶太阳能项目。2016 年,马达加斯加与世界银行下设的国际金融公司(IFC)签署了关于建设装机容量为 3 万 ~4 万千瓦的太阳能发电站的协议。发电站所发电主要输入塔那那利佛、马任加和诺西贝的电网。该国清洁发展程度维度评估结果如图 156 所示。

非洲各国综合指数详述

图 155　马达加斯加互联互通基础维度评估结果

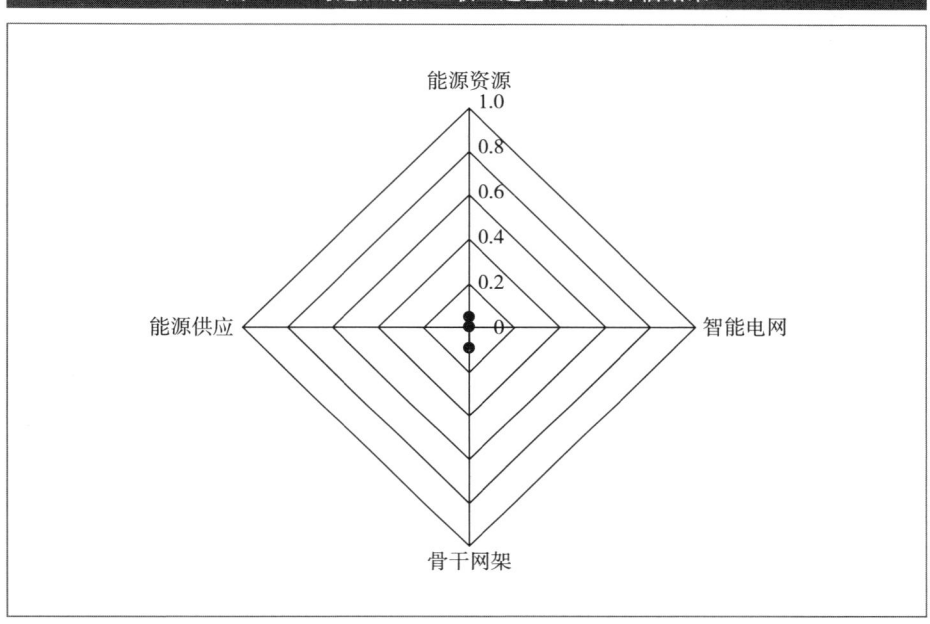

图 156　马达加斯加清洁发展程度维度评估结果

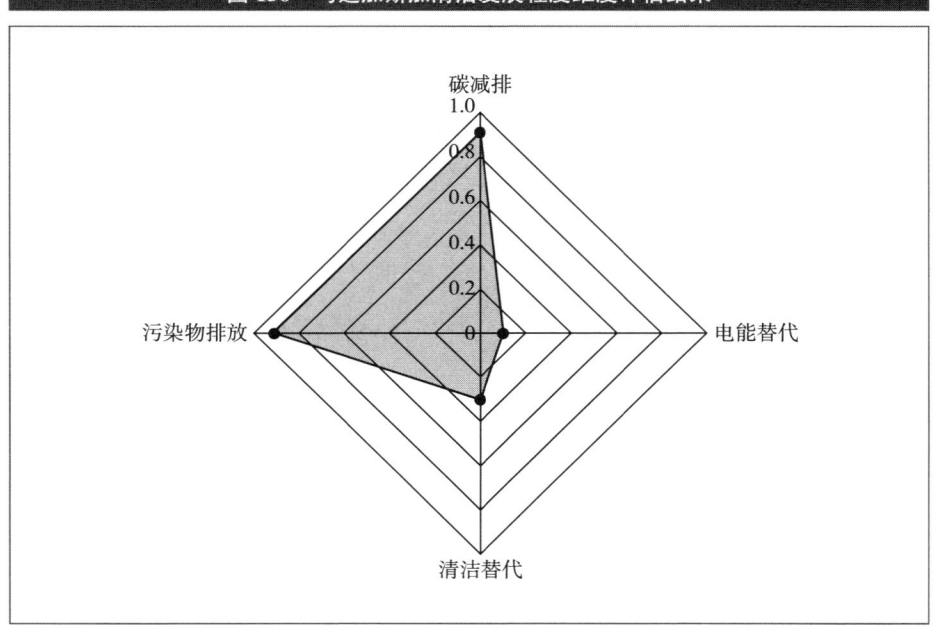

245

（十二）科摩罗

主要特点：

- 基础设施落后，水、电难以保证规律性供应；
- 首次从低收入国家行列跻身中等偏下收入国家行列。

科摩罗联盟位于印度洋西南部，由大科摩罗岛、昂儒昂岛和莫埃利岛等岛屿组成，面积为2236平方公里，人口有80万。自然风光秀美，社会治安较好，被称为"月亮之国"和"香料之国"。科摩罗是重债国和最不发达国家之一，经济基础薄弱，既无资源支撑，也无支柱产业。基础设施落后，经济发展过度依赖援助，水电供应不足。除电信外，其他领域盈利状况不佳。世界银行《2020年营商环境报告》显示，科摩罗的营商环境在全球190个经济体中排在第160位，在非洲排在第36位。2017年初，科摩罗提出"2030新兴国家"发展战略，推进基础设施建设，开展以改善全国电力供应和公路网等为内容的民心工程建设。经济略见起色，但发展依然缓慢。总体来看，经济基础薄弱与内生动力不足仍是制约该国经济发展的瓶颈。科摩罗2018年人均国民收入超过1026美元，首次从低收入国家行列跻身中等偏下收入国家行列。2017年1月，科摩罗政府对《2015~2019年加快经济增长战略》进行了修订，发布了《2017~2021年加快经济增长战略》，目标是：通过一些重点项目的实施，大力加强基础设施建设，解决水电供应，发展农业、旅游业，增加财政收入，提高人民的生活水平。该国经济社会支撑维度评估结果如图157所示。

基础设施落后，发展依赖援助，水、电难以保证规律性供应，电气化率为69%。2017年，科摩罗政府新购发电机组，建新电厂，努力解决电力供应问题。目前，供电情况有了很大改善，但三岛供电稳定性有待加强，陈旧的电网急需改造。科摩罗电力缺口较大，与周边国家在电力领域无互联互通协议。自2018年以来，上述发电机组出现故障，电压不稳，切电频繁。政府每年对电力行业的直接补贴为3亿科摩罗法郎，间接补贴达27亿科摩罗法郎，约占政府公共财政预算的10%。基础设施产业投资合作的潜力巨大。该国互联互通基础维度评估结果如图158所示。

图 157 科摩罗经济社会支撑维度评估结果

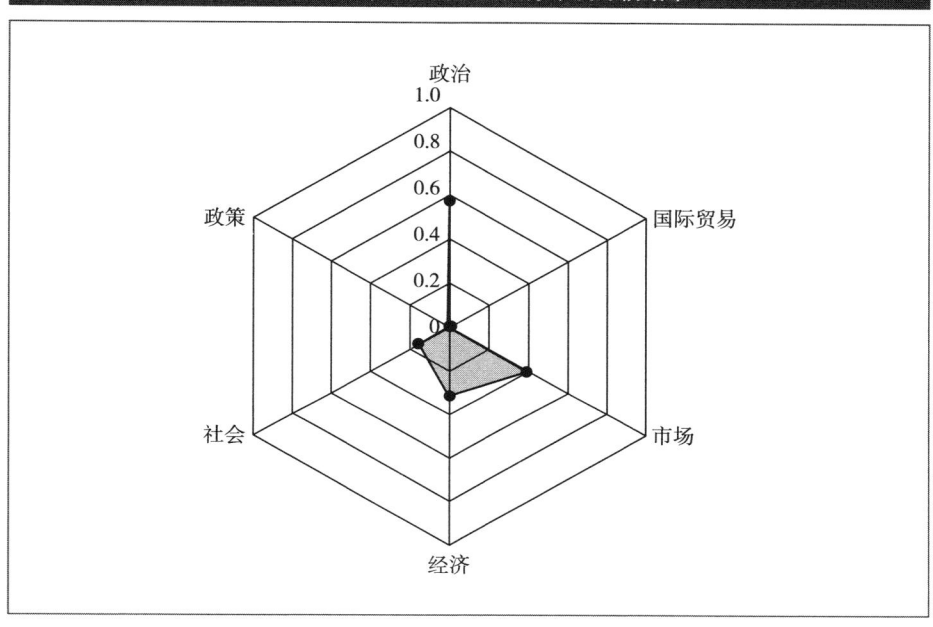

图 158 科摩罗互联互通基础维度评估结果

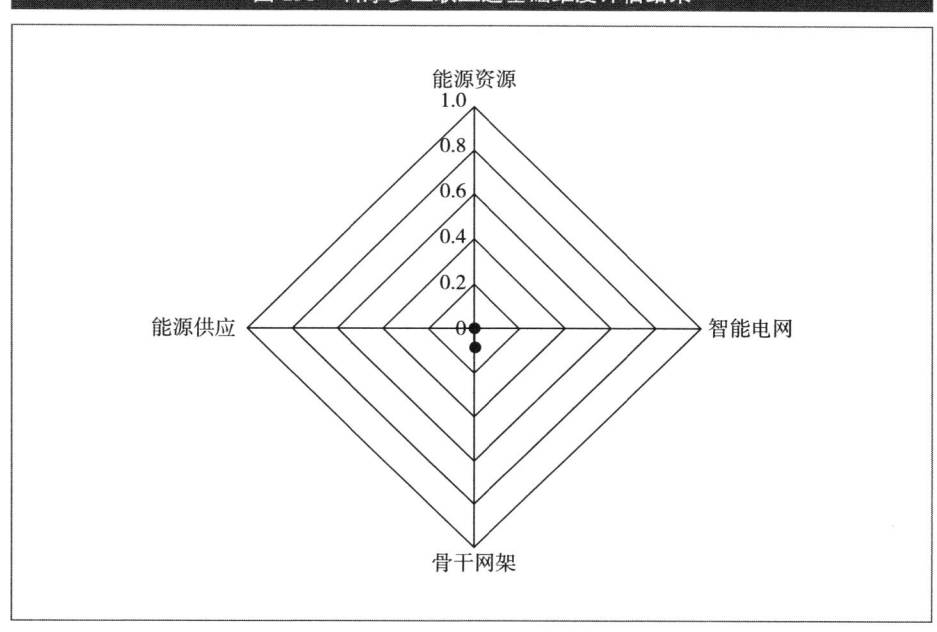

2018年，科摩罗可再生能源发电结构为：水电装机0.145万千瓦，太阳能发电装机仅1.7万千瓦，生物质能发电装机1.4万千瓦。根据新一届政府成立后制定的新的五年发展规划，科摩罗重点的基础设施建设包括能源、水利和市政设施。在能源领域，目标是发电量从目前的15兆瓦提高到65兆瓦；通过投建水电项目，以及在全国范围内开发太阳能、风能、地热等清洁能源，使其占比达到25%；重组国家水电公司，提高效率，增强竞争力；采取措施，确保燃油采购价的合理性及供应的连续性。该国清洁发展程度维度评估结果如图159所示。

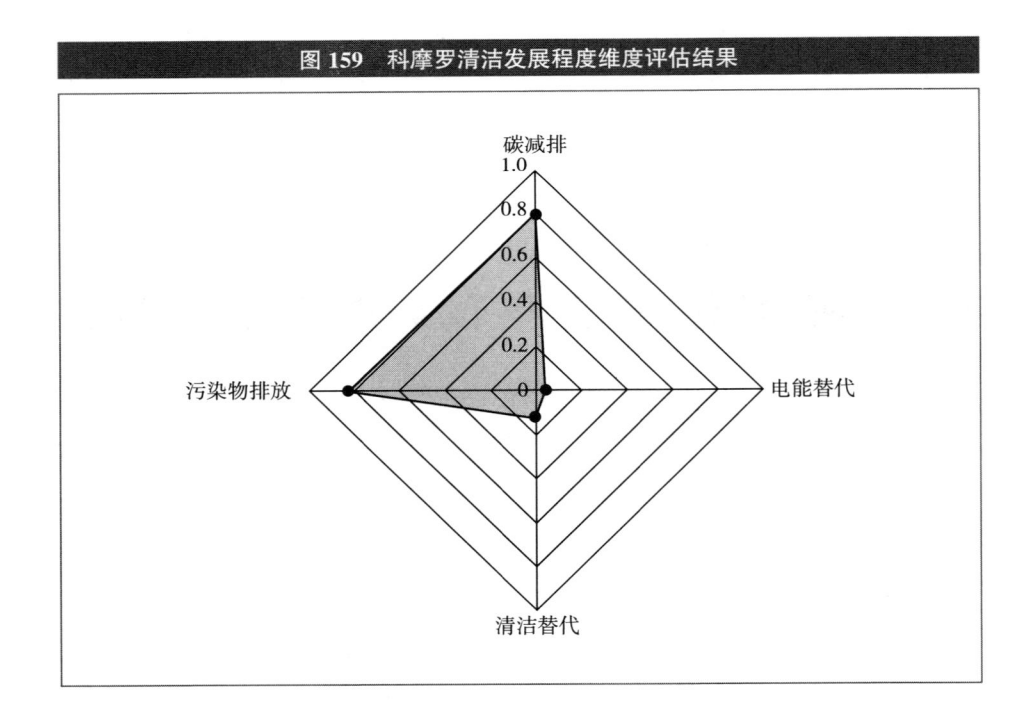

图159 科摩罗清洁发展程度维度评估结果

（十三）毛里求斯

主要特点：

- 经济一直稳定增长，增速基本上保持在3.5%~4.0%；

- 水、电、交通、通信等基础设施完备，有电人口达100%，居非洲之首。

毛里求斯政局稳定，社会安宁，多民族和谐相处。自1968年独立以来，尤其是20世纪80年代以来，经济长期保持稳定发展。近年来，政府努力推动经济转型和产业升级，积极促进金融业、信息通信业等新兴行业的发展，着力培育新的经济增长点。毛里求斯希望凭借自身地理、政策和环境的优势，努力将本国打造成连接亚洲和非洲大陆的桥梁。世界经济论坛《2019年全球竞争力报告》显示，毛里求斯在全球最具竞争力的141个国家和地区中排在第52位。世界银行《2020年营商环境报告》显示，毛里求斯的营商环境在全球190个经济体中排在第13位，在非洲排在第1位。

多年来，毛里求斯的经济一直保持稳定增长，增速基本上保持在3.5%~4.0%之间。毛里求斯统计局公布的经济数据显示，2018年国民生产总值为4826亿卢比（约合138.7亿美元），同比增长3.8%。毛里求斯的投资吸引力主要表现在以下几个方面：政府一贯奉行开放的市场经济体制和贸易自由化政策，积极鼓励吸收外资；相关投资条件优惠，法律法规完善，执行透明度高；给予外商国民待遇，外资可100%控股；无外汇管制，资本和利润可自由汇出；银行众多，操作规范，企业融资便利；水、电、交通、通信等基础设施完备，收费合理。该国经济社会支撑维度评估结果如图160所示。

毛里求斯生产和生活用电充足，2017年总发电量达31.6亿千瓦时。其中，79.1%的电力来自非可再生能源（煤占41.6%，燃油占37.5%），20.9%来自可再生能源。年销售电量为28.9亿千瓦时，平均售价约为6卢比/千瓦时，其中工业用电约为7.35亿千瓦时。毛里求斯中央电力局（CEB）和民间的独立电厂，均为当地主要的供电商，前者供电量约占总数的42%，后者占58%。民间的独立电厂均为小型电商，所生产的电力通过与中央电力局并网进入市场。全国用电人口比例达100%，位列非洲榜首。毛里求斯矿产资源匮乏，石油、天然气等完全依赖进口，水力资源有限。2015年，毛里求斯初级能源需求量的83.8%来自进口石化燃料，即煤（29.1%）、燃油（17.0%）、柴油（13.7%）、汽油（10.6%）、航空燃料（8.1%）、液化石油气（5.2%）和煤油（0.1%）；16.2%来自当地可再生能源，即水能、风能、垃圾填埋物、蔗

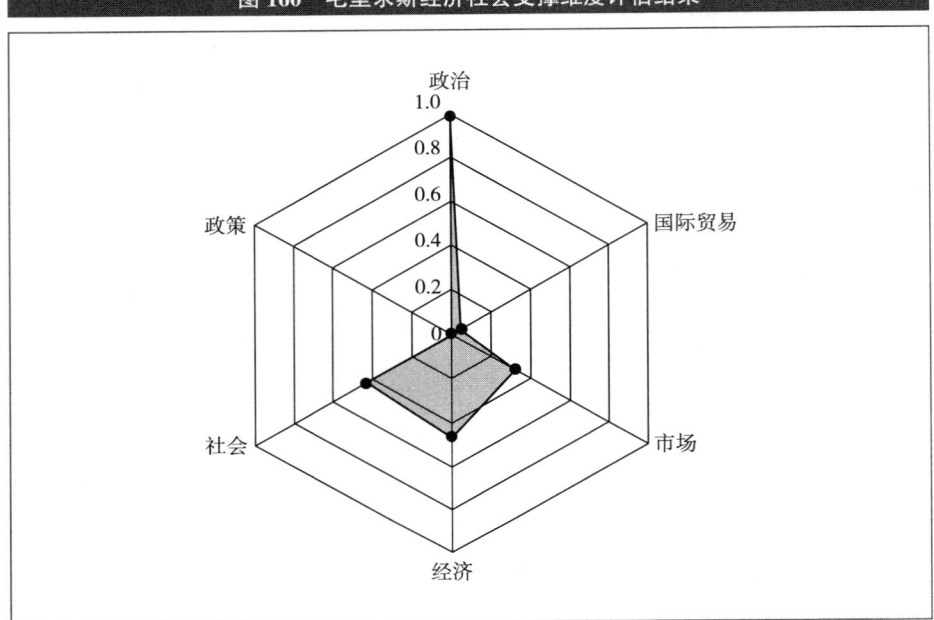

图 160　毛里求斯经济社会支撑维度评估结果

渣等。为了满足不断增加的新客户的负荷需求，并为现有客户提供可靠的供应质量，中央电力局正在大力投资，以改善其在全国的输电和配电基础设施，并对其电缆进行地下通风。该国互联互通基础维度评估结果如图161所示。

毛里求斯是一个岛国，没有本土的化石燃料能源储备，严重依赖燃料进口，一直以来大力发展新能源，如太阳能、风能、生物质能以及其他可再生能源，其中太阳能电池板在企业和家庭中应用广泛。2018年，毛里求斯可再生能源发电结构为：水电装机6万千瓦，风电装机1万千瓦，太阳能发电装机仅3万千瓦，生物质能发电装机9万千瓦。目前，毛里求斯蔗渣发电量占全岛发电总量的18%，其目标是在2025年之前将这一比例提高至25%。

毛里求斯一直以来非常关注能源安全，因为该国严重依赖燃料进口。政府承诺扩大太阳能、风能、生物能源以及其他可再生能源的生产，并逐步转向使用液化天然气（LNG）等清洁能源，同时实现电网现代化，目标是到2030年可再生能源利用率达到35%。根据毛里求斯制定的2016~2020年经济

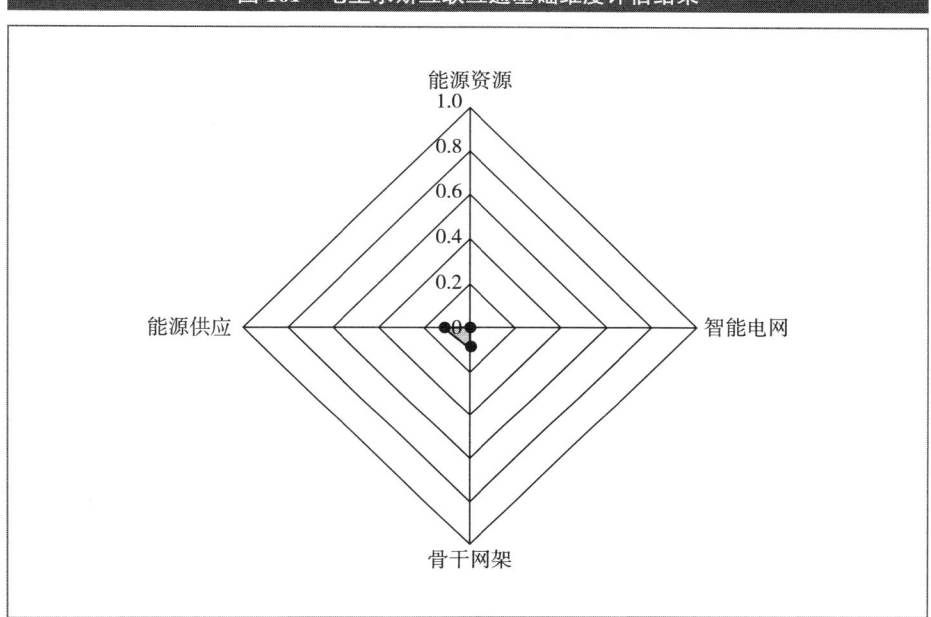

图 161 毛里求斯互联互通基础维度评估结果

社会发展规划，政府要更新能源发展规划，以满足未来十年的能源需求；同时制定可再生能源发展规划，鼓励绿色能源生产。在政府公布的 2015~2019 年施政纲领中，计划大力实施绿色经济，包括：发展光伏发电；中央电力局成立可再生能源公司，吸引中小企业、合作社等各类投资，就利用房顶光伏板发电进行可行性研究；1 万户家庭将受益，每月可以享受 50 度电免费，政府对光伏电板和电池免征增值税；回收多余电力，CEB 提出购买电池储备系统，用于回收过剩电力；提升水电能力，CEB 投资 2 亿卢比升级水电设备；利用垃圾和甘蔗秆，发展废品发电和生物发电。毛里求斯 2017 年启动了 Home Solar 项目，用于在最低收入家庭的住宅中安装 10000 个屋顶太阳能电池板。该项目由阿布扎比发展基金选定并进行融资，被视为有可能通过向低收入社区提供负担得起的能源来改变人们的生活并减轻贫困。此外，毛里求斯的中小企业已启动绿色能源计划，安装 2000 个 0.4 万千瓦容量的太阳能光伏电站。该国清洁发展程度维度评估结果如图 162 所示。

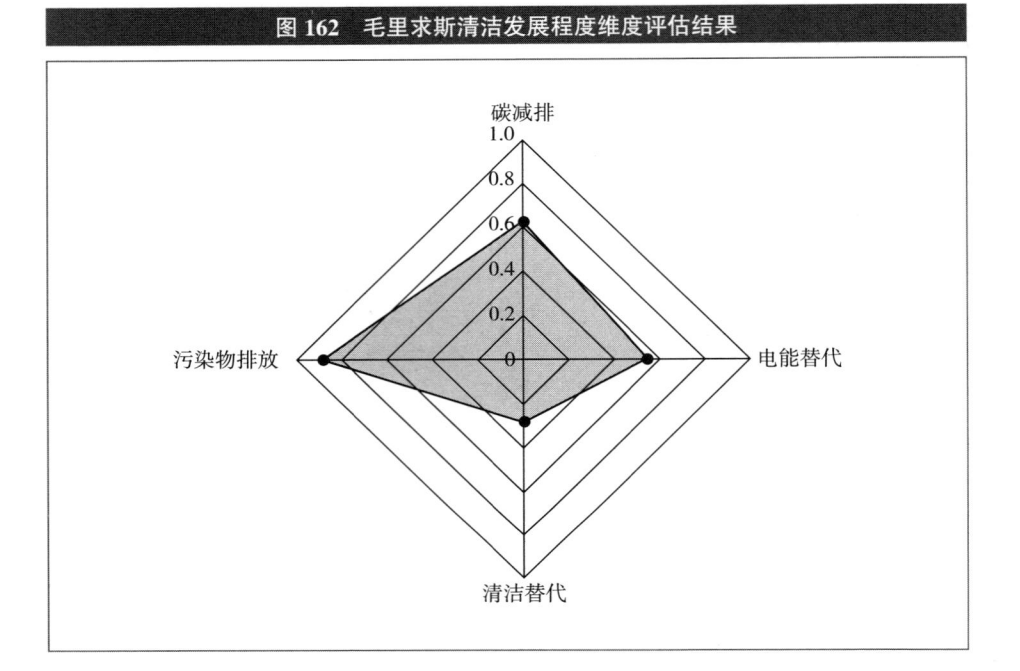

图 162 毛里求斯清洁发展程度维度评估结果

投资环境报告

Investment Environment Report

摘　要：近年来，世界各国对非洲的能源行业表现出浓厚兴趣，普遍认为到2020年能源行业是非洲最有吸引力的投资领域。我们结合经济社会支撑维度的指标和量化数据，将其与非洲各国的获得电力相关指标进行综合，得到各国电力投资环境评估结果。总体来看，北部非洲的电力投资环境优于其他地区，南部与东部非洲也拥有相对较好的电力投资环境，中部与西部非洲在电力投资吸引力方面则颇为落后。从国别看，电力投资环境排名居前10位的国家分别是南非、摩洛哥、毛里求斯、埃及、塞舌尔、加纳、博茨瓦纳、阿尔及利亚、肯尼亚及坦桑尼亚。我们在此基础上进一步分析非洲能源电力投资的机遇和风险等，为在非洲进行有序的针对电力基础设施的投资提供科学参考。尽管非洲国家在能源电力领域具有较好的投资前景，但大多数国家存在贫穷落后、政局动荡、国家治理能力不足、法制不健全、安全性脆弱等问题，营商环境普遍较差，企业在非洲投资需要重点关注政治安全、经济、法律及社会风险。

关键词：　中非关系　电力投资环境　能源行业

非洲国家电力投资环境分析

现阶段,非洲能源转型蕴藏巨大商机。预计2015~2030年间,非洲每年要投入大约700亿美元,其中250亿美元投入输配系统,其余450亿美元投入发电设施建设。同时,每年有望投入320亿美元用于发展可再生能源,这将在非洲产生相当大的经济效应。

一 非洲国家电力投资环境评估

为了更好地推动非洲国家电力基础设施互联互通,本书提出国家电力投资环境评估指标体系。该指标体系以能源清洁发展及互联互通综合指数中的经济社会支撑维度指标为基础,并与获得电力相关重点指标相结合,得到对各个国家电力投资环境的评估结果。其中,经济社会维度指标详见本书评估报告中的描述;获得电力指标重点选取电力接入流程、电力接入时间、电力接入成本、电力价格、电力供应可靠性与税率透明度等,指标具体说明见表1。

表1 非洲国家电力投资环境评估指标说明

经济社会维度二级指标	三级指标	说明
获得电力	电力接入流程	实践中企业获得一个新的电力接入需要与外部方(如配电公司、电力供应公司、政府机构、电力承包商和公司)互动的程序数量
	电力接入时间	是电力公司和私营部门实际接入所需时间的中位数,以完成新电力连接的所有程序的时间为准
	电力接入成本	是与用户电力连接相关的总成本的中值,按人均收入的百分比计算
	电力价格	以每千瓦时的价格计算
	电力供应可靠性与税率透明度	包括以下六个方面:(1)停电持续时间和频率;(2)停电监控能力;(3)供电恢复能力;(4)监管能力;(5)影响供电可靠性的财政阻碍因素;(6)税率的透明性

每个国家具体得分计算方法为：将获得电力的 5 个三级指标中除了电力供应可靠性与税率透明度以外的 4 个指标作正向化处理，之后对 5 个指标作归一化处理，继而计算权重，得到二级指标获得电力的数值。将所有 7 个二级指标归一化处理后，基于权重分配，最终得到有关国家电力投资环境的评估结果。由于斯威士兰、厄立特里亚、索马里、南苏丹四个国家的相关指标数据难以获取，且它们在诸多国际权威营商环境排名中长期靠后，故此次评估主要针对除此四国之外的非洲国家。具体各国得分结果及排名如图 1 所示。

总体来看，北部非洲的电力投资环境优于其他非洲地区，南部与东部非洲也拥有相对较好的电力投资环境，中部与西部非洲国家在电力投资吸引力方面则颇为落后。从国别看，电力投资环境排名前 10 位的国家分别是：毛里求斯、塞舌尔、南非、埃及、加纳、摩洛哥、博茨瓦纳、阿尔及利亚、突尼斯、埃塞俄比亚。

投资环境得分较高的国家在获得电力指标方面表现良好。获得电力水平直接影响一个国家经济活动的方方面面，从而决定其投资吸引力。非洲国家总体上电力获得水平远低于世界平均水平，但南非、摩洛哥等国家在电力供应、电网建设及电力服务等方面加大投入，不断优化，在非洲国家中遥遥领先，也推动了电力投资环境的改善。从地区来看，东部非洲的获得电力指标也曾与西部非洲、中部非洲差不多，但近年来在提升获得电力水平方面取得了较大成就。2000 年，中部非洲和东部非洲的电气化率为 10%，而近年东部非洲的电力覆盖人数的增速是中部非洲的 6 倍。

政局较为稳定及安全形势良好是电力投资环境得分较高国家的共性特征。尽管高分国家中有些也存在政治安全隐患，但总体上处于可控状态。比如，埃及自 2011 年以来国内政治局势持续动荡。当前塞西政府执政基础并不牢固，且国内宗教极端主义日益突出，与世俗势力的矛盾有激化之势，但政府也基本能对政治局势进行有力的控制。与民族、宗教矛盾突出及政治统治基本失序的许多非洲国家相比，埃及的政治安全风险并不高。

另外，宏观经济状况较好、拥有完善的投资法律体系及投资促进政策

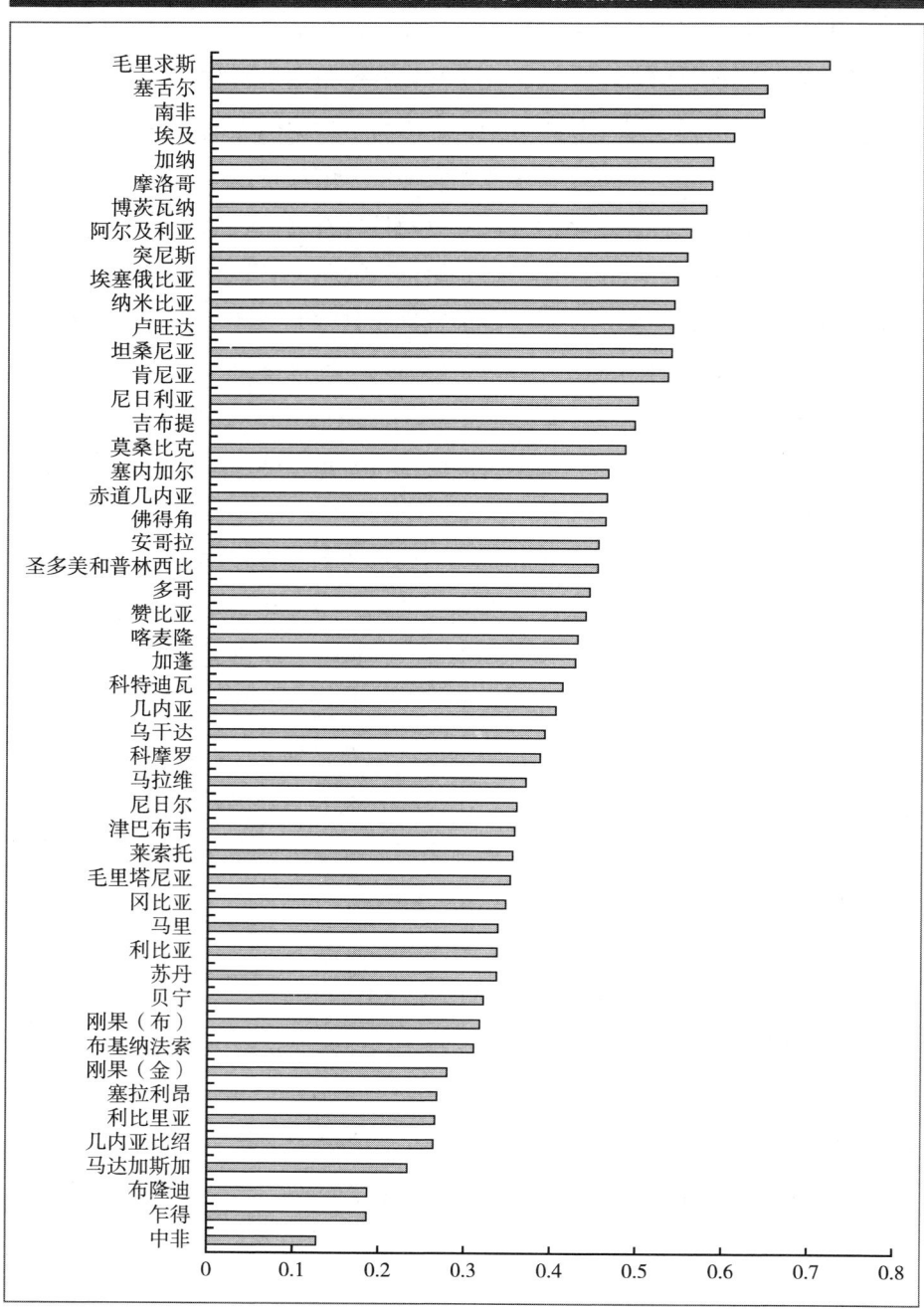

图1 非洲各国电力投资环境评估结果

也是电力投资环境得分较高的主要原因。比如，摩洛哥近年经济增长率保持在4%以上，且与欧盟、美国、土耳其签订了双边自贸协定，并与突尼斯、埃及、约旦组成了四国自贸区。同时不断完善基础设施，将其提升至国际水准，为外部投资提供良好的环境。近年来，摩洛哥不断改善投资环境以吸引外国投资，进行法制框架改革创新，简化行政办事程序，保护投资者的利益，建立出口免税区和工业区，制定优惠税收政策，吸引投资企业入驻。埃及经济规模较大，经济发展形势良好，外债较少，且拥有庞大的人口红利，这些是吸引投资的重要经济基础。2017年6月，埃及颁布了新的《投资法》，取代原有的《投资保护鼓励法》。《投资法》中5%的内容涉及投资优惠政策，埃及政府根据不同地区的经济发达程度和产业发展情况制定了相应的税收、土地政策，进一步为吸引投资创造了良好的政策环境。坦桑尼亚及南非等国除宏观经济形势较好外，亦在吸引外资方面付出了诸多努力。坦桑尼亚政府对在当地设厂生产的企业提供零关税支持，半成品只收取10%的关税，所涵盖的领域包括电力、原材料、基础设施、医药、农业、汽车配件等。涉及南非对外国投资的优惠政策的文件包括《外国投资补贴》、《产业政策项目计划》、《基本项目可行性计划》、《出口市场和投资支持计划》等。

二 在非洲进行能源电力投资的机遇与风险

（一）能源电力投资的特点与机遇

非洲在能源电力领域具有自身的特点，也有巨大的投资潜力，主要表现在以下几方面。

1.非洲清洁能源储量丰富

刚果河、尼罗河、尼日尔河等流域水能资源极其丰富，理论蕴藏量为4.42万亿千瓦，约占世界的10%；技术可开发水能资源为1.65万亿千瓦时，约占世界的12%；而非洲目前的水电总装机容量为3117万千瓦，开发利用率仅为10.7%。非洲风能的理论蕴藏量为650万亿千瓦，占全球的32.5%，主要分布于东部非洲、南部非洲沿海地区以及撒哈拉地区。截至2016年底，非洲地区风电装机容量仅为379万千瓦，只占全球总装机容量的0.78%。非洲太阳能资源量约占全球的40%，北部非洲地区日光年辐照强度大于2500千瓦时/米^2，东部非洲地区年辐照强度大于2200千瓦时/米^2，南部非洲地区年辐照强度大于2400千瓦时/米^2。然而，非洲却是太阳能电力装机总量最小的地区，2015年装机总量只占全球的1%。[①]

2.电力基础设施落后，电网投资潜力大

非洲国家的电网规模普遍较小，电网建设规模与实际需求相差甚远。另外，多数国家输电与配电系统损耗大。受电力设施设备落后、陈旧和老化影响，许多国家输电效率低、损耗多，电网抵御灾害能力弱。除南非以外的撒哈拉以南非洲国家平均输配电损耗率达18%，非洲西部和中部地区一些国家的损耗率更是超过了25%。[②]

3.清洁能源分布不均，电力互联互通不足

非洲绝大部分水能、风能和太阳能资源集中在最不发达的中部、西部和东部地区，而主要电力负荷中心处于南部和北部地区的少数国家。这些国家的电力需求占整个非洲的3/4，且主要为火电；其他国家的电力工业基本都靠小水电支撑，电网规模也较小。非洲电气化水平超过30%的国家只有南非、埃及、突尼斯、尼日利亚等10余个国家，许多国家的电气化程度还不到10%，电网互联互通不足，电能交换规模很小。非洲电网的总装机容量小，覆盖范围有限，各国电力以自平衡为主。

因此，非洲电网互联互通投资潜力较大。非洲联盟、非洲各区域电力联盟以及其他研究机构提出了多项跨国联网计划，反映出非洲各国推进电网互联互通的迫切愿望。尽管受资金、技术水平、经济发展水平、国际政治情势等因素影响，很多项目实施进度落后于规划，但部分项目前期工作较为充分，具备实施的条件，跨国电网互联互通项目投资前景广阔。

---

① 田煜、孟令轲、李华:《破解电亮非洲最大矛盾》,《中国投资》2019年第22期。
② 田煜、孟令轲、李华:《破解电亮非洲最大矛盾》,《中国投资》2019年第22期。

4.能源电力开发在国家及区域的政策、规划层面得到重视

非洲许多国家已出台了各自的电力发展规划,尤其是突出清洁能源电力开发。比如,埃塞俄比亚电力公司于2015年完成国家电力发展总体规划报告。根据该规划,埃塞俄比亚2037年电力装机预计达到3200万千瓦,其中水电装机2000万千瓦,地热发电装机500万千瓦,风电装机200万千瓦。埃及电力控股公司于2017年发布了《2022~2027年电力发展规划》,提出2022~2027年新增电力装机1334万千瓦,加强500千伏交流主干网架建设,同时加强配电网配套建设,推进国内智能电网建设。埃及电力和可再生能源部提出,将大力发展包括风能和太阳能发电在内的各项清洁和可再生能源,计划到2020年,实现可再生能源装机容量占总电力装机容量的20%。

非洲联盟所提出的《非洲基础设施发展计划》、《非洲可再生能源倡议》、《能源行动计划》等政策文件均涉及能源电力发展规划,非盟等地区性国际组织也不断出台指导性文件、倡议等,为非洲国家的电力基础设施建设提供规划、融资等方面的支持。非洲多国领袖在2015年12月召开的巴黎峰会上提出《非洲可再生能源倡议》,目标是在2020年新增1000万千瓦可再生能源发电容量,并预计到2030年新增3000万千瓦。七国集团、欧盟、瑞典等组织和国家承诺为该计划注资100亿美元。到2017年初,已经立项的项目有19个,涉及170万千瓦的装机容量,总投资达40亿欧元。

综上,非洲国家在能源电力领域具有巨大的投资潜力。根据非洲开发银行的研究,若要实现2025年非洲普遍接入电力的政策目标(城市达到100%,农村达到95%),在2025年以前每年需要290亿~390亿美元的电力投资。[1]

(二)能源电力投资的主要风险

尽管非洲在能源电力领域具有较好的投资前景,但大多数国家存在贫穷落后、政局动荡、国家治理能力不足、法治不健全、安全脆弱等问题,营商

---

[1] African Develoment Bank Group, *Estimating Investment Needs for the Power Sector in Africa, 2016-2025*, Sept.2019, p.3.

环境普遍较差，企业在非洲投资时会面临较大的政治安全、经济金融、政策法律及医疗卫生等方面的风险。

1.政治安全风险

非洲国家多数是发展中国家，政治环境极为复杂，政府更迭频繁，区域性矛盾冲突频发，存在很高的政治安全风险。主要表现形式包括战争及暴乱、国有化、第三国干预等。战乱及国有化等政治安全风险往往给投资者造成无法挽回的巨大损失。另外，恐怖袭击、暴力犯罪等行为也使投资者要投入极高的安保成本。非洲的无电地区通常是偏远地区，部落间的矛盾较复杂，种族冲突严重，风能、光能等清洁能源发电项目的特殊性也要求必须在空旷、边缘地区进行施工，因此能源电力项目的安保费用要比一般投资项目高很多，以至于一些企业在工地现场不得不高价雇用荷枪实弹的军警日夜守卫。另外，许多非洲国家国内民族主义兴起，对外国投资者开发本国的矿产、能源等持反对态度，并向政府施加压力。在这种情况下，在非洲投资能源项目有被"国有化"的风险。

2.经济金融风险

许多非洲国家金融治理水平较低，存在汇率大幅波动的风险。近年来，伴随低迷的国际经济形势和大宗商品价格，非洲几乎所有国家的货币都呈现出明显的贬值趋势，其中南非、加纳、埃塞俄比亚等国货币贬值幅度一度高达30%以上。面对币种贬值，大部分非洲国家的货币当局通过强化外汇管制的方法加大了对外汇市场的干预力度，使得汇兑问题越来越突出。比如埃塞俄比亚的货币比尔与美元的比价在2008年大约是10∶1，而到2015年已经达到20∶1左右。能源电力项目通常跨度时间较长，以美元为投资货币和利润回收货币的投资者，面临将美元兑换成当地货币而当地货币对美元持续贬值造成的巨大汇率风险。而埃塞俄比亚外汇短缺，造成投资者赚取的比尔回报无法兑换成美元汇出埃塞俄比亚。

许多国家也存在较严重的债务问题。近年来，全球流动性收紧力度明显加大，债务风险整体居高不下，非洲地区新兴市场的债务风险处于上升趋势，企业对非投资可能面临更加严峻的债务风险。2018年以来，在美元升值的冲击下，南非等国货币出现了较大幅度的贬值，偿付外债的成本大幅攀升。受大宗商品价格波动影响，一些资源出口国外债偿付能力急剧下降。目前，非洲是全球债务最沉重的地区，许多国家已经处于债务危机中或危机的边缘。非洲开发银行的数据显示，非洲外债总额从2010年的3826亿美元上升到2017年的8220亿美元，外债占GDP的比重从2010年的22.1%上升到2017年的36.6%。2017年，南非、埃及、安哥拉、埃塞俄比亚等国的外债占国家GDP的比重分别高达49.8%、40.4%、36.5%和33.5%。[①] 由于债务沉重，许多非洲国家已很难为大型基础设施的融资提供主权担保，而期盼企业带资进入市场的模式，将融资的责任和压力完全转移到投资企业。因而，企业投资非洲将面临较大的债务风险。

投资能源电力项目往往需要较大的资金投入，而在非洲则面临相较于在其他地区更为困难的融资问题。据非洲开发银行估计，非洲的基础设施融资缺口每年达680亿~1080亿美元。

3.政策法律风险

政策变化性大是非洲市场不稳定的一个重要表现。许多国家的政府治理能力较差，与能源电力开发相关的吸引投资的政策很多难以落实，或者由于政府办事效率低下、官员腐败等，一些既有的投资优惠政策无法到位，从而给投资者带来损失。

法律风险首先表现为非洲各国的法律体系较为复杂。许多国家曾沦为西方的殖民地，并使用宗主国的法律体系，导致各国法律体系复杂，分属于大陆法系、英美法系、阿拉伯法系等不同法系。分属于不同法系的各国法律的分类与术语、表现形式、审判模式与技巧、适用规则等差别较大，同一纠纷在不同国家之间处理方式各异。因所属法系不同而产生的法律信息不对称，会给投资者带来许多无法预测的风险。其次是法制不健全，执法随意性大。非洲多数国家虽然法律法规较为齐全，但存在有法不依、过度执法和腐败执法等现象，投资和税收政策调整频繁，执法随意性比较大。最后是环境法律

---

① African Development Bank, *Africa Economic Outlook*, 2018, https://www.africafinlab.com/sites/default/files/2018-06/African%20Economic%20Outlook%202018_0.pdf.

风险突出。被殖民时期，环境受到严重破坏，后来发达国家的环境立法意识输入，非洲国家普遍开始注重环境立法。在非洲日益重视环境保护的背景下，大多数国家的宪法通过列举公民基本权利的方式，将环境权作为公民权利和人权保障的基本内容。另外，环境保护法律日益具体化，从宪法到环境基本法再到环境保护单行法，都详细规定保护公民的健康环境权，履行国家的环境保护义务。能源电力投资难免对环境产生一些影响，因此相关企业在非洲投资极易遭遇环境法律风险。

4.医疗卫生风险

非洲气候潮热，经济落后，医疗资源匮乏，是流行性传染病传播最广、最严重的地区，尤其是撒哈拉以南的中部非洲和西部非洲地区迄今依然是众多传染性疾病的重灾区。疟疾、黄热病、登革热、霍乱、埃博拉、艾滋病、伤寒、昏睡病等，每年都会在部分国家暴发和流行，夺走数万人的生命。2019年，埃博拉疫情开始在刚果（金）东部肆虐，成为国际关注的突发性公共卫生事件。截至8月底，约2000人因此被夺去生命。这是继2014年8月西部非洲的埃博拉疫情被世界卫生组织宣布为国际关注的突发公共卫生事件以来，埃博拉疫情第二次被列为高安全风险等级突发公共卫生事件。传染性疾病的流行，不仅给投资企业的员工带来身体健康损害甚至生命威胁，还会产生诸如物流不畅、抬升物价、用工紧张等诸多问题，大幅增加项目运营成本。

三 中国对非洲能源电力投资的现状、问题及对策建议

"一带一路"倡议实施以来，中非关系突飞猛进，中国与非洲国家在"政策沟通、设施联通、贸易畅通、资金融通、民心相通"方面不断取得进展。中非合作论坛迄今已成功举办七届，已成为扩大共识、加强务实合作、共建中非命运共同体的机制平台。中国已是非洲第一大贸易伙伴，中国企业基本遍及非洲所有国家，非洲成为中国对外承包工程的第二大市场，以能源电力和交通运输领域为主。

电力项目成为中国对非投资的重头戏。根据国际能源署（IEA）的报告，中国公司承建的新电力项目在撒哈拉以南非洲分布广泛。2010~2020年，中国公司在非洲的项目至少涉及37个国家，且覆盖3/4以上的撒哈拉以南非洲国家，电力项目超过200个。非洲能源电力投资潜力巨大，尤其是清洁能源发电、电网项目等，中国在非洲的能源电力投资仍将持续上升。

（一）中国对非洲能源电力投资的现状

1.中国成为非洲能源电力领域的最大投资者

根据IEA的统计，2010~2015年，中国承包商为撒哈拉以南非洲新增电力容量做出巨大贡献，中国公司承建新项目的份额远超其他国际承包商。中国企业参与的总新增发电装机容量约为1700万千瓦，相当于撒哈拉以南非洲现有装机容量的10%。中国承包商承建了至少28000千米的输配电线路。在项目规模方面，中国承建的项目基本都是大型的、用于公共事业的，但从特小型（400千瓦）到特大型（125万千瓦）都有涉及，已完工的、在建的或计划中的平均规模为18.8万千瓦。

中国投资的能源电力项目主要是水电项目。2010~2015年，中企新增的水电装机容量占新增发电装机容量的49%左右（见图2）。自2010年起至2016年，中国企业在非洲已经完工的大坝超过20座，另外还有20多座处于建设之中。在东部非洲，中国企业承建的水电项目新增装机容量占新增发电装机容量的60%。其次是煤电与气电项目，占比分别为20%与19%，风能、光能等可再生能源电力项目约占7%。非洲的非水可再生能源电力的开发潜力巨大，但当前中国企业的投资主要是提供技术与装备，工程承包项目则较少。

2.中国对非能源电力投资以国有企业为主

国有企业在撒哈拉以南非洲能源市场中占主导地位，中方承建的电力项目超过90%由国有企业承接，而私营企业只承接10%的项目。据统计，中国电力建设集团旗下的中国水利水电建设集团和山东电力建设有限公司，中国能源建设集团旗下的葛洲坝集团公司，中国长江三峡集团有限公司旗下的中国水利电力对外公司，以及中国机械工业集团旗下的中国电力工程有限公司，

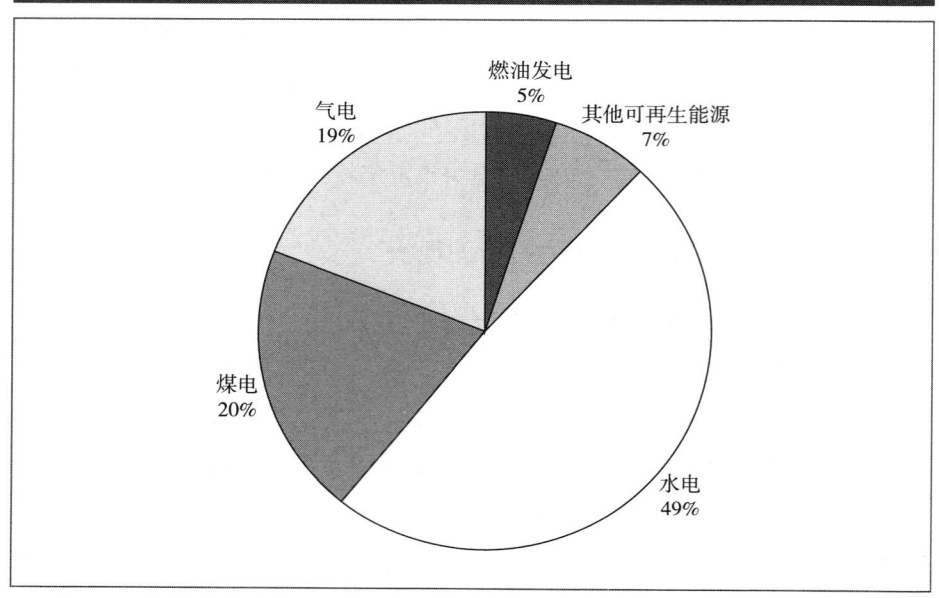

图2 在撒哈拉以南非洲中国的承建项目新增发电装机容量结构（2010~2015年）

- 燃油发电 5%
- 其他可再生能源 7%
- 气电 19%
- 煤电 20%
- 水电 49%

资料来源：《促进撒哈拉以南非洲电力发展：中国的参与》，IEA，2016。

这五家国企主导了撒哈拉以南非洲的发电项目。[①]2010~2015年，这五家公司完工或基本完工的新增发电装机容量总量是中国公司新增发电装机总量的3/4。民营企业在非洲投资也在增加。麦肯锡2017年的报告显示，在非洲投资兴业的中国企业已超过1万家，1万家企业当中约90%是规模不一、业务多元的民营企业。但民营企业涉及能源电力项目的较少，其投资主要集中在制造业、服务业、建筑业和房地产业等行业。

3.中国政府积极推动对非电力投资

中国政府高度重视与非洲国家的政府合作，通过建立合作机制、提出利好政策等形式积极推动中国企业在非能源电力领域的投资。中国已与非洲近40个国家以及非洲联盟签署了共建"一带一路"的政府间谅解备忘录。基于"一带一路"倡议支持基础设施建设的核心理念，中国政府把对非电力投资作

[①] 张锐：《中国对非电力投资："一带一路"倡议下的机遇与挑战》，《国际经济与合作》2019年第2期。

为一个重要且优先的合作议题。中非间每三年举办一次的中非合作论坛，是促进中国企业投资非洲的重要多边机制平台。在2015年、2018年中非合作论坛期间，中方提出一系列促进中非能源电力合作的指导原则和政策文件，推动"一带一路"建设与非盟《2063年议程》、非洲各国发展战略相互对接。国家发展和改革委、国家能源局等部门加强与非洲国家的政策沟通，为中国对非投资提供行政支持、营造良好氛围。2018年9月，国家能源局与非盟签署了《中国—非盟加强能源合作谅解备忘录》，双方表示将在"一带一路"框架下共同推动《非洲基础设施发展规划》（PIDA）和非盟《2063年议程》中的旗舰项目，并筹建中非能源合作中心。中国政府充分了解非洲国家的发展诉求，帮助非洲加强电力领域的能力建设。例如，国家能源局与肯尼亚核电局、南非能源部在民用核能领域开展密切合作，帮助两国培养核电人才，建设相关保障制度。

中国政府尤为重视在非洲进行能源电力投资的融资问题。中国政府积极协调国家开发银行、中国进出口银行、中国工商银行和中国出口信用保险公司以及中非发展基金、中非产能合作基金等股权投资机构提供融资支持。据统计，中方承建的近80%的电力项目（发电和输配电）从中国的银行或金融机构得到资金。其余项目资金来自多边援助机构（10%），以及中国和其他多边援助机构的混合贷款（10%）。

4.清洁能源电力项目将成为投资重点

中国政府高度重视非洲的清洁能源开发，积极引导清洁能源电力项目投资，促进非洲可持续发展。中非合作论坛《北京行动计划（2019~2021年）》指出，双方鼓励和支持中非企业按照互利共赢的原则开展能源贸易以及能源项目投资、建设和运营，实施绿色金融能源示范项目，探索绿色、可持续的能源合作方式。中方将支持可再生能源，主要是太阳能在非洲的发展，支持使用蓄电池并完善电网。2015年《中国对非洲政策文件》强调，支持非洲国家和区域电网建设，推进风能、太阳能、水电等可再生能源和低碳绿色能源的开发合作，促进非洲可再生能源的合理开发利用，服务非洲工业化。

2017年，中国与非洲可再生能源合作创新联盟成立。联盟由中国主要的开发性金融机构、多边投资机构、智能电网技术提供商及可再生能源技术产业链上的核心厂商组成，北京非洲中心作为双方商贸及文化交流的桥梁，制定出援助与投资相结合的可持续发展计划，通过PPP的方式，分步实施，逐步建立覆盖非洲各国的可再生能源供电与传输系统。中国政府还积极推动金砖银行等金融机构加强对非洲清洁能源项目的融资。2019年4月，金砖银行与南部非洲发展银行签署了一项总金额达3亿美元的融资协议，旨在促进温室气体减排和可再生能源行业发展，此项融资将用于南部非洲发展银行指定的风能、太阳能、生物质能等可再生能源项目。

（二）中国对非洲能源电力投资面临的主要问题

1.安全风险

非洲国家总体政治安全形势严峻。除一些国家战乱频发外，许多国家由于宗教与民族矛盾、资源争夺、恐怖主义、社会不平等问题严重等而持续动荡，暴力犯罪不断，时常发生针对当地中国企业和华人的犯罪行为，给中资企业带来难以估量的损失。以中非合作的典范国家安哥拉为例，近年来连续发生多起针对中国工人的绑架、抢劫事件，造成多人伤亡和重大财产损失。

2.国际竞争与地缘政治障碍

非洲能源电力投资领域存在激烈的国际竞争。西方发达国家在影响力、技术标准、融资效率等方面具有能源电力项目投资上的优势，韩国、印度等新兴市场国家利用地缘优势、特色技术不断开拓非洲能源电力市场，中国企业获得优势资源、优质项目往往具有难度，需要付出远超这些国家企业的成本。美国曾推出"电力非洲倡议"（Power Africa Initiative），承诺2014~2018年向撒哈拉以南非洲国家的电力基础设施提供82亿美元的官方资金支持。2018年，美国国际开发署发布《电力非洲：2030年输电网发展路线图》，划定非洲10个跨国电力贸易机遇区，并在10个机遇区中遴选出47个项目及其中的18个优先项目。

西方发达国家尤其是美国为防止中国在非洲影响力的提升，不时地将能源合作政治化，抹黑中国投资，散布"中国威胁论"。其通过媒体、非政府组织等宣传中国对非洲投资是对非洲资源的攫取，声称中国的投资造成了非洲国家普遍的债务攀高，以此达到对非洲国家政治控制的目的。这种长期的负面宣传难免造成一些非洲国家对中国投资的疑虑。

3.政策变动风险

政策变动是中资企业在非洲投资能源电力项目所面临的重要风险。能源电力项目一般投资回报期较长，遭遇政策变动风险的概率较高。许多非洲国家的政局及经济发展不稳定，往往造成政府对既有政策的否定。比如，近年来安哥拉、加纳、冈比亚、津巴布韦、埃塞俄比亚等国新领导人上台后，都采取了对前届政府批准的承包、采购、投资项目进行重新审查的措施，并直接导致中国投资的一些能源电力基础设施项目进展缓慢或陷于停滞。另外，一些国家虽然在招商引资时出台了诸多鼓励政策，但实际上"口惠而实不至"，而且在经济下行的压力下开始变相压榨外资企业。例如，刚果（布）与中国在产能合作方面走在前列，也推出了诸多促进投资的政策。但2014年以来，由于经济下滑、政府财政缺口严重，政府通过修法扩大税源和税基，并加大税收稽查力度，中资企业均遭遇了税务部门的恶意稽查或没有税法依据的罚金。

4.环境等法律风险

中资企业在非洲承建的能源电力项目曾多次因环保问题而遭受损失。中国企业承建的肯尼亚某燃煤电厂，2016年在当地居民中引起了争议，环保等非政府组织提出诉讼抗争。他们提出，燃煤电厂项目没有依法将工程计划和项目关键事实向公众披露，也没有充分考虑应对《气候变化法案》等相关条例。2019年肯尼亚国家环境法庭下令暂停该项目，并撤销其环境影响评估许可，项目被迫搁置。重新进行环境影响评估并遵守所有必要的法律是项目重启的前提，项目延期或停滞使某中资银行的12亿美元出口信贷融资陷入风险。

5.反垄断调查

非洲许多国家在市场竞争立法方面不断完善，外资企业在非洲国家遭到反垄断调查的案例不断增多。非洲19个国家签订了东南非共同市场（COMESA）自由贸易协定，形成了一个竞争方面的主管机构。南非、赞比亚和博茨瓦纳的反垄断机关近年对许多企业包括中国企业进行了反垄断方面的突然袭击调查。

6.债务风险

近年来，许多非洲国家的经济实力和财政状况欠佳，一旦发生政治或经济危机，政府信用就很难保证，违约概率较大。中国企业投资的许多能源电力项目的实施背景是大宗商品价格猛涨，项目严重依赖东道国的主权债务。新增电力容量融资来自国家预算内公共部门借贷。然而，一些国家接近外债上限，经济形势困难，导致项目融资受到挑战，因此融资趋于多元化，包括从公共借贷转向股权融资。然而，在缺乏可靠电力包销商以及足够的和稳定的本地监管的情况下，股权融资仍受挑战，导致中国企业在非洲国家的能源电力项目融资存在较大困难。

（三）对策建议

为规避各类风险，促进我国在非洲的能源电力投资项目顺利开展，企业应做好安全风险防控，加强合作，共同开发非洲市场，充分了解东道国的相关法律政策，做到合规经营，设置好灵活退出机制，并创新融资模式，探索产业链联动发展。

1.增强安全风险防控

中国企业应尽量避免在发生战乱或有较大战争冲突隐患的国家投资大型项目；增加安保投入，提升自身的安保能力，并在需要时雇用专业安保人员；加强企业员工安保教育，增强安保意识及个人防护措施；实施本土化经营，尊重当地宗教、文化，落实社会责任，打造良好的企业形象，减少当地针对中国企业和员工的犯罪。

2.加强与发达国家合作开发，减少地缘政治风险

我国能源电力企业与许多发达国家企业在促进非洲电力行业发展方面具有较大的互补性。中国企业在降低成本、融资等方面具有优势，发达国家在提供高附加值技术、推进能力建设方面更胜一筹。因而，中国企业也可考虑与发达国家的企业加强合作，共同开发非洲市场，在实现优势互补的同时，

亦可实现利益捆绑，减少地缘政治风险，以确保项目成功。

3.充分了解相关法律政策，设置灵活退出机制

中国企业应弄通、弄懂相关法律政策，争取政策优惠，提高办事效率，并设置灵活退出机制，在面对法律惩罚及政策变动时及时止损。一是着重了解东道国的市场准入规则，明确其产业负面清单，发现潜在的投资壁垒问题，理解东道国的劳动、税收及环境政策。二是注意东道国在相关法律上的特别要求和规定。比如，中国企业在南非投资时，应当根据南非的黑人经济振兴政策（BEE），在所投资企业的股权结构中对当地黑人持股比例预留一定份额，便于所投资的企业获得当地的项目投标资格。三是重视和遵守东道国出于保护主权和利益目的而设置的投资准入制度，防止被东道国政府或社会误解为有意侵犯他们的资源利益，从而遭到东道国政府或社会采取相应的手段或者极端措施予以抵制或阻挠。四是签订合法有效、详尽完备、操作性强的投资协议，包括在投资协议中明确约定便利的仲裁条款和设计合理的投资结构，优先选择投资已经与中国签订双边投资保护协定的国家，比如尼日利亚、赞比亚等，也可以通过设计投资结构以享受第三国投资保护条约提供的保护。五是在遵守东道国法律的前提下，在交易文件中约定其有权逐步出售部分或全部股权给第三方，包括随售权、拖售权、回购权、优先清算权，分情况、分阶段逐步撤出东道国投资，通过合理的退出机制转移风险或及时止损。

4.创新融资模式，探索产业链联动发展

我国可成立更多金融投资企业或基金企业，例如中非发展基金等，为走出去企业提供一部分资金，从商业角度为基础设施项目融资。我国企业应在融资方面进一步国际化，了解西方和非洲当地金融市场的法律法规，更多地进行国际融资。投资企业应尽量在BOT、PPP项目中引入各类社会资本，实现向投资商、运营商、综合服务商的转变。各类金融机构可通过融资前置的方式及早参与到项目商谈中来，发挥顾问的作用，对相关合同条款进行卡管，提高项目的运作效率和成功的可能性。

探索进行电力行业及相关行业的产业链联动发展，促使利益主体多元化，减少融资困难并共担风险。全球能源互联网发展合作组织在推动非洲能源互

联网的过程中，研究提出了电、矿、冶、工、贸的联动发展新模式，整合非洲清洁能源和矿产资源优势，打造电力、采矿、冶金、工业、贸易协同发展的产业链，以充足、经济的清洁电力保障矿山冶金基地、各类工业园区的建设和生产，推动由初级产品向高附加值产品转变，形成投资、开发、生产、出口、再投资的良性循环，全面提升非洲经济发展规模、质量和效益。这一模式以项目的良好预期收益为基础，推动发电、输电、用电等企业签订多方合约，形成风险共担、相互保障的利益共同体。

参考文献

[1]《促进撒哈拉以南非洲电力发展：中国的参与》，IEA，2016。

[2] 全球能源互联网合作组织：《非洲能源互联网研究》，2019。

[3]《BP 世界能源展望 2019》，2019。

[4]《BP 世界能源统计年鉴 2019》（第 68 版），2019。

[5] World Bank Group. Doing business 2020 – Comparing busieness regulation in 190 economies, 2019.

[6] IRENA. Renewable energy statistics 2019, 2019.

[7] IRENA. Renewable capacity statistics 2019, 2019.

[8] USAID. Power Africa transmission roadmap to 2030 – a practical approach to unlocking electricity trade, 2018.

[9] World Economic Forum. Global competiveness report 2019, 2019

[10] World Economic Forum. Global risk report 2020, 2019.

[11] African Develoment Bank Group, Estimating Investment Needs for the Power Sector in Africa, 2016-2025, Sept, 2019.

[12] IEA. Africa energy outlook 2019, 2019.

[13] EY. How can bold action become everyday action? EY attractiveness programe Africa, 2019.

[14] RMB. Where to invest in Africa 2020 edition, 2020.

[15] African Development Bank Group. Estimating investment needs for the power sector in Africa 2016-2025, 2019.

[16] World Bank. Africa's power infrastructure- investment, integration, efficiency, 2011.

[17] McKinsey&Company. Brighter Africa – the growth potential of the sub-Saharan electricity sector, 2015.

[18] Health Effects Institute. State of global air 2019 – a special report on global exposure to ari pollution and its disease burden, 2019.

[19] OECD Development Centre. The cost of air pollution in Afica, 2016.

[20] African Development Bank, Africa Economic Outlook, 2018.

[21] IHA. hydropower status report 2019, 2019.

[22] UNEP. Atlas of Africa Energy Resources, 2017.

[23] AfDB. African Statistical Yearbook 2019, 2019.

[24] GWEC. Global Wind Report 2018, 2018.

[25] USAID. Power Africa 2018 Annual Report, 2018.

[26] AfDB. Clean Energy To Power Africa's Future, 2019.

[27] DI. Global Renewable Energy Trends, 2018.

[28] REN21. Renewables 2019 Global Status Report, 2019.

图书在版编目(CIP)数据

世界能源清洁发展与互联互通评估报告.2020:非洲篇/国网能源研究院有限公司主编. -- 北京:社会科学文献出版社,2020.7
 ISBN 978-7-5201-6836-6

Ⅰ.①世… Ⅱ.①国… Ⅲ.①互联网络-应用-能源发展-研究报告-世界-2020②互联网络-应用-能源发展-研究报告-非洲-2020 Ⅳ.①F416.2-39

中国版本图书馆CIP数据核字(2020)第115975号

世界能源清洁发展与互联互通评估报告(2020)
——非洲篇

主　　编 / 国网能源研究院有限公司

出 版 人 / 谢寿光
组稿编辑 / 任文武
责任编辑 / 赵晶华

出　　版 / 社会科学文献出版社·城市和绿色发展分社(010)59367143
　　　　　　地址:北京市北三环中路甲29号院华龙大厦　邮编:100029
　　　　　　网址:www.ssap.com.cn
发　　行 / 市场营销中心(010)59367081　59367083
印　　装 / 三河市龙林印务有限公司

规　　格 / 开　本:787mm×1092mm　1/16
　　　　　　印　张:18.25　字　数:277千字
版　　次 / 2020年7月第1版　2020年7月第1次印刷
书　　号 / ISBN 978-7-5201-6836-6
定　　价 / 98.00元

本书如有印装质量问题,请与读者服务中心(010-59367028)联系

△ 版权所有 翻印必究